★★★★★

U0645211

谨以此书献给

精忠报国的中国航母人

北京轩航信息技术研究院专项资助
2019 年中央高校基本科研业务费专项资助项目
项目名称：国外航母核化母港改建评估案例的译编与分析
项目编号：3072019CFW1209

国外航母核化母港
改建评估案例

▶ ▶ ▶ 田小川　陈　岩 ◆主编

哈尔滨工程大学出版社
Harbin Engineering University Press

内 容 简 介

本书分为两部分:第一部分为国外海军核动力航母概述,详细介绍了国外核动力航母发展现状、建造厂与母港维修保障等内容;第二部分为国外核动力航母母港改建评估案例。航母母港改建方案主要涉及物料疏浚和处置、维修设施改进、公共设施升级、码头条件改善、人力支持改善、停泊设施和交通改善,以及核推进装置维修设施建设。

本书深入描述了母港改建方案在地球资源、水资源、空气质量、噪声及公共设施等方面的影响,并给出了美国和法国等国家的相关经验。

本书可作为政府规划、港口设计建造、部队建设及相关专业人员的参考用书。

图书在版编目(CIP)数据

国外航母核化母港改建评估案例 / 田小川,陈岩编
著.—哈尔滨 : 哈尔滨工程大学出版社,2020.3
ISBN 978 - 7 - 5661 - 2532 - 3

Ⅰ.①国… Ⅱ.①田… ②陈… Ⅲ.①航空母舰 – 港
口建设 – 案例 Ⅳ.①U65

中国版本图书馆 CIP 数据核字(2019)第 277577 号

国外航母核化母港改建案例评估
GUOWAI HANGMU HEHUA MUGANG GAIJIAN ANLI PINGGU

选题策划	马佳佳 吴鸣轩
责任编辑	张 昕
封面设计	博鑫设计

出版发行	哈尔滨工程大学出版社
社 址	哈尔滨市南岗区南通大街 145 号
邮政编码	150001
发行电话	0451 - 82519328
传 真	0451 - 82519699
印 刷	哈尔滨市石桥印务有限公司
开 本	787 mm×1 092 mm 1/16
印 张	20.25
字 数	416 千字
版 次	2020 年 3 月第 1 版
印 次	2020 年 3 月第 1 次印刷
定 价	118.00 元

http://www.hrbeupress.com
E-mail:heupress@ hrbeu. edu. cn

(内部发行)

编 委 会

主　　　任　李鹏程

副 主 任　楼富强　王俊利

编　　　委（按姓氏笔画排序）

丁亚菲　王重阳　王胜秋　王祥传　王鸿东

王献忠　毛延生　刘淞佐　刘　蕾　孙铁志

孙　浩　孙寒冰　苏红宇　张　雷　金向军

周　彬　倪宝玉　郭　峰　彭廷华　路　骏

顾　　　问　田万义　魏　潾

主　　　编　田小川　陈　岩

副 主 编　朱戈勋　吴纯清　刘　博

编　　　译（按姓氏笔画排序）

丁华誉　马　扬　王悦卜　王　梓　王淑君

王　琦　龙丹妮　卢晓晗　田　野　冉　坤

冯宏旭　毕梦澜　朱俊妍　刘亚灿　刘　萍

孙雪迪　李文龙　李凯旋　李　欣　李金炎

李　峰　李皓雯　杨晓阳　杨　博　杨　澈

邴海莹　何泽睿　汪爱芳　汪　雪　张人杰

张永恒　张　祎　张绍瑞　张皓来　陈广旭

金香慧　周　强　赵玫佳　侯思微　高瑗寅

郭晓文　郭　谦　黄金裕　梁思琪　覃舒舒

焦玉轩　梁冠军　薛继颖　魏贵生

序

　　航母一直被世界公认为是海军的一种富有打击力量的核心战舰,既具有进攻性,又具有防御性,是现代海战的中坚力量;与其他海军舰船相比,航母平台系统复杂,作战周期长,作战任务繁重,作战消耗与损伤更为频繁。由于航母服役期限较长,为确保航母及舰上装备和系统能够满足新时期海上作战需要,航母需要按计划在船厂或基地接受系统化维修、保养,以及战训中的补给、维修保障。对于核动力航母来说,还要建立适应未来战场需要的驻泊港(又称为母港)体系,这已成为保持航母战备完好性,提高航母作战效力,保障航母作战需求的一项重要任务。

　　核动力航母是以核动力为推进动力的航母,是对国家利益具有重要意义的战略武器。从1958年美国第一艘也是世界第一艘核动力航母"企业"号开始建造,此后美国不间断地建造了10艘尼米兹级航母,后又研制了21世纪新型的福特级航母,至此,美国核动力航母已走过半个世纪的发展历程,积累了丰富的研制管理、作战使用和运维保障的经验。本书对国外海军核动力航母发展现状、建造厂与母港维修保障等内容进行了翔实的介绍,深入地描述了核化母港对地球资源、水资源、空气质量、噪声及公共设施等方面的影响,并给出了美国和法国等国家的相关经验。其中,评估案例中的改建方案涉及各种类型及不同数量的舰艇,包括在梅波特海军基地驻泊的巡洋舰、驱逐舰、护卫舰、两栖攻击舰、船坞登陆舰和核动力航母等。母港改建计划评估的内容仅针对梅波特海军基地为建驻泊港所做的必要准备和采取的措施。航母母港改建方案的内容大体包括物料疏浚和处置、维修设施改进、公共设施升级、码头条件改善、人力支持改善、停泊设施和交通改善,以及核动力装置维修设施建设。

　　尽管我国海军装备发展取得了令人瞩目的成绩,但对一些关键技术的研究尚不完善。鉴于此,需要及时了解国际相关技术的发展,本书具有重要的借鉴意义。

朱英富

2020 年 3 月 24 日

前　言

　　航空母舰(以下简称航母)作为国防战略武器装备,是海上安全武器装备体系中兼具攻防能力的重要军事力量,是反对外来侵略,保卫领土、领海主权,维护海上安全与海洋利益的有效威慑手段,是战而能胜、攻防兼备、威力强大的"三栖"(可对海、对空、对陆作战)多维作战系统。航母及其舰载机系统,是包含船舶、航空航天、电子、机械、兵器、核工业,以及海洋等高新技术的系统工程,是综合政治、经济、军事、文化与社会发展的"巨系统",从论证设计、研制试验、建造管理、作战使用、运维保障、母港建设等方面集中反映了一个国家先进科技和现代工业、信息、智能化发展的水平,是综合国力的象征。

　　作为"航母装备运维技术保障系列"图书之一,本书在对国外海军核动力航母概述基础上,对美国海军在佛罗里达州梅波特海军基地改建核动力航母驻泊港对环境资源的影响评估进行了全面的归纳总结。其中,美国海军根据 1969 年颁布的《国家环境政策法》(NEPA)(《美国法典》(*United States Code*)),环境质量委员会实施的《国家环境政策法》(《联邦法规汇编》),海军作战部长(CNO)5090.1C 指令《环境和自然资源规划手册》编制了《环境影响分析评估》草案及终案。其终案分析了 12 个母港改建方案,以及不进行改建对环境资源产生的潜在影响,所涉及的环境资源包括地球资源、土地利用、水资源、空气质量、噪声、生物资源、文化资源、交通、社会经济、一般性服务、公共设施及环境健康与安全。美国海军针对各方案对环境的影响进行了分析评估,确定在佛罗里达州梅波特海军基地建造水面舰艇驻泊港为最终方案。

　　由于搜集的材料有限,部分原始文件信息缺失,本书仅对 2008 年美国海军完成的《环境影响分析评估》终案进行了部分译编,在筛选、分析的基础上,形成了本书目前的结构与内容,旨在了解美国海军面对从常规动力航母到核动力航母转型过程中对母港改建采取的必要措施。书中阐述了美国海军小鹰级"肯尼迪"号常规动力航母退役后,对原驻泊港(母港)计划进行升级改造,评估母港改建的目的是充分利用梅波特海军基地的滨水区和岸边设施,确保有效支撑以福特级航母为核心的航母编队的作战需求。海军需要以高效利用梅波特海军基地的现有设施,包括码头和海岸,从而最大限度地缩减建造规模。

　　本书所有资料都来自开源信息,且由于原始文件信息"碎片化",因此本书对专业技术不确定或所搜集的原始资料中缺失之处做了删减。由于我们的翻译水平、专业范围和技术能力有限,尽管在有限的时间内反复多次研讨修改、审校,力求做到准确,但书中难免存在疏漏,衷心希望广大读者提出宝贵意见。希望本书的出版能为我国航母装备运维技术保障发展提供参考。

在此,衷心感谢北京轩航信息技术研究院参研、参审、参编人员和哈尔滨工程大学外语系翻译硕士学位点参译、参校师生4年来的全力付出,以及出版人员和"亲友团"的大力支持!通过中国造船工程学会的努力,本书首次成为"中国科协青年人才托举工程"的推荐图书!在此特别感谢!祝贺"书香少年中国"参与审读工作的同学中有118名成为相关专业的大学生、研究生!鸣谢中央高校基本科研专项、北京轩航信息技术研究院对出版工作给予的赞助支持!

本书得以顺利出版,充分体现了集体的智慧与力量!

编撰组
2020 年 3 月 24 日

目　　录

第一部分

国外海军核动力航母概述

第 1 章　国外海军核动力航母发展概述

　　核动力航空母舰(以下简称核动力航母)是采用核动力作为推进动力来源的航空母舰,是对国家利益具有重要意义的战略武器。全世界现役的航母中,有 11 艘核动力航母,其中美国拥有 10 艘,还有 1 艘来自法国,苏联历史上曾经研发过核动力航母。较其他舰船而言,核动力航母的论证、设计、建造、使用和全寿命周期保障是一个时间漫长、技术复杂、涉及领域广泛的系统工程。航母的建造是一项巨大、繁杂的系统工程,应尽力能地做到技术上合理、经济上合算,且使其能更好地满足任务需求,而核动力航母较常规动力航母的研发更为复杂。

　　1958 年,世界上第一艘核动力航母,美国海军"企业"号开始建造,此后,美国不间断地建造了 10 艘尼米兹级航母,发展到后来研制的 21 世纪新型福特级航母,美国核动力航母已走过了半个多世纪的发展历程。从美国核动力航母平台本身发展来看,从"企业"到"尼米兹"再到"福特",这 60 多年间,尽管舰船设计师在设计之初都对未来航母做出了种种设想,提出了水下航母、半潜式航母、气垫式航母、双体式航母、超级航母、浮岛式航母等方案,但美国航母的设计已有了相对固定的模式。除选用核动力外,就基本结构而言,尼米兹级、"企业"号和常规动力小鹰级几乎相同,而小鹰级基本上是从 20 世纪 50 年代初建造的福莱斯特级的改进型。因此,美国海军现役航母虽然全部采用核动力,但其母型船在线型设计、船体结构、系统化分等方面从半个世纪前便已基本定型,即使最新的福特级航母,经过多年的方案论证,最后也还是基本沿用尼米兹级的舰体结构,其主尺度也与尼米兹级大致相同。

1.1　美国"企业"号核动力航母发展概述

1.1.1　研制背景

　　第二次世界大战结束后,为了继续保持其海军优势,夺取海上控制权,实现其全球战略目标,美国海军采取了两项措施:一是淘汰一批舰龄长、吨位小、性能差的航母,封存或报废大部分战列舰;二是着手设计和建造一批载机多、能有效操作喷气式飞机、性能好、适应现代海战需要的超大型航母。20 世纪 50 年代,美国相继建成了"福莱斯特"号、"萨拉托加"号、"突击者"号和"独立"号等 4 艘福莱斯特级常规动力航母,接下来又建造了与福莱斯特级航母相似的小鹰级航母"小鹰"号和"星座"号。

与此同时,核能为潜艇、航母等各种类型的舰船提供动力的可行性提高,美国海军舰船核动力技术逐渐成熟。1950 年,由于美国"核潜艇之父"海曼·里科弗的多方游说,时任美国海军作战部长的福莱斯特·谢尔曼对核动力装置兴趣陡增,他认为,美国不仅仅需要核潜艇,还需要"探讨建造一艘具有核动力装置的大型航母的可能性"。1952 年 1 月,美国完成了航母核反应堆的选型研究。1954 年4 月,里科弗提出了一个包括潜艇、水面舰艇(航母)的反应堆原型堆的发展系列项目,并获得批准。1954 年 8 月,美国原子能委员会同意研制航母反应堆的陆上模式堆。同年 9 月 30 日,美国第一艘核潜艇"鹦鹉螺"号正式服役,引起世人瞩目。核潜艇突破了普通潜艇的全部性能记录,显著提高了水下航速,可长时间在水下航行而不需要补给燃料。核潜艇卓越的性能引起人们对建造核动力水面舰艇的关注,促进了核动力航母的研制工作。

1956 年 1 月,美国海军正式发文,开始核动力航母的初步设计;但真正开始核动力航母的研究工作则始于 1957 年。1957 年 8 月,苏联宣布成功发射了一枚洲际导弹。为了与苏联抗衡,美国海军决定将核动力航母列入 1958 年的造舰计划。很快,世界上第一艘核动力航母"企业"号于 1958 年 2 月 4 日铺设龙骨,8 个月后,由美国的西屋电气公司建造的航母反应堆陆上原型 A1W 首次运行,在此基础上,西屋电气公司又开发了 A2W 反应堆,为"企业"号核动力航母提供动力。1960 年9 月 24 日"企业"号核动力航母下水,并于 1961 年 11 月 25 日开始服役。"企业"号核动力航母的问世,使航母的发展进入新纪元。

"企业"号核动力航母由于装备了核动力装置,使其具有更大的机动性和惊人的续航力,更换一次核燃料可连续航行 10 年,且可高速驶往任意海域。"企业"号的设计源于福莱斯特级航母,它是唯一采用 4 座转向舵的美国航母,这使得其具有独一无二的机动性能。20 世纪 50 年代后期,高航速是航母必备的性能要求,8座 A2W 反应堆让"企业"号以 36 节以上的航速前进。此外,除了福特级,"企业"号是仅有的配备相控阵雷达的美国航母。为了布设相控阵雷达,"企业"号上设计了独特的方形舰桥,并成为后续新式航母舰桥设计的基本参照。"企业"号在服役时组合装有 AN/SPS – 32 和 AN/SPS – 33 雷达,其中 AN/SPS – 32 是一种两坐标搜索雷达,用于提供距离和方位信息;AN/SPS – 33 则是三坐标搜索、追踪雷达,用于提供距离、方位和高度信息。基于当时的海军战术数据系统,"企业"号具有强大的对空预警和监视能力,曾对美国"友谊 7"号太空舱进行过跟踪监控。不过,这两部雷达因为可靠性较低的问题,在 1979—1982 年的"企业"号大修改装期间拆除,换装成美国航母上通用的 AN/SPS – 48 和 AN/SPS – 49 搜索雷达。"企业"号于 2012 年 12 月 1 日退役,在美国海军服役 51 年。

1.1.2 动力系统

"企业"号核动力装置由 8 座 A2W 反应堆、32 台蒸汽发生器、4 台蒸汽轮机、

4 根传动轴、4 个螺旋桨组成。其单个螺旋桨直径 6.4 米,重达 32 吨;每两个反应堆配有 8 台蒸汽发生器,为 1 台蒸汽轮机提供动力来驱动 1 根轴,这几部分组成一个动力单元。"企业"号配有 4 个舵,单个舵重达 35 吨。

　　A2W 反应堆是在 A1W 陆上模式堆的基础上发展起来的。A1W 由两台反应堆 A1W - A 和 A1W - B 前后串联布置而成,与蒸汽轮机相连带动一个桨轴,构成了一套完整的推进系统。这套系统既可以用于试验也可以用来训练反应堆操作人员和"企业"号历任舰长,直到 1994 年它才功成身退。在代号"A1W"中,A 代表航母,1 代表初次设计,W 则代表西屋电气公司,A1W 陆上模式堆和"企业"号最终采用的 A2W 反应堆均由贝蒂斯原子能实验室研发,该实验室为国有实验室,当时由西屋电气公司管辖。A2W 单堆功率 150 兆瓦,可提供的轴功率为 35 000 马力①,二回路初始蒸汽压力为 4 兆帕,温度为 279 摄氏度。"企业"号上 8 个 A2W 反应堆可提供的轴功率达到 280 000 马力,这可以为保证"企业"号实现以 30 多节的速度航行提供充足的动力,这 8 个反应堆是当时世界上最大的核动力设施,可以为像明尼苏达州的明尼阿波利斯这样的城市提供充足的电力。"企业"号采用全速航行时,续航力达 14 万海里;采用 20 节航速航行时,续航力为 40 万海里,相当于绕地球约 18.5 周(以环地球 1 周约 40 076 千米计算)。"企业"号服役初期核反应堆换料时间间隔相当短,第一次换料是在 1964 年 11 月到 1965 年 7 月,当时"企业"号仅服役 3 年。随着装备在 A2W 反应堆的铀 - 235 浓缩度从初期的 40% 提高到 97.3%,加上其他方面的改进,其换料时间间隔逐渐延长,最后一次换料大修是在 1991—1994 年,这次换料后,A2W 反应堆所提供的动力一直维持到"企业"号退役。"企业号"核动力航母 CVN - 65 如图 1 - 1 所示。

图 1 - 1　"企业"号核动力航母 CVN - 65

---

① 　1 马力 = 745.7 瓦。

1.2　美国尼米兹级核动力航母发展概述

尼米兹级核动力航母是继"企业"号之后美国第二代核动力航母,从20世纪60年代开始设计建造。直至21世纪初,尼米兹级航母一直都是美国海上力量的重要支柱。它的首制舰是"尼米兹"号CVN-68,于1975年5月建成服役,舰上可搭载90架不同类型的战机。尼米兹级的母型设计源于福莱斯特级航母,舷号自CVN-68至CVN-77,共计建造10艘,其排水量和主尺度不尽相同,以"罗纳德·里根"号(CVN-76)航母为例,标准排水量为78 620吨,满载排水量为98 900吨;舰长为332.9米,垂线间长为317米,水线宽为40.8米,吃水为11.9米,型深为30.63米,棱形系数为0.613,舯剖面系数为0.991;飞行甲板长为332.9米;斜角甲板长为237.7米,宽为76.8米;机库甲板长208.48米,宽为32.92米,机库净高为7.8米。由于尼米兹级可自由选择的反应堆有限,一旦确定了反应堆型号,就得配合反应堆进行舰体设计,因此其动力装置采用两座A4W/AIG压水反应堆①、4台蒸汽轮机,总功率为209兆瓦(280 000马力),航速30节以上。尼米兹级航母武器装备方面包括两座雷声公司的Mk29型8联装北约"海麻雀"舰空导弹发射装置,北约"海麻雀"RINT-7P对空导弹采用半主动雷达寻的制导,射程16千米,飞行速度2.5马赫,战斗部重38千克;2座Mk49型21联装"拉姆"导弹发射装置,"拉姆"RIM-116导弹采用被动红外/被动雷达寻的制导,射程9.6千米,飞行速度2.5马赫,战斗部重9.1千克;2座(CVN-70,71,73)或3座(CVN-72,74,75)Mk15型20毫米6管"密集阵"火炮,射速为每分钟4 500发,射程1.5千米;SLQ25型鱼雷防御系统,SLQ-32(V)4型电子作战系统。作战系统包括ACDS0型海军战术及先进作战指挥系统SSDSMk2,当时计划都升级为CAPSTONE作战系统;3部Mk91-1型导弹指挥仪,属北约"海麻雀"导弹系统(NSSMS)Mk57舰空导弹(SAM)系统的一部分;3部Mk91-1型导弹指挥仪,属北约"海麻雀"导弹系(NSSMS)Mk57舰空导弹(SAM)系统的一部分;对空搜索采用ITT公司的SPS-48E型三维雷达,发射的电磁波频率(波长)选择E/F波段,作用距离407千米(220海里);雷声公司的SPS-49A(V)1型二维雷达,发射的电磁波频率(波长)选择C/D波段,作用距离463千米(250海里);休斯公司Mk23型目标捕获雷达(TAS),SPQ-9B型雷达对海搜索——诺登公司的SPS-67(V)1型雷达,G波段空中管制SPN-41、SPN-43C和2部SPN-46型航母控制飞机进场雷达,J/F/J/K波段,TPX-42A高度与身份数据显示系统(direct altitude and identity readou,DAIR)导航雷达——雷声公司SPS-73(V)17火控雷达4部I/J波段(对付反辐

---

① CVN-68~CVN-70航母采用的是西屋电气公司的A4W型压水反应堆;CVN-71~CVN-77航母采用的是通用电气公司的AIG型压水反应堆。

射导弹)的 Mk95 舰载火控雷达(对导弹)战术空中导航系统URN25塔康空中战术导航雷达;舰载机航空联队编制取决于所执行的任务,典型配置为 44 架 F/A—18A/C/E/F"大黄蜂",4 架 EA－6B"徘徊者",4 架 E－2C"鹰眼",4 架 SH－60F和 2 架 HH－60H"海鹰",最多 9 架 SH－60B"海鹰";4 部蒸汽弹射器;4 台 Mk7－3 型阻拦机,3 台用于 3 道阻拦索,1 台用于阻拦网;4 部舷侧式飞机升降机,平台尺寸为长 25.91 米,宽 15.85 米。在作战性能上突出了航母携带的弹药容量和燃料存储量,如 15 134 立方米的弹药和燃料存储空间,使得尼米兹级的航空弹药装载量达到了 1 950 吨,航空燃油的装载量为 9 000 吨,足够维持两个星期的作战任务。人员编制方面,配备了舰员 3 200 名(160 名军官),航空人员 2 480 名(320 名军官);编队司令部 70 名(25 名军官)。美国海军 10 艘尼米兹级核动力航母的基本信息如表 1－1 所示。

表 1－1　美国海军 10 艘尼米兹级核动力航母的基本信息

舰名	舷号	动工时间	服役时间	预计退役时间
切斯特·威廉·尼米兹	CVN－68	1968 年 6 月	1975 年 5 月	2025 年
德怀特·戴维·艾森豪威尔	CVN－69	1970 年 8 月	1977 年 10 月	2027 年
卡尔·文森	CVN－70	1975 年 10 月	1982 年 3 月	2032 年
西奥多·罗斯福	CVN－71	1981 年 10 月	1986 年 10 月	2036 年
亚伯拉罕·林肯	CVN－72	1984 年 11 月	1989 年 11 月	2039 年
乔治·华盛顿	CVN－73	1986 年 8 月	1992 年 7 月	2042 年
约翰·C.斯坦尼斯	CVN－74	1991 年 3 月	1995 年 12 月	2045 年
哈里·S.杜鲁门	CVN－75	1993 年 11 月	1998 年 7 月	2048 年
罗纳德·里根	CVN－76	1998 年 2 月	2003 年 7 月	2052 年
乔治·H.W.布什	CVN－77	2003 年 12 月	2009 年 1 月	2058 年

1.2.1　总体结构与基本布置

尼米兹级航母的舰型、总体结构、基本布置与第一代核动力航母"企业"号基本相同,即仍沿用了改进的"福莱斯特"型[①]小鹰级的基本设计。该航母采用封闭式舰艏、闭式机库、斜角甲板、舷侧飞机升降机,舰体从舰底至飞行甲板形成整体式的箱形结构,飞行甲板为强力甲板,参与全舰的总纵强度,满足高性能飞机着舰

---

　　① "福莱斯特"型航母是首艘为配合装备喷气式飞机而专门设计建造的航母,其首次采用蒸汽弹射器,斜角、直通混合布置的飞行甲板,是美国第一个从建造时就设有斜角飞行甲板的航母,并从此形成了美国当今航母的基本模式。

的要求。尼米兹级航母从龙骨到桅顶高达76米,相当于一幢20余层楼房的高度,飞行甲板距水面距离为19.11米,距基线距离为30.63米。飞行甲板以上的"岛"式结构为上层建筑,大致可分为7层,最上面的3层从上到下依次是航空舰桥、航海舰桥、司令部舰桥;飞行甲板以下可分为11层,机库甲板至飞行甲板占4个甲板层的高度,为11.3米,其中包括吊舱甲板。

飞行甲板向下第1层为吊舱甲板(美国海军也称为03甲板)。吊舱甲板位于机库甲板和飞行甲板之间,是支撑飞行甲板的重要结构。美国大型航母的机库总面积可达6 000~7 000平方米,由于飞机出入机库要进行调运,所以机库不能有任何支柱阻挡,这就需要依靠顶部的大跨度结构支持。另外,由于机库顶部是强力甲板,它必须承受船体的总纵弯曲所产生的拉压作用力,所以在飞行甲板下的吊舱甲板可以与飞行甲板组成双层组合结构,与机库两侧的双层纵壁形成巨大的箱形结构。吊舱甲板从舰艏到舰艉,有数条纵向通道,分成许多舱室。吊舱甲板集中布置了与弹射器、阻拦装置等甲板设施相关的机械舱、作战指挥中心、空中交通控制中心等多个作战区、飞行前指导室等与飞行相关的舱室。吊舱甲板还连接岛形建筑和舷侧走廊,并设有飞行员待飞室和包括舰长室在内的各种办公室。部分军官和士兵住舱也设在该甲板上。

第2至第4层为机库所在层,位于机库前方和外飘的两舷,为3层结构。其前部布置有厨房、餐厅;靠舰艏处是锚链舱,装有起锚机、系留装置等设备;两舷、艉部布置有住舱。01甲板两舷布置有住舱,艉部有设备维修间;机库周围多为与飞机维修相关的修理间和仓库;在外飘处,机库甲板层(主甲板)上设有补给站,此外,这部分结构上还布置了柴油发电机、空调、通风机等各种辅助设备。舰空导弹发射装置、近程武器系统等也布置在外飘处。

第5层布置了舰上最重要的舱室,主舰体由20多道主横隔壁细分成多个分区,各舱之间还装有水密门。这层甲板上有厨房和军官、士兵餐厅,前后还布置了军官和士兵住舱。舰上医院等医疗设施也布置在该甲板,其收容能力很强。

第6层上由主横隔壁分开的各区之间不能通行,主要布置了住舱及其相关设施。由于航母上需要的舰员数量较多,所以其他舰船的一些布置原则在航母上并不适用,如在中小型舰艇上一般不在摇摆幅度较大的舰艉布置住舱。

第7至第10层甲板在水线之下,舷侧有厚甲防护。两舷有多道几乎与舰同长的纵隔壁,将其划分成多层防御区。这部分布置了核反应堆、主机、辅机舱、泵舱等动力系统的设备。这4层甲板由于布置了较多的体积庞大的设备,所以没有全通的甲板,根据需要悬置了一些称为"平台"的机械控制室。反应堆设在舰体中央,配合多层防御隔壁和密封结构形成严密的防护。在这4层甲板前后设置了航空燃料舱,通向飞行甲板加油站的管路从舰体内部穿过。在舰艉设有舵机舱。

第11层为内底水舱和油舱。该级航母设有两个锚,每个锚重达30吨,锚链每环163.3千克,在发生紧急情况时,可远距离进行操锚作业。

1.2.2 动力系统

尼米兹级航母的核动力装置包括两座 A4W/AIG 型压水反应堆、蒸汽发生器、4 台蒸汽轮机、4 根推进轴、4 个 5 叶螺旋桨。该动力系统总推进功率达 280 000 马力,航速 30 节以上。两座压水反应堆分别设在前后反应堆舱内:前堆舱的后面是前机舱,舱内设置两套由高低压汽轮机组成的汽轮机组;后堆舱和后机舱位于前机舱后面,后机舱也设有两套由高低压汽轮机组成的汽轮机组。4 台蒸汽轮机置于前后机舱内,前机舱的两套机组驱动舷侧的两根推进轴;后机舱的两套机组驱动靠中间的两根推进轴,均由减速齿轮装置传动。动力系统工作时,由两座反应堆驱动 4 部蒸汽轮机,将动力传送到 4 根长 140.8 米(每根直径 0.6 米、重达 330.21 吨)的推进轴;推进轴驱动单个重近 30 吨、桨叶直径为 6.71 米的 4 个 5 叶螺旋桨。"尼米兹"号(尼米兹级航母首舰 CVN - 68)的每根推进轴都非常巨大,因此安装时将其分成了 7 段,分步安装。尼米兹级航母的航行方向操纵由两个舵完成,每个舵重达 45.4 吨,高 8.84 米。A4W/AIG 反应堆单堆功率达 600 兆瓦,是"企业"号上所采用的 A2W 的 4 倍。与采用 8 座核反应堆的"企业"号核动力航母相比,尼米兹级舰的反应堆,不仅造价低、体积小、占用空间少、布置方便、更紧凑有效,而且换料间隔也大为延长,该级舰设计换料时间间隔为 13 ~ 15 年,但实际换料时间间隔达到了 23 年,两次换料之间能够航行 80 万 ~ 100 万海里,相当于绕地球航行三四十圈。

1.3 美国福特级核动力航母发展概述

1.3.1 研制背景

进入 20 世纪 90 年代后,在经费预算有限的情况下,美国海军为了保持海军航空兵的核心战斗力,适应 21 世纪战略发展的需要,除了继续建造尼米兹级航母外,开始寻求研制一型比尼米兹级航母具有更强的作战能力,同时全寿期费用更低的新一代航母,从而构筑未来 100 年的航母战斗群的基础。1993 年底,新一代航母"CVX 计划"被提到议事日程,开始了概念论证。

20 世纪 90 年代初,美国提出了新的国家安全战略,基本目标是战略威慑与防御、前沿存在、危机反应、具备兵力重组能力。在战略上强调"国家安全主要是经济安全";在国防体制上强调"全面调整美国军事力量的结构",保持美军在重要地区的"前沿存在"。为配合国家战略的调整,美国海军也确定了与之相适应的新战略,即"前沿存在,由海到陆"。其战略调整的实质内容是要加强海军对陆地的攻击能力。美国海军认为,航母在 21 世纪仍是海军远征作战不可或缺的装备,新一代航母必须满足战略调整提出的作战需求,特别是要具备航母战斗群的对陆攻击能力。美国海军将新一代航母的使命任务确定为:和平时期在无陆上基地支持的情况下,能够提供可靠的、持久的、独立的"前沿存在";危机发生时,可作为联合部队/盟军的海上远征部队的坚强后盾;在联合作战中发挥更大的作用,打击敌陆上、水面或水下目标,为己方部队提供全维度防护,具备持续作战能力。据此,美国海军要求新一代航母必须具备以下几种能力。

①战略机动能力。新一代航母必须具备独立的快速部署和反应能力,无论何时何地都能配合海上远征舰队作战。

②持续作战能力。新一代航母在远离基地,持续作战的情况下,必须具有很强的自持力、支持飞机和掩护其他兵力的能力。

③生存能力。新一代航母必须具有很强的自身防御能力,一旦被敌方击中,仍具有一定的抗损、抗毁、抗沉和机动能力。

④精确打击能力。新一代航母必须能够指挥足够数量的战术飞机实施精确作战;必须为联合作战提供战术空中支持。

⑤联合指挥和控制能力。新一代航母必须具有联合作战能力,其通信设备必须能够完全与海军其他舰艇或编队、远征部队、联合部队及盟军的通信设施兼容;能够作为指挥与控制中心,将情报信息综合分析后形成连贯、清晰的战术图像为联合作战提供技术支撑;必须具备与基地和其他战术平台实时交换数据的能力和较强的数据融合能力。

⑥灵活性和改装潜力。新一代航母必须具有搭载现役和新一代舰载机的能力;必须具有同时执行多种任务、随时做好改变作战任务准备的能力;必须具有适应未来威胁、作战、技术等变化的能力。

在新一代航母计划开始的同时,为保证航母的发展不中断并保持造船厂的航母建造能力,美国仍在建造尼米兹级航母。

2005年8月11日,新一代航母的建造开始切割第一块钢板;2007年1月16日,首舰正式命名为"福特"号(CVN-78);2009年11月14"福特"号航母铺设龙骨;2013年11月9日"福特"号航母正式下水;2014年5月15日,"福特"号航母进行首次弹射测试;2017年4月8日,"福特"号航母进行海试;2017年7月22日,"福特"号航母正式服役,逐步替代"企业"号航母和尼米兹级航母。福特级航母的建造工期预计要持续到2058年,时间跨度长达半个世纪之久。

1.3.2 发展历程

1993年,美国海军开始新一代航母的概念论证。1996年3月,美国海军提出"开发21世纪新的战术航空母舰海基平台"用于代替当时正在服役的尼米兹级航母,称为CVX项目。经美国国防部采办委员会批准授权,美国海军正式开始新一代航母研制的总体方案的先期论证。关于总体方案的评估和分析工作主要涉及两方面:一是由美国海军海上系统司令部设计小组、费用估算办公室主要负责设计工作和相应的费用估算;二是由美国海军分析中心负责作战效能、可靠性等论证研究工作。总体方案分析紧紧围绕任务需求书进行,对新一代航母的作战能力、生存能力、适应性、未来改装的便利性、降低全寿期费用等核心问题开展了大量分析论证工作。

1997 年 10 月,第一阶段的总体方案论证工作完成,该阶段重点比较了大型航母和小型航母、常规起降和短距起飞垂直降落航母的性能和研制的可行性,研究人员先后对大约 70 种不同方案进行了比较探讨,包括舰载机数量和类型等。

1998 年 9 月,第二阶段的总体方案论证工作结束,主要完成了舰体主尺度、甲板布置和动力系统类别等论证,并进行了大量全寿期费用成本控制的模型研究。最终,美国国防部采办委员会批准了海军大甲板核动力的方案,并决定采用核动力,CVX 遂改称为 CVNX。

在 CVNX 计划之初,美国海军打算"一步到位"完成全新设计的航母研制。然而,全寿期费用分析清楚地表明,按整个一级航母的总费用来看,有降至最低的可能,但航母全新设计费用加上子系统技术开发的前期费用预计约为 60 亿美元,另外还需要 50 亿美元的建造费,完全超出了美国海军当时的预算。于是,为了保证新一代航母的成功研制,实现新技术的不断引进、作战能力的增强、研制风险的降低,同时又要与费用承受能力相适应,最终美国海军决定采取三步走的"渐进式"发展战略,由尼米兹级航母逐步平稳过渡到 CVNX 航母。

第一步建造 CVN - 77。CVN - 77 是作为新一代航母的过渡型号而建造的。通过在 CVN - 77 中引进新的研发与管理方法或程序,采用关键技术改进作战系统等手段,实现满足作为"网络中心战"中关键节点的需求;重新设计上层建筑,并改进机械控制和仪表显示系统等。

第二步建造 CVNX1。建造 CVNX1 型号航母的目的是提高作战能力,具体措施是在保持尼米兹级舰体基本状况的前提下,采用新型核动力装置、综合电力系统和电磁弹射、阻拦装置等技术。

第三步,建造 CVNX2。CVNX2 航母采用全新的舰型设计,重新设计了飞行甲板,综合利用经 CVN - 77 和 CVNX1 验证的技术,完善美国新一代航母的基本配置。

1999 年 10 月,新一代航母的总体方案论证最后一个阶段的工作完成,该阶段主要对各种总体布置进行了费用估算,并研究了其他相应的关键技术和分系统等内容。1999 财年内,美国国会共拨款 1.495 亿美元用于新一代航母的初期研制工作——发展航母的关键子技术,包括先进弹射器技术、先进推进系统、生存能力增强相关技术、综合信息管理技术、自动化技术(减少人力)以及计算机辅助设计工具等。

经过上述三个阶段的总体方案分析论证,美国海军得出的结论是:新一代航母仍将采取常规起降、大吨位、大甲板、核动力的设计方案。

2000 年 6 月,美国国防部采购局批准了美国海军关于建造新一代大型核动力航母计划的提案。2001 年,美国海军提出了 2 190 万美元的预算需求,主要用于 CVNX1 型的预采购的组件研究。

2002 年 11 月,项目发生重大变化。新上任的美国国防部长唐纳德·亨利·拉姆斯菲尔德要求国防部对大量的主要国防采购项目进行重新审查,使军事采购项目更加符合"拉氏军事转型"的要求,CVNX 计划也因此受到了影响。双方就 CVNX 的设计方案产生分歧,美国国防部认为,CVNX1 的巨额投入与设计改进所达到的最终性能不成比例。2003 年 1 月,美国国防部决定放弃原来的三步走发展战略,而选择以 CVN – 77 作为过渡航母,合并 CVNX1 和 CVNX2 的设计方案,新的项目被命名为 CVN21,即 21 世纪新型核动力航母计划。美国国防部对新计划重新进行规划、设计,最终决定新一代航母的所有舰均采用尼米兹级的船体,但要加强首舰中新技术的引入力度,后续舰将大部分采用首舰的设计模式,仅做少量改进,最终完成"单一的、转型的舰艇设计"。CVN21 项目为其他在研的水面舰艇设计和建造树立了一个模板。

为了降低 CVN21 项目的技术风险、降低研发成本,美国海军决定在 2003 年 9 月开始建造的最后一艘尼米兹级航母 CVN – 77 上应用 CVN21 的部分新技术。美国海军评估 CVN21 的研制费用为 30.1 亿美元,采购费用为 80.6 亿美元,全部费用为 110.7 亿美元。改进项目包括优化飞行甲板和飞行甲板下的结构布置(提高飞机出动架次),改善武器搬运系统,新的飞机弹射和回收系统,重新设计舰上岛式上层建筑,新的核动力装置,允许未来技术扩展,提高自动化水平,减少人工操纵程度,等等。

2004 年 4 月,美国海军和诺斯罗普·格鲁曼公司下属的纽波特纽斯船厂宣布,双方签订了 CVN21 航母的建造准备合同,这标志着 CVN21 项目进入了新的阶段。合同为期 3 年,总价值为 14 亿美元,涉及详细设计、装备研制、长期采购和首舰的先进建造方式等内容。同年 8 月,美国国防部将 CVN21 计划称为"三舰"计划,即决定该级航母首批建造 3 艘,舷号分别为 CVN – 78、CVN – 79、CVN – 80。3 艘航母计划共花费 361 亿美元,平均每艘航母的费用大约为 120 亿美元。

2005 年 8 月 11 日,福特级航母首舰 CVN – 78 举行了首块钢板的切割仪式,仪式上切割了重 15 吨的一块钢板,用作舷侧外板。

2006 年,美国海军长为 CVN – 78 命名,首舰以前总统杰拉尔德·鲁道夫·福特的名字命名,名为"杰拉尔德·R. 福特"号(以下简称"福特"号),并确立该级舰为福特级;美国海军决定将首舰的建造合同推迟一年签署,以便保证其他项目能够顺利进行,首舰交付时间也顺延一年。

2007 年 1 月 16 日,"福特"号航母举行命名仪式。美国国会在《国防授权法案》中为 CVN – 78 确立了 105 亿美元的一揽子经费标准。随后,美国海军申请 CVN – 78 的 2008 年建造预算。美国海军和国防部分别提交了最新经费预算以支持此次评审工作。

2008 年,美国海军将 CVN-78 的建造合同授予纽波特纽斯船厂。同年 11 月 27 日,美国柯蒂斯·怀特公司与美国贝克特尔公司签署了总这额 8 300 万美元的合同,为美国海军计划于 2013 年开始建造的第 2 艘福特级航母和 4 艘弗吉尼亚级核潜艇提供设备。

2009 年 11 月 14 日,"福特"号的龙骨铺设仪式在纽波特纽斯船厂举行。美国前总统杰拉尔德·鲁道夫·福特的女儿苏珊·福特·贝丽丝见证了龙骨铺设仪式。在仪式上,她将自己名字的首字母"SFB"用粉笔标记在一块钢板上,然后由船厂的工人将其焊接成形,最终这块钢板永久固定在了"福特"号航母上。

2017 年 4 月 8 日,"福特"号航母进行了海试,同年 7 月 22 日,正式服役。"福特"号航母的标准排水量为 101 600 吨,满载排水量为 112 000 吨;舰长为 337 米,舰宽为 41 米,飞行甲板宽为 77 米,吃水为 12 米;采用 2 座 A1B 核反应堆,航速可达 30 节;配备了 4 套电磁飞机弹射系统、3 个飞机升降机,可搭载 75 架 F-35C、无人机等舰载机;装备了 Mk-29"海麻雀"防空导弹发射装置,2 座 Mk 15 Block1 1B 密集阵近防系统;舰员 2 800 人、航空联队 600 人;食物可储存 60 天。

2011 年 2 月 25 日,福特级航母第 2 艘航母"肯尼迪"号 CVN-79 举行了首块钢板的切割仪式,2015 年 8 月 26 日铺设龙骨,2019 年 10 月 29 日下水,计划 2020 年以后服役。福特级首批三艘中的"企业"号 CVN-80 于 2017 年 8 月 24 日正式开工建造,预计 2024 年后下水,2027 年后开始服役。

1.3.3　主要特点及创新

福特级航母号称"网络中心战时代"的航母,设计上采用与尼米兹级类似的舰体,但对飞行甲板的布局进行了优化:舰桥后移,升降机减少至 3 部,采用新的弹药运输系统和电磁弹射器,以及先进的阻拦装置。整体设计目标在出动架次上比尼米兹级提高 25% 的基础上,人员减少 500~900 名。福特级采用新一代 A1B 反应堆,注重通过减少人员,提高自动化,增加费用可承受性和可靠性,对维修的需求更低,提高了航母的战备能力。福特级航母的反应堆发电量是尼米兹级航母的 2.8 倍,这意味着航母从蒸汽时代真正进入电气时代。福特级首舰"福特"号是首次完全采用计算机技术进行设计的大型舰艇,在装满核燃料的情况下,"福特"号能连续航行 20 年,使用寿命可达 50 年。

1975 年以来,美国所有的大型航母均须执行多任务,舰载飞行联队配备各种类型的舰载飞机开展作战任务,随着冷战结束,舰载飞行联队越来越将精力集中于兵力规划和打击任务,这就导致美国海军缺少专门的用于作战任务的战斗机。例如,F-14"雄猫"战斗机自 2006 年退役以来,美国海军一直缺乏专门的防空战斗机。另一方面,潜在打击任务的性质在不断演化。具体而言,采用大量精确制导对陆攻击导弹意味着,采用飞机全甲板载荷在主要目标上开展全面"阿尔法打击"的优先级正在逐渐降低,而针对一系列目标提供持续的灵活支持的能力可能更重要。福特级航母的设计反映了这些趋势,设计时着重强调在相当长的时间内,维持更多飞机出动架次。因此,在尼米兹级航母设计的基础上,对福特级航母的飞行甲板的布局进行了全新设计,从而提供更大的甲板空间,以提高飞机的出动架次率。

1. 舰"岛"设计

一个显著特点是重新设计的舰"岛"尺寸更小,舰"岛"位于舰艉较远处,而飞机升降机的数量从 4 个减少到了 3 个。这些变化有利于新型舰载机 F - 35C 的设计,并利于实现采用功能更强大的航空武器升降口及改进从存储弹药库到换料和重新武装"一站式保障区"的调运管理。有资料表明,这样的设计使福特级航母的存储容量和补给能力均得到增强,从而使福特级航母的长时间作战能力增强。

2. 电磁弹射系统和先进阻拦装置

在"福特"号航母的设计中纳入了一系列新技术,其中最值得注意的是用电磁弹射系统代替了传统的蒸汽弹射器,即利用直线感应电动机产生移动的磁场,沿着轨道向下驱动飞机发射运载器,直至达到起飞速度。电磁弹射能够得到更加精确的控制,可发射大量起飞质量不同的飞机,并对舰载机机身产生更小的冲力。同时,相对于蒸汽弹射技术,电磁弹射技术拥有更快的弹药补给速度,更易于维护和操作,从而有利于实现加强出击和降低总体成本的双重核心目标。电磁弹射将与新的先进阻拦装置配合使用,后者采用了感应电动机技术,替代此前的 Mk7 制动系统中精度较低的液压柱塞,降低了机身产生的震动程度。这种装置更适于操作较轻型的无人驾驶飞行器。

由于福特级航母采用增强型飞行甲板设计以及电磁弹射技术,因此在较长的一段时间内都可将舰载机出动架次维持在每天至少 160 架次,并可将全天候 24 小时出动架次提高至 270 架次。此前的尼米兹级航母虽然能够在 24 小时的昼夜飞行中提供短期的 240 架次的出动架次,但其每天持续出动架次却只有 120 架次。

3. 双波段雷达的应用

或许福特级航母的最大进步在于,其使得舰载机的作战能力得以增强,但舰载机的作战能力仍有赖于其他方面的发展。特别是新的双波段雷达的应用,大大提高了舰载监测能力。双波段雷达通过一个共用的控制器和单接口,将不同频带内运行的两个雷达结合在作战管理系统内。美国雷声公司生产的 AN/SPY - 3 多功能雷达在 X 波段(北约为 I/J 波段)运行,为地平线搜索、低空跟踪和导弹交战等功能提供支持。洛克希德·马丁公司制造的 S 波段(北约为 E/F 波段)AN/SPY - 4 雷达作为 AN/SPY - 3 的补充雷达,主要提供空域搜索和跟踪等功能。这两套系统均为最新一代的有源相控阵雷达,每套系统均包括三个齐平设置的非旋转式面板,实现360度的覆盖范围。双波段雷达系统取代了许多传统的旋转扫描雷达,能够支持总体空中管制,并结合舰载电子支持系统和空中预警机,针对潜在攻击提前发出预警,可对RIM – 162改良型"海麻雀"导弹地对空导弹的作战行动提供支持。

4. 动力系统

"福特"号航母采用2座A1B型反应堆,4轴4桨。A1B型反应堆中的"B"代表该型反应堆的主承包商,贝切特公司。在20世纪90年代美国海军提出研制新一代航母的新型核反应堆时,反应堆型号原为西屋电气公司研制的A5W,后来改为A1B,其主要原因是研制该型反应堆的主要实验室是贝蒂斯原子能实验室,该实验室属国家所有,由企业负责运营,其运营商在1999年之前是西屋电气公司,1999年之后改为贝切特公司。新研制的A1B型反应堆可提供比尼米兹级反应堆高25%的能量,3倍于尼米兹级反应堆的电力。这样的优势足以满足"福特"号航母电磁弹射器以及未来高能武器上舰的需求。此外,A1B型反应堆的舰上维护人员只有尼米兹级航母反应堆维护人员的一半,但却具有比尼米兹级航母反应堆更长的使用寿命。

福特级航母选择核动力作为动力源经历了严格的论证过程。1993年,美国开始新一代航母的概念论证;1994年,美国国会委托美国联邦审计总署(GAO)对常规动力和核动力航母的效费比进行比较研究,研究报告于1998年完成,(参见2017年出版的本系列丛书《国外航母全寿命周期费用管理概述》)。报告指出,核动力航母作战性能略优于常规动力航母,虽然全寿期费用高出58%,但作战性能比常规动力航母高很多;同时根据美国海军提供的估算,核动力航母的全寿期费用仅比常规动力航母高7% ~ 10%。1998年,美国国防部委托兰德公司分析了新一代航母采取常规动力和核动力的工业基础,其中常规动力包括蒸汽轮机、燃气轮机和柴油机。分析的结论是:核动力航母作战性能最优,燃气动力次之;从美国技术基础来说,各种动力方式均可行,但从维护工业基础的角度考虑,建议新一代航母采用核动力。

1998年,海军CVX项目办公室继续研究了未来航母核动力与常规动力方案的作战效能,研究指出:由于21世纪石油价格的不确定性,常规动力方案的费用风险高于核动力方案,并且燃气轮机还没有用于大型航母的经验。这次评估还针对单航母或航母编队在地中海、印度洋和西太平洋的布置活动进行了两种推进方案的比较研究,研究发现核动力方案在各种环境下的作战效能均优于常规动力方案。在操作上,核动力推进方案具有优越的机动性、良好的加速性能和持续高速航行性能,能对突发危机迅速做出反应。

经过大量此类评估之后,2000年6月,美国国防采购局批准了美国海军关于建造新一代大型核动力航母的计划提案。同年,美国开始了用于航母的新型反应堆的研制。

总结福特级航母选用核动力的主要原因包括以下几个方面。

①核动力航母作战性能优异,符合美国战略需求。核动力航母续航力大,其核动力装置功率大,拥有几乎无限的续航能力。航母到达战场后可即刻投入战斗,不必像常规动力航母需要补充舰用燃油,只需补充航空燃油(通常每周一次);而常规动力使航母的持续高速航行能力极低。如小鹰级航母从美国西海岸航行到东南亚需要添加3次舰用燃油,而在战时则通常需要每两天进行一次舰用燃油补充。核动力航母对危机的反应更迅速,且可持续高速航行。对于相同航程,常规动力航母由于需要中途补给燃油而需要更长的时间,而核动力不需要减速来进行舰用燃油补给。另外常规动力航母常以较经济的航速航行,高速航行将需增加油耗与补给次数。而核动力航母常以高于常规动力航母的航速航行,在应对危机时可以缩短到达目的地的时间,这使核动力航母的快速反应能力在作战性能方面的优势更加凸显。因此美国国会认为核动力推进方案较常规动力推进方案高出的费用是值得的。

②油价变化时对二者全寿期费用差别会有较大影响。2005年,海军核动力推进计划小组向美国国会提交了一份分析报告,粗略计算了油价浮动对舰艇全寿期费用的影响,其结论是当海军舰用柴油价格达到55美元/桶时(相应原油价格为47美元/桶),大甲板核动力与常规动力航母的全寿期费用将不相上下。常规动力与核动力航母的全寿期费用(1997财政年)对比如表1-2所示,表中假设航母寿命为50年。

表1-2 常规动力与核动力航母的全寿期费用 单位:亿美元

费用项目	常规动力航母(CV67)	核动力航母(CVN-76)
投资费用	29.16	64.41
采购	20.50	40.59
中期现代化改装	8.66	23.82
运行与维护费用	111.25	148.82
直接运行与维护费用	104.36	116.77
间接运行与维护费用	6.88	32.05
退役处理费用	0.53	8.99
废弃核燃料埋存费用	—	0.13
全寿期费用	140.94	222.22
年均费用	2.82	4.44

③采用核动力有助于维护工业基础。在美国新一代航母动力选型过程中,保留和进一步发展重工业基础也是福特级最终选用核动力推进方案的一个重要因素。据兰德公司 1998 年分析,美国新一代航母采用核动力或常规动力在技术上都比较成熟,但对工业基础的维护有不同影响。若采用常规动力,对常规动力工业基础的促进作用并不明显,如美国通用电气等公司的燃气轮机产量很大,但生产航母用的燃气轮机只占其产量的一小部分,但却会因此使核工业基础和海军其他核项目受到负面影响,如可能会导致纽波特纽斯船厂核技术人员的流失,影响船厂工作的延续性。另外,若新一代航母采用常规动力,将会使其他海军核费用每年增加 1 800 ~ 3 300 万美元。

美国福特级航母需要设计新型反应堆 A1B 的原因主要有以下几方面。

①更大的功率需求。福特级航母需要反应堆提供更高的功率和电力。由于福特级航母计划使用电气化辅助设备(电磁弹射器、动态装甲等耗电量较大的系统),因此需要更大的电力保障,而尼米兹级航母的轴功率为 209 兆瓦,汽轮发电机功率为 64 兆瓦,应急柴油发电机组功率为 8 兆瓦,其反应堆已经不能满足福特级航母对功率和电力的需求;如果反应堆不能提充足的电力,还会影响后续新技术的引入,如高能武器等。因此,福特级航母在设计中提出了 3 倍于尼米兹级航母电量的需求。

②减少人员的需求。新一代航母需要提高反应堆的可靠性,简化并减少维修次数,减少维护人员数量,其反应堆部门人员将减少至尼米兹级航母的一半。

③降低全寿期费用。核动力舰艇反应堆堆芯的更换过程非常复杂,所需时间也长,而且换料还会产生放射性废物,有损环境。因此,选择反应堆应注重其寿命,反应堆堆芯更换的间隔期越长,核动力航母的出动率越高,全寿期所需成本也越低。

④提高反应堆堆芯使用寿命。目前,美国研制的用于弗吉尼亚级潜艇的 S9G 反应堆可以运行 30 年以上而不用换料,做到"与艇同寿"。新一代航母设计之初提出的对反应堆的要求也是希望在航母全寿期内不换料,做到"与舰同寿"。美国在新型反应堆的研制中也进行了这方面的研究,福特级航母寿命有 50 年,以目前的工业水平看,反应堆堆芯寿命预计可达 30 年,当然反应堆堆芯实际使用寿命的长短还与舰艇在寿命期中的运行情况密切相关。

A1B 型反应堆在设计中吸取了海狼级、洛杉矶级和弗吉尼亚级等核潜艇反应堆的设计和运行经验。新反应堆具有更好的设计性能,进一步简化了结构,采用更先进的计算机控制技术及先进的堆芯材料,使得该堆芯具有更高的能量密度。弗吉尼亚级潜艇及准备换料大修的核动力航母和潜艇都采用这种先进堆芯材料。A1B 型反应堆的改进还包括改进部件和系统设计,如重新设计蒸汽发生器等,从而减少维修次数,延长使用寿命并降低全寿期费用。

1. 改进堆芯的设计和制造工艺

尼米兹级航母反应堆采用的技术是基于 20 世纪 60 年代的核技术,受当时计算能力、测试数据及所使用的设计规则的限制,其建模能力十分有限,因此为了保证安全性,只能执行保守的工艺和程序。A1B 型反应堆在保证安全的情况下降低设计保守性。通过改进方法并开发新模型,进行核、热力学、水力学、结构力学、流体力学、动态结构负载预测和分析,建立新的堆芯性能规范,使堆芯运行效率最大化。尼米兹级航母反应堆堆芯的设计不足使其在运行时核燃料有过热点,这就要求在进行燃料组件设计和运行时必须留有较大裕度,因而限制了其功率密度和使用寿命。A1B 型反应堆改进堆芯设计和核燃料组件制造工艺,减少过热点数量,从而允许堆芯以更高的功率密度运行,并能延长堆芯寿命、减少废料。由于使用高浓缩铀具有高功率密度,美舰用反应堆堆芯采用了平板形燃料组件,以增加换热面积,从而增加换热效率并提高性能。高浓缩铀分散在另一种基质材料里,外面再用另外的材料包封,做成平板形燃料组件。A1B 核燃料组件使用新的包封材料和制造工艺。

2. 改进反应堆性能预测模型和装置材料

延长反应堆寿命可大幅度提高舰艇的可用性、降低费用、降低辐射泄漏和减少核废料,但同时也减少了中期进行反应堆部件完整性检查以及替换老化部件的机会,因此反应堆的测试、检验和预测非常重要。反应堆的部件和材料必须能在恶劣的环境中可靠地运行,在数十年运行中经受住辐射、腐蚀、高温和高压的考验,因此,在改进装置材料的同时还要进行全面且严格的分析,并建立新的反应堆全寿期性能预测模型。

材料的改进包括对现有材料和新材料进行辐射测试,验证其寿命期性能并改进预测能力,使之能在恶劣环境下长时间运行。堆芯使用的材料包括核燃料、毒物、包壳、结构器件等。这些材料必须在反应堆运行环境中保持其物理完整性,能耐受住反应堆运行时产生的辐射、压力、腐蚀和加热等恶劣的环境。反应堆承压结构材料的强度和完整性也很重要。堆芯寿命延长带来了很多优点,但由于缺少长寿命堆芯实际运行经验的验证,因此美国改进了分析方法和工具,为长寿命堆芯在其寿命期内的安全可靠运行提供保障。

3. 重新设计蒸汽发生器

蒸汽发生器利用反应堆一回路冷却剂的热量将二回路的水转换为蒸汽,带动蒸汽轮机运行。由于蒸汽发生器长时间工作在急剧沸腾环境下,特别容易发生腐蚀,为了防止放射性污染二回路的水蒸气,蒸汽发生器必须保证完整性。福特级航母使用改进的新设计的蒸汽发生器,降低质量和维护工作量以及全寿期费用。新的蒸汽发生器改进了流动设计、消除了低速流动区域,使杂质的集中和沉积最小化;另外还设计杂质移除的方法,并通过腐蚀抑制剂减轻杂质的影响;蒸汽发生器的改进工作还包括使用新的管道材料、新的腐蚀控制方法、改进的换热方法、蒸汽分离预测工具,在提高性能的同时降低费用和质量;装置材料也进行了改进,以降低腐蚀源,通过进行腐蚀测试来减少费用,降低检查与清洁频率,同时延长蒸汽发生器的使用寿命。

4. 改进反应堆控制设备

美国海军舰用反应堆使用的控制棒驱动机构采用的是基于 20 世纪 60 年代的技术。新的控制棒驱动机构使用固态电机驱动,可以消除意外发生的紧急停堆,改进可靠性、提高安全性、简化设计、改进寿命期特征、延长使用寿命,并提供更灵活的操作性能。新的先进控制棒驱动机构已经应用于弗吉尼亚核潜艇的 S9G 反应堆中,福特级航母上也使用了这种控制棒驱动机构,不过需要按比例放大。A1B 型反应堆采用了海军舰用反应堆有史以来尺寸最大的控制棒。

5. 改进反应堆回路系统及其设备

A1B 型反应堆简化部件,提高了反应堆效率、可靠性和安全性。如尼米兹级的主冷却泵是 20 世纪 60 年代早期设计的,已不适应福特级航母的需要,因此美国海军对主冷却泵进行了重新设计,减少其磨损、改进性能并提高可靠性。反应堆还使用更少的部件和系统,减少维护需求、节省空间,并减少这些反应堆部件的功率需求,从而提高性能、节省费用,使反应堆的运行操作更简化。另外 A1B 型反应堆在设计时还改进了反应堆回路的流动特征,改进的设备还包括蒸汽发生器、增压器等。

6. 更简洁的系统与更低的维护需求

尼米兹级航母除了电力不能满足未来的需求以外,其反应堆非常庞大而复杂,有 30 种以上的管道尺寸、1 200 个以上的阀门和 20 个以上的主泵。在航母运行时,反应堆需要 60 多个人工观测点,因此反应堆部门需要的人力特别多。与尼米兹级航母的反应堆相比,福特级航母的反应堆减少了将近 50% 的阀门、管道和主泵等部件。其蒸汽发生系统只使用了不到 200 个阀门并且只有 8 种管道尺寸。这些改进既简化了反应堆的制造工艺,也减少了维护工作量和人员的需求,并且使系统更为紧凑、占用空间更小。新的反应堆使用现代化电气控制与显示,可以将反应堆运行时的观测点减少到 20 个,观测点的减少大幅度地减少了维护人员的数量。

美国正在研制的反应堆技术还有核转变技术堆芯(transformation technology core,TTC)技术。这种技术成功后将首先用于弗吉尼亚级核潜艇,堆芯能量密度比其现用的 S9G 反应堆高 30% 以上。这种技术成熟之后也可以用于航母反应堆，可进一步增加航母反应堆堆芯的能量密度，延长其使用寿命。

根据福特级航母维修计划，两次船坞维修间隔至少为 40 个月，而尼米兹级航母按增量维修计划（IMP），两次船坞维修间隔只有 18 个月。尼米兹级航母在其寿命周期中有 1/3 的时间在船坞度过；而福特级航母的在坞时间只占寿命周期的 1/4。这一方面降低福特级航母的全寿期费用，另一方面增加福特级航母的可利用率。

1.4 法国"戴高乐"号核动力航母发展概述

1.4.1 研制特点

目前，法国是除美国之外唯一建造和装备核动力航母的国家，拥有唯一一艘中型核动力航母"戴高乐"号。核动力航母的研制包括五大技术，即舰载机、母舰总体、核动力装置、特种装置（含弹射器、拦阻装置、升降装置等）、航空管制与光电引导着舰控制系统的研制。20 世纪 80 年代，法国核动力航母研制确定了"自行研制、以我为主"的方针。但在不同方面又根据本国条件有区别地引进国外技术，既从经济上节省了本国科研经费的开支，又在技术上缩短了与世界先进水平的差距。

第一，在舰载机研制方面，法国海军选定本国自行发展的 ACT 与 ACM 通用的"突风"型攻击机。由于该飞机研制周期很长，1986 年还在试飞陆基型，所以在航母设计中，法国海军同意首先用已批产的美国当时最新的 F/A – 18"大黄蜂"型舰载战斗/攻击机作为舰机适配的参考机型，其战斗起飞质量为 15.7 ~ 22.3 吨。两种机型的各项参数相当，研制时，法国海军要求根据"大黄蜂"型舰载机的经验和教训来改进"突风"型舰载机。这一举措通过引进美国当时已向澳大利亚、加拿大、西班牙等国开放出口的机型的技术，解决了法国自行研制舰载机与舰载适配的矛盾与困难。

第二，在母舰总体研制中，法国在第一代航母的设计、使用、维修时都积累了很多经验。他们强调从基础研究入手，充分发挥本国拥有水池、水筒、风洞等设施的科研优势，解决航母流体动力特性和航母与舰载机相关的空气动力特性的各种技术问题。

以"戴高乐"号航母为例，其线型是从 11 种不同形式的船模中经过大量水池试验后优选出来的；其自航试验制作了 3 型船模；其适航性试验制作了 6 型船模；其操纵性试验制作了 3 型船模（不同的船体）配以 4 组不同的舵方案；为了研究其推进装置而在空泡水筒和敞水池中各制作了 3 种螺旋桨方案来试验。特别是对于关键的航母平台运动稳定性问题，研究人员采用数学模型进行仿真研究，经过在试验水池的船模研究和缩小尺寸的航母"自航模型"在海上操纵试验相结合的深入研究后,才最终确定了选用名为 SATRAP 的自动操舰与减摇稳定控制系统。该控制系统包括两对面积分别为 11 平方米的消摆鳍、面积为 24 平方米的减摇鳍兼方向舵、占舰长 1/3 左右的舭龙骨及一对横倾矫正压载水舱(容积为 90 立方米,排水速度为每秒 3 立方米)。SATRAP 控制系统对横摇、纵摇、横荡三个自由度以及本舰回转造成的持续横倾都有消减作用;可以在北大西洋 5～6 级的海情下保持舰体稳定;年平均作战使用率可达 75%。

另外,值得一提的是"潘曼"(PENMEN)号自航模型,其垂线间长为 19.83 米,全宽为 5.08 米,飞行甲板宽为 2.78 米,水线宽为 2.62 米,吃水为 0.7 米,飞行甲板至基线高为 2.05 米,满载排水量为 20.8 吨,最大航速为 9 节,采用电力推进,功率为 100 千瓦,螺旋桨直径为 0.48 米,模型采用铝合金结构。海航试验时由 1 人操纵,另 2 人负责测试。模型上安装有 50 多只测试传感器,所有数据以遥测信号的方式发射到岸上,由一套车载 MC54S 型计算机实时处理。

"潘曼"号自航模型 1987 年 3 月完成试制下水后,在洛里昂附近的大西洋海域进行了海上试验,该模型 1988 年 8 月 22 日的海试报告指出:自航模型以 20 节航速模拟航母航行,波高 3.8 米,海浪周期 14 秒,风速为 40 节,测试结果证明航母的线型和控制系统有减摇效果。当时该模型预计试验 2～3 年,包括做破损后的操纵性试验。此外,还为核动力航母研究了一套平台运动预报辅助飞机起降系统,其目的是使舰载机在起飞时可以利用飞行甲板的垂直上升速度引起的动态弹力来弹射飞机,而在舰载机着舰时,又可使飞机在接近航母阶段直接对准拦阻索位置,避免碰撞尾部飞行跑道圆端。其原理是把海浪、航空母舰的运动轨迹实测数据进行处理、预报后,引导待降飞机。

1988 年 6 月,法国航空技术局利用航母模型测试了飞行甲板各部位气流的分布特性。据介绍,这些试验结果都被不断地反映到了航母首舰的施工设计中,用于优化航母的性能。在核动力航母舰体材料选用方面,法国也没有进行专门研制,而是沿用水面舰艇的低合金钢,采取加厚措施来保证强度;但加大了对油漆涂料的研究力度,以满足耐磨防燃的使用要求,这一研究解决了飞机着舰对飞行甲板的关键技术要求。

第三,在核动力研制方面,法国海军选用核动力是为了满足航母活动海域大,续航力和自持力大的要求,此外还要求大大减少海上补给,但又不能重新专门设计核反应堆,所以直接选用了已有的导弹核潜艇的 K15 型反应堆的技术成果。但这样导致的结果是,新航母的航速只能达到 27～28 节,低于当时已有的常规动力航母的 32 节航速,对此,研制人员采用了综合系统设计以加大弹射器的能力来进行弥补,从而确保缩短科研战线、控制研制经费。据介绍,这其中的一部分原因是美国不向法国转让核动力技术,因此,法国也无引进的可能。

第四,在特种装置研制方面,应用于克莱蒙梭级航母(常规动力)的蒸汽弹射器就是从美国购买的,到了核动力航母研制时期,法国仍然准备从美国直接购买或引进专利技术,自行制造但不再自行研究。他们认为美国技术成熟可靠,没有必要自行研究。

拦阻、升降装置都是液压机构,都采用了克莱蒙梭级航母上的技术成果或对该航母的已有技术成果加以改进。

第五,在航空管制与光电引导着舰控制系统的研制方面,包括各种对空、对海雷达,进场测速雷达,着舰控制雷达,塔康系统,通信系统,对空数据链,光学引导助降装置,法国多数都安排自行研制,而且采取了把为核动力航母研制的配套设备先安装在克莱蒙梭级航母上试用的方式,不仅解决了现役航母的现代化改装,而且积累了经验用于持续改进。

1.4.2　动力装置

"戴高乐"号航母满载排水量为 40 600 吨,全长为 261.5 米,飞行甲板宽为 64.4 米,吃水为 8.5 米,全舰搭载 40 架飞机。该舰作战指挥系统技术水平较高,探测设备、火控系统、通信设备等都十分先进,可同时跟踪 2 000 多个目标,足以有效监控整个航母战斗群。"戴高乐"号的飞行甲板布局体现了"一切为舰载机服务"的思想:具有雷达隐身外形的舰桥位于甲板右舷前部,既方便航海驾驶又留出了空间停放飞机;两部升降机均安装在右舷,增加了机库空间;两部从美国购买的 C - 13 - 3 型蒸汽弹射器分别位于舰艏左侧和降落区斜角甲板左侧。从操作上看,这种布局方式牺牲了同时起降飞机的能力,但却使甲板上飞机停机和流动更加方便,从而提高了飞机出动架次。"戴高乐"号从美国引进了两架 E - 2C "鹰眼"预警机,为了"鹰眼"上舰,研制时还对斜角甲板长度进行修改,甲板长度增加了 4 米。"戴高乐"号的防空武器比较强大,装有两座六联装"萨德拉尔"轻型近程防空导弹系统、4 座"紫菀"15 型防空导弹垂直发射装置以及 4 门 20 毫米防空火炮。"戴高乐"号直接采用战略核潜艇上的 K15 型反应堆,但两座 K15 反应堆的功率明显不足,"戴高乐"号的航速只有 27 节,是航速最慢的核动力航母。由于法国在研制核动力航母上缺乏经验以及资金,"戴高乐"号从正式开工到服役用时 12 年。"戴高乐"号航母与美国航母的对比如表 1 - 3 所示。

表 1 - 3　"戴高乐"号航母与美国航母的对比

国别	美国			法国
型号	"企业"号	尼米兹级	福特级	"戴高乐"号
核准排水量/吨	73 570	81 600	—	36 600
满载排水量/吨	93 970	93 900 ~ 102 000	约 100 000	42 000
水线长/米	317	317	317	238
水线宽/米	38.5	40.8	40.8	31.5

国别	美国			法国
吃水/米	10.8	11.3~12.1	11.3	10
飞行甲板长/米	341.3	332.9	332.9	261.5
最大宽/米	78.3	76.8	78	75
机库(长×宽×高)/(米×米×米)	223.1×29.3×7.6	208.4×32.9×8.1	—	138.5×29.4×6.1
载机数量/架	80	80	80	40
弹射器数量/架	4	4	4	2
升降机数量/架	4	4	3	2
航空燃油装载/吨	8 500	9 000~10 000	—	3 400
航空弹药装载/吨	2 000	3 000	—	—
反应堆型号×数量	A2W×8	(A4W/A1G)×2	A1B×2	K15×2
推进功率/马力	280 000	260 000	260 000	164 000
航速/节	30+	30+	30+	27
舰员+航空人员/人	3 350+2 480	3 200+2 480	共约 4 600	1 256+610

"戴高乐"号航母的排水量约 4 万吨,装有两座总计 83 000 马力的 K15 核反应堆,却只能提供 27 节的航速,慢于一般护卫舰的航速,可见其核反应堆不够先进。"戴高乐"号航母直接引进 K15 核反应堆是不规范的,而应按顶层设计的要求设计动力装置,以使核动力装置满足航母总体的要求。

"戴高乐"号航母的问题不在于核反应堆本身,并不是由于把反应堆从水下转移到了水面引起的。核动力装置最主要的特点是其在密闭的环境中工作,燃烧时不需要氧气,它工作的可靠性和水面、水下没有关系。"戴高乐"号航母直接引进潜艇反应堆的问题在于,受当时的技术水平和经济条件的限制,其直接引进了潜艇的反应堆,导致航母的总体性能不能满足需求。

1.5　美、法海军航母核动力装置概述

1.5.1　核动力装置的工作原理

现役的核动力航母和核潜艇一样,使用的都是压水反应堆。美国航母采用的是分散布置的压水反应堆,法国采用的是一体化堆。下面仅以尼米兹级航母为

例,介绍核动力装置工作的原理。

尼米兹级航母采用分散布置的压水反应堆,用普通水作为慢化剂和冷却剂,具体运作方式如下。

①核反应堆堆芯内的铀原子裂变稳定地释放热能,同时,加压器向用作冷却剂的水(冷却水)加压,使水保持高沸点。由于一回路水压(约为15.5兆帕)较高,使回路内用作冷却剂的水受热后即使温度很高也不会沸腾,始终保持液态。这些高压水将堆芯内产生的热能带走。

②由于反应堆内的水始终处于液态,因此驱动汽轮发电机组的蒸汽必须在反应堆外产生,这就需要借助蒸汽发生器实现。来自反应堆的带有热能的高压冷却水(即一回路水)流入蒸汽发生器传热管的一侧,经蒸汽发生器内数以千计的传热管,将热能传到管外二回路系统的水内,二回路的水随即受热沸腾,变成蒸汽(二回路蒸汽压力为6~7兆帕,蒸汽温度为275~290摄氏度)。二回路系统与一回路系统是完全分隔的。

③在二回路内,蒸汽发生器内产生的蒸汽有两种主要用途:一是驱动主蒸汽轮机,从而带动螺旋桨和轴带发电机;二是给蒸汽弹射器供气。

1.5.2 核动力装置的研制途径

现有航母的核动力装置研制途径主要有两种:一种是美国所采取的方式,就是在核潜艇反应堆的基础上,对核动力装置加以放大或适当改进衍生出来的;另一种就是法国"戴高乐"号核动力航母采取的方式,即选用与核潜艇同型的反应堆,"戴高乐"号上安装的K15核反应堆与法国凯旋级弹道导弹核潜艇的反应堆基本一致,主要的改进是增加了安全防护屏。

从核动力航母的使用情况来看,美国在潜艇核反应堆基础上再专门研制适合于航母使用的反应堆的做法更加规范,效果也更好。航母反应堆虽与潜艇使用的反应堆原理相同、技术相通,但毕竟航母与潜艇本身特点不同,使命要求、使用环境和工作特性都有很大差异,对动力装置的要求自然不同,但可以相互借鉴、相互促进。单从反应堆功率而言,航母属于大型水面舰艇,吨位比核潜艇大得多,航速一般要求30节以上,弹射器也需要大量能源来弹射飞机,而核潜艇95%的时间都是以低噪声航速(3~4节)航行,因此,航母反应堆输出功率比核潜艇大得多。为此,美国并没有将潜艇反应堆直接搬到航母上,而是基于核潜艇反应堆,经过改进演变,研制航母专用的反应堆。在为"企业"号研制核反应堆时,美国海军首先在陆上建造了A1W模式堆,模式堆运行取得经验后,才在A1W的基础上研制了"企业"号上使用的A2W。新型福特级航母的A1B反应堆也是吸取了海狼级、洛杉矶级和弗吉尼亚级等核潜艇反应堆的设计和运行经验后专门研制的新堆。相比之下,法国"戴高乐"号航母在经费和当时技术条件的限制下,没有另起炉灶研制新堆,而是直接采用战略核潜艇上的K15型反应堆,此举虽然节省了经费和时间,但也使"戴高乐"号航母先天不足,两座 K15 反应堆的功率明显不足,其航速只有 27 节,是跑得最慢的核动力航母。

目前,只有美国和法国拥有核动力航母,其动力装置主要参数见表 1-4。

表 1-4　美国和法国核动力航母动力 1 装置主要参数比较

舰级	"企业号"	尼米兹级		福特级	"戴高乐"号
		CVN - 68 ~ CVN - 70	CVN - 71 ~ CVN - 77		
满载排水量/吨	91 038	92 955	97 933 (CVN - 71) 103 637 (CVN - 72 ~ CVN - 77)	101 605 (估计值)	42 500
反应堆型号	A2W	A4W	AIG	A1B	K15
铀浓缩度	服役初期为 40%,现为 97.3%	97.3%	97.3%	93%	20%
反应堆数量/座	8	2	2	2	2
单堆功率/兆瓦	150	600	600	—	150
推进功率/马力	280 000	280 000	280 000	—	83 000
汽轮机组/台	4	4	4	—	2
螺旋桨/部	4	4	4	4	2
最高航速/节	33	30 +	30 +	30	27
换料间隔/堆芯使用年限	第一次:3 年 第二次:5 年 第三次:8 年 第四次:8 年	预计 13 年,但实际堆芯寿命延长到 23 年后才进行换料大修,大修持续了 3 年多	预计 15 年,但实际 23 年后才进行大修	预计 30 年	7 年
反应堆主要研制实验室	贝蒂斯实验室	贝蒂斯实验室	诺尔实验室	贝蒂斯实验室	—
反应堆承包商	西屋电气公司	西屋电气公司	通用电气公司	贝切特公司	—

1.5.3 法国航母核动力发展概述

法国海军的核技术发展一直推动着核动力航母技术的迅速发展。由于各国海军核动力发展属于国家核心任务,因此外界只能通过开源信息了解法国海军的核推进综合技术服务部。作为国家级乃至世界级的服务部,其具有综合性核推进开发的经验,也就是说不仅有民用方面的经验还有军用方面的经验,不仅有海基的经验,而且还有陆基的经验。法国海军的核推进综合技术服务部的委托方是法国原子能委员会、法国海军和法国国防采购局。目前,核推进综合技术服务部汇集了全法国几十名核推进技术方面的顶级专家。法国海军的核推进综合技术服务部的大部分核心设施都设在首都巴黎,但是还有三个配备了核推进设施的港口分布于法国沿海地区,分别是土伦海军基地、布雷斯特海军基地和瑟堡海军基地三座军港。核推进综合技术服务部的工作人员从工作性质上主要分为两种,一种为技术专家,另一种为负责各种综合事务的代办人员。技术专家通常负责具有明确规定的核技术领域,一般为有关核安全方面或其他尖端的核技术研究;代办人员的工作一般是围绕相关的课题文件和合同开展,比如有负责航母业务处理的代办,有负责经验总结的代办等。当然,单凭来自不同技术领域的专家是不能圆满完成如此庞大复杂的工程的,技术专家还需要按照委托方的各项要求在极短时间内高质量地完成各项工作部署。只有整体上的团结协作才能让各项工作都有条不紊地开展,在这个团体内部不仅要保证各项信息能够通畅顺利的交流,还要经常非正式的交流,而这种非正式交流的重要性就好比一部好的咖啡搅拌机,往往能起到很好的调和和融洽的作用,比如让一群工程师围绕一个课题展开讨论等。

核推进综合技术服务部从最开始的航母操作规程探索、概念设计、核燃料与反应堆堆芯的制作,到确保在航母的使用寿命周期内全部核设施的稳定运行而不会出现任何意外情况等方面攻克了一系列极端复杂的技术难题。尤其是要在任何可能的条件下,特别是在发生核安全事故的情况下,也就是假定不能对核事故采取任何有效控制措施的情况下,确保核裂变气体的密封状态(第一道核防护隔离网)。至于提供给法国海军的核反应堆堆芯,由于其技术特性完全符合海上作战的特点,因此,不需要非常频繁地进行维护保养工作。核反应堆堆芯的替换工作耗资巨大,甚至于核推进综合技术服务部内的一体化核反应锅炉都不能进行类似的拆卸工作。为此技术人员借助了一些其他学科的知识,比如材料学、中子物理学、热工水力学,以及一些化学知识来解决开发过程中遇到的各种技术难题。

在研制核反应锅炉设施方面,也就是通常所说的核反应堆,核推进综合技术服务部启动了双重功能鉴定机制。为了达到要求,研究人员从精密机械学到人体工程学,再到电子学,一切有利于提高安全作业的学科都受到了技术人员的高度重视。同时,这些工作也是为了能够让军舰安全地进行海上驾驶与操作,以及确保后续维护、保养的顺利开展。核推进综合技术服务部也要直接参与核基础设施的改进与升级工作,在这种情况下,核设施都会处于非常繁忙的运行状态中,而恰恰是这种情况下,核设施的运行安全性就会变得更加重要。此外,还要对一些相关技术的限制,以及雷电天气、地震等自然因素的影响进行极端深入、细致的分析,从更严格的意义上来讲是对核反应堆的分析,并要对相关安全部门给予充分细致的示范讲解。投资成本和操作要求的不可压缩性是结构选择和基础设施更新的两条最主要标准。

核设施和核材料的运输操作是一项非常专业的工作,具体操作时应特别注意,应该采用经过特殊防核扩散处理的容器来运输。其主要目的是无论这些核材料是运输到使用场所,还是存放到存储货栈内,在任何条件下都要确保核材料的密闭性,不能外泄。事实上,核推进综合技术服务部一直在进行若干项研究工作,其目的就是为确保使用中的反应堆堆芯能够以最佳的效率工作。

放射性防护措施是法国海军核动力舰船概念设计中很重要的一个方面,法国海军核动力舰船所有采取的放射性防护措施都来源于常用的民用手段,而就是这些方法所达到的防护效果常常要比自然环境产生的放射性辐射还要低很多。此外,法国海军还采用了一些其他方面的防护手段,如定期、长期更新和升级维护程序与方法,这些手段通常会减小核设施维修保养人员曝露于核辐射的概率。

第 2 章 国外核动力航母建造厂与母港概述

纽波特纽斯船厂作为世界上目前唯一的大型核动力航母制造厂,从向美国海军交付第一艘核动力航母"企业"号至 2020 年,总共制造了两级 11 艘大型核动力航母,且正在建造第 12 艘航母。纽波特纽斯船厂诞生于 1886 年,位于美国大西洋沿岸弗吉尼亚州的纽波特纽斯市,与著名的诺福克海军基地相距不远;在时间跨度长达 50 余年的时间里,纽波特纽斯船厂通过改进设计和提高制造工艺水平,使航母性能不断提高。

布雷斯特船厂是除纽波特纽斯船厂外世界第二大核动力航母建造厂,位于法国西北部布列塔尼大行政区菲尼斯泰尔省布雷斯特市旁菲尔德河入海口处。1927 年法国法令明确授权布雷斯特船厂建造和维修大型水面舰艇,目前该船厂也是法国主要的舰船修理基地,承担了法国海军水面舰船和战略核潜艇的维护和检修工作。

2.1 美国核动力航母船厂概况

纽波特纽斯船厂作为目前美国唯一的核动力航母制造厂,具有十分先进的造船设施与卓越的研究开发能力,特别表现在强大的铸造和机械制造能力方面。其产品、装备及科研与单纯的民用船舶造船厂有相当大的不同。该船厂拥有完备的造船基础设施,保障了核动力航母的安全建造。

纽波特纽斯船厂所在的纽波特纽斯市位于弗吉尼亚州汉普顿锚地区,截至2013 年,该市拥有人口 183 412 人。该市位于弗吉尼亚半岛西南端、詹姆斯河北岸、濒切萨皮克湾,是北大西洋航路和美国国内水运的重要港口,具有重要战略意义。此外,纽波特纽斯市南部为诺福克地区(拥有世界最大的海军基地——诺福克海军基地,大西洋舰队司令部及北约组织最高指挥部均驻于此地)。汉普顿锚地区与诺福克地区是美国海军活动最频繁的地区,该地区建有诺福克海军基地、诺福克海军船厂、大西洋舰队作战训练中心、海军两栖战舰基地和海军弹药库、海军航空兵基地。纽波特纽斯船厂如图 2-1 所示。

图 2 - 1　纽波特纽斯船厂

2.1.1　纽波特纽斯船厂的发展历史

与美国许多历史悠久的船厂相比,纽波特纽斯船厂的历史并不算长,1897 年才首次为美国海军建造战舰。它既没能为美国独立战争(1775—1783 年)建造风帆战列舰,也没能为南北战争(1861—1865 年)建造装甲舰,但在 19 世纪末美国决定建立常备海军的年代,该船厂抓住了机遇,迅速发展。由于其生产的是铁壳船,并采用了蒸汽机技术,这种与木壳船和风帆动力的隔代差别,使该船厂迅速成为新一代美国海军舰艇的供应商。1907 年,由 16 艘舰船组成的环游世界的著名"白色大舰队"中有 7 艘由纽波特纽斯船厂建造;美国海军的 22 艘"无畏"级战舰中,有 6 艘由该船厂建造。

此后,该船厂为美国海军建造的各型水面舰艇陆续下水、交付。纽波特纽斯船厂迎来了首次辉煌。商业上的成功并没有遮住纽波特纽斯的洞察力。1910 年,在距纽波特纽斯船厂不远的海面上,一架寇蒂斯型飞机从"伯明翰"号巡洋舰上成功起飞。美国海军这次划时代的试验,使纽波特纽斯船厂认识到舰船技术将会迎来一次新的革命。此后,该船厂开始组织力量就航母的技术问题进行了可行性研究,并开始探索新舰种的设计和制造工艺。经过多年努力,终于在 1930 年,船厂取得了美国海军的订单,设计和建造了第一艘航母"突击者"号(CV - 4)。该航母于 1934 年交付美国海军。法西斯德国和日本军国主义在军事力量上急剧扩张使得第二次世界大战爆发在即,面对这种局势的威胁,美国海军对舰艇的订货迅速增加,纽波特纽斯船厂又建造了 3 艘约克城级航母。随着战争的发展,纽波特纽斯船厂在航母建造上变得一发不可收拾,从 1941 年开始,该船厂连续开工建造了 9 艘埃塞克斯级航母,并在战争后期开工建造了两艘中途岛级重型航母。这些航母大多数都在二战的中后期参加了对日作战,有些如"约克城"号和"企业"号航母还在战争中立下赫赫战功,成为一代名舰。

不过在这一时期,美国国内能够建造航母的船厂不仅仅只是纽波特纽斯船厂,从诺福克海军船厂为美国海军建造首艘航母"兰利"号(CV - 1)后,陆续地还有如昆西船厂、纽约海军船厂、费城海军船厂、纽约海军船厂等为美国海军建造了数十艘航母。不过其中除了纽波特纽斯船厂和纽约船厂外,其余船厂在二战结束之前所建造航母的数量都不多。

2.1.2 纽波特纽斯船厂的转型

二战结束后,美国海军对航母的需求大幅缩减。这导致从 1944 年第四季度到 1952 年上半年没有一艘航母正式开工建造,一些战争末期开工的项目也纷纷下马。不过美国为应战争之需而建立起来的强大造船能力却被商船建造领域看好。朝鲜战争和苏伊士运河事件,以及美国商船更换计划,都是对美国造船工业的利好消息,船厂生意因此颇为兴隆。但是随着 20 世纪 60 年代远东造船业的崛起,美国造船业遭受重大打击。大量美国船厂经营难以为继,纷纷倒闭。几家能够建造航母的船厂也在风雨飘摇之中退出了历史舞台,例如昆西船厂在建造了两艘美国海军核动力巡洋舰之后,由于经营问题而在 1963 年关闭,纽约船厂因经营不善于 1967 年关闭。

此时的纽波特纽斯船厂又一次展现出其敏锐的洞察力。1954 年 1 月 21 日,由当时的美国通用动力公司建造的人类历史上第一艘核动力潜艇"鹦鹉螺"号在美国格罗顿市下水。纽波特纽斯船厂预测到水面舰艇将进入核动力时代,从而决定船厂进行战略转型,并率先在 1954 年与威斯汀豪斯公司(原西屋电气公司)和美国海军共同开发出供水面舰艇推进系统使用的核动力原型反应堆。随着具有无限续航能力的核动力航母"企业"号在 1959 年下水,核动力水面舰艇的新时代开始了。此后,纽波特纽斯船厂在 20 世纪 60 年代末,持续改进设施、提高核技术研发能力,并提升核动力舰艇技术研究人员的数量和水平,从而将船厂的发展方向转向核动力舰艇的制造。

在一系列改造和努力之后,纽波特纽斯船厂建造了多艘核动力水面舰艇,其中包括美国海军 9 艘核动力巡洋舰中的 6 艘,弗吉尼亚级的"弗吉尼亚"号(CGN-38)、"得克萨斯"号(CGN-39)、"密西西比"号(CGN-40)、"阿肯色"号(CGN-41)和加利福尼亚级的"加利福尼亚"号(CGN-36)、"南卡罗纳"号(CGN-37)。1968 年,纽波特纽斯船厂又开始批量建造第二级核动力航母——尼米兹级航母,这标志着新一代核动力航母时代的诞生。

与纽波特纽斯船厂共同生存下来的几家海军船厂由于受美国海军取消舰艇建造政策的影响,全部退出了航母建造的竞争。如纽约海军船厂 1966 年从美国海军军备生产队伍中退出,转型为私营船厂,主要建造超大型油船,并从事舰艇修理和改装工作。诺福克海军船厂和费城海军船厂也转为从事海军舰船的维修工作。至此,纽波特纽斯船厂由于在经营上有远见、技术上有储备,而在核动力舰艇的竞争中拔得头筹,成为美国唯一一家核动力航母的建造厂。

2.1.3　核动力航母生产线

纽波特纽斯船厂在航母建造能力的独特性上主要体现以下三个方面。

一、纽波特纽斯船厂拥有完备的造船设施。其最大的船坞长达 662 米,是全美最大的船坞,该船坞能建造 39 万吨级的船舶。船厂装有横跨船坞和平台的 900 吨龙门吊。船体结构装焊车间面积达 44 540 平方米,设有全天候的自动生产设施。船体加工车间拥有切割和成形设备 50 多台,可加工 3 至 150 毫米,长度达 18 米的钢板。模块舾装车间面积为 11 150 平方米,高度达 10 层楼房高的舱室舾装设施内设有空调设备,可以满足"娇贵"的电子仪器所需的严格的环境要求,设施内还备有自动输送和液压定位设施,可全天候作业。铸造车间面积达 20 910 平方米,最大可铸造 65 900 千克的铸造件。机械加工车间面积达 27 890 平方米,有 150 台机床,用于制造大型螺旋桨等各种机械。

二、纽波特纽斯船厂具有齐全的研究开发设施。该船厂拥有卓越的研究、开发和设计能力,其创新中心可通过结合最新技术,降低造船成本,以达到满足用户需求的目的,噪声、震动、电气、机器等实验室则提供对设备的监测和评估。纽波特纽斯船厂还建立了弗吉尼亚先进造船和航母集成中心,其主要用途是为新的未来航母的系统和隐身技术提供集成设施。

三、纽波特纽斯船厂拥有大量的高素质工程技术人员。该船厂拥有总数超过 4 000 名的核技术与非核技术研究人员,这些技术人员主要从事概念研究、具体设计、新工艺、造船软件开发及控制设备的测试评估等工作,主要涉及热力学、声学、流体力学、核反应堆等专业。此外,还有超过 400 名的 IT 工程师从事网络技术、计算机图形设计、三维图形技术及软件开发等相关工作。另外,纽波特纽斯船厂还专门设立了一个技术学校,用于培养造船专业的人才。

2.1.4　产业集群与核心业务

纽波特纽斯港口是北大西洋航路和美国国内水运的重要港口,同时也是烟草、汽车、木材、纸浆、谷物、煤炭等产品的输出港。港口周边还有电子仪器、石油炼制、金属加工、建筑材料、化学工业、食品加工等工业。19 世纪末,由于航运业的发达,纽波特纽斯运煤港口便建造了自己的船坞,拥有独立修理、建造大型舰船的能力,发展成为著名的纽波特纽斯船厂,此后至今近百年,船厂配套设施不断完善、升级,如今拥有全美起重能力最强的龙门吊,极大保证了大型舰船的建造速度和效率。

纽波特纽斯船厂目前的核心业务全部围绕美国海军的订单开展,包括核动力航母建造、潜艇建造、更换核燃料和舰艇的维修与工程服务四项业务。另外,纽波特纽斯船厂从 20 世纪 70 年代以来,提出了 20 多份有价值的研究报告,主要内容涉及设计制造一体化、船舶生产率、船舶工业先进技术和实施示范、船厂计算机辅助生产过程设计、区域导向管理、船舶工业激励机制、机器人、高强度钢大能量焊接、101～610 毫米铸件电渣焊和先进的管子加工技术等。船厂通过研究"策略－任务－技术"来实现整艘船舶按一体化的系统工程原理进行制造。该船厂还自行开发了三维计算机模型系统,可实现对水动力、推进系统、船体设计、噪声测试等方面的模拟。

纽波特纽斯船厂通过"布什"号(CVN－77)和福特级 3 艘航母(即"福特"号(CVN－78)、"肯尼迪"号(CVN－79)、"企业"号(CVN－80))的建造,开展"三步走"的航母建造策略,采取可承受分阶段策略,逐步引进新技术,最终达到革命性的新一代航母的建造目标。建造"布什"号航母时,研究的重点主要考虑采用新的壳体设计,通过更有效的工艺过程压缩基本建造费用;建造"福特"号时,则主要考虑使航母能够适应新的核动力装置和遍布全舰的发电和配电系统,为此采用了第3 代核动力潜艇的反应堆技术;建造"肯尼迪"号时,由于该型航母舰体改进和增大,新的设计重点集中在舰体的可变换模块化结构设计,以便于现代化改装和老旧设备的更换。随着新一代航母计划的实施,纽波特纽斯船厂的建造计划将再次出现一个跨度长达数十年的新航母周期。在如此漫长的时间里,纽波特纽斯船厂将牢牢占据美国航母建造的主导地位,并利用其所收购的子公司诺斯罗普·格鲁曼公司在航天及电子技术方面的优势,对航母进行技术升级,使航母不断适应未来战场的新要求。

2.2 美国核动力航母母港及维修厂概述

航母母港是航母平时与战时正常运转的重要保障,兼有航母驻泊休整,日常维护、保养,补充弹药、物资以备战时出击等多项功能,对航母战斗力的维系具有不可或缺的重要意义。按照航母驻泊、行动需要和港口各类设施的完善程度,航母母港通常分为战略母港、前沿母港和机动母港三类。

战略母港是航母最主要的依托,是航母在非行动期间长期驻泊的港口,也称为常驻母港。除美军在日本的横须贺基地设置了战略母港外,各国都将海军航母战略母港设在本国境内,母港所在地气候条件适宜,水域、地质条件良好。战略母港基础配套设施完善,拥有全面、系统、可靠的弹药、物资保障体系;位于或尽量靠近拥有制造和修理大型舰艇设施和能力的区域,以便航母进行各种规模的维修、保养。同时,为满足航母技术装备的维修、保养,以及舰上人员休整,战略母港一般设在或邻近工商业较为发达的城市或地区,这些城市或地区交通便利,周边商业和服务业较为发达;战略母港一般都是在大型保障性军港基础上全面建设、发展起来的海军基地甚至"海军城"。此外,战略母港周围通常部署大量的防空、反潜、扫雷等防卫力量,可获得较为有力的陆、空军支援。

目前,美国海军的诺福克港、圣迭戈港,英国海军的朴次茅斯港,法国海军的土伦港等都是全球著名的航母战略母港。

前沿母港主要是满足航母平时战略需要部署、战时靠前快速抵达作战区域的一类母港,通常也是大型深水港。水深、航道条件是前沿母港的最基本要求,其基础设施虽不及战略母港完善,但也具备为航母提供一定的休整、补给能力,并可提供简单的维修、保养工作。在战时战略母港遭到破坏时,前沿母港也可为航母提供驻泊需要。根据航母拥有国的军事战略部署,以及出于对国力和外交关系的考虑,各国的前沿母港既有部署于本土的也有在海外他国设立的,如美国的珍珠港、太平洋上的关岛,法国的布雷斯特等都设有航母的前沿母港。

相对于战略母港和前沿母港,航母机动母港具有很大的随机性,只要能够满足航母的临时停靠即可,事实上也可视作航母的经停港。机动母港基本不具备航母维修、保障能力,满足保障和人员修整能力也很弱。

2.2.1　美国海军航母战略母港

航母战略母港是确保航母这一国家战略性海军装备能够充分发挥战斗力的重要保障,担负着航母战时出动支援和平时修整、维护的重要使命。同时,航母母港不仅仅是单一航母的驻泊港,绝大多数情况下更是整个航母战斗群以及舰载机的驻泊、保障地。从美国的情况看,航母母港往往作为庞大的海军基地的一个基础组成单位。没有战略母港为航母提供驻泊、保障、维修支持,航母就无法正常运作,其战斗力的发挥更无从谈起。

美国是历史上也是当前拥有航母数量最多的国家,其拥有的母港数量也最多,布局设置合理,配套设施齐全,技术含量高。多年来,美国航母战略母港经过不断调整完善、大量的资金投入、技术装备的增加,特别是加大了国防工业相关部门的协调与配合,已经成为一个具备大型舰艇维修和保养能力、资源配置十分合理、功能设施齐全的战略中心,基本实现了为航母及其编队提供全面休整、补给,提高舰队快速反应能力,以及提供可持续保障力的目的。

最大的航母战略母港诺福克母港位于美国东海岸中部,西海岸最大的航母母港圣迭戈港是美国西南部的海上门户,也是美国海军控制东太平洋和巴拿马运河区域的主要基地。驻日的横须贺母港位于东京湾进出口通道,是美军在西太平洋地区最重要的前沿阵地。由此,全球海上战略要地几乎全部被美国所控制。

2.2.2　诺福克海军船厂概况

美国建立了强大的工业基础来支撑航母的维修工作。美国海军的诺福克海军船厂、普吉特湾船厂、亨廷顿英格尔斯公司下属的纽波特纽斯船厂,以及其他私营船厂等维修机构组成了美国航母维修的工业基础,负责美国航母的主要维修工作。

诺福克海军船厂是美国最古老的造船厂,始建于 1767 年,位于弗吉尼亚州东南部沿伊丽莎白河南部支流和天堂河的冲积平原,靠近切萨皮克湾的入口。

诺福克海军母港是目前全球最大的航母战略母港,现为美国海军"艾森豪威尔"号、"罗斯福"号、"林肯"号、"杜鲁门"号和"布什"号5艘航母的常驻母港。该港常驻兵力占美国海军总兵力的16%,常驻舰艇分别占大西洋舰队的50%和美国海军舰艇总量的28%,是美国东海岸上海军的最大活动集中地,也是美国和世界上最大的海军母港,每年有3 100多艘次舰艇进出。

诺福克海军船厂的主要任务包括:给指定船只和服务保障船提供后勤支持;改装、大修、维修、改造干船坞,船舶舾装;制造、研究、开发和测试工作;还可以为其他活动和单位提供服务和材料。船厂有10 000余名员工,共有8个干船坞,可以容纳任何种类的舰船,其拥有的尖端科技可以为包括航母、潜艇在内的任意吨位、任意类型的核动力和常规船舶提供服务。

诺福克海军船厂由几个不相邻的区域组成,总面积为1 275英亩①,其中基本工业区498英亩,基本工业区中179英亩为控制工业区。这三块不相邻的区域是船厂的主体部分,由控制工业区、非控制工业区和特殊用途区及其附属区域构成(包括斯科特中心分馆、南门附楼和圣赫勒拿附楼)。船厂拥有17个生产车间,分别位于69个生产车间大楼中,占地超过360万平方英尺②。包括其附属区域在内,船厂的总价值超过20亿美元。

诺福克海军船厂主要为半径100公里范围内的部队提供维修服务,包括大西洋舰队部队、大西洋舰队潜艇部队、大西洋预备役部队、大西洋舰队两栖部队、大西洋舰队司令部、里士满国防物资供应中心等。该船厂是美国历史最为久远的船厂,并一直处在运营之中,可以为所有海军船舶提供维修和现代化升级服务,包括航母、潜艇、导弹巡洋舰和两栖舰,拥有东海岸海军造船厂中唯一能够容纳核动力航母的干船坞。诺福克海军船厂将继续保持其行业领先地位,并担负起区域维修合作伙伴的最新角色。船厂将有效整合熟练技工和生产设施、设备等各种资源,与美国大西洋舰队的军事人员和船舶保持合作关系。当前正在进行的区域改造项目有电机倒转、水泵维修和实验室建设。8座干船坞中最小的1号船坞有100米长,27米宽,7.9米深,最大的8号船坞有334米长,45.8米宽,14.2米深。

2.2.3 普吉特湾海军船厂

普吉特湾海军船厂始建于1891年,位于普吉特湾西侧,邻接西华盛顿的布雷默顿市。该船厂起初从事船舶修理工作,第一次世界大战期间得以扩建,后从事船舶建造工作。二战后,船厂大量船舶被封存,直至朝鲜战争才启封使用,其运载方式也相应改变。战争期间,其工作人员激增至15 000人,建造完成各类补给舰

---

① 1英亩=0.404 856公顷=4 046.856平方米。
② 1平方英尺=9.290 304×10⁻²平方米。

（AOE）、登陆舰（LPD）、护航舰（FF）等。1979 年,该船坞终止船舶建造计划,转而从事对船舶和潜艇的全面检查维修工作,主要业务集中于太平洋舰队船舶修理与技术改造。该船厂可进行舰艇的改装、建造、拆分工作,其干船坞可容纳所有类型的海军舰艇,且具有最先进的应急发电系统为船舶提供备用电源。除开展厂内维修业务外,船厂还拥有专业维修团队,可针对海军不同舰艇,在相应母港内为其提供维修项目。因此,全世界公认普吉特湾海军船厂拥有最优良的海军设施。1991年该船厂荣获"安装卓越奖"。

　　普吉特湾海军船厂共有 10 000 余名员工,其中 61% 为技术人员、22% 为半技术人员、1% 为非技术人员、22% 为工程人员。船厂 80% 的劳动力来自基特萨普县的布雷默顿市,其余来自西雅图与塔科马及其他县市,如梅森县、杰斐逊县、瑟斯顿县等。

　　船厂占地 327 英亩、水域 338 英亩,拥有 9 个综合型码头,其中包含 1 个深水码头,4 处泊口,382 座办公楼(办公面积总计 6 078 000 平方英尺),以及 6 座干船坞。

　　6 座干船坞中最小的 1 号船坞有 194 米长、33 米宽、9.2 米深;最大的 6 号船坞有 351 米长、55 米宽、16.2 米深。6 号船坞可以进行核动力航母维修,是西海岸最大的干船坞,主要用于停靠航母。该船厂斥资 4.32 亿用于土地购置,2.61 亿用于设备购置。该港口为温带气候,是天然不冻港,可为海军舰艇提供全年性的清水、深水停泊等。

2.3　法国核动力航母母港及船厂概况

2.3.1　"戴高乐"号航母母港

　　"戴高乐"号航母的母港为土伦海军基地,该基地位于法国东南部地区地中海西北沿岸的土伦港。土伦海军基地目前是法国海军地中海军区司令部所在地,是法国海军第一大军用港口,法国国家海军军舰总吨位中的 60% 以上都部署在土伦海军基地。其中,最主要的作战力量就是"戴高乐"号核动力航母。土伦海军基地是土伦市当地最大的经济来源,其经济和社会生活都以土伦海军基地为核心。目前,土伦海军基地内编制现役军人有 2 000 多人,地方工作人员有 10 000 多人。

　　土伦海军基地位于东经 5°55″,北纬 43°08″,紧邻地中海西北角,战略位置非常重要,基地与法国各个重要战略城市之间的距离如下:距离耶尔市(法国东南部海军航空兵基地之一)18 千米;距离法国首都巴黎市 840 千米;距离布雷斯特市(法国大西洋最大海军基地所在地)1 380 千米;距离瑟堡市(法国海军常规潜艇、核动力潜艇建造中心)1 187 千米;距离络里昂市(法国海军水面舰艇建造中心)1 200 千米;距离里昂市(法国大型重工业城市之首)370 千米;距离尼斯市(法国大型工业城市之一)150千米;距离马赛市(法国东南部最大沿海城市)65千米;距离尼姆市(法国东南部海军航空兵基地之一)185千米。

土伦海军基地宽阔的停泊场位于土伦港的东部,其重要的军事区为一个小型的军舰停泊地、一个大型的军舰停泊地和一些比较古老的军舰停泊港池。土伦海军基地西部和西北部也大部分直接接受法国海军管辖,是完全受军事化保护的大型锚泊地。从土伦军港背倚的法洪山上可以俯视全部城市和土伦军港。

目前,土伦海军基地内的海上区域基础设施主要包括军舰停泊码头、干船坞、军舰停泊港池、海军兵工厂等。这些基础设施按照从东至西的顺序依次是莫里永海军兵工厂、莫里永北港池、老港池、罗伯特角码头、荣誉码头、新港池、沃邦大干船坞区、卡斯蒂诺港池、卡斯蒂诺干船坞、卡斯蒂诺码头、苏伊兰港内通行水道、诏埃尔码头及工业区、米西西港池、米西西码头、米西西干船坞区、潜艇港池和码头、堪斯特港池、米约栈桥码头、东港池和西港池。"戴高乐"号核动力航母的停泊位置在米约栈桥码头区内最西侧的第6号码头上,这是戴高乐"号航母的专用停泊位。在"戴高乐"号航母进行技术维修期间,其停泊位置则转移到沃邦大干船坞区的西侧泊位上。

沃邦大干船坞区与荣誉码头、罗伯特角码头坐落在同一个半岛上,干船坞区位于两座码头的西侧。沃邦大干船坞区的名称来自法国历史上最著名的军事要塞设计与建造专家——路易十四国王的海军元帅——沃邦。目前,沃邦大干船坞区是世界上最重要的、军舰维修能力最强的海军工业区之一,是欧亚大陆上唯一可进行全面核动力航母维修、检修、大修和保养的工业区。干船坞内建有4座世界一流的大型干船坞,在维修像"戴高乐"号航母这样的超大型军舰时,4个干船坞中间的隔板又可打开,组成两座超大型核动力航母维修干船坞。这些干船坞是地中海地区最大的军用干船坞,可以用来维修中型与大型水面作战舰船及潜艇。2008年,"戴高乐"号航母的技术大修工程就是在这里进行的。沃邦大干船坞区北侧还有一座沃邦干船坞区,这里建有沃邦1号、2号和3号共计三座小型干船坞,这些干船坞可以用来进行小型水面作战舰船的维修。小型水面作战舰船包括潜水扫雷艇、拖船和巡逻艇。此外,这些小型船坞还可以对一些使用时间比较长的邮轮进行维修。如今沃邦大干船坞区内的4座干船坞和沃邦干船坞区内的3座小型干船坞共同组成了土伦海军基地内的沃邦工业区。沃邦工业区内除这7座干船坞外,还有巨型塔式起重机、丁字形起重机,一座巨型工业车间及其他仓库。

2008年年初,按照法国海军计划,"戴高乐"号航母进入为期一年多的维修保养期,而实际上,"戴高乐"号航母的这次技术大修从2007年9月1日就已经正式开始了,预备期是从7月31日至9月1日。此次技术上的大修全部在土伦海军基地内的沃邦大干船坞区的1号干船坞内进行。

2008年,"戴高乐"号航母在沃邦大干船坞区内的技术大修从各个方面同时展开,维修工程包括动力推进系统、电力系统、航母基础结构、航空系统、综合作战系统及通信系统。2008 年 2 月 1 日制定的维修工程计划表包括:拆卸舰载雷达、电子传感器等航空系统部件并进行维修;冲洗航母吃水线以下部分的舰体外壳,舰体的重新涂装在维修最后阶段由造船厂来完成;把舰体拖进沃邦大干船坞 1 号干船坞内并使舰体侧倾,进行全面检查,同时维修推进轴,并使舰体就位从而进入最好的可维修状态;在航母上安装一个性能更加良好,并且符合国际环境保护标准的全新空气制冷系统,这种制冷系统在这次技术大修中计划安装三个,安装方式是在舰体外壳上打开一个缺口,通过这个缺口把制冷系统运进舰体内,电缆安装人员要完成舰体内所有新型电话网络系统的布线工程;检查并维修航母蒸汽弹射系统;拆卸并维修舰载机着陆拦阻系统的制动器。为了维修这些设备,法国海军专门从美国新泽西州请了一批技术工程师到土伦海军基地,并由他们专门负责制动器的大部分安装工程;维修喷气发动机试验台和喷气发动机修理车间,同时维修并测试经过改造的"超级军旗"战斗机和"阵风"战斗机的喷气发动机加力燃烧室;利用沃邦大干船坞区的两部维修设备,检查并维修"戴高乐"号航母的动力推进系统设备;按部就班地进行弹药舱检修工程,包括为"阵风"F2 标准和"阵风"F3 标准配备的新型武器系统,拆卸航母左右舷的推进螺旋桨。

2008 年 4 月 15 日制定的维修工程计划表包括利用沃邦大干船坞区内的两部维修设备检查与维修所有的辅助设备部件,如在压水反应处用于产生水蒸气的部件;4 月以后的维修工程中最重要的部分是航母弹药舱的维修工作,特别是对弹药储存设施的维修工程,安装三部全新空气制冷系统,同时法国舰船制造局(DCNS)的技术工程师负责为航母接连全新的空气调节网络设备。

4 月 15 日制定的维修计划表中关于航母航空系统维修工程主要包括:为"阵风"F3 标准舰载战斗机安装新型的 Mermoz Ⅱ 喷气发动机试验台,同时对"阵风"F3 标准战斗机的机载电子系统进行维修;对航母飞行甲板进行全面检修,对飞行甲板的大部分保护层进行翻新;检修蒸汽弹射器。

2008 年 8 月 22 日,"戴高乐"号航母离开米约栈桥码头区驶入沃邦大干船坞区 1 号干船坞开始按预定计划进行大修工程。

"戴高乐"号航母的技术大修工程刚刚结束,航母及舰载人员立即进入了为期两个星期的维修后初期海试阶段,这个阶段的开始也意味着航母重新进入了临战状态。

2.3.2　布雷斯特船厂

布雷斯特船厂位于法国西北部布列塔尼大行政区菲尼斯泰尔省布雷斯特市旁菲尔德河入海口处。1927 年,法国法令明确了由布雷斯特船厂建造和维修大型水面舰艇。目前布雷斯特船厂是除纽波特纽斯船厂外世界第二大核动力航母建造厂,同时该船厂是法国主要的舰船修理基地,承担法国海军水面舰船和战略核潜艇的维护和检修任务。布雷斯特船厂如图 2 - 2 所示。

图 2 - 2　布雷斯特船厂

　　布雷斯特船厂是法国海军布雷斯特海军兵工厂的一部分,该兵工厂是法国海军在大西洋海域设立的最重要的战略性海军基础设施群。布雷斯特船厂还靠近布雷斯特海军基地,该基地是大西洋沿岸最大的法国海军基地,船厂南岸 5 000 米处即为法国海军长岛弹道导弹核潜艇基地,是扼守英吉利海峡西部出入大西洋的海上通道,也是法国海军在大西洋海域最重要的后勤基地。

　　布雷斯特船厂是法国海军大吨位军船的主要建造厂,负责设计和建造排水量 10 000 吨以上的舰船,该船厂下设造船部、修船部、武备部、弹药部和大西洋水下研究部,船厂拥有专门的拖曳水池、声学水池和测磁系统等设施。布雷斯特船厂拥有 20 多个船坞,其中核动力航母建造和大修均在拉尼弄干船坞区,该干船坞区又分为第 8、9、10 号干船坞,"戴高乐"号核动力航母在第 9 号干船坞内建造完成。

　　布雷斯特市属法国布列塔尼大区,地处大西洋与英吉利海峡交汇处,北面与英国隔海相望,是法国西部最重要的军事港口,由于其拥有法国最大的海军船厂和多个海军基地,因此享有"法国海军之都"的美誉。截至 2010 年,布雷斯特市有人口约 209 480 人。1974 年开始,布雷斯特市与 7 个周边小城镇组成布雷斯特城市共同体,2005 年改称布雷斯特海洋大老口市。布雷斯特市经济主要以造船、通信、精密仪器、食品加工、生态科技、海洋科技、电子设备为主。布雷斯特市在高科技研究及开发方面实力较强,主要涉及电子及信息技术、国防工业及研究、造船业、电子、工业自动化、信息技术、通信等,法国国家通信研究中心即设立于此。布雷斯特市还拥有占法国 60% 的海洋科研人员和机构,其主要的海洋研究机构有法国国家海洋开发研究院、欧洲大学海洋研究所等;此外布雷斯特市还拥有西布列塔尼大学等十余所高等院校。

　　由于布雷斯特船厂所在地布雷斯特市为重要的港口城市,是法国唯一的拥有航母设计、建造能力的城市,同时布雷斯特市拥有雄厚的工业配套能力。因此布雷斯特船厂成为法国唯一的核动力航母建造厂。

第二部分

国外核动力航母母港改建评估案例

第3章 概 述

美国海军建议在梅波特海军基地为美国舰队部署更多的水面舰艇。

梅波特海军基地位于佛罗里达州北部,杰克逊维尔以东,圣约翰河和大西洋流经该地。梅波特海军基地提供舰船维护和运营设施,为海军舰艇部署、航空兵和其他工作人员(包括基地内人员或基地外短期驻扎人员)提供支持与协助。此外,梅波特海军基地还为部署舰队及其他相关活动提供后勤保障。

美国海军是母港(又称驻泊港)改建计划的牵头机构。根据《联邦法规汇编》1501.6 的规定,美国陆军工程兵团(USACE)和美国国家环境保护局(USEPA)联合作为合作机构。海军起草了一份《环境影响分析评估》草案,并于 2008 年 3 月28 日起公示 60 天。同时,又起草了《环境影响分析评估》终案来评估海军作战部长和美国舰队司令部指定的各种母港改建方案。

海军起草的《环境影响分析评估》草案和《环境影响分析评估》终案参照了如下文件:1969 年颁布的《国家环境政策法》;环境质量委员会实施的《国家环境政策法》(《联邦法规汇编》第 40 章第 1 500 ~ 1 508 条);海军作战部长第 5090.1C 号指令《环境和自然资源规划手册》(*Environmental and Natural Resource Program Manual*)。

3.1 母港改建的目的和需求

母港改建的目的是充分利用梅波特海军基地的滨水区和沿岸设施来有效支撑舰队的作战需求。

2001 年的《防务评估报告》(QDR)呼吁国防部(DoD)在世界冲突加剧的复杂背景下,应建设具有快速出击并击败侵略行为能力的驻泊港。这就要求海军改变其作战理念以确保能够更快地向多个地点提供较多的作战资源。这在海军术语中称为增兵能力,即在现有部署的基础上再派遣训练有素的海军作战部队的能力。海军通过了美国《舰队反应计划》(FRP),使加强后的海军增兵能力制度化。

在美国海军舰队司令部的指导下,通过完善维护、现代化改建及配员和训练流程的调整,舰队至少能够在 30 天内部署 6 个具备增兵能力的航母群,以及 1 个能在 90 天内完成部署的预备攻击群。实现这一高层次的增兵能力是一项艰巨的任务,不仅需要海军舰艇和舰员长期保持良好的备战状态,还要进行舰艇的维修工作,并保障舰员的生活质量。

海军已经制定了岸上基础设施计划,以确保为实施《舰队反应计划》和海军作战部队提供相应支持。虽然预算可能影响海军基地的数量,但分散在美国和世界各地的保留基地能够响应《舰队反应计划》并为作战部队提供支持力量。海军基地应具备的能力受到其战略位置、地理位置和舰队战备状态的影响。

美国海军舰队司令部指出,梅波特海军基地的回旋水域特点导致其能够停靠的水面舰艇的数量有限。梅波特海军基地还建立了用于舰艇维护的岸上支援设施及军事人员支援设施,但这些设施并未得到充分利用。目前在梅波特海军基地驻扎的海军将于2010年开始退役。海军需要高效地利用梅波特海军基地的现有设施,包括滨水区和岸上设施,从而最大限度地缩减建造规模。海军作战部长下发指示,要求美国舰队司令部审查和评估关于建造梅波特海军基地新增水面舰艇驻泊港的多项组合方案。

基于如下考虑,《环境影响分析评估》终案中将梅波特海军基地作为各类舰艇的驻泊港:

①选择梅波特海军基地有助于维护港口地点合理分布,以减少自然灾难、人为灾害或降低国外恐怖分子袭击舰艇的风险;

②充分利用梅波特海军基地能够保留杰克逊维尔舰队集中区的作战停靠港,同时该区域能够提升美国海军的增兵能力;

③选择梅波特海军基地作为驻泊港能够在作战区域的 6 小时航行时间内为舰艇提供驻泊位置,优化舰队进入海军训练场和作业区域的途径。

3.2 母港改建方案说明

《环境影响分析评估》终案中评估的母港改建方案指的是美国海军计划在梅波特海军基地建造新增的水面舰艇驻泊港。这项方案也包括长期派遣的水面舰艇和工作人员。海军的《环境影响分析评估》终案审查、评估了 12 种改建方案和不进行改建的方案:

①巡洋舰/驱逐舰(CRU／DES)驻泊港(方案 1);

②两栖攻击舰(LHD)驻泊港(方案 2);

③核动力航母港(CVN)停靠港(方案 3);

④核动力航母驻泊港(方案 4);

⑤两栖部队(ARG)驻泊港(方案 5);

⑥前 4 种改建方案的 7 种不同组合(方案 6~方案 12);

⑦不进行母港改建。

建造核动力航母停靠港和改建核动力航母驻泊港有所不同,停靠港和驻泊港也有所不同。核动力航母驻泊港靠港方案计划永久性地将核动力航母和人员分配给梅波特海军基地,并提供足够的设施使舰艇可以在该基地进行维修。核动力航母停靠港不提供核动力航母的驻泊,仅对满载的核动力航母提供相应的服务,允许其停泊和访问,并且每年最多访问 63 天,每次访问不得超过 21 天(每年约访问 3 次)。如果核动力航母不驻泊,那么就不需要增加基地维护设施。

海军作战部长在改建方案 1 至方案 5 中确定了驻泊方案,并指示美国海军舰队司令部审查和评估了梅波特海军基地建造新增水面舰艇的多项组合方案(提出了改建方案 6 ~ 方案 12)。母港改建方案主要包括将现有舰队迁移至梅波特海军基地或将新部署的舰队分配给梅波特海军基地,仅涉及梅波特海军基地为实施方案所做的必要准备和操作措施,不涉及其他海军基地。

根据所选择的改建方案,母港改建计划大体包括以下几方面的内容:

①维护设施改进;

②公共设施升级;

③人员支持改进;

④码头条件改善;

⑤停泊设施和交通改善;

⑥核动力航母维护设施建造;

⑦物料疏浚和处置。

3.3 母港改建方案概述

《环境影响分析评估》终案中提到的舰艇类型包括目前在梅波特海军基地停泊的所有舰艇:巡洋舰(CG)、驱逐舰(DDG)和护卫舰(FFG),以及由海军作战部长指定的其他舰艇类型,如两栖攻击舰、登陆舰(LPD)、坞式登陆舰(LSD)和核动力航母。每种改建方案中包含的舰艇类型和数量由海军作战部长或舰队类型指挥官指定,增加的舰艇是在梅波特海军基地目前在港舰艇的基础上额外增加的。《环境影响分析评估》终案中考虑的改建方案在 2009 年至 2014 年间实施,具体取决于舰艇的部署时间表或与每种改建方案相关设施的施工进度表。因此,2014 年代表着结束节点,也是所有改建方案已完全实施的年份。

虽然改建方案内容各不相同,但为了便于描述,12 种母港改建方案根据相同的部分分为三个基本类别组。

第 1 组改建方案——建造水面舰艇驻泊港(不包括核动力航母)。第 1 组的方案仅涉及建造水面舰艇驻泊港,建造工作量最少。

第 1 组中的 4 个改建方案包括以下内容。

①方案 1。巡洋舰/驱逐舰驻泊港(海军将大型水面战斗机简称为 CRU 或 DES,大型水面舰包括巡洋舰、驱逐舰及护卫舰)等。

②方案 2。两栖攻击舰驻泊港。

③方案 5。两栖部队驻泊港。

④方案 6。巡洋舰/驱逐舰驻泊港和两栖攻击舰驻泊港。

第 2 组改建方案——建造核动力航母停靠港。

第 2 组中每个改建方案都涉及一个疏浚项目,该项目需要在不受吃水限制的情况下允许一艘核动力航母通行和停泊。第 2 组的改建方案不涉及核动力航母停靠,但该组的 4 个改建方案中有 3 个涉及其他水面舰艇的驻泊。

第 2 组中的 4 个改建方案包括以下内容。

①方案 3。核动力航母停靠港。

②方案 7。巡洋舰/驱逐舰驻泊港和核动力航母停靠港。

③方案 9。两栖攻击舰驻泊港和核动力航母停靠港。

④方案 11。巡洋舰/驱逐舰驻泊港、两栖攻击舰驻泊港和核动力航母停靠港。

第 3 组改建方案——建造核动力航母驻泊港。

第 3 组中的每个改建方案包都括一个核动力航母驻泊港和疏浚项目(与第 2 组改建方案相同),以及建造核动力航母核推进装置维护设施。除了一种改建方案外,所有其他改建方案中都涉及水面舰艇的驻泊。

第 3 组中的 4 个改建方案包括以下内容。

①方案 4。核动力航母驻泊港。

②方案 8。巡洋舰/驱逐舰驻泊港和核动力航母驻泊港。

③方案 10。两栖攻击舰驻泊港和核动力航母驻泊港。

④方案 12。巡洋舰/驱逐舰驻泊港、两栖攻击舰驻泊港和核动力航母驻泊港。

3.3.1　各改建方案中的舰艇和人员装载概述

表 3 - 1 总结了每种改建方案中新增船只、船员和其他工作人员的情况,包括军官、士兵和分配到水上训练组、东南区域维护中心(SERMC)或对核动力航母的核推进装置设施进行维修的文职人员。除了目前在港舰艇上及驻扎在梅波特海军基地的工作人员外,每种改建方案都增加了舰艇和工作人员的数量。该表反映了计划重新分配给梅波特海军基地的人员总数,但不包括部署因素和基地支援单位的情况(即包含任何情况在内的梅波特海军基地的人员总数)。图 3 - 1 和图 3 - 2 描述了基地支援单位评估情况,这些估值包含了计划新增的舰艇和人员数量,以及影响基准人员数量的其他因素。

图 3 - 1 总结了 2014 年在梅波特海军基地驻泊的船只数量与 2006 年的对比情况。图 3 - 2 概括了与基准年(2006 年)相比的全年平均每日人员数量净额。在 2006 年,平均每日人员数量净额包含了在特定年份分配给梅波特海军基地的人员总数,并酌情考虑部署因素来提供估计的每日平均人员数量。例如,舰艇船员预计全年只有 73% 的时间在港,而非部署的军事和文职人员可能会全年在港。考虑有关未来基准人员的数量变化(即机构变化或船舶退役),并结合未来返航船舶的类型和数量,可以估算出表 3 - 1 所示的梅波特海军基地的平均每日人员数量净额。

表 3-1 各改建方案中舰艇、船员和其他人员的情况

改建方案		船型	数量	船员[1]			其他人员[2]				改建方案人员总数[3]
				官员	士兵	总计	官员	士兵	文职	总计	
第 1 组——建造水面舰艇驻泊港(不含核动力航母)											
1	巡洋舰/驱逐舰驻泊港	驱逐舰	4	128	1 392	1 520	13	22	20	55	1 790
		护卫舰	1	17	198	215					
2	两栖攻击舰驻泊港	两栖攻击舰	2	146	2 018	2 164	0	5	10	15	2 179
5	两栖部队驻泊港	两栖攻击舰	1	73	1 009	1 082	17	27	10	54	1 842
		登陆舰	1	32	364	396					
		坞式登陆舰	1	19	291	310					
6	巡洋舰/驱逐舰驻泊港和两栖攻击舰驻泊港[4]	驱逐舰	4	128	1 392	1 520	13	26	30	69	3 968
		护卫舰	1	17	198	215					
		两栖攻击舰	2	146	2 018	2 164					
第 2 组——建造核动力航母停靠港											
3	核动力航母停靠港	核动力航母	0	0	0	0	0	0	0	0	0
7	巡洋舰/驱逐舰驻泊港和核动力航母停靠港	驱逐舰	4	128	1 392	1 520	13	22	20	55	1 790
		护卫舰	1	17	198	215					
		核动力航母	0	0	0	0					
9	两栖攻击舰驻泊港和核动力航母停靠港	两栖攻击舰	2	146	2 018	2 164	0	5	10	15	2 179
		核动力航母	0	0	0	0					

改建方案	船型	数量	船员[1]			其他人员[2]				改建方案人员总数[3]
			官员	士兵	总计	官员	士兵	文职	总计	
11 巡洋舰/驱逐舰驻泊港、两栖攻击舰驻泊港和核动力航母停靠港	驱逐舰	4	128	1 392	1 520	13	26	30	69	3 968
	护卫舰	1	17	198	215					
	两栖攻击舰	2	146	2 018	2 164					
	核动力航母	0	0	0	0					

第 3 组 ——建造核动力航母驻泊港

改建方案	船型	数量	船员[1]			其他人员[2]				改建方案人员总数[3]
			官员	士兵	总计	官员	士兵	文职	总计	
4 核动力航母驻泊港和核动力航母驻泊港	核动力航母	1	159	2 981	3 140	0	0	50	50	3 190
8 巡洋舰/驱逐舰驻泊港和核动力航母驻泊港	驱逐舰	4	128	1 392	1 520	13	22	20	55	4 980
	护卫舰	1	17	198	215					
	核动力航母	1	159	2 981	3 140	0	0	50	50	
10 两栖攻击舰驻泊港和核动力航母驻泊港	两栖攻击舰	2	146	2 018	2 164	0	5	10	15	5 369
	核动力航母	1	159	2 981	3 140	0	0	50	50	
12 巡洋舰/驱逐舰驻泊港、两栖攻击舰驻泊港和核动力航母驻泊港	驱逐舰	4	128	1 392	1 520	13	26	30	69	7 158
	护卫舰	1	17	198	215					
	两栖攻击舰	2	146	2 018	2 164					
	核动力航母	1	159	2 981	3 140	0	0	50	50	

注:1. 舰艇的船员数量是估计值,实际可能会有变化。

2. 其他人员包括分配到海上培训小组或舰艇维修组的人员,以及士兵和文职人员。

3. 人员总数反映了每种改建方案中的额外人员。该总数不考虑部署因素,也不代表基本装载(即任何时候梅波特海军基地出现的人员数量)。《环境影响分析评估》终案中讨论了基本装载评估,这些估值包含了计划外舰艇和人员数量及影响基准人口的其他因素。图 3-2 总结了预计的平均每日净人口数。

4. 考虑到海上训练小组人员在组合改建方案方面的效率,表中的其他人数不等于巡洋舰/驱逐舰和两栖攻击舰改建方案的人数总和。

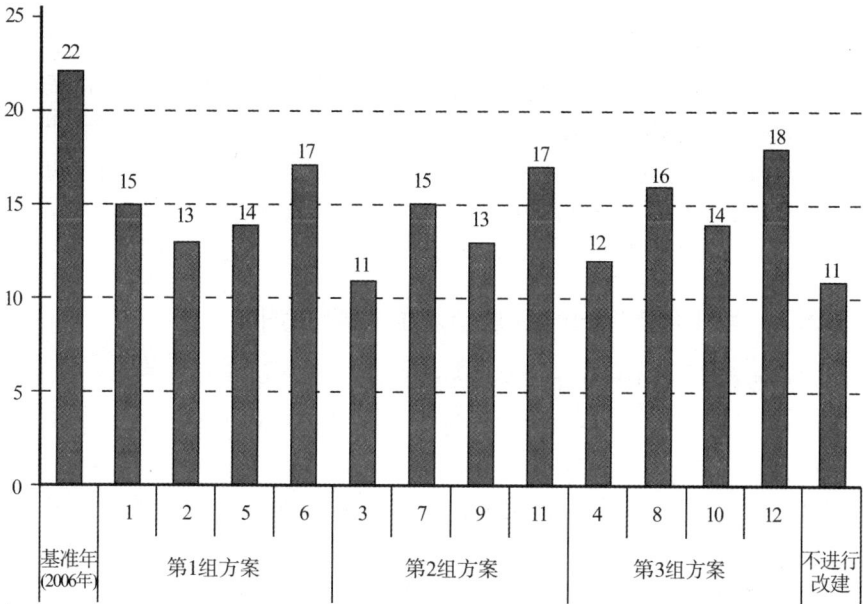

图 3－1　与基准年（2006 年）相比，各改建方案
在节点年（2014 年）梅波特海军基地的舰艇数量

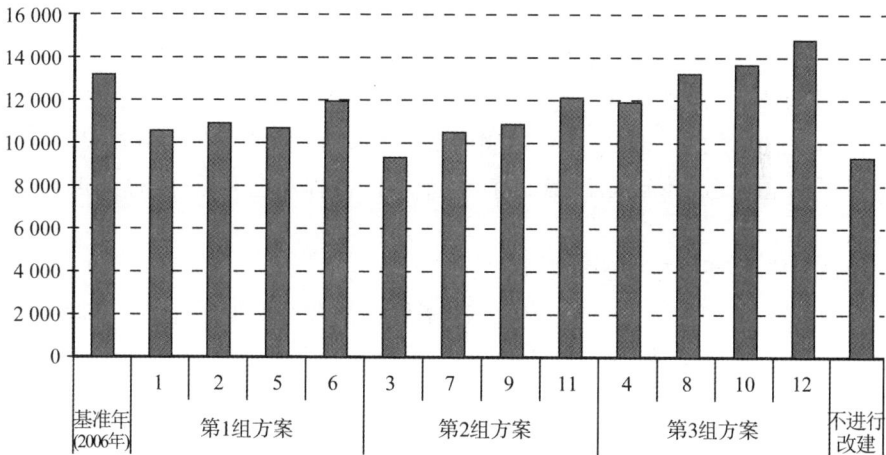

图 3－2　与基准年（2006 年）相比，各改建方案
在节点年（2014 年）梅波特海军基地的每日人员数量净额

基准年 2006 年最能代表梅波特海军基地的运营情况，因为 2006 年是美国常规动力航母"肯尼迪"号退役之前（2007 年）的最后一年。由于"肯尼迪"号航母会在 2007 年退役，所以停靠在梅波特海军基地的舰艇数量和平均每日净人口数相

比 2006 年会有所减少;这些数字还将继续减少,这与在梅波特海军基地的 10 艘护卫舰的退役计划(2010 年至 2014 年)有关。每日净人口数也受到个别事件的影响,这一事件与《环境影响分析评估》终案中的舰艇停靠分析无关,是指圣约翰河管理区在 2006 年至 2009 年之间裁减了 539 名人员。圣约翰河管理区将继续为改建方案中涉及的所有舰艇服务(不包括在第 3 组改建方案中与核动力航母装置相关的专业维护)。不进行母港改建方案是指不计划新增停靠舰船,并如上文所述反映了到 2014 年减少的船舶和人员数量。

3.3.2 第 1 组改建方案:建造水面舰艇驻泊港

第 1 组改建方案中均包含以下基本内容:

①由东南区域维护中心和梅波特海军基地的现有船厂负责新增水面舰艇的维修工作;

②基地空间足够大,公共设施服务完善,能够在 2014 年之前为所有改建方案中涉及的各种类型的舰艇提供泊位;

③每个改建方案中假定最早可于 2009 年开始为返航船舶提供停泊,目前已列入规划;

④延续当前对核动力航母的限制访问规定(见 3.3.3 节)。

改建方案 1:巡洋舰/驱逐舰驻泊港

在改建方案 1 中,计划在梅波特海军基地驻泊 1 个驱逐舰中队(DESRON)(包括其工作人员)和另外 5 艘舰艇(4 艘驱逐舰和 1 艘护卫舰)。这 5 艘舰艇最早在 2009 年到达港口,但值得注意的是,方案中提及的护卫舰也可能会在 2014 年退役。作为改建方案的一部分,新驱逐舰中队总部大楼(约 6 000 平方英尺)将在梅波特海军基地建造,该规划区域目前空置并且工程承包商一直对其进行沉积处理。

改建方案 2:两栖攻击舰驻泊港

在改建方案 2 中,计划在梅波特海军基地驻泊两艘两栖攻击舰。2009 年,基地驻泊舰艇数量为 23 艘,但到 2014 年这一数字减少到 13 艘。梅波特海军基地目前的基础设施足够支持实施该改建方案,因此无须添置新的设施。

改建方案 5:两栖部队驻泊港

在改建方案 5 中,计划在梅波特海军基地驻泊两栖中队(PHIBRON)(包括其工作人员)和另外 3 艘舰艇(1 艘两栖攻击舰、1 艘登陆舰和 1 艘坞式登陆舰)。方案中计划建造新两栖中队指挥大楼(面积约 9 000 平方英尺),规划区域位置与方案 1 中的新驱逐舰中队总部大楼为同一位置。

改建方案 6:巡洋舰/驱逐舰驻泊港和两栖攻击舰驻泊港

改建方案 6 除了为方案 1 和方案 2 的舰艇提供驻泊服务以外,还计划在梅波特海军基地驻泊新增的驱逐舰中队(包括其工作人员)和 7 艘舰艇(4 艘驱逐舰、

1 艘护卫舰和 2 艘两栖攻击舰）。这 7 艘舰艇最早可能在 2009 年抵达港口,但应该注意的是,方案中提及的护卫舰最早可能在 2014 年退役。到 2009 年,舰艇数量将从 22 艘增加到 28 艘,但到 2014 年,舰艇数量将减少到 17 艘。与方案 1 中相同,方案 6 计划在梅波特海军基地建造新驱逐舰中队总部大楼(面积为 6 000 平方英尺)。

3.3.3　第 2 组改建方案:建造核动力航母停靠港

除了第 1 组改建方案中共有的计划内容之外,第 2 组改建方案共有的基本内容如下:

①梅波特军事基地回旋水域和入口通道以及联邦航道(Jacksonville Harbor Bar Cut)的疏浚工程计划于 2011 年开始,于 2012 年完成,工程为期 12 至 18 个月;

②施工过程中处置疏浚物料约 520 万立方码①;

③核动力航母最早可于 2012 年进入该基地,且不受吃水限制每年最多可入住 63 天,单次访问时间不超过 21 天(每年约 3 次)。

在第 2 组的所有改建方案中均涉及对梅波特海军基地已有设施进行必要的改进,以使基地具备核动力航母停靠的条件。在《环境影响分析评估》终案中,梅波特海军基地可以不受吃水限制为核动力航母提供足够的服务、停泊和访问次数。基地改建前,由于吃水限制所有的核动力航母均无法在梅波特海军基地停靠,改建后,核动力航母最早可以在 2012 年起不受吃水限制访问梅波特海军基地,当然,这一时间节点也取决于下文所述的疏浚项目的完成情况。作为第 2 组改建方案的一部分,基地改建后,最早可于 2009 年为其他舰船提供停靠服务。根据梅波特海军基地当前(指改建前)的限制条件,要求核动力航母每次访问不超过3 天,可统计出核动力航母每年约可访问基地 1 次;而依据《环境影响分析评估》终案,基地改建后,核动力航母每年可最多访问梅波特海军基地 63 天,单次访问持续时间不超过 21 天(每年访问约 3 次)。

通常,核动力航母停靠需要港口增加岸电功率,强化码头设施和系泊构造,同时不受水深限制。在梅波特海军基地,码头 C - 2 当前(指改建前)能提供必要的停泊深度(50 英尺)、岸电站(4 160 伏)和系泊结构以容纳一艘无须驻泊的核动力航母。但是,由于吃水限制梅波特海军基地目前无法满足满载的核动力航母访问。因为所有航母停靠时都要求港口水深达到龙骨下至少 6 英尺,以确保其冷却和消防系统进气口不会被水底的泥浆或碎屑堵塞或损坏。因此在核动力航母满载和潮汐条件下,港口必须具有 50 英尺深的平均最低水位的疏浚深度才能满足此要求。虽然联邦航道的某些部分要比 42 英尺深的平均最低水位深,但目前梅波特回旋水域和入口航道及所使用的部分联邦航道(杰克逊维尔港沙洲)的水深

---

① 1 码 = 0.914 4 米。

保持在42英尺左右的平均最低水位。但只有舰船的装载量明显少于其满载量以减少吃水，或舰船在涨潮期间入港时，42英尺深的水位才能够保障核动力航母安全通过。

为了使梅波特海军基地改建成能力核动力航母提供不受吃水限制的停靠港口，第2组改建方案建议在基地的回旋水域和入港航道，以及联邦航道的疏浚深度应达到50英尺。（实际深度为50英尺平均最低水位所需项目深度，加上2英尺的预先维护深度（快速浅滩区域需要），此外还要加上2英尺的允许过渡深度，最终最大疏浚深度应为54英尺）。如按这一深度实施疏浚，预计将挖掘520万立方码的疏浚材料。请注意，这一数字小于2008年3月发布的《环境影响分析评估》草案中对疏浚物料体积的估计值。因为《环境影响分析评估》草案发布时，建议所有项目区域应提前进行2英尺平均最低水位的预先的维护，这一建议提出后，相关人员根据已公布的《环境影响分析评估》草案和美国陆军工程兵团维护疏浚信息进行了水动力模拟并对结果进行分析，最终，在《环境影响分析评估》终案中只确定了其中三个计划项目区域需要提前维护，因此疏浚物料量也从570万立方码减少到了520万立方码。

疏浚项目获得美国陆军工程兵团许可后，项目承包商采用机械和液压疏浚设备相结合的方法施工。疏浚工程计划于2011年开始，为期12至18个月。疏浚工程通常每周7天连续作业，每天最长施工时间24小时。按照《环境影响分析评估》终案中提出的疏浚方法，可将施工中挖掘的物料置于美国陆军工程兵团管理的海洋疏浚物料处置场（ODMDS），同时《环境影响分析评估》终案提供了在港口水下疏浚区域范围内的海床平整技术。梅波特海军基地附近最常使用翻盖和料斗挖掘机设备，在联邦航道的一些其他项目中也使用了较大的刀盘设备。在疏浚区域预计不会出现石灰岩或基岩，在项目区沉积物的大量取样中也没有发现这种地质构成，因此预计不会使用爆破技术。

如何处理疏浚物料取决于若干因素，包括许可存放区域的可用性及需要疏浚物料的数量、粒度和化学特征。与定期维护疏浚项目一样，美国海军将在美国国家环境保护局管理的海洋疏浚物处置场中处置该疏浚项目的疏浚物料。尽管以往的疏浚物料存于杰克逊维尔海洋疏浚物处置场（距离梅波特海军基地回旋水域东南约5.5海里），但此次的改建方案也建议利用芬南海洋疏浚物处置场（距离梅波特海军基地回旋水域东北约8.5海里）进行疏浚物料的存放。海军评估了利用现有的或可以开发利用的陆上疏浚物处置场的可行性，根据此次疏浚项目中预计的疏浚物总量，判断当前没有可行的陆上处置方案。因此，最终得出了海洋处置是最合适的疏浚物处置方式的结论。

作为《环境影响分析评估》草案的一部分，海军对疏浚物样本进行了初步测试来分析其物理和化学成分，结果表明，疏浚物成分符合美国国家环境保护局对海洋处置物参数的要求。这项分析是作为《海洋保护、研究和保护区法》（*Marine*

Protection，Research，and Sanctuaries Act）第 103 节评估的一部分进行的，这是许可证程序的一部分。评估及所需的生物和生物测定试验遵循 1991 年美国国家环境保护局和美国陆军工程兵团对《拟用于海洋处置的疏浚物的评估（测试手册）》（*Evaluation of Dredged Material Proposed for Ocean Disposal*（*Testing Manual*））（通常称为"绿皮书"）和 1993 年的区域执行手册中概述的程序。正如《环境影响分析评估》终案所述，《环境影响分析评估》草案公布后，对疏浚物进行分析后，美国陆军工程兵团确定疏浚物中有超过 480 万吨符合海洋处置的标准。对建立的 8 个沉积物取样区域进行测试，其中 1 个区域的生物测定部分略微不合格，该区域的疏浚物料体积约为 31.5 万立方码（总的疏浚物料体积预计 520 万立方码）。由于测试结果非常接近合格标准（测试结果为 70% 的生物存活率，但设置的标准为 71%），因此对该区域重新进行了生物测定，以帮助美国国家环境保护局判断在杰克逊维尔海洋疏浚物处置场和芬南海洋疏浚物处置场存放疏浚物是否可行。如果发现任何疏浚物不符合标准，都将在梅波特海军基地附近现有的高地处置场地进行处置。

海军通过在当地海滩上放置大量符合海滩存放标准要求的疏浚物来最大限度降低需要在海洋疏浚物处置场中处置的数量。为支持《环境影响分析评估》草案而进行的调查发现，梅波特海军基地入口通道有 11 万立方码疏浚物，联邦航道有 11.5 万立方码疏浚物，因此估计待疏浚区域的沙层足够厚，可以进一步考虑将其作为潜在的海滩兼容沙。最多约有 22.5 万立方码疏浚物可作为潜在的海滩兼容沙。自《环境影响分析评估》草案发布以来，美国陆军工程兵团在梅波特海军基地外部入口通道和联邦导航通道中可能包含足够厚沙层的位置进行了额外的样本试验。得出的结论是，将有限的海滩沙层与非海滩材料分开是不可行的。

测试表明，该类材料不符合近岸放置的标准（根据《佛罗里达州行政法规》（*Florida Administrative code*）62B - 41.007.5［k］和 62B - 41.005 的规定），而且此前在杜瓦尔县没有指定近岸放置区域。

疏浚工程施工后，需要长期对疏浚区域进行维护，以确保疏浚工程达到预计的深度。目前（指母港改建前），海军为维护疏浚工程需要每两年从梅波特海军基地回旋水域和入口通道中移除大约 90 万立方码的疏浚物，美国陆军工程兵团也会每 3 年从联邦航道的外部移除大约 30 万立方码疏浚物（相当于每年平均 55 万立方码）。由于改建后水深将增加，整个疏浚项目区域的持续维护量预计将增加约 5%，也就是每年疏浚的物料将增加 2.75 万立方码。

改建方案 3：核动力航母停靠港

根据改建方案 3，核动力航母可能会在 2012 年开始不受限制地访问梅波特海军基地。核动力航母拥有舰员 3 140 人，其访问时将使基地的人员数量临时增加。这种改建方案不需要陆基建设。

改建方案 7：巡洋舰/驱逐舰驻泊港和核动力航母停靠港

改建方案 7 结合了方案 1 和方案 3 中的巡洋舰/驱逐舰驻泊港和核动力航母停靠港的内容。新增的驱逐舰中队工作人员和 5 艘舰艇(4 艘驱逐舰和 1 艘护卫舰)将在梅波特海军基地停靠。改建后,梅波特海军基地最早可在 2009 年为上述 5 艘舰艇提供停靠服务,但应该注意的是,改建方案中提及的护卫舰也可能在 2014 年退役。与其他包括建造巡洋舰/驱逐舰驻泊港的方案一样,方案 7 也计划在梅波特海军基地建造一栋新的驱逐舰中队总部大楼,详见改建方案 1。

改建方案 9:两栖攻击舰驻泊港和核动力航母停靠港

改建方案 9 结合了方案 2 和方案 3 中的驻泊港和核动力航母停靠港的内容。改建后,梅波特海军基地可新增驻泊 2 艘舰艇(2 艘两栖攻击舰)。该改建方案不需要陆基建设。

改建方案 11:巡洋舰/驱逐舰驻泊港、两栖攻击舰驻泊港和核动力航母停靠港

改建方案 11 结合了方案 1、方案 2 和方案 3 中的驻泊港和核动力航母停靠港的内容。改建后,梅波特海军基地可驻泊 7 艘舰艇(4 艘驱逐舰、1 艘护卫舰和 2 艘两栖攻击舰)。2009 年梅波特海军基地最多可以驻泊 28 艘舰艇,但到 2014 年,基地驻泊舰艇数量将为 17 艘。虽然预计护卫舰最早于 2009 年抵达基地,但它最早会于 2014 年退役。与其他包括巡洋舰/驱逐舰驻泊港在内的改建方案一样,改建方案 11 也计划建造一栋新的驱逐舰中队总部大楼,详见改建方案 1。

3.3.4　第 3 组改建方案:核动力航母驻泊港

第 3 组的改建方案均包含以下基本内容。

①改建后,梅波特海军基地可驻泊 1 艘核动力航母。

②如第 2 组改建方案所述,第 3 组改建方案也将进行物料疏浚和处置。

③核动力航母核动力装置维护设备由三个主要部分组成:受控工业设备(CIF)、舰艇维护设备(SMF)和维护支持设备(MSF)。这些设备将在梅波特海军基地的现有水域建造,改造前该区域仅支持舰艇的水面停泊。

④为了使核动力航母在维护期间也可在基地靠泊,改建方案计划改善基地常用维护码头 F 的现有条件,包括升级岸电公共设施系统和安装Ⅲ型重型天气系泊设备。

⑤改善梅西大道走廊路况,以更好地适应码头 F 附近的交通流量。

⑥停泊设施将在梅波特海军基地以前的受扰动区域建造,改造前,该区域仅支持水面停泊。

⑦除了维护核动力航母核推进系统之外,该组改建方案中还涉及圣约翰河管理区和梅波特海军基地的已有造船厂需满足维护新增舰艇的要求。核动力航母核推进系统将由方案中核动力航母核动力推进装置维护设施人员进行维护。

⑧改建方案将按照如下时间节点进行:

a. 2011 年开始疏浚工程,于 2012 年完工(约 18 个月)。

b. 2011 年开始码头 F 的改建工程,于 2013 年完工(约 24 个月)。

c. 2011 年开始停泊设施改善工程,于 2013 年完工(约 24 个月)。

d. 2011 年开始航道改善工程,于 2013 年完工(约 24 个月)。

e. 2011 年开始核动力航母核动力装置维修设施(受控工业设备、舰艇维护设备、维护支持设备)的建设,于 2014 年完工(约 33 个月),随后,于 2014 年完成设备的装配(约 9 个月)。

f. 改建后,梅波特海军基地可最早在 2014 年支持核动力航母停靠。这一时间取决于受控工业设备、舰艇维护设备、维护支持设备建设和装配的完成情况,该装配工作最早将于 2014 年完工。为了对本《环境影响分析评估》终案预计的内容进行检验,预计舰艇和舰员会在 2014 年前抵达。

改建方案 4:核动力航母母港

在改建方案 4 中,梅波特海军基地最早可于 2014 年达到核动力航母驻泊的要求。核动力航母无须进行维护时,可停泊在 C-2 码头。核动力航母维护和修理期间,将驻泊在梅波特海军基地的常用维护码头 F。

改建方案 8:巡洋舰/驱逐舰驻泊港和核动力航母母港

改建方案 8 结合了方案 1 和方案 4 的主要内容。改建后,可在梅波特海军基地驻泊新增的驱逐舰中队工作人员和 6 艘舰艇(4 艘驱逐舰、1 艘护卫舰和 1 艘核动力航母)。驱逐舰和护卫舰最早可于 2009 年驻泊,而核动力航母则最早要在 2014 年才能驻泊。方案中提及的护卫舰最早的在 2014 年退役,因此基地停泊的舰艇数量将在 2009 年从 22 艘增加到 26 艘,然后在 2014 年逐步下降到 16 艘。

改建方案 10:两栖攻击舰驻泊港和核动力航母母港

改建方案 10 结合了方案 2 和方案 4 的主要内容。改建后,梅波特海军基地可驻泊 3 艘舰艇(2009 年的 2 艘两栖攻击舰和 2014 年的 1 艘核动力航母)。

改建方案 12:巡洋舰/驱逐舰驻泊港、两栖攻击舰驻泊港和核动力航母母港

改建方案 12 结合了方案 1、方案 2 和方案 4 的主要内容。改建后,梅波特海军基地可驻泊 8 艘舰艇(4 艘驱逐舰、1 艘护卫舰、2 艘两栖攻击舰(最早可于 2009 年停泊),1 艘核动力航母(最早可于 2014 年驻泊))。值得注意的是,方案中提到的护卫舰最早的也可能在 2014 年退役,因此到 2009 年,基地驻泊舰艇数量将增加到 28 艘,并在 2014 年减少到 18 艘。

改建方案 13:不进行改建

不对梅波特海军基地进行改建的情况下,不会有新增的水面舰艇驻泊在基地。2014 年,梅波特海军基地或有 11 艘水面舰艇驻泊。又因为现有的吃水限制,所以梅波特海军基地会限制核动力航母的停靠。第 2 组和第 3 组改建方案中提出的所有疏浚工程都不会实施。

3.4 首选改建方案

《环境影响分析评估》终案分析了 12 种母港改建方案和不进行母港改建的情况。通过对所有改建方案的全面审查,海军确定改建方案 4 为首选改建方案。改建方案 4 包括核动力航母母港改建、疏浚工程、基础设施及码头的环境改善并建造核动力航母核推进装置的维护设施。美国海军主要出于以下因素的考虑,最终决定采取改建方案 4 作为首选方案:《环境影响分析评估》终案中的影响分析,预计的实施成本,包括军事建设费用和其他作业和维持运营耗费的成本,以及对战略部署的考虑等。将核动力航母驻泊在梅波特海军基地将增强核动力航母驻泊港位置布局的合理性,以减少自然灾难、人为灾害或降低国外及恐怖分子袭击事件对舰队资源构成的风险,同时降低航母、工业支持设施以及相关的运营和维护人员所面临的风险。

美国海军的航母在无论在和平时期还是战争时期都是为国家利益服务的重要战略资产。总统要求航母母港具备在危机时刻威慑敌人和支持战斗的独特能力。在目前服役的 11 艘航母中,有 5 艘被分配到大西洋舰队。海军将核动力航母驻泊在梅波特海军基地能够将大西洋舰队中宝贵的战略资产分散,从而能够分散潜在的风险,增强作战准备能力。增强作战准备能力不仅是海军的基本使命,也是海军总司令的职责。

3.5 公众参与和范围界定

根据美国《国家环境政策法》的规定,海军在执行母港改建方案之前,需要有一个早期的公开程序来确定应处置的问题的范围。2006 年 11 月 14 日,海军在《联邦纪事》(*Federal Register*)上发布《报告意向通知》(NoI),并将《报告意向通知》副本发送给联邦、州、部落和地方机构,以及已知或预期会关注母港改建计划的其他各方。

2006 年 12 月 5 日,位于杰克逊维尔南校区的佛罗里达社区学院举行了一次公共范围界定会议。在起草《环境影响评估分析》草案期间,相关人员考虑了公共范围会议的意见并结合了已公布的《报告意向通知》的书面反馈意见,共收到了 17 个意见表,82 条意见。

《环境影响分析评估》草案公共审查过程为利益相关方(包括民选官员、政府机关、组织、机构和个人)提供了评估草案的机会,并协助各方充分了解在公共范围界定过程中提出的环境问题。《环境影响分析评估》草案公众意见征询期始于 2008 年 3 月 28 日《联邦纪事》公布草案可行性通知时。海军根据意见征询期收到的相关请求,于 2008 年 5 月 2 日在《联邦纪事》上公布将公众意见征询期从 45 天延长至 60 天,结束日期为 2008 年 5 月 27 日。在整个公众意见征询期内,有关对草案的意见均已收集并整理,以备编制终案时参考。2008 年 3 月 28 日(与《联邦纪事》通知发布同天),2008 年 4 月 13 日(公开听证会的前一个星期日)和 2008 年 4 月 16 日(公开听证会当日),《佛罗里达时报联盟》(*Florida Times Union*)发布了关于《环境影响分析评估》草案可行性公告和公开听证会公告。2008 年 4 月 16 日,草案公开听证会在佛罗里达州杰克逊维尔老维尔贝梅路的杰克逊维尔 - 迪尔伍德中心的佛罗里达社区学院举行。公开听证会采取开放日和正式公开听证会相结合的形式。

共有 100 人参加了公开听证会(不包括参与或协助公众听证会的海军人员和承办商)。共有 34 人在正式公开听证会会议期间提出了口头意见,其中包括 4 名联邦选举产生的官员,1 名当地民选官员和 6 名当地机构或地方组织的代表。一些参会人员还提供了书面意见作为补充。听证会上不收取任何书面意见,可在《环境影响分析评估》草案的整个 60 天的意见征询期内,将书面意见提交到邮箱或公共网站(www. mayporthomeportingeis. com)。征询期结束后,共有 120 名民选官员、政府机关、组织、机构和个人提交了意见。

海军在《联邦纪事》上公布采取的公众意见后,公共网站(www. mayporthomeportingeis. com)将继续开放 60 天,供公众查阅。在《联邦纪事》发布可行性通知后的 30 天内(不实施方案期间)公共网站上将公布《环境影响分析评估》终案。海军将在这 30 天结束后签署决定采取的公众意见。

3.6　环境影响和应对措施概要

《环境影响分析评估》终案中涉及的环境资源包括:地球资源、土地和海洋、水资源、空气质量、噪声、生物资源、文化资源、交通、社会经济、一般性服务、公共设施,以及环境健康和安全。以 2006 年的为参照基准,海军对计划实施的改建方案中的每种可能造成的环境影响进行了评估。对环境的影响皆在第 1 组、第 2 组和第 3 组改建方案中。后续详细讨论了改建方案对每个资源环境造成的后果。

3.6.1　各方案对地球资源的影响

改建方案 1、5、6、7、8、11 和 12 各方案涉及的动土面积约 0.5 英亩①,改建方案中需要改变与新驱逐舰中队总部大楼建设相关的区域的地形,这部分可以依据佛罗里达州环境保护部(FDEP)设定的环境资源许可条件(当与方案相关的总不透水面积大于 9 000 平方英尺时,则必须遵守)进行优化,使实际动土面积最少。

实施第 1 组改建方案中的任何一项都不会对海洋沉积物产生影响。

---

① 1 英亩 =0.404 856 公顷。

第 2 组和第 3 组改建方案的疏浚工程会对疏浚场地和海洋处置场地的沉积物和底栖生物(生活在这些沉积物之上或其中的生物)产生物理影响。转移沉积物会对疏浚现场的受影响基质产生长期的物理影响。本章 3.6.3 部分中(改建方案对水资源的影响部分)评估了疏浚工程对沉积物处置率的影响,并将该项评估与对其他潜在水文影响的评估相结合。在疏浚工程施工期间,较小的底栖生物由于无法逃离,可能无法存活下来;然而,随着时间的推移海底生物会在施工区域重新适应环境,其生长繁殖速率取决于各种生物或非生物因素,在疏浚工程施工过程中这些因素几乎不会发生大的变化。海上处置沉积物也会影响一些海洋生物,这会导致被掩埋的生物死亡。总的来说,这些负面影响只会出现在海洋疏浚物处置场,而且影响也是暂时的。美国国家环境保护局和美国陆军工程兵团需要依据《海洋保护、研究和保护区法》第 103 节的要求对沉积物处置进行评估,以确保这些疏浚物适合海上处置。

针对《环境影响分析评估》终案进行的评估显示,如果梅波特海军基地疏浚项目的所有 520 万立方码疏浚物都在杰克逊维尔海洋疏浚物处置场进行处置,那么预计 10 年内处置量将超出杰克逊维尔海洋疏浚物处置场的容量极限,因为该项目在此段时间内会产生约 460 万立方码疏浚物。因杰克逊维尔海洋疏浚物处置场对疏浚物的处理能力有限,因此可将疏浚物分开处置,在杰克逊维尔海洋疏浚物处置场处置大约 200 万立方码疏浚物,剩余的 320 万立方码疏浚物在芬南海洋疏浚物处置场处置。这两个海洋疏浚物处置场的比例分配得到了美国国家环境保护局和美国陆军工程兵团的支持。美国陆军工程兵团从杰克逊维尔海洋疏浚物处置场进行的新增容量分析得出结论,认为海洋疏浚物处置场可以容纳海军提议的 200 万立方码疏浚物,同时在海军提出疏浚项目之后的 8 至 10 年内仍然支持其他地区预计的维修疏浚项目。

第 3 组改建方案的陆基建设项目计划在梅波特海军基地建造核推进装置维修设施、改善停车场结构和运输条件,预计动土面积约 30 至 32 英亩,施工过程中将改变地形。施工时可通过雨水管理系统所需的施工通用许可证(Construction Generic Permit)和环境资源许可证(Environment Resource Permit)规定的侵蚀和污染控制程序将该陆基建设项目对地球资源的影响降到最低。

不进行母港改建不会对地球资源产生任何影响。

3.6.2 各方案对土地和海洋的影响

在改建方案 1、5、6、7、8、11 和 12 中,梅波特海军基地的部分用地会受到影响,因为陆基建设项目中,新驱逐舰中队总部大楼计划建在基地的现有空地上,而这些空地已陆续地被承包商用作沉积区域。第 3 组中的所有改建方案将在梅波特海军基地建造核动力装置维护、停泊设施,并改善交通系统,这些项目将使 15 英亩的"后勤"用途的土地转为"维护"用途,这也符合现有的土地用途的规定。梅西路(Massey Road)(位于梅波特海军基地)的扩建将减少道路和被占用建筑物之间的阻碍,反恐武装军事力量会对这些清除的阻碍进行充分评估。

由于第 1 组和第 2 组的所有改建方案及第 3 组中的方案 4、8,会使梅波特海军基地人员数量减少,这会间接地对基地周边的商业、社区住房和娱乐产生相应地影响。随着该地区逐渐振兴,其商业和住宅用途的类型可能会在现有分布范围内发生变化。这种潜在影响的程度因各改建方案而异:不进行母港改建方案的人员数量减少幅度最大(每日净减少约 3 900 人),其次是方案 1 和方案 7(每日净减少约 2 800 人),再次是方案 5(每日净减少约 2 600 人),而后是方案 2 和方案 9(每日净减少约 2 300 人),随后是方案 4(每日净减少约 1 600 人),然后是方案 6 和方案 11(每日净减少约 1 200 人),最后是方案 8(每日净减少约 430 人)。

第 3 组的改建方案 10 对海军基地外土地的影响是无法预计的,因为每日净人口数基本上与基准年相同。对于第 3 组中的改建方案 12 来说,由于梅波特海军基地人口增加,可能会对基地外土地利用产生间接影响,包括该地区的商业、工业和住宅用地的小规模变化,这些变化与该地区的振兴步调一致,并可能导致开发密度增大以及对娱乐区需求的增加。

第 1 组中的所有改建方案都不会对商业或休闲渔业产生任何影响。由于疏浚期间沉积物不断增加,第 2 组和第 3 组的改建方案中提出的疏浚工程会对商业捕鱼和游钓产生小范围的短期影响。所有的改方案都应与当地土地利用计划相兼容,并在最大程度上与佛罗里达海岸管理计划(FCMP)的可执行政策相一致。

若不进行母港改建,则不会对土地和海洋造成影响。

3.6.3　各方案对水资源的影响

根据改建方案 1、5、6、7、8、11 和 12,开发占地 0.5 英亩的新驱逐舰中队总部大楼会使陆地不透水面积增加,从而导致降水渗透略有减少并对雨水流量造成局部影响。这些轻微的影响仅局限于开发现场,可通过实施最佳管理方案和佛罗里达州环境保护部设定的环境资源许可条件(如果与方案相关的总不透水面积大于9 000 平方英尺,则需要遵守这些条件)将影响降到最低。上述改建方案不需要增设新的雨水排放口来降低对雨水流量造成的局部影响。

在第 3 组的所有方案中,由于开发核推进装置维护设施、改善停车场结构和交通计划用地 30 到 32 英亩,这将增加对陆地不透水面积及雨水流量的影响。可通过雨水管理的相关办法来促进降雨的渗入量,如可以向含水层系统补充滞留水或建设保留盆地,但不需要增加新的雨水排放口,因为目前不需要新排水口来支持拟建工程。设计人员将在场地设计时考虑新的不透水排放问题,并实施应对措施,以防止地表流水携带更多的物质进入接收水域。建设工地需要雨水污染防治计划(Stormwater Pollution Prevention Plan 和环境资源许可条例。梅波特海军基地的多部门通用的雨水污染预防计划许可条例需要修改,以适应梅波特基地改建方案的工业活动和管理;梅波特海军基地现有的市政分离的雨水管理系统许可计划和目标可能需要修改。

第 2 组或第 3 组的改建方案中疏浚工程不会对地下水产生影响,因为两组方案中,佛罗里达州含水层不会受到破坏。如果需要对疏浚物的高地进行处置控制,这种处置控制将在佛罗里达州环境保护部许可证的现有高地上进行,以确保不会对地下水造成影响。水动力模型结果表明,在母港改建疏浚工程之后,梅波特海军基地回旋水域、入口通道、联邦航道和圣约翰河的水流、盐度和沉降速率不会发生显著变化。改建方案中的疏浚工程产生悬浮泥沙将对地表水质量产生短期和局部影响。疏浚活动结束后,悬浮泥沙对水域的影响会出现两种情况:①在梅波特海军基地回旋水域内使用翻盖式疏浚机疏浚时,悬浮泥沙会在 1 小时内迅速消失,并在 4 小时内完全消失;②在梅波特海军基地入港航道和联邦航道内使用漏斗疏浚机进行疏浚时,悬浮泥沙会在 1 小时内完全消失。在进行疏浚和处置疏浚物期间,部分沉积物的化学成分会进入水中。

《环境影响分析评估》草案中,对海军基地回旋水域中的单一表层沉积物和场地水样品进行收集,并用于淘析分析(即混合沉积物和现场水,并测试溶解状态下是否存在污染物),在该样品中检测出金属元素。大多数金属检测值低于美国国家第三类水质标准,但砷含量测定为每升 131 微克(佛罗里达州第三类水质标准是每升 50 微克),汞含量为每升 30 微克(佛罗里达州第三类水质标准是每升 0.025 微克),铅含量为每升 26 微克(佛罗里达州第三类水质标准是每升 8.5 微克)。水动力模型结果表明,疏浚过程中水体中汞、铅的含量在疏浚后会在较短的距离内分散。鉴于砷的相对含量较高,分散程度会进一步延伸,但与含量相对较低的,如每升 50 微克的第三类水质标准相比,大部分分散物的含量范围为每升 0.1 微克至 0.5 微克。

《环境影响分析评估》草案发布之后(2008 年夏季),作为疏浚项目许可阶段《海洋保护、研究和保护区法》第 103 节评估的一部分,工作人员对特定疏浚区域疏浚产生的泥沙再次进行了淘析测试。工作人员从疏浚区域(包括前述进行疏浚物分析时的取样位置)收集沉积物样本,并分析金属、多氯联苯、农药和多环芳烃。在疏浚区域内的所有沉积物样本中,发现这些参数远远低于佛罗里达州第三类地表水质量标准。这些结果表明,《环境影响分析评估》草案中所述的收集的样本中砷、汞和铅,其佛罗里达第三类地表水质标准高水平超标是一个异常现象。汞测试使用的方法检测限为每升 0.2 微克。该检验限低于美国国家环境保护局联邦政府推荐的海洋水质急性暴露标准(每升 1.8 微克)和慢性暴露标准(每升 0.94 微克),但高于佛罗里达州第三类海水的标准(每升 0.025 微克)。如果不允许采用混合区域,那么有可能违反佛罗里达州的三级疏浚现场汞的海洋水质标准。由于疏浚工程引起的汞的含量较低,汞会在允许的 150 米混合区内分散,含量低于佛罗里达州第三类海水水质标准。为了证实这一点,改建方案的论证阶段采用了稀释模型,并假设初始值是检测限制的一半,以确定混合区域边界汞的可能含量。因此,第2组和第3组的改建方案中的疏浚工程对水质的影响可能是轻微且暂时的。

方案中采用水动力模型对疏浚工程区内的盐度变化和沉积作用进行了数值模拟。估计在梅波特海军基地回旋水域、入口通道和联邦航道内,疏浚前后的盐度变化在0.5%以内。因此,该疏浚方案不会改变圣约翰河上游的最大盐度入侵范围。同时,模型显示,疏浚造成的盐度变化很小,通常发生在圣约翰河河口附近(通常不会超过近岸航道(Intracoastal Waterway))。在低水位时期的潮汐周期内,疏浚工程造成的表层海水盐度将增加不到1‰,而在中深度和底部盐度将减少不到1‰。在河流水位较高的时期,受疏浚工程影响,潮汐周期中盐度的变化在海水表层将增加1‰到2‰,在海水中深度和底部将减少1‰到2‰。目前,最大底部盐度范围为35‰(圣约翰河口)到30‰(近岸航道)。

梅波特海军基地回旋水域的年沉积量将增加2%,入口通道内增加7%,联邦航道内增加2%。

实施第1组或第2组中的任一改建方案都不会对湿地或漫滩产生影响。在第3组的所有方案中,核动力推进维护设施和道路扩建项目的部分计划开发区域的外围边缘在漫滩(形成已有百年)之内,但在漫滩建造相应设施可以避免改建方案产生的不良影响。计划的梅西路与博诺姆理查德街(Bon Homme Richard Street)交叉路口改善工程毗邻一条排水沟,该排水沟可接入许可的湿地。在设计阶段,会采取措施来尽量避免占用湿地;如果无法避免,则可根据《清洁水法》(Clean Water Act)第404条的要求减小影响。

不进行母港改建的方案将不会对水质产生影响。

3.6.4　各方案对空气质量的影响

在所有包含建筑施工的方案中(除改建方案2、3和9之外的其他方案),都会因建筑施工而导致尾气排放增加。第1组改建方案的排放量最小。在第2组和第3组的改建方案(包括疏浚工程)中,短期内尾气排放量会有较大增加,主要来源是疏浚设备及将疏浚物料运输到海洋疏浚物处置场的拖船排放的尾气。尾气中氮氧化物(NO_x)的排放量所占比例最大。在第3组方案中,预计2011年的氮氧化物的排放量最多,约199吨,2012年为138吨。《清洁空气法修正案》(Clear Air Act Amendments)指定杜瓦尔县为达标区域,一般标准或任何其他监管阈值不适用于此次改建方案。据估计,2011年氮氧化物排放量为199吨,主要来自与建筑、疏浚相关的移动污染源,此类排放量是一次性的,并且由于排放量仅占杜瓦尔县2001年氮氧化物排放总量的0.26%,因此认为该项影响较轻微。在实际可行的范围内,使用符合美国国家环境保护局规定的一级、二级或三级柴油发动机的现代化疏浚设备将有助于最大限度地减少氮氧化物的排放量。在第3组改建方案中,与新的核动力装置维修设施中锅炉相关的排放物也有长期增长的趋势,特别要注意的是方案 12 中,由于每日净人口数增加而产生的移动污染源排放物也会在长期范围内有少量的增加。方案 12 考虑采取积极主动的做法,以尽量削弱由于移动污染源排放物增加而带来的影响。除了鼓励拼车、使用混合动力汽车、雇员使用公共交通工具和其他已有的替代交通方式(例如,舰艇维修承包商使用高尔夫球车等),梅波特海军基地考虑在 2009—2010 合同期间重新招标,选用比现有车型排放量少得多的车辆。

不进行母港改建的方案对空气质量没有影响。

3.6.5 各方案导致的噪声影响

根据方案 1、4、5、6、7、8、10、11 和 12 中的内容,梅波特海军基地附近计划建造的新驱逐舰中队总部大楼产生的噪声水平在短期内将略有增加。在所有第 2 组和第 3 组的改建方案中,与疏浚活动有关的噪声水平短期内小幅增加,预计会影响疏浚工程 2 000 英尺内的敏感噪声受体。易受噪声影响的对象包括梅波特海军基地鹈鹕栖息娱乐车公园和单身公寓和杰克逊维尔市胡格诺派公园(Huguenot Park)。此外,第 3 组改建方案中,梅西公路扩建项目将对附近的教堂、医疗和牙科诊所等产生短期的轻微影响。

方案 2、3 和 9,以及不进行母港改建不会对环境产生噪声影响。

3.6.6 各方案对生物资源的影响

根据方案 1、5、6、7、8、11 和 12 中的内容,计划建造的新驱逐舰中队总部大楼将导致建筑区域 0.5 英亩内的景观和植被受到影响,栖息地内的野生动物也需要被临时迁移(要求施工现场不能有敏感植被或野生动物物种)。此外,根据第 3 组中的所有改建方案的内容,核动力装置维护设施、停车场结构的改善,以及交通改善将对生物资源产生局部影响,包括在景观美化区和前述区域内移除植被,以及在建筑区域 30 到 32 英亩内的栖息地的野生动物需要临时迁移(这些区域内不能有敏感的植被或野生动物)。

第 1 组改建方案不会对海洋群落、海洋鱼类、重要鱼类栖息地(EFH)、联邦濒危物种或海洋哺乳动物造成影响。

在所有改建方案中,在海军舰艇转港时,在梅波特海军基地驻泊的舰艇将减少,从而减少梅波特海军基地驻泊的舰艇在转港期间受袭击或使濒危物种(主要指鲸鱼)受到威胁。1997 年,海军的《区域生物学意见》(BO)提出海军船只过境行动,其中美国国家海洋渔业局(NMFS)负责美国东南大西洋沿岸的海军行动。目前,海军根据《东海岸海军战术训练生物评估规划》(*East Coast Navy Tactical Training Theater Assessment Planning Program*),正在与美国国家海洋渔业局协商海军船只过境行动,包括所有在梅波特海军基地驻泊的舰艇。

第 2 组与第 3 组改建方案中的疏浚工程会对附近的海洋资源,包括海洋植物、无脊椎动物和鱼类造成短期的轻微影响。母港改建方案中的疏浚工程位于渔业管理委员会(FMU)(由南大西洋渔业管理委员会管理)指定的 21 个重要鱼类栖息地附近,不在海洋疏浚物处置场附近。其中渔业管理委员会指定的 4 个栖息地位于计划的疏浚区域附近。疏浚工程预计会导致鱼类暂时避开该区域,并且疏浚物存在夹带鱼类幼卵的可能性,但不会对重要鱼类栖息地产生不利影响。

第 2 组和第 3 组的所有改建方案中,根据《濒危物种法案》(ESA)第 7 节,海军正与美国鱼类和野生动物管理局(USFWS)及美国国家海洋渔业局,就可能对联邦列出的物种和指定的重要栖息地进行探讨。海军和美国陆军工程兵团作为联合顾问,编制了生物评估(BAs),以评估第 2 和第 3 组改建方案对《濒危物种法案》列出的物种和指定的重要栖息地的潜在影响。在母港改建计划中,疏浚活动将在国家海洋渔业局的生物评估中确定,其条款和条件将与现有的相关作业指导书中确定的条款和条件类似。海军和美国陆军工程兵团疏浚项目目前符合此类条款和条件。在发布《环境影响分析评估》终案的决策记录之前,需要取得美国鱼类和野生动物管理局与美国国家海洋渔业局的同意书。美国鱼类和野生动物管理局同意书与美国国家海洋渔业局的生物学意见将在决策记录中注明。

《濒危物种法案》关注的焦点是疏浚项目不会受威胁或濒危物种设施建设(除方案 2、3 和 9 之外的其他方案都提出了)。随着美国鱼类和野生动物管理局同意书的预期条件及美国国家海洋渔业局的生物学意见的实施,海军和美国陆军工程兵团已经确定第 2 组和第 3 组改建方案的疏浚工程对已筑巢的海龟没有影响,并如实列出了未来可能会产生的影响,但对北大西洋露脊鲸、座头鲸或佛罗里达海牛不会产生不利影响,也不会破坏或改变北大西洋露脊鲸或佛罗里达海牛特定的重要栖息地。海军发现,通过实施保护措施,使用机械、刀盘疏浚机可能会对其他生物产生影响,但不太可能对已筑巢海龟产生不利影响;使用漏斗疏浚机可能对海龟产生不利影响;与疏浚作业相关的海床平整活动可能会对其他生物产生影响,但不会对海龟产生不利影响。

与第 2 组和第 3 组改建方案相关的疏浚活动对海洋哺乳动物的潜在影响,与对特殊地区物种的影响相同。相同的保护措施(例如,建立北大西洋露脊鲸早期预警系统;全天监测人员已完成美国国家海洋渔业局许可的海洋哺乳动物意识培训;极其谨慎使用疏浚机械并以安全速度行进以避免发生碰撞)将最大限度地减少改建方案对所有海洋哺乳动物的影响。

虽然海豚对疏浚项目所产生的某些频率的噪声很敏感,但它们的机动性很强,预计只会在疏浚作业地点附近的短时间内出现。任何海洋哺乳动物物种的伤害或死亡均不能提前预估,也不会对评估的任何物种和种群的存活率产生不利影响。

在第 3 组的所有改建方案中,在码头 F 安装Ⅲ型重型天气系泊相关的水下建筑活动将需要进行大约 1 小时的打桩施工,这可能对海洋哺乳动物造成影响。缓解措施为在可行的情况下建议使用振动锤打桩,并在打桩作业50英尺范围内观察到海洋哺乳动物时停止作业,直到其离开该区域为止(这是美国陆军工程兵团针对所有海洋哺乳动物的对《特殊海牛保护条款》(Special Manatee Protection Conditions)的补充)。因此,改建方案实施过程中,不会使任何海洋哺乳动物物种受到伤害或死亡,也不会对所评估的任何物种和种群的年出生率或存活率产生不利影响。

不进行母港改建的方案不会对生物资源产生任何不利影响。

3.6.7 各方案对文化资源的影响

方案1、5、6、7、8、11和12中,计划在梅波特海军基地建造新驱逐舰中队总部大楼。在这几个改建方案下,任何已知的历史遗产都不会受到直接或间接影响。但是,作为额外的保障措施,海军将根据《联邦法规汇编》第36章800.13款在施工合同后附加一份补充条款,确保施工不会破坏尚未被发现的文化资源。

第2组和第3组的改建方案均包含疏浚工程。两组改建方案中,疏浚作业不会影响任何已知的历史遗迹。国家史迹名录(NRHP)中的一些码头位于联邦航道的疏浚区域内,但疏浚作业对码头不存在不利影响。海军完成了对梅波特海军基地入港通道和联邦航道区域的遥感调查,这些位置将根据第2组改建方案进行疏浚作业,这些改建方案确定在计划的疏浚区域内不存在文化资源的迹象。在联邦航道现有的100英尺范围内确定了文化资源,2008年10月,海军对这些目标进行了水下强化水平调查,并确定它们不符合列入国家史迹名录的标准。在美国国家环境保护局管理的海洋疏浚物处置场中处置疏浚物不会产生任何不利影响,因为海洋疏浚物处置场中不存在已知的文化资源。

第3组改建方案中,对核动力航母推进装置的维护设施、码头、运输和驻泊结构的建造几乎不会影响历史遗迹。所有施工都将发生在前述的建筑区域内,而在该区域内,没有已知的历史财产。作为额外的保障措施,海军将根据《联邦法规汇编》第36章第800.13款对施工合同附加一份补充条款,确保在未发现异常的情况下保护文化资源。此外,在梅西大道与缅因街交叉口改善工程期间,将有一位考古监测人员进行监督,避免施工区域存在符合国家史迹名录资格的史前考古遗址(8DU7458)。

海军根据《国家历史保护法》(SHPO)第106条与佛罗里达州历史保护官员(SHPO)进行了磋商,以确认每种改建方案都能采取适当行动,使历史遗产不会在项目实施过程中受到不利影响。在《环境影响分析评估》草案公众意见征询期间,海军收到了佛罗里达州历史保护官员的批准函,并要求就以下事项进行进一步协商:

①进行水下强化水平调查并确定所评估的两个目标不符合纳入国家史迹名录的条件;

②制定附加建筑合同条款,解决施工中新发现的文化资源问题。

海军随后与佛罗里达州的州历史保护官进行了协商,并希望在发布决定记录之前获得完全批准。

不进行母港改建对文化资源没有任何影响。

3.6.8　各方案对交通的影响

所有涉及施工的改建方案(除方案2、3、9和不进行母港改建的方案外)中,新建设施的施工(例如交通改道和施工现场的施工车辆)将对施工区域内的交通产生局部、短期影响。第3组方案将对基地产生较大的影响,因为与核推进装置维护设施、停车场结构和交通改善相关的建设规模较大,交通改善项目会导致梅西大道沿线的交通改道和停车场的临时转移。

第3组的方案12中,预计每日净人口增加9%,导致每天增加2 081(约2 100)次交通运行次数。年平均日客流量的增长幅度将在2.1%到14.9%之间。不同交通量负荷下的道路及十字路口的运行情况已在服务水平(LOS)的条款中详细说明。服务水平提供了交通路段或十字路口的交通运行质量指标,其指标范围从A到F,A代表自由通畅的运行情况,F代表严重拥堵。服务水平的测定基于所测量的道路沿线上的平均每日交通量和交通量与通行能力之比。根据佛罗里达州交通部的历史交通数据和对2014年的预测数据判断,改建方案12对测量的路段的服务水平影响最小。预计从2008年到2014年,沿大西洋林荫大道的梅波特路段的交通流量将略有下降。但是,服务水平在E处略有缺陷。从2008年到2014年,旺德伍德大道(Wonderwood Drive)高速公路段(格文路(Girvin Road)至A1A州际公路)的服务水平将从A降至B。不过,这主要是由于预计该地区的交通流量将增加,而与改建方案12的实施无关。预计改建方案12的对道路交通的影响最小,并且道路的服务水平不会因此发生变化。同样,由于预计区域交通量的增加,旺德伍德大道(A1A州际公路至梅波特路)路段的服务水平将在2008到2014年期间从B降至C。方案12中的其他道路段的服务水平不会受到任何影响。

第2组和第3组改建方案中,要将疏浚物料运输至海洋疏浚物处置场,估计需要有2 000至6 000次驳船运输(取决于驳船大小),这将在疏浚项目施工的12至18个月期间暂时增加海运船舶的航运量,但这一数据只占每年大约81 000艘船只航运量的2%至5%(也可能更少,因该地区商业船舶运行有增加趋势)。从长远来看,梅波特海军基地(例如,从距海岸7英里①的海域到梅波特海军基地的回旋水域)的转港海军船只数量与停泊的数量相关,所有改建方案中驻泊舰艇数量减少,转港活动也相应减少。根据第3组中的改建方案12,2014年的驻泊舰艇数

① 1英里=1.609 344千米。

量最多,为 18 艘,而 2006 年为 22 艘,相关年度的舰艇航运量约为 600 艘,这比 2006 年减少了 9%。

不进行母港改建不会对交通造成任何影响。

3.6.9 各方案对社会经济的影响

航母母港改建方案分别与基线年 2006 年和终止年 2014 年进行了比较,评估各方案对社会经济的影响。2007 年,"肯尼迪"号退役,圣约翰河管理区规模缩小,相关的人员也相应减少。因此,与梅波特海军基地人员水平相关的一些社会经济影响已经产生。与 2006 年相比,除方案 10 和方案 12,其他方案中梅波特海军基地人口可能会减少,从而导致 2014 年基地内外的住房需求和入住率下降。

方案 1 的预算总额约为 500 万美元,将创造 53 个工作岗位;方案 7 的预算总额约为 8 500 万美元,将创造 860 个工作岗位。受这两种方案的影响,预计总的家属人口比例将下降 24%,学龄儿童总数减少 23%;直接就业的年均增长率为 -3.8%,将有 3 500 个就业岗位消失;直接工资将减少 2.6 亿美元,可支配收入将减少约 2.46 亿美元;地方税收将减少约 1 100 万美元。

方案 2 中不涉及施工,因此也不会创造新的工作机会。

方案 9 的预算总额约为 8 000 万美元,可创造 810 个工作岗位。受该方案的影响,预计总的家属人口比例将减少 20%,学龄儿童总数将减少 19%;直接就业的年均增长率为 -3.2%,约有 2 900 个就业岗位消失;直接工资将减少 2.2 亿美元,可支配收入将减少 2.08 亿美元;地方税收将减少约 900 万美元。

方案 5 的预算总额约为 700 万美元,可创造 70 个工作岗位。受该方案的影响,预计总的家属人口比例将降低 23%,学龄儿童总数将减少 21%;直接就业的年均增长率为 -3.5%,减少约 3 200 个就业岗位;直接工资将减少 2.42 亿美元,可支配收入将减少 2.29 亿美元;地方税收将减少约 1 000 万美元。

方案 6 的总预算约为 500 万美元,可创造 53 个工作岗位;改建方案 11 的总预算约为 8 500 万美元,可创造 860 个工作岗位。受这两个改建方案的影响,预计总的家属人口比例将下降 10%,学龄儿童总数将减少 9%;直接就业的年均增长率为 -1.5%,减少 1 500 个就业岗位;直接工资总额将减少 1.1 亿美元,可支配收入将减少 1.04 亿美元;地方税收将减少约 500 万美元。

方案 3 的预算总额约为 8 000 万美元,可创造 810 个工作岗位。受该方案的影响,预计总的家属人口比例将下降 35%,学龄儿童总数将减少 32%;直接就业的平均年增长率为 -5.7%,减少约 4 900 个就业岗位;直接工资总额将减少 3.7 亿美元,可支配收入将减少 3.5 亿美元;当地税收将减少约 1 600 万美元。

方案 4 的总预算约为 6.71 亿美元,可创造 7 400 个工作岗位。受该方案的影响,预计总的家属人口比例将下降 13%,学龄儿童总数将减少 12%;直接就业的平均年增长率为 -2.1%,约 2 000 个就业岗位消失;直接工资将减少 1.5 亿美元,可支配收入将减少 1.41 亿美元;地方税收将减少约 600 万美元。

方案 8 的预算总额约为 7 亿美元,可创造 7 700 个工作岗位。受该方案的影响,预计总的家属人口比例将下降 3%,学龄儿童总数将减少 3%;直接就业的平均年增长率为 −0.5%,约 530 个就业岗位消失;直接工资总额将减少 4 000 万美元,可支配收入将减少 3 800 万美元;地方税收将减少约 100 万美元。

方案 10 的预算总额约为 7.01 亿美元,可创造 7 700 个工作岗位。受该方案的影响,预计总的家属人口比例将增加 1%,学龄儿童总数将增加 1%;直接就业的年均增长率与之前持平,工作岗位增加 6%;直接工资总支出将增加约 100 万美元,可支配收入将增加 10 万美元;当地税收将增加约 100 万美元。

梅波特海军基地人口数量基本保持不变,因此,基地内外的住房需求和入住率也将保持不变。

方案 12 的预算总额约为 7.22 亿美元,可创造 7 900 个工作岗位。受该方案的影响,预计总的家属人口比例将增加 12%,学龄儿童总数将增加 11%;直接就业的年均增长率为 1.4%,可创造 1 500 个就业岗位;直接工资支出将增加 1.1 亿美元,可支配收入将增加 1.04 亿美元;当地税收将增加约 600 万美元。

梅波特海军基地人口数量将增加,将带动基地内外的住房需求和入住率的整体上升。

不进行母港改建时,与 2006 年相比,该方案预计会使总的家属人口比例下降 35%,学龄儿童总数将下降 32%;直接就业的年均增长率为 −5.7%,减少约 4 900 个就业岗位;直接工资支出将减少 3.7 亿美元,可支配收入将减少 3.49 亿美元;地方税收将减少约 1 600 万美元。

梅波特海军基地人口数量下降,将导致基地内外的住房需求和入住率下降。

3.6.10　各方案对一般性服务的影响

与改建方案对社会经济的影响分析一样,在对一般性服务的影响评估中,各方案分别与基准年 2006 年和终止年 2014 年进行了比较,需要注意的是,由于"肯尼迪号"航母的退役以及东南区域维护中心规模的缩小,相关人员的减少,预计的一些影响已经实际发生。

受方案 10 的影响,家属人口将增加约 300 人,学龄儿童将增加 92 人。从长远来看,这将导致消防和紧急救援任务、娱乐设施和场地、家庭服务、儿童保育服务及当地学校教育需求的小幅增加。

受方案 12 的影响,由于每日净人口数预计增加约 1 200 人,家属人口增加约 2 900 人,学龄儿童增加约 890 人,因此该方案产生的影响更为显著。方案 12 使学龄儿童增加可能导致学校过度拥挤。因此,海军将在切实可行的范围内向杜瓦尔县学区提供援助,帮助他们申请联邦教育影响援助,以减轻该方案对学校的潜在影响。

其他所有方案都将导致梅波特海军基地工作人员、家属和学龄儿童减少。预计减少最多的是方案 3 和不进行母港改建的方案(家属减少 35%,学龄儿童减少32%);其余方案中人口的减少幅度从 3% 至 24% 不等。人口数量下降预计不会对大多数一般性服务产生影响。对于学校而言,由于人口的其他变化会提升梅波特海军基地家属的入学率,这在一定程度上也可抵消人口下降的影响。

《环境影响分析评估》终案为杜瓦尔县地区的学校提供了相关的可用人口统计数据,这些数据可用于预测入学人数,并有助于学校设施的规划。

3.6.11　各方案对公共设施的影响

方案 1、5、6、7、8、11 和 12 中计划建造的总部的公共设施将通过改造现有的基础设施来实现。此外,第 3 组改建方案中,为满足核动力设施的潜在需求,需要升级电力、蒸汽、压缩空气、饮用水和雨水设备。除了方案 2、3 和 9 外,所有方案中增加的非渗透表面将通过遵守适用的许可程序和要求(包括佛罗里达州环境保护部环境资源许可条例)和海军低影响发展政策(Navy's Low Impact Development Policy)来解决。

不进行母港改建对公共设施没有任何影响。

3.6.12　各方案对环境健康与安全的影响

所有改建方案中(除方案 2、3 和 9,以及不进行母港改建的方案之外),短期内,危险或有毒物质的使用和废物处置会有所增加,并且由此带来的风险也会上升。这些项目都将按照既定的程序进行管理。有关建筑方面的风险管理也将遵循既定的安全程序来进行。

第 2 组和第 3 组的改建方案中,疏浚项目会增加燃料的采购量、临时存储量和消耗量。与疏浚相关的安全风险管理将根据既定的安全程序进行。

第 3 组改建方案中,由于建筑物数量会增加(改建方案 12 中),因此梅波特海军基地每日使用燃料、供暖、热水生产和备用电源的净人口数将增加。为满足未来的运营需求,各种石油燃料的数量将超过当前。在新建的建筑物中,通过实施可持续发展策略,可以减轻对石油燃料的需求。

从长远来看,交通改善项目将保障沿梅西大道和五个交叉路口的车辆和行人安全。

第 3 组改建方案中,将采用严格的海军核推进计划(Naval Nuclear Propulsion Program)的辐射控制措施。这些控制措施的有效性已得到证实。

在所有的改建方案中(包括不进行母港改建的方案),既不会对少数族群、低收入群体的健康或生存环境产生较大的危害,也不会给儿童带来较大的环境健康和安全风险。

第4章　母 港 改 建

美国海军起草了《环境影响分析评估》终案,其依据的文件包括:1969年颁布的《国家环境政策法》;环境质量委员会实施的《国家环境政策法》(《联邦法规汇编》第40章第1 500~1 508条);海军作战部长第5090.1C号指令《环境与自然资源规划手册》。

海军是母港改建的牵头机构。根据《联邦法规汇编》(第40章第1501.6款)的规定,美国陆军工程兵团和美国国家环境保护局为合作机构。

4.1　母 港 改 建 计 划

《环境影响分析评估》终案中评估的母港改建计划是指在佛罗里达州梅波特海军基地建造新增水面舰艇驻泊港。这项母港改建计划包括永久分配水面舰艇和人员。海军的《环境影响分析评估》终案审查、评估了12项改建方案和不进行母港改建的情况,具体包括:

①巡洋舰/驱逐舰驻泊港(改建方案1);

②两栖攻击舰驻泊港(方案2);

③核动力航母停靠港(方案3);

④核动力航母驻泊港(方案4);

⑤两栖部队驻泊港(方案5);

⑥前4种改建方案的7种不同组合(方案6~方案12);

⑦不进行母港改建。

核动力航母母港和核动力航母停靠港的方案有所不同。核动力航母母港改建方案永久性地将核动力航母和人员分配给梅波特海军基地,并为在此基地进行的维修提供充足的设备。核动力航母停靠港的改建方案不涉及核动力航母的驻泊问题,只为满载的核动力航母提供适当的停靠和访问服务,且受21天访问上限的限制(如果核动力航母不在港口驻泊,则不需要配备基地维护设施)。每种改建方案的详细描述见第5章。

母港改建可能涉及将现有舰艇迁至梅波特海军基地,或将海军新购置的舰队转让给梅波特海军基地。母港改建仅包括梅波特海军基地为建造驻泊港所做的必要准备和操作措施,不涉及其他海军基地。

根据所选择的改建方案,母港改建计划大体包括以下几方面的内容:

①维护设施改进；

②公共设施升级；

③人员支持改进；

④码头条件改善（仅限核动力航母驻泊改建方案）；

⑤停泊设施和交通改善（仅限核动力航母驻泊改建方案）；

⑥建造核动力航母的核推进装置维修设施（仅限核动力航母驻泊改建方案）；

⑦疏浚和疏浚物处置（核动力航母停靠和核动力航母驻泊港改建方案）。

部分改建方案早在2009年就已开始实施。其他方案直到2014年才能完全实施，其中包括满足舰队制定的最佳停泊标准。因此，母港改建的时间节点是2014年，这是最早可以全面实施所有改建方案的年份。

4.2　母港改建的目的和需求

母港改建的目的是，通过有效利用梅波特海军基地的滨水区和岸边设施，确保有效支撑船队的作战需求。

2001年《四年防务评估报告》呼吁国防部能够在世界范围内的冲突中迅速击败侵略行为。这要求海军改变其作战理念，并确保其能够更快地向多个地点提供更多的战斗资源。在海军术语中，这被称为增兵能力，或者在现有部署的基础上再派遣训练有素的海军作战部队的能力。海军通过了《舰队反应计划》，此项计划将加强后的海军增兵能力制度化。

在美国海军舰队司令部的指导下，通过完善维护、现代化改建及配员和训练流程的调整，舰队至少能够在30天内部署6个具备增兵作战能力的航母群，以及一个能在90天内完成部署的预备攻击群。实现这一高层次的增兵能力是一项艰巨的任务，不仅需要海军舰艇和舰员长期保持良好的戒备状态，还要进行舰艇的维修工作，并保障舰员的生活质量。

海军已经制定了岸上基础设施计划，以确保为实施《舰队反应计划》和海军所需作战部队提供相应支持。虽然预算可能影响海军基地的数量，但在全国和世界各地的保留基地能够支持响应《舰队反应计划》并为作战部队提供支持力量。海军基地所需要掌握的技能受到战略位置、地理位置和舰队作战准备的影响。

美国海军舰队司令部指出，梅波特海军基地的回旋水域可容纳的水面舰艇的数量有限。梅波特海军基地还建立了用于舰艇维护的岸上支援设施及军事人员支援设施，但这些设施并未得到充分利用。目前在梅波特海军基地港口驻扎的海军将于2010年开始退役。海军需要有效且高效地利用梅波特海军基地的现有设施（包括滨水区和岸上设施），从而最大限度地缩减建造规模。海军作战部长指示，要求美国舰队司令部审查和评估关于建造梅波特海军基地新增水面舰艇驻泊港的多项组合方案。

《环境影响分析评估》终案中将梅波特海军基地作为各类舰艇的驻泊港是基于如下考虑：

①选择梅波特海军基地有助于维护港口地点合理分布，以减少自然灾害、人为灾难或降低国外恐怖分子袭击舰艇的风险；

②充分利用梅波特海军基地能够保留杰克逊维尔舰队集中区的作战驻泊港，同时该区域能够提升美国海军的增兵作战能力；

③选择梅波特海军基地作为舰艇驻泊港能够在作战区域的 6 小时航行时间内为舰艇提供驻泊位置，优化舰队进入海军训练场和作战区域的途径。

4.3　梅波特海军基地

梅波特海军基地（在《环境影响分析评估》终案中也称为站点或装置）位于佛罗里达州北部，杰克逊维尔以东，毗邻圣约翰河和大西洋。梅波特海军基地维护和运行设备来为海军舰艇部署、航空兵和员工提供支持，包括基地内人员和短期驻扎的基地外人员。梅波特海军基地还为部署部队、相关活动和响应其他指令提供后勤支持。

梅波特海军基地包括 60 多个司令部、分队和个人组织，占地面积约 3 409 英亩。梅波特海军基地拥有美国第三大停靠舰队。2006 年，梅波特海军基地成为 22 艘舰艇和 6 个直升机中队基地的驻泊港。22 艘舰艇中包括 1 艘传统航母，13 艘护卫舰，4 艘巡洋舰和 4 艘驱逐舰，如表 4 - 1 所示。

表 4 - 1　梅波特海军基地的舰艇

序号	舰艇名称	序号	舰艇名称
1	"肯尼迪"号航母（CV - 67）	12	"泰勒"号护卫舰
2	"麦金纳尼"号护卫舰	13	"辛普森斯"号护卫舰
3	"布恩"号护卫舰	14	"塞缪尔·罗伯茨"号护卫舰
4	"斯蒂芬"号护卫舰	15	"菲律宾海"号巡洋舰
5	"约翰·霍尔"号护卫舰	16	"葛底斯堡"号巡洋舰
6	"安德伍德"号护卫舰	17	"休城"号巡洋舰
7	"多伊尔"号护卫舰	18	"维克斯堡"号巡洋舰
8	"哈里伯顿"号护卫舰	19	"卡尼斯"号驱逐舰
9	"克拉克林"号护卫舰	20	"苏利文斯"号驱逐舰
10	"德韦特"号护卫舰	21	"罗斯福"号驱逐舰
11	"罗伯特"号护卫舰	22	"法拉格特"号驱逐舰

虽然 2006 年有超过 16 000 人被分配到梅波特海军基地,但考虑到部署因素,每日平均的人口约为 13 300 人(美国海军,2006a),如表 4 - 2 所示。

表 4 - 2　2006 年梅波特海军基地基本人口数

非部署人员[1]	6 210
在港舰艇人员[2]	6 036
空军中队[3]	1 026
平均每日人口	13 272
停靠舰艇数量[4]	22

资料来源:海军,2006a。

注:1. 非部署人员是指永久性的政党人员,不会出于培训和运营的目的而部署到其他地方。

2. 调整定期部署后分配给梅波特海军基地舰艇的现役人员。据估计,工作人员 73% 的时间都在港口(即 73% 的部署因子)。

3. 按第 2 点所述进行调整,空中中队部署因子为 67%。

4. "肯尼迪"号航母于 2007 年退役。

2006 年作为基准年,是最能代表梅波特海军基地运行情况的一年。2006 年是"肯尼迪"号航母在 2007 年退役之前的最后一个全年服役年份。目前虽然没有航母驻泊在梅波特海军基地,但自 1955 年以来,梅波特海军基地一直被视为航母母港。1987 年共有 37 艘舰艇在梅波特海军基地驻泊,其中包括 2 艘常规动力航母。当时,约有 18 700 名在役人员被分配到梅波特海军基地(美国海军,1997)。在 20 世纪 90 年代期间,1990 年基地驻泊的舰艇数量最多,为 35 艘;1993 年基地驻泊的舰艇数量最少,为 19 艘。在 1996 年至 2006 年期间,基地驻泊的舰艇数量在 20 至 24 之间波动,每年平均约 22 艘(海军历史中心,2007)。

梅波特海军基地的职责范围包括以下内容。

①美国海军南部司令部(COMUSNAVSO)。美国海军南部司令部指挥官负责指挥美国南方司令部(SOUTHCOM)责任区(AOR)内的海军队与合作成员国,并驻扎 20 名联合人员(美国海军南部司令部,2007)。

②美国第四舰队(COMFOURTHFLT)。美国第四舰队指挥官是指派给美国海军南部司令部舰队的指挥官,负责对指定部队进行作战控制。第四舰队开展全方位的海事安全行动,以支持美国的国家目标和安全合作活动,促进联盟建设和遏制侵略。第四舰队与其他美国南方司令部成员部队、联盟部队和联合特遣部队协同行动,以促进美国南方司令部地区的和平、稳定和繁荣。

③14 号驱逐舰中队(DESRON)。14 号驱逐舰中队是美国海军最大的驱逐舰中队。作为一个区域支援组织兼训练和准备中队,14 号驱逐舰中队指挥官的

职责是承担 13 艘护卫舰的高级指挥工作（ISIC）（14 号驱逐舰中队，2007；Burket，2007）。2007 年,14 号驱逐舰中队成为护卫舰级中队（CLASSRON），这是一个具有指挥功能的组织，负责全球所有护卫舰相关的人员培训、维护、配员和物流。护卫舰级中队由现有的海滨和舰种司令（TYCOM）组织和军营构成，并听命于高级指挥官和海上指挥官（Burket，2007）。

④24 号驱逐舰中队。24 号驱逐舰中队是一支战术部署指挥团队，由 3 艘驱逐舰组成，负责指挥指定的舰艇进行海军空中和海上控制任务。在梅波特海军基地期间,24 号驱逐舰中队指挥团队为指定船只的训练和准备需求提供支持，包括指挥官的支持、打击部队的训练、大西洋中待部署人员的训练。

⑤40 号驱逐舰中队。40 号驱逐舰中队是一个战术部署指挥团队，由 22 名现役人员组成，由 2 个预备役部队提供支援。40 号驱逐舰中队分配给美国海军南部司令部，主要部署在南方司令部执行行动、演习及在战区安全合作（TSC）国家参与活动。作为一个分配到美国南方司令部的驱逐舰中队,40 号驱逐舰中队没有固定的舰艇，但是会根据需要,登舰进行操作和演习。

⑥美国海军舰队司令部直升机海上打击联队。美国海军舰队司令部直升机海上打击联队由 1 个舰队替补中队（FRS）、4 个海上作战中队和 1 个舰队准备中队组成。舰队替补中队负责对飞行员、机组人员和直升机维护技术人员进行初步培训，以便与舰队中队一起进行部署。舰队中队准备分队部署在舰队的轻型机载多用途系统（LAMPS）配置舰艇（护卫舰、驱逐舰和巡洋舰）中，并在反潜和反潜战的主要任务区操作 SH-60B 型海鹰直升机（美国舰队部队直升机海上打击联队指挥官,2007）。

作为杰克逊维尔舰队集中区的一部分，梅波特海军基地也是维护舰队的几个主要租户所在地。其中包括：

①东南区域维护中心。东南区域维护中心拥有一个 175 000 平方英尺的工业设施，由在 60 多个商店和在工作中心工作的军事和文职人员组成（Agnor，2006）。总体而言，东南地区维护中心为整个东南部的船队提供检查、维护和维修服务；从供应、损失控制和武器处置方面培训船上人员；协调潜水作业和雷达发射控制；管理私人造船厂的造船设计、转换和设施合同；并为正在进行大修的舰艇制定采购零件和设备的计划。

东南区域维护中心根据舰艇维护和维修工作量来管理船厂合同。2006 年,东南区域维护中心有大约 1 504 人，其中包括 909 名军事和文职人员 595 名合同人员。预计到 2008 年 8 月，东南区域维护中心的军事和文职人员将大约从 909 减少至 280 人，主要是军事人员的减少。

在此期间，承包商的工作数量也将从 2006 年的 217 000 个增加到 2008 年的 250 000个，大约相当于增加了 90 个全职承包商人员（Agnor，2006；Agnor，2007）。这相当于东南区域维护中心人员总数由 2006 年的 1 504 人减少到 2008 年的 965 人。

②梅波特海上训练小组（ATG）。梅波特海上训练小组负责组织海军和海岸警卫队水手的漂浮训练，以确保人员的战斗力。海上训练小组支持指挥官和国际标准产业分类中心培训舰队，以建立和维持所需的作战能力，包括损坏控制、作战系统、导航、航海、航空和医疗。必要时，海上训练小组会从母港出发，支持预定的培训和紧急培训请求。目前约有 300 名军事人员在梅波特海上训练小组工作。

③梅波特海军基地的港口运营部门。梅波特海军基地的港口运营部门负责监督海港的运营。该部门满足舰艇驻泊要求，并提供消防支持、搜救协助、泄漏清理响应、救助、鱼叉导弹维护（Harpoon maintenance）、2 500 吨弹药装卸、海上应急人员转移和消磁系列服务。100 多名军事人员和 16 名文职雇员为舰队提供支援，包括船舶驾驶员、拖船船长、装配工、机械师、电子技师和焊工。

梅波特海军基地舰艇驻泊设施位于回旋水域周边的码头 A 至 F，共 16 个靠泊位置。（由于许多泊位上能够驻泊多艘舰艇，并且根据舰艇部署时间表，每种船型中只有 73% 的舰船在任何时间都可以在港口驻泊，因此梅波特海军基地可驻泊 16 艘以上的舰艇）。回旋水域的面积约为 2 000×3 000 平方英尺，通过 500 英尺宽的入港航道与圣约翰河相连。梅波特海军基地有 8 284 线性英尺的通用驻泊空间（海军东南区司令，2006）。表 4 – 3 中提供了码头、拖槽和"槽"（码头 C – 1 和 C – 2 之间的区域）的规格。

表 4 – 3 梅波特海军基地现有泊位规格

码头	类型	长/英尺	宽/英尺	水深/英尺	驻泊舰艇类型（主要类别）
A – 1	通用 – 小型	225	70	35	反水雷舰
A – 2	通用 – 中等	570	70	35	巡洋舰/驱逐舰/护卫舰
B – 1	通用 – 中等	650	100	42	巡洋舰/驱逐舰/护卫舰
B – 2	通用 – 中等	650	100	42	巡洋舰/驱逐舰/护卫舰
B – 3	通用 – 中等	650	100	42	巡洋舰/驱逐舰/护卫舰
C – 1	通用 – 大型	608	125	42	航母/巡洋舰/驱逐舰
C – 2	通用 – 大型	608	125	50	航母/巡洋舰/驱逐舰
D – 1	通用 – 中等	575	60	35	巡洋舰/驱逐舰/护卫舰
D – 2	通用 – 中等	450	60	35	巡洋舰/驱逐舰/护卫舰
D – 3	通用 – 中等	450	60	35	巡洋舰/驱逐舰/护卫舰
D – 4	通用 – 中等	450	60	35	巡洋舰/驱逐舰/护卫舰
E – 1	通用 – 中等	466	75	35	巡洋舰/驱逐舰/护卫舰
E – 2	通用 – 中等	466	75	35	巡洋舰/驱逐舰/护卫舰

码头	类型	长/英尺	宽/英尺	水深/英尺	驻泊舰艇类型(主要类别)
E－3	通用－中等	466	75	35	巡洋舰/驱逐舰/护卫舰
F－1	通用－中等	500	105	42	巡洋舰/驱逐舰/护卫舰/航母
F－2	通用－中等	500	105	42	巡洋舰/驱逐舰/护卫舰/航母
拖轮槽	小艇	580	—	35	拖船
插槽	小艇	650	—	35	浮吊/小船/登陆艇

资料来源:海军设施工程服务中心,2002。

码头 C－1 为梅波特海军基地的主要武器处置泊位。设置码头 E 和 F 是为了满足梅波特海军基地舰艇的维护要求。一般可供 5 艘舰艇进行小修,3 至 4 艘舰艇进行大修(Reeder,2006)。梅波特海军基地的现有造船厂(Earl Industries,LLC; North Florida Shipyards,Inc. 和 Atlantic Marine,Inc.)均位于码头 E 和 F 的东部。

目前梅波特海军基地没有干船坞。海军长下令将中型辅助浮干船坞 SUSTAIN(AFDM7)运往大西洋海洋物业控股公司。这个干船坞位于梅波特海军基地以西、圣约翰河北侧的大西洋的设施区域。梅波特海军基地的舰艇(最大规模的巡洋舰)维护和靠泊都需要依靠这个干船坞。该船坞的起重能力为 14 600吨,可容纳 620 英尺[①]的船只(Atlantic Dry Dock Corp,2006)。

4.4 公 众 参 与

4.4.1 范围界定过程

美国的《国家环境政策法》要求,在实施母港改建之前,需要一个早期的公开程序来确定应该解决的问题范围。2006 年 11 月 14 日,海军在《联邦记事》(DoN,2006b)发布了准备起草环境影响分析评估的《报告意向通知》,并将通知的副本发送给联邦、州、部落和地方机构,以及已知或预计会关注母港改建的其他各方,自此正式启动了公开范围界定程序。此外,海军于 2006 年 11 月 14 日(与《联邦纪事》发布通知同一天)、2006 年 11 月 29 日(公开范围界定会议前一周)和 12 月 3日(公开范围界定会议前的星期日)公布了有关《佛罗里达时报联盟》公开范围界定会议的信息。2006 年 12 月 5 日,杰克逊维尔南校区的佛罗里达社区学院举行了一次公开范围界定会议,38 人参加了会议,共收集了 3 份意见表。

---

① 1 英尺 =3.048 × 10^{-1}米。

在为期 45 天的公开范围界定期间还收集了其他意见。共收到 17 个意见表，其中包括 82 条意见。这些意见是为了回应在《环境影响分析评估》草案制定期间审议的已公布的意向通知、范围界定会议和机构函件。

公开范围界定期间提出的问题归类整理如表 4 - 4 所示。

表 4 - 4　公开范围界定期间提出的问题

主题	提出的问题
目的和需求	讨论梅波特海军基地的重要性质； 讨论舰队部署； 纳入梅波特海军基地航母的历史； 讨论与梅波特海军基地相关的 2005 年《基地调整和关闭》（BRAC）及 2006 年《四年防卫评估》的流程和建议
改建方案	疏浚方法的详细描述； 考虑替代的疏浚物海洋处置场所； 描述海军执行常规的舰艇驻泊能力； 描述支持每种改建方案所需的改进； 两栖部队组合和沿海战斗舰停靠的其他改建方案； 确定重新分配给梅波特海军基地舰艇的可能来源（即当前母港）以及对这些港口的直接、间接和累积的环境影响评估，包括现有港口基础设施的成本效益分析与梅波特海军基地的新基础设施
地球资源	铲斗疏浚方法的精度（深度）； 需要精准的水文调查； 精确描述疏浚物，包括生物测试； 疏浚对乔治堡河入口（Fort George River Inlet）处沙沉积的影响
土地使用	对娱乐用途的影响； 与佛罗里达沿海地区计划保持一致； 梅波特海军基地或海军陆战队支持设施对梅波特海军基地布朗特岛港口舰艇处置作业的影响
水资源	疏浚作业对地下水含水层、补给区和供水的影响（包括爆破和石灰石钻探作业）； 疏浚和处置受污染沉积物对水质的影响； 疏浚对圣约翰河流域盐度的影响； 遵守佛罗里达州环境保护部的监管要求
空气质量	建造和施工对空气质量的影响
噪声	无

主题	提出的问题
生物资源	对海龟和其他海洋物种的影响； 对附近受威胁和濒危物种的影响； 疏浚作业和疏浚物处置对露脊鲸、海牛和重要栖息地的影响； 对蒂姆库安生态历史保护区湿地、盐沼栖息地和河口生态健康的影响
文化资源	对土地和水资源的历史和文化资源的影响
交通	对交通的影响
社会经济	与核动力航母驻泊相关的成本； 对当地大型甲板舰艇技术专业和舰艇维修驻泊港的影响； 对舰艇维修服务行业的影响； 对地方和区域经济的影响； 港口替代方案带来的人口增加的影响
一般性服务	对州和地方政府提供基础设施（道路、下水道、水）、教育设施、法院的影响
公共设施	对雨水和废水容量的影响
环境健康与安全	确定与设施建设/扩建相关的污染问题； 对危险废物/危险材料的操作和处置； 对所需拆除计划的影响
尼米兹级航母辐射影响	核动力航母的核推进装置在辐射方面产生的影响

4.4.2 《环境影响分析评估》草案公众意见征询流程

《环境影响分析评估》草案公共审查过程为利益相关者（包括民选官员、政府机关、组织、机构和个人）提供了评估草案的机会，并协助确定其是否充分解决了在公开范围界定过程中表达的关注环境问题。《环境影响分析评估》草案公众意见征询期始于 2008 年 3 月 28 日《联邦纪事》公布草案可行性通知（美国国家环境保护局 2008c）。2008 年 3 月 28 日，《联邦纪事》上发布了公开听证会的通知（美国海军，2008a）。为响应评论期间收到的请求，海军将公众意见征询期从 45 天延长至 60 天，即征询期于 2008 年 5 月 27 日结束。2008 年 5 月 2 日，《联邦纪事》公布了此项延期（美国海军，2008b）。在整个草案公众意见征询期内，收到了关于草案的意见，并在准备起草《环境影响分析评估》终案期间进行编制。《佛罗里达时报联盟》于 2008 年 3 月 28 日（与《联邦纪事》通知发布同天）、2008 年 4 月 13 日

（公开听证会前的一个星期日）和 2008 年 4 月 16 日（公开听证会当日）刊登了关于《环境影响分析评估》草案可行性的通知以及公开听证会的公告。

《环境影响分析评估》草案也被发送到以下图书馆：

①海滩图书馆，佛罗里达州尼普顿海滩第三街 600 号，邮编 32266；

②巴勃罗溪图书馆，杰克逊维尔，海滩大道 13295 号，邮编 32246；

③摄政广场图书馆，杰克逊维尔，摄政大道 9900 号，邮编 32225；

④中心图书馆，杰克逊维尔，劳拉街北 303 号，邮编 32202；

⑤公共图书馆，费尔南迪纳海滩，北四街 25 号，邮编 32034。

该文件的电子版已经发布在公共访问项目网站（http://www. mayporthomeportingeis. com）。

公众可将书面意见邮寄给海军，在项目网站上发表意见或通过在公开听证会上提交意见的方式来发表书面评论。在公开听证会的正式环节上，口头评论将被记录下来。海军在梅波特地区的当地广播电台发布了新闻稿，并在公开听证会之前举办了一场媒体宣传活动，无论是广播、报纸还是电视报道，公众都能方便参与。

2008 年 4 月 16 日，草案公开听证会在佛罗里达州杰克逊维尔老维尔贝梅路的杰克逊维尔－迪尔伍德中心的佛罗里达社区学院举行。公开听证会采取以开放日和正式公开听证相结合的形式。会议于下午 4:30 至 6:30 开放，下午 6:30 至 8:30 举行公众听证会。这种会议形式为感兴趣的人提供了一个机会，可以在正式的公开听证会之前审查信息、询问有关海军母港改建和改建方案存在的问题，并向项目代表表达他们的特别关注。开放式会议室布局为与会者提供了关于项目的连续且合理的信息，并提供了各种表达意见的途径方式。鼓励所有与会者在出席记录上签名。要求那些希望提供口头意见的人在正式公开听证会环节之前发表意见。

会议的公开听证环节包括一个简短的介绍，总结了母港改建方案，以及口头意见征询期后的调查结果。

共有 100 人参加了公开听证会（不包括参与或组织公开听证会的海军人员和承办商），其中有 11 名媒体成员。大多数公开听证会参加者来自佛罗里达州的杰克逊维尔地区，也有的来自佛罗里达州的塔拉哈西、南卡罗来纳州的查尔斯顿、弗吉尼亚州的阿灵顿、弗吉尼亚州的诺福克。

公开听证会期间，共有 34 人提出了口头意见，包括 4 名联邦选举官员，1 名当地民选官员，6 个地方机构和 6 个地方组织的代表。其中一些人还提供了书面补充意见。

4.4.3 《环境影响分析评估》草案意见

除了在公开听证会上收到的意见外，海军还通过信件、电子邮件以及项目网站收到了对草案的意见。如表 4－5 所示，共有机构或组织等 120 人对草案发表了评论。其中一些评论者使用了多种方式提交意见(例如,在公开听证会期间的口头意见,邮寄书信或通过电子邮件发表意见)或在评论期间提交了多条意见,但大多数只是采用一种方式。

表 4 - 5　《环境影响分析评估》草案意见摘要

提出意见者类别		提出意见者数量
民选官员	联邦	5
	国家	1
	地方	4
机构	联邦	5
	国家	2
	地方	10
组织		13
个人		80
总数		120

表 4 - 6 列出了在《环境影响分析评估》草案公众审查过程中收到的意见分类。大多数意见针对的是在梅波特海军基地驻泊舰艇的一项或一组改建方案。

表 4 - 6　《环境影响分析评估》草案公众意见主题摘要

意见类别	意见主题	意见提出者数量[1]
总体	分析评估的范围太窄	4
	舰队扩散的重要性	33
	使用不正确的基准年	1
	实施过程中环境许可的作用	3
改建方案和项目描述	对改建方案或舰艇驻泊的专门说明	71
	调整或重新考虑54英尺的疏浚深度	2
	维护疏浚的频率	2
改建方案和项目描述	高地处置场地	2
	人员估计	1
	施工细节/改建方案比较	1

意见类别	意见主题	意见提出者数量[1]
地球资源	海洋疏浚物处置场对地球资源的影响	3
	淘析分析样品中的汞含量	1
土地和海洋	改建方案的梅波特码头的累积效应	1
	沿海地区的一致性（佛罗里达州环境保护部门同意）	1
水资源	盐度变化	4
	雨水控制	2
空气质量	舰艇排放	1
	移动污染源排放	1
	室内空气质量和危险空气污染物	1
噪声	飞机噪声	2
生物资源	《濒危物种法案》咨询	3
	关注影响	1
	北大西洋露脊鲸及其重要栖息地问题	1
	基本鱼类栖息地	1
	累积影响	1
文化资源	收到国家历史保护官员的批准	1
交通	轨道交通	1
	第3组改建方案的影响	1
	分析不充分	1
	替代运输	1
社会经济	改建方案的成本（说明）	1
	水手住房	1
	对住房的累积影响	1
一般性服务	说明对学校的影响	7
公共设施	与核动力航母相关的能源需求	1
环境健康与安全	梅波特海军基地涉嫌违反健康和安全的行为	1
核动力航母的辐射影响	核反应堆紧靠住宅	2
	紧急程序	2
	海军潜艇基地国王湾（Kings Bay）的核修复能力	2

意见类别	意见主题	意见提出者数量[1]
行政	要求提供《环境影响分析评估》终案的文件或通知	14
	要求延长《环境影响分析评估》草案的评议期	3
版本	印刷错误等	2
其他	对不采取行动的改建方案、间接影响、累积影响以及在公开范围界定期间提出的问题分析不够充分	1

注:1.此列表示该主题的提出意见者数量,同一人可能同时对多个主题提出意见。

4.4.4 《环境影响分析评估》终案的公众评论

公共网站将在《联邦纪事》公布决定记录后60天内继续向公众保持开放。在《联邦纪事》发布通知后,《环境影响分析评估》终案在公共网站上公布。海军在30天无行动期结束后签署决定记录。

4.5 《环境影响分析评估》草案和《环境影响分析评估》终案的主要差异

在《环境影响分析评估》草案审查期间,海军根据收到的意见对草案进行修订,逐步完善、编制《环境影响分析评估》终案。对案文的修订包括小范围说明,也包括更新和补充信息。根据公众意见和审查,草案的内容没有重大更改,所有的修改都不会对《环境影响分析评估》草案中提出的结果和结论产生任何深远的影响。主要的修改包括以下几个方面。

①第2.3.1.1节、第2.3.1.2节和表2.3-1中删除了疏浚工程中的浅滩区域过渡深度(2英尺深)的疏浚,因为这些区域出现浅滩的概率较低。第2组和第3组改建方案中疏浚量减少了大约10%(从570万立方码减少到520万立方码)。第3章中,特别是第3.3节,对影响分析进行了变更。

②草案公布之后的疏浚沉积物取样分析得出的结论显示,疏浚物不会用于填沙护滩。根据这一结论,第4章中进行了相关修改,海军与美国鱼类和野生动物管理局的磋商也随之主要集中在改建方案对联邦政府列出的濒临灭绝的佛罗里达海牛的潜在影响上。

③第2.3和2.4节更新了改建计划,最早从2011年至2012年,分别实施第2组和第3组改建方案计划;最早从2012年到2014年,实现核动力航母驻泊。这些日期的变化反映了海军的正常军事建设计划时间表。这些时间节点取决于在实施母港改建之前的优先选择和签署的决策记录。由于这些日期变更,经过重新计

算,改建方案中因为核动力航母母港(第3组改建方案)而分配给梅波特海军基地的人员,反映了《环境影响分析评估》草案中2014年(非2012年)确定的人员增加情况。第4章中对影响分析进行了相应变更。

④第2.8节确定了在《环境影响分析评估》草案公布后海军选择的首选方案。

⑤第3.6.1.3和3.6节更全面地描述和评估了由相关渔业管理委员会和美国国家海洋渔业管理局的重要鱼类栖息地和生境特别关注区域(HAPC)。

⑥第3.9节更新了与每个改建方案中军事建设项目相关的估计支出。这些都是在草案公布后由海军负责完善的。

⑦第3.6节包括为美国鱼类和野生动植物管理局与美国国家海洋渔业管理局准备的生物评估。

第5章 母港改建方案说明

本章描述了可供实施的母港改建和可能的改建方案,即在梅波特海军基地驻泊新增的水面舰艇。下面分别描述了 12 种改建方案,并根据目的和需求进行评估。《环境影响分析评估》终案,以及不进行母港改建的方案中详细评估了所有满足目的和需求的方案。

海军作战部长确定了改建方案 1 至 5 中的重要事项,并指示美国舰队司令部审查和评估梅波特海军基地驻泊新增水面舰艇的各个方案(产生改建方案 5 至 12)。改建方案 6 至 12 为改建方案 1 至 4 中各个驻泊方案的组合。《环境影响分析评估》终案中涉及的舰艇类型包括目前在梅波特海军基地驻泊的舰艇类型:巡洋舰、驱逐舰和护卫舰,以及海军作战部长确定的其他类型舰艇,包括两栖攻击舰、登陆舰、坞式登陆舰和核动力航空母舰。每种改建方案中提出的舰艇类型和数量由海军作战部长指定或由舰种司令确定。每个改建方案中新增的舰艇都是梅波特海军基地目前在港舰艇的补充。《环境影响分析评估》终案中考虑的改建方案可在 2009 年至 2014 年间实施,具体取决于舰艇的部署时间表或每个改建方案相关设施的施工时间表。因此,2014 年是所有改建方案均可实施的年份。

以下是 12 个改建方案和不进行母港改建方案的简要说明:

①巡洋舰/驱逐舰驻泊港方案,包括 5 艘舰艇的驻泊。"巡洋舰/驱逐舰"一词是海军对大型水面战舰的命名,可能包括巡洋舰、驱逐舰或护卫舰。在该方案中,新增的舰艇包括 4 艘驱逐舰和 1 艘护卫舰,以及新增的驱逐舰中队人员。

②两栖攻击舰驻泊港方案,包括 2 艘两栖攻击舰的驻泊。

③核动力航母停靠港方案,包括一个疏浚项目,使核动力航母可以不受吃水限制进驻和停泊。在该方案中,核动力航母不能在梅波特海军基地驻泊。

④核动力航母母港方案,包括核动力航母的驻泊,疏浚,基础设施和码头的完善,以及核动力航母核推进装置维护设施的建造。

⑤两栖部队驻泊港方案,包括 3 艘舰艇(1 艘两栖攻击舰,1 艘两栖船坞运输舰和 1 艘坞式登陆舰)和两栖中队人员的驻泊。

⑥驱逐舰/巡洋舰和两栖攻击舰驻泊港方案,包括 7 艘舰艇(4 艘导弹驱逐舰,1 艘导弹护卫舰和 2 艘两栖攻击舰)和驱逐舰中队人员的驻泊。

⑦巡洋舰/驱逐舰驻泊港和核动力航母停靠港方案,包括 5 艘舰艇(4 艘导弹驱逐舰和 1 艘导弹护卫舰)和驱逐舰中队人员的驻泊,还包括为满足核动力航母不受吃水限制便可进入并且停靠梅波特港的疏浚项目。该方案并不会有核动力

航母驻泊在梅波特海军基地。

⑧巡洋舰/驱逐舰驻泊港和核动力航母港方案,包括 6 艘舰艇(4 艘导弹驱逐舰,1 艘导弹护卫舰和 1 艘核动力航母)和驱逐舰中队人员的驻泊,还包括疏浚,基础设施和码头的完善与核动力航母核推进装置维修设施的建造。

⑨两栖攻击舰驻泊港和核动力航母停靠港方案,包括 2 艘两栖攻击舰的驻泊以及为满足核动力航母不受吃水限制便可进入并且停靠在梅波特港的疏浚项目。该方案并不会有核动力航母驻泊在梅波特海军基地。

⑩两栖攻击舰驻泊港和核动力航母母港方案,包括 3 艘舰艇(2 艘两栖攻击舰和 1 艘核动力航母)的驻泊,还包括疏浚、设施和码头的完善与核动力航母核推进装置维修设施的建造。

⑪巡洋舰/驱逐舰、两栖攻击舰驻泊港与核动力航母停靠港方案,包括 7 艘舰艇(4 艘导弹驱逐舰,1 艘导弹护卫舰和 2 艘两栖攻击舰)和驱逐舰中队人员的驻泊,还包括为满足核动力航母不受吃水限制便可进入并且停靠在梅波特港的疏浚项目。该方案并不会有核动力航母驻泊在梅波特海军基地。

⑫巡洋舰/驱逐舰、两栖攻击舰驻泊港与核动力航母母港方案,包括 8 艘舰艇(4 艘导弹驱逐舰,1 艘导弹护卫舰,2 艘两栖攻击舰和 1 艘核动力航母)和驱逐舰中队人员的驻泊,还包括疏浚、设施和码头的完善与核动力航母核推进装置维修设施的建造。

⑬不进行母港改建,即不在梅波特海军基地新增舰艇。梅波特海军基地将仍然保持以有限方式供核动力航母停靠;现有的吃水限制将继续有效。与核动力航母停靠方案及核动力航母驻泊方案相关的疏浚项目也不复存在。

5.1 方案分类

上述 12 种方案概括了一系列的设想,涉及多个舰艇类型和多种类型组合。逐一讨论这 12 种方案及其各自影响将是一个冗长重复的过程。因此,基于每组方案共有的基本内容,将 12 种方案分成 3 组。每组方案都是集中讨论的,特别是在该《环境影响分析评估》终案的环境后果部分。表 5－1 总结了每种方案所需新增的舰艇和人员数量。

表 5 - 1 各方案涉及的舰艇、船员及其他人员数量

方案		船型	舰艇数量	船员[1]			其他人员[2]				方案总人数[3]
				指挥官	在役士兵	总数	指挥官	在役士兵	文职人员	总数	
第 1 组方案——涉及水面舰艇驻泊港的方案概述(不含核动力航母)											
1	巡洋舰/驱逐舰驻泊港	驱逐舰	4	128	1 392	1 520	13	22	20	55	1 790
		护卫舰	1	17	198	215					
2	两栖攻击舰驻泊港	两栖攻击舰	2	146	2 018	2 164	0	5	10	15	2 179
5	两栖部队驻泊港	两栖攻击舰	1	73	1 009	1 082	17	27	10	54	1 842
		水陆两用舰	1	32	364	396					
		坞式登陆舰	1	19	291	310					
6	巡洋舰/驱逐舰和两栖攻击舰驻泊港[4]	驱逐舰	4	128	1 392	1 520	13	26	30	69	3 968
		护卫舰	1	17	198	215					
		两栖攻击舰	2	146	2 018	2 164					
第 2 组方案——涉及核动力航母停靠的方案概述											
3	核动力航母停靠港	航母	0	0	0	0	0	0	0	0	0
7	巡洋舰/驱逐舰驻泊港和核动力航母停靠港	驱逐舰	4	128	1 392	1 520	13	22	20	55	1 790
		护卫舰	1	17	198	215					
		航母	0	0	0	0					
9	两栖攻击舰驻泊港和核动力航母停靠港	两栖攻击舰	2	146	2 018	2 164	0	5	10	15	2 179
		航母	0	0	0	0					

方案	船型	舰艇数量	船员[1]			其他人员[2]				方案总人数[3]
			指挥官	在役士兵	总数	指挥官	在役士兵	文职人员	总数	
11 巡洋舰/驱逐舰和两栖攻击舰驻泊港与核动力航母停靠港[3]	驱逐舰	4	128	1 392	1 520	13	26	30	69	3 968
	护卫舰	1	17	198	215					
	两栖攻击舰	2	146	2 018	2 164					
	航母	0	0	0	0					

第 3 组方案——涉及核动力航母驻泊的方案概述

方案	船型	舰艇数量	船员[1]			其他人员[2]				方案总人数[3]
			指挥官	在役士兵	总数	指挥官	在役士兵	文职人员	总数	
4 核动力航母母港	航母	1	159	2 981	3 140	0	0	50	50	3 190
8 巡洋舰/驱逐舰驻泊港和核动力航母母港	驱逐舰	4	128	1 392	1 520	13	22	20	55	4 980
	护卫舰	1	17	198	215					
	航母	1	159	2 981	3 140	0	0	50	50	
10 两栖攻击舰驻泊港和核动力航母母港	两栖攻击舰	2	146	2 018	2 164	0	5	10	15	5 369
	航母	1	159	2 981	3 140	0	0	50	50	
12 巡洋舰/驱逐舰和两栖攻击舰驻泊港与核动力航母母港[3]	驱逐舰	4	128	1 392	1 520	13	26	30	69	7 158
	护卫舰	1	17	198	215					
	两栖攻击舰	2	146	2 018	2 164					
	航母	1	159	2 981	3 140	0	0	50	50	

资料来源:海军设施工程司令部标准,2006;Robusto,2006;东南区域维护中心,2006;Morales,2006;Agnor,2007。

注:1. 船员数量是近似值,可能会有变化。

2. 其他人员包括指挥官、在役士兵以及分配给海上训练大队或舰艇维修部门的人员。

3. 方案总人数指每个方案计划所需的新增人员总数。该总数不考虑部署因素,也不代表基地的基础人数(比如梅波特海军基地的人员数量)。考虑到计划所需新增的人员和影响基地人数的其他因素,表 5-2 中列出了考虑了预计新增人员及影响基本人口的其他因素的预估人数。

4. 由于海上训练大队存在组合方案的人员效率问题,因此,其他人员中的 26 位在役士兵并不等于方案 1 中的 22 位在役士兵和方案 2 中的 5 位在役士兵的总和。

第 1 组 —— 涉及水面舰艇驻泊的方案(不含核动力航母)。这些方案仅涉及水面舰艇驻泊,不需要疏浚且施工活动也最少。第 1 组中的 4 个方案如下:

方案 1:巡洋舰/驱逐舰驻泊港;

方案 2:两栖攻击舰驻泊港;

方案 5:两栖部队驻泊港;

方案 6:巡洋舰/驱逐舰和两栖攻击舰驻泊港。

第 2 组——核动力航母停靠的方案。为了使核动力航母在不受吃水限制的情况下进入并且停靠在梅波特港,这一组中的每个方案都包括疏浚工程。该组任一方案虽然并不会有核动力航母驻泊,但该组方案中有 3 个还涉及其他水面舰艇驻泊。第 2 组中的 4 个方案如下:

方案 3:核动力航母停靠港;

方案 7:巡洋舰/驱逐舰驻泊港和核动力航母停靠港;

方案 9:两栖攻击舰驻泊港和核动力航母停靠港;

方案 11:巡洋舰/驱逐舰、两栖攻击舰驻泊与核动力航母停靠港。

第 3 组——核动力航母驻泊的方案。每个方案都包括在梅波特港驻泊 1 艘核动力航母及与之配套的疏浚项目(与第 2 组方案相同)并建造核动力航母核推进装置维修设施。该组中有 3 种方案都涉及水面舰艇驻泊。第 3 组中的 4 个方案如下:

方案 4:核动力航母母港;

方案 8:巡洋舰/驱逐舰驻泊港和核动力航母母港;

方案 10:两栖攻击舰驻泊港和核动力航母母港;

方案 12:巡洋舰/驱逐舰、两栖攻击舰驻泊港与核动力航母母港。

核动力航母驻泊方案(第 3 组)与核动力航母停靠方案(第 2 组)有所不同。核动力航母母港方案将永久性地将核动力航母和人员分配给梅波特海军基地,并提供足够的设施以执行基地维护。核动力航母停靠港方案不在梅波特港驻泊核动力航母,仅提供足够的设施,便于满载的核动力航母不受吃水限制地进入停靠港,一次可停留 21 天(若无核动力航母常驻母港,则无须基地维修设施)。

表 5-1 概述了每种方案所需新增的舰艇、船员及其他人员数量。计划所需的舰艇数量与已经驻泊在梅波特海军基地的舰艇数量互为补充。表中还列举了各方案计划所需新增的船员和其他人员,包括分配给海上训练大队,东南区域维护中心或核动力航母核推进装置维修设施的指挥官、在役士兵,以及文职人员。该表反映了计划重新分配给梅波特海军基地的新增人员总数,但没有考虑部署因素,也不代表基地人数(即梅波特海军基地随时出现的人员数量)。

考虑到梅波特海军基地人数的预估变量,表 5-2 总结了每种方案的驻港舰艇总数以及基准年和终止年每日净人口数。每日净人口数量考虑了在特定年份分配给梅波特海军基地的人员总数,并适当应用部署因素以提供预估的平均每日人数。例如,船员预计只有73%的时间在港口,而非部署的军队和文职人员可能会全年在港。

如表5-2所示,利用有关未来基地人数变化(即组织变化或舰艇退役)的信息以及对未来驻港舰艇类型和数量的组合的预测,可以估算梅波特海军基地人数的每日净人口数量。

《环境影响分析评估》终案中表5-2列出的部分每日净人口数量与《环境影响分析评估》草案中的数据有所不同。特别指出,经梅波特海军基地东南区域维护中心的工作人员进一步讨论,对东南区域维护中心的未来人员配备情况进行了修改,因此不进行母港改建方案中终止年的每日净人口数将低于《环境影响分析评估》草案中的人数。而且,第3组所有方案的每日净人口数少于《环境影响分析评估》草案中的数据,因为计划所需的基础设施竣工日期和最早的核动力航母驻港日期已从2012年延至2014年,这导致核动力航母核推进装置维修人员的入港时间推迟到2015年后,具体时间尚取决于特定的核动力航母的维护计划。此外,在整个《环境影响声明》终案的讨论中,表5-2中的人口数量的是经过四舍五入的结果。

基准年——2006年最能代表梅波特海军基地近年来的运营情况,梅波特海军基地曾进驻1艘航母。2006年是"肯尼迪"号在退役之前(2007年)的最后一年全年服役年。满负荷运行的"肯尼迪"号航母船员人数超过3 000人。然而,在2005年,"肯尼迪"号航母的运营状态发生了变化,船员人数减少到2 215人。2005年至2006年期间,航母在2007年1月退役之前,船员人数在2006年8月开始波动并最多达到2 498人。2007年1月至7月期间,"肯尼迪"号航母人员配备从2 243人逐渐减少到421人。"肯尼迪"号航母于2007年7月24日离开梅波特海军基地,并于2007年9月30日正式退役。因此,基准年"肯尼迪"号航母进驻的人数为2 498人。如表5-2所示,虽然2006年有超过16 000人被分配到梅波特海军基地,但基准年每日净人口约为13 300人。

出于分析目的,代表所有方案可完全实施的年份即终止年已选定。考虑到各方案计划所需的新增人员,以及由于2007年"肯尼迪"号航母和10艘护卫舰退役(到2010年退役1艘,到2012年退役4艘,到2013年退役7艘,到2014年退役10艘)导致的其他人员数量变化,选定2014年为终止年。其他的考虑因素还有部署因素、维护计划和东南区域维护中心人员规模缩减(从2006年的约1 504人减少到2008年的965人)。

表 5 – 2　各方案下梅波特海军基地的每日净人口以及舰艇数量

第 1 组——涉及水面舰艇驻泊港的方案概述(不含核动力航母)

	基准年[6]	不进行母港改建	终止年[7]			
			方案 1:巡洋舰/驱逐舰驻泊港	方案 2:两栖攻击舰驻泊港	方案 5:两栖部队驻泊港	方案 6:巡洋舰/驱逐舰和两栖攻击舰驻泊港
非部署人口	6 210	5 671	5 726	5 686	5 725	5 740
基地其他人员[1]	4 706	4 706	4 706	4 706	4 706	4 706
驱逐舰中队/两栖中队/海上训练大队工作人员[2]	0	0	35	5	44	39
舰艇维修人员[3]	1 504	965	985	975	975	995
在港船员[4]	6 036	2 643	3 753	4 223	3 949	5 333
基地空军中队人员[5]	1 026	1 026	1 026	1 026	1 026	1 026
平均每日净人口	13 272	9 340	10 505	10 935	10 699	12 098
驻港舰艇数量[8]	22	11	15	13	14	17

第 2 组——涉及核动力航母停靠的方案概述

	基准年[6]	不进行母港改建	终止年[7]			
			方案 3:核动力航母停靠港	方案 7:巡洋舰/驱逐舰驻泊港和核动力航母停靠港	方案 9:两栖攻击舰驻泊港和核动力航母停靠港	方案 11:巡洋舰/驱逐舰驻泊港和驻泊港与核动力航母停靠港
非部署人数	6 210	5 671	5 671	5 726	5 686	5 740
基地其他人员[1]	4 706	4 706	4 706	4 706	4 706	4 706
驱逐舰中队/两栖中队/海上训练大队工作人员[2]	0	0	0	35	5	39

续表

舰艇维修人员[3]	1 504	965	965	985	975	995
在港船员[4]	6 036	2 643	2 643	3 753	4 223	5 333
基地空军中队人员[5]	1 026	1 026	1 026	1 026	1 026	1 026
平均每日净人口	13 272	9 340	9 340	10 505	10 935	12 098
驻港舰艇数量[8]	22	11	11	15	13	17

第 3 组——涉及核动力航母驻泊的方案概述

	基准年[6]	不进行母港改建	终止年[7]			
			方案 4：核动力航母母港	方案 8：巡洋舰/驱逐舰驻泊港和核动力航母母港	方案 10：两栖攻击舰驻泊港和核动力航母母港	方案 12：巡洋舰/驱逐舰和两栖攻击舰驻泊港与核动力航母母港
非部署人数	6 210	5 671	5 721	5 776	5 736	5 790
基地其他人员[1]	4 706	4 706	4 706	4 706	4 706	4 706
驱逐舰中队/两栖中队/海上训练大队工作人员[2]	0	0	0	35	5	39
舰艇维修人员[3]	1 504	965	1 015	1 035	1 025	1 045
在港船员[4]	6 036	2 643	4 936	6 045	6 515	7 625
基地空军中队人员[5]	1 026	1 026	1 026	1 026	1 026	1 026
平均每日净人口	13 272	9 340	11 682	12 847	13 277	14 441
驻港舰艇数量[8]	22	11	12	16	14	18

资料来源：美国海军，2006a；海军设施工程司令部标准，2006；Robusto，2006；东南区域维护中心，2006；Morales，2006；Agnor，2007。

注：1. 由于改建方案不会影响基地其他人口数量，因此将这一数值视为常量。

2. 包括涉及在梅波特海军基地入驻的驱逐舰中队或两栖中队行政人员，还包括海上训练大队增加的人员。目前位于梅波特海军基地的驱逐舰中队和海上训练大队工作人员都包含在表中所列的基地其他人员中。

3. 不含核动力航母方案的舰艇维护人员(包括东南区域维护中心人员及基于日估计的年平均承包商人员)。估计从基准年 2006 年至 2009 年间,约减少 629 名东南区域维护中心人员(无论舰艇是否入驻驻泊港都会出现这种情况)。承包商将略微抵消军事人员缩减的规模,舰艇维修人员净减少约 539 人。参考舰艇的特定维护周期,假设核动力航母在进驻驻泊港 3 年内每 2 年进行 1 次为期 6 个月的维护。在这 6 个月期间的前 2 个月将在舰艇的船籍港进行维护。第三次维护将在具备建造核动力舰艇的造船厂的干船坞中进行。从 2014 年开始,在没有进行核动力航母维护时,核动力航母核推进装置维护设施的配员将约为 50 人。梅波特海军基地每进行为期 6 个月的维修服务将增加约 750 名核动力航母推进装置维修人员(前几年的年每日净人口增加 375 人)。假设梅波特海军基地核动力航母的首次 6 个月的维护将在 2015 年之后的某个时间进行,这超出了本文的规划期。

4. 包括 73% 的部署因素。

5. 包括 67% 的部署因素。

6. 基准人数从 2006 年开始算起,包括"肯尼迪"号航母的 2 498 人(或者考虑 73% 的部署因素后的平均每日人口数 1 824)。

7. 终止年指 2014 年,包括 2007 年"肯尼迪"号航母的退役,以及计划退役的 10 艘护卫舰(2010 年 1 艘,2012 年 3 艘,2013 年 3 艘,2014 年 3 艘)。

8. 对于涉及巡洋舰/驱逐舰驻泊港的方案 1,6,7,8,11 和 12,在上述方案中于 2009 年已进驻的其他护卫舰也将于 2014 年退役,因此,到 2014 年共有 11 艘护卫舰将退役。

考虑到梅波特海军基地人数的预估变化,该表给出了各方案的驻港舰艇总数及起始年和终止年的每日净人口数。每日净人口数考虑到了在特定年份分配给梅波特海军基地的人员总数,并适当应用部署因素最终给出预估的平均每日人口数。例如,船员预计只有 73% 的时间在港口,而非部署的军队和文职人员可能会全年在港。利用基地人数变化(即组织变化或舰艇退役)的信息以及对未来驻港舰艇类型和数量的组合的预测,可以估算梅波特海军基地人数的每日净人口数量。

此外,请注意第 3 组所有方案的每日净人口数少于《环境影响分析评估》草案中的数据,因为计划的基础设施竣工日期和最早的核动力航母驻港日期已从 2012 年延期至 2014 年,这导致核动力航母核推进装置维修人员的入港时间推迟到 2015 年后,具体时间取决于特定的核动力航母维护计划。

由于"肯尼迪"号航母和 10 艘护卫舰的退役,相较于基准年,所有方案的终止年都表现出驻泊在梅波特海军基地的舰艇数量减少。尽管除方案 3 之外的所有方案都建议在梅波特海军基地增加舰艇和人员,但如表 5-2 所示,第 1 组和第 2 组中的所有方案及第 3 组中的 2 个方案(方案 4 和方案 8)最终将导致基地的每日净人口数量减少。第 3 组方案中的方案 10 将维持每日净人口数量不变,第 3 组方案中的方案 12 将导致梅波特海军基地的每日净人口增加。

应该注意的是,上述的退役计划可能会根据世界局势的变化而变化,因此预计的护卫舰退役日期可能会发生变化。此外,一些突发情况也可能引发人们考虑在 2009 年至 2014 年间在梅波特海军基地进驻其他舰艇。然而,该《环境影响分析评估》终案是在最有价值的数据基础上对梅波特海军基地未来水面舰艇驻泊的数量做了预测。

后面将更详细地描述每种方案,提供有关每日净人口预计年度波动的其他信息,并说明每种方案所需的停泊计划。为了描述每日净人口的年度波动,每个方案配置了类似于表 5 - 2 的数据统计,直观录述了 2006 年基准年及 2009 年至 2014 年末的所有年份的估计值。其中,各方案所需的停泊计划均基于海军设施工程司令部规划标准中确定的《统一设施标准 2 - 00 - 05N(NAVFAC2005)》,该规划标准用于每个《舰队反应计划》按在港舰艇总负荷的 73% 计算调整港口负荷。因此,描绘每个方案停泊计划的图表并未显示出所有进驻驻泊港的舰艇,只显示出各舰艇类型的 73%(四舍五入到"全部"舰艇),因为可以预计,在任何给定的时间内,每一种类型舰艇的进港率不超过 73%。

除方案 2,3 和 9 及不进行母港改建之外的所有方案都涉及施工。根据可持续发展政策(Sustainable Development Policy)(海军设施工程司令部,2003)第 9830. 1 条,在可行的情况下,所有新建筑的设计和建造将满足能源与环境设计(LEED)认证的水平。2006 年 8 月 4 日海军(装置和环境)助理国务卿备忘录,指导、规划、方案编制和预算编制,以满足《2005 年能源政策法案》(Energy Policy Act of 2005),《联邦政府在高性能和可持续建筑方面的领导作用谅解备忘录》(Federal Leadership in High Performance and Sustainable Buildings Memorandum of Understanding)的要求,新建和更换建筑至少到达高于能源与环境设计银级评级性能。海军设施工程司令部正在制定临时指导方案,以实施海军助理国务卿备忘录。新兴建筑领先能源与环境设计提供诸多好处,包括环境、经济和针对住户的性能和健康优势。

5.2 涉及水面舰艇驻泊港的方案概述(不含核动力航母)

5.2.1 第 1 组方案的共同之处

以下是第 1 组方案的共同之处:
①由东南区域维护中心和梅波特海军基地的现有船厂负责其他舰艇的维护;
②直到 2014 年改建后,梅波特海军基地都将有足够的空间,包括完整的公共设施服务条件,为各方案涉及的所有舰艇提供停泊条件;
③各方案涉及的舰艇入驻驻泊港最早可在 2009 年投入使用,并已列入规划;

④由于 2007 年"肯尼迪"号航母退役,从起始年 2006 年开始,直到 2009 年,入驻驻泊港的舰艇数量和平均每日净人口数量将有所减少,并且与 2010 年至 2014 年的护卫舰退役计划相对应,这一数量将持续减少;

⑤核动力航母仍将受当前吃水限制。

5.2.2　方案 1:驱逐舰/巡洋舰驻泊港

根据方案 1,梅波特海军基地将入驻新增的驱逐舰中队工作人员和另外 5 艘舰艇(4 艘导弹驱逐舰和 1 艘导弹护卫舰)。这 5 艘舰艇最早可能在 2009 年抵达港口,应该指出的是,计划所需的护卫舰也可能在 2014 年退役。新增的驱逐舰中队工作人员包括 13 名军官和 12 名士兵。平均每艘驱逐舰的工作人员包括 32 名军官和 348 名士兵,即 1 艘驱逐舰共有 380 名人员,或 4 艘驱逐舰共有 1 520 名人员;平均每艘护卫舰的工作人员包括 17 名军官和 198 名士兵,共计 215 名人员;因此估计与该方案相关的人员总数将是 1 735 名船员。

此外,预计东南区域维护中心还将增加 20 名文职人员(造船专家和合同管理人员),梅波特海上训练大队增加 10 名士兵。包括驱逐舰中队工作人员在内的与方案 1 相关的新人员总数预计约为 1 800 人(表 5 - 3)。

表 5 - 3　方案 1 中的年均每日净人口数和驻港舰艇数量

年份	2006 (基准年[6])	2009	2010	2011	2012	2013	2014 (终止年[7])
非部署人数	6 210	5 726	5 726	5 726	5 726	5 726	5 726
基地其他人员[1]	4 706	4 706	4 706	4 706	4 706	4 706	4 706
驱逐舰中队/两栖中队/海上训练大队工作人员[2]	0	35	35	35	35	35	35
舰艇维修人员[3]	1 504	985	985	985	985	985	985
在港船员[4]	6 036	5 479	5 322	5 322	4 852	4 381	3 753
基地空军中队人员[5]	1 026	1 026	1 026	1 026	1 026	1 026	1 026
平均每日净人口数	13 272	12 231	12 074	12 074	11 603	11 133	10 505
驻港舰艇数量[8]	22	26	25	25	22	19	15

注:见表 5 - 2 表注。

在表 5 - 3 中,考虑到 2007 年"肯尼迪"号航母与 2010 年至 2014 年期间 10 艘护卫舰的退役,2014 年计划退役的护卫舰以及东南区域维护中心军事人员的减少,在 2006 年至 2014 年之间,梅波特海军基地将净减少约 2 800 人。根据这一方案,2009 年最多有 26 艘舰艇入驻驻泊港,2014 年规划期结束时至少有 15 艘舰艇驻在驻泊港。

该方案提出,将建造一栋新的驱逐舰中队指挥大楼(6 000 平方英尺),包括办公室、设备室和安全通信空间。驱逐舰中队指挥大楼位于博诺姆理查德街以东,与梅西路交叉口以北。

5.2.3　方案 2:两栖攻击舰驻泊港

根据方案 2,2 艘两栖攻击舰将驻泊在梅波特海军基地。平均每艘两栖攻击舰包括 73 名军官和 1 009 名士兵,该方案预计在梅波特海军基地入驻 2 164 名工作人员(舰艇人员)。此外,预计将增加 5 名士兵到梅波特海上训练大队以支持培训要求,并将为东南区域维护中心增加 10 名文职人员。因此与该方案相关的人员总数约为 2 200 人。

如表 5 - 4 所示,其中包括基地人口预测,考虑到 2007 年"肯尼迪"号航母与 2010 年至 2014 年期间 10 艘护卫舰的退役,相关船员和工作人员数量会减少,再加上东南区域维护中心的工作人员的减少,因此自 2006 年至 2014 年,梅波特海军基地的每日净人口将减少约 2 300 人。2009 年驻泊在港的舰艇数量约为 23 艘,但到 2014 年将减少至 13 艘。

表 5 - 4　方案 2 中的年均每日净人口和驻港舰艇数量

年份	2006 (起始年[6])	2009	2010	2011	2012	2013	2014 (终止年[7])
非部署人数	6 210	5 686	5 686	5 686	5 686	5 686	5 686
基地其他人员[1]	4 706	4 706	4 706	4 706	4 706	4 706	4 706
驱逐舰中队/两栖中队/海上训练大队工作人员[2]	0	5	5	5	5	5	5
舰艇维修人员[3]	1 504	975	975	975	975	975	975
在港船员[4]	6 036	5 793	5 636	5 636	5 165	4 694	4 223
基地空军中队人员[5]	1 026	1 026	1 026	1 026	1 026	1 026	1 026
平均每日净人口	13 272	12 504	12 347	12 347	11 877	11 406	10 935
驻港舰艇数量	22	23	22	22	19	16	13

注:见表 5 - 2 表注。

梅波特海军基地目前的基础设施足够支持该方案而无须建造新的设施。

5.2.4　方案 5：两栖部队驻泊港

　　根据方案 5，梅波特海军基地将增加两栖中队工作人员和另外 3 艘舰艇（1 艘两栖攻击舰、1 艘两栖船坞运输舰和 1 艘坞式登陆舰）。平均每艘两栖攻击舰需要配备 73 名军官和 1 009 名士兵；每艘两栖船坞运输舰需要配备 32 名军官和 364 名士兵；每艘坞式登陆舰需要配备 19 名军官和 291 名士兵。驻扎在梅波特海军基地的船员预计将增加 1 788 人。两栖中队工作人员还将增加 17 名军官和 21 名士兵，共计增加 38 名两栖中队工作人员。此外，东南区域维护中心预计将增加 10 名文职人员，梅波特海上训练大队将增加 6 名士兵。根据方案 5，新增驻扎在梅波特海军基地的人员总数约为 1 800 人。如表 5 - 5 所示，在"肯尼迪"号航母与护卫舰计划退役以及东南区域维护中心军事人员大幅减少的情况下，在 2006 年至 2014 年之间，梅波特海军基地每日净人口将净约减少 2 600 人。驻港舰艇数量从 2006 年的 22 艘减少到 2014 年的 14 艘。

表 5 - 5　方案 5 中的年均每日净人口和驻港舰艇数量

年份	2006（起始年[6]）	2009	2010	2011	2012	2013	2014（终止年[7]）
非部署人数	6 210	5 725	5 725	5 725	5 725	5 725	5 725
基地其他人员[1]	4 706	4 706	4 706	4 706	4 706	4 706	4 706
驱逐舰中队/两栖中队/海上训练大队工作人员[2]	0	44	44	44	44	44	44
舰艇维修人员[3]	1,504	975	975	975	975	975	975
在港船员[4]	6 036	5 518	5 361	5 361	4 890	4 419	3 949
基地空军中队人员[5]	1 026	1 026	1 026	1 026	1 026	1 026	1 026
平均每日净人口	13 272	12 269	12 112	12 112	11 641	11 170	10 699
驻港舰艇数量	22	24	23	23	20	17	14

注：见表 5 - 2 表注。

5.2.5　方案 6：驱逐舰/巡洋舰和两栖攻击舰驻泊港

　　方案 6 综合了方案 1 和方案 2 的内容。梅波特海军基地将新增驱逐舰中队工作人员，另外共进驻 7 艘舰艇（4 艘导弹驱逐舰、1 艘导弹护卫舰和 2 艘两栖攻击舰）。这 7 艘舰艇最早可能在 2009 年抵达港口，但应该指出，计划涉及的护卫舰最早可能在 2014 年退役。方案 6 预计将新增 3 899 人。驱逐舰中队工作人员将增加另外 13 名军官和 12 名士兵。此外,东南区域维护中心预计将增加 30 名文职人员,梅波特海上训练大队将增加 14 名士兵。因此,方案 6 预计新增驻扎在梅波特海军基地的人员总共约为 4 000 人。如表 5-6 所示,考虑到 2007 年"肯尼迪"号航母与 2010 年至 2014 年期间 10 艘护卫舰的退役,以及东南区域维护中心军事人员的减少,2006 年至 2014 年间,梅波特海军基地将净损失人口约 1 200 人。2009年舰艇数量将从 22 艘增加到 28 艘,但到 2014 年将减少到 17 艘。

与方案 1 一样,该方案需要建造一栋占地 6 000 平方英尺的驱逐舰中队指挥大楼,并描述了 2014 年的停泊计划。

表 5-6 方案 6 中的年均每日净人口和驻港舰艇数量

年份	2006 (起始年[6])	2009	2010	2011	2012	2013	2014 (终止年[7])
非部署人数	6 210	5 740	5 740	5 740	5 740	5 740	5 740
基地其他人员[1]	4 706	4 706	4 706	4 706	4 706	4 706	4 706
驱逐舰中队/两栖中队/海上训练大队工作人员[2]	0	39	39	39	39	39	39
舰艇维修人员[3]	1 504	995	995	995	995	995	995
在港船员[4]	6 036	7 059	6 902	6 902	6 431	5 960	5 333
基地空军中队人员[5]	1 026	1 026	1 026	1 026	1 026	1 026	1 026
平均每日净人口	13 272	13 825	13 668	13 668	13 197	12 726	12 098
驻港舰艇数量[8]	22	28	27	27	24	21	17

注:见表 5-2 表注。

5.3 涉及核动力航母停靠的方案概述

5.3.1 第 2 组方案的共同之处

①自 2011 年起,在 12 至 18 个月的时间内,对梅波特海军基地的回旋水域、入港航道和联邦航道(杰克逊维尔港)进行疏浚;

②处置约 520 万立方码的疏浚物;

③早在 2012 年,核动力航母每年在梅波特海军基地的停留时间就已长达 63天,每次连续停留不超过 21 天(每年约 3 次访问)。

该组所有的方案中都涉及对梅波特海军基地进行必要的改建才能使其成为

具备核动力航母停靠条件的港口。在此《环境影响分析评估》终案中,核动力航母停靠指的是梅波特海军基地能够提供足够的条件,允许满载的核动力航母不受吃水限制就可以停泊访问,而并非是以梅波特海军基地作为核动力航母的驻泊港。最早在 2012 年,核动力航母才可以不受吃水限制访问梅波特海军基地,具体时间尚取决于疏浚项目的竣工时间。第 2 组方案计划所涉及的舰艇最早可于 2009 年入港。

通常,具有核动力航母停靠条件的港口需要满足以下几个方面的要求:提高岸电功率、加固码头和系泊结构,以及不受水深限制的入港航道。为了满足核动力航母的停靠需求,梅波特海军基地计划对 C-2 码头进行改造,包括 50 英尺的停靠深度,4 160 伏的岸电电压和Ⅱ型系船柱。但改造前,梅波特海军基地因为吃水限制无法允许满载的核动力航母访问。因为所有的航母在龙骨下方的水深至少需要保留 6 英尺,以确保冷却和消防系统的通风口不会被海底的泥浆以及碎屑堵塞。在所有舰艇满载以及潮汐条件下,需要的疏浚深度为 50 英尺,以满足这一要求。目前梅波特海军基地的回旋水域、入港航道与杰克逊维尔港 3 号联邦航道的水深保持在最低水位下约 42 英尺,而联邦航道的某些位置自然深度超过 42 英尺。

只有当舰艇装载量大大低于其满载量以减少其吃水时,在涨潮期间通过入港航道,42 英尺的水深才可以允许核动力航母安全通过。从历史上看,核动力航母在满足上述条件的情况下每年大约访问 1 次梅波特海军基地,每次访问不超过 3 天。为了满足核动力航母的停靠需求,即提供不受吃水限制的航道,须在梅波特海军基地的回旋水域、入港航道,以及杰克逊维尔港 3 号联邦航道进行疏浚,以使该水域的停靠深度达到 50 英尺。

1. 疏浚工程

(1)疏浚地点

在该组方案中,海军将实施疏浚项目,以允许满载的核动力航母不受吃水限制停靠在梅波特海军基地。疏浚地点包括联邦航道(杰克逊维尔港 3 号 1 区与 2 区)、梅波特海军基地入港航道和回旋水域。目前,梅波特海军基地的回旋水域、入港航道,以及杰克逊维尔港 3 号联邦航道的最低水位保持在 42 英尺。其中回旋水域面积约 123 英亩。入港航道宽约 500 英尺、长约 5 000 英尺入港航道直接与联邦航道相连的部分被称为杰克逊维尔港 3 号联邦航道。联邦航道宽 800 英尺,从梅波特海军基地入港航道(航道站 196 +00)向东延伸约 19 600 英尺进入大西洋(航道站 0 +00),最低水位的从 42 英尺逐步加深到约 55 英尺深的平均最低水位。杰克逊维尔港 3 号联邦航道的内部为圣约翰河道,从梅波特海军基地入港航道(航道站 196 +00)延伸至距离码头东端(航道站 166 +00)约 3 000 英尺。

杰克逊维尔港 3 号联邦航道的外部水域,从码头向东延伸约 16 600 英尺进入大西洋(航道站 166 +00 至航道站 0 +00)。航道站 0 +00 是联邦航道划定的东侧起始位置。

疏浚计划显示,回旋水域大约 3/4 的区域需要加深到 52 英尺深的平均最低水位,以满足核动力航母最小 1 650 英尺转弯半径的需要。大约 5 000 英尺长,500 英尺宽的入港航道也将从 42 英尺深的平均最低水位增加到 54 英尺,疏浚长度约为 5 000 英尺。

联邦航道过渡区域中的现有水深通常已经比计划所需的 52 至 54 英尺深,因此该位置需要较少或者说根本无须疏浚。位于码头内的联邦航道部分将在 600 英尺宽度内加深(从通道站 185 +00 到通道站 166 +00);位于码头以东的联邦航道部分将在 800 英尺宽度内加深(从通道站 166 +00 到通道站 0 +00)。联邦航道项目中的宽度设计之所以不同,是参考海军对尼米兹级航母驻泊港设施标准的技术指导,该标准考虑了防波堤或码头区域(最小宽度 600 英尺)以及外部防波堤(最小宽度 800 英尺)的不同波浪作用。因为联邦航道向东延伸的水域部分自然深度深于计划深度,所以只需在比计划深度浅的地方疏浚。

(2)疏浚深度

为使核动力航母不受吃水限制便可访问基地,梅波特海军基地的回旋水域和入港航道以及联邦航道必须达到 50 英尺的平均最低水位深度。预计该深度满足核动力航母最低水位标准所需的深度。实际深度将是 50 英尺平均最低水位项目深度,加上 2 英尺的预先维护(快速驶入区域所需),以及 2 英尺的允许超深,总深度为 54 英尺平均最低水位。预先维护是指将快速驶入区域的疏浚深度疏浚至超过预计的深度,以避免频繁的再疏浚,并确保预计深度的可靠性且总成本最低。

《环境影响分析评估》草案建议对所有项目区域进行预先维护,但根据该草案和之前美国陆军工程兵团有关维护疏浚信息发布后完成的水动力建模结果,改建项目中只有 3 个区域被确定为需要提前维护:①梅波特海军基地入港航道;②航道站 196 +00 和航道站 185 +00 之间的联邦航道;③航道站 138 +00 和航道站 90 +00 之间的联邦航道。允许超深或"付费超深"是疏浚的施工设计方法,发生在疏浚深度超出预计深度或预先维护深度,该方法用于补偿疏浚过程中的不准确性。

在这里,"允许"一词意味着这些疏浚数量是符合向疏浚承包商支付的款项的。允许超深以外的任何疏浚通常不会得到补偿,这一般会控制疏浚过程的准确性。但是有些疏浚深度可能比允许超深更深,被称为"无偿超出深度"。

如表 5 -7 所示,最大总工程深度需要加深到 54 英尺的平均最低水位,预计涉及挖掘 520 万立方码的疏浚物。这一数值的估算是基于美国陆军工程兵团提供的 2006 年测深数据,并考虑了航道深处不需要加深至 52 英尺或 54 英尺的部分。在《环境影响分析评估》终案中,在估计总量为 520 万立方码的疏浚体积中,挖掘约 330 万立方码才能达到 50 英尺深;挖掘约 130 万立方码方能达到允许超深,即

50 到 52 英尺的平均最低水位;挖掘约 60 万立方码方能在这 3 个快速驶入区域(52 到 54 英尺的平均最低水位)实现预先维护。如上所述,疏浚承包商偶尔可能疏浚超过 54 英尺深的平均最低水位的总工程深度,因此本文后面讨论的疏浚物特征描述工作提供了 56 英尺深的平均最低水位的疏浚物分析材料。

表 5-7　核动力航母停靠方案疏浚物体积

疏浚地点	不同深度疏浚物体积百万立方码			
	预计深度(50 英尺的平均最低水位)	允许超深(2 英尺的平均最低水位)	预先维护(加 2 英尺的平均最低水位)[2]	总数[1]
梅波特海军基地回旋水域(91 英亩)	0.86	0.31	0	1.14
梅波特海军基地入港航道(5 000 英尺长×500 英尺宽)	0.58	0.30	0.27	1.15
联邦航道(航道站 196 +00 至 185 +00)	0.07	0.05	0.04	0.16
联邦航道(航道站 185 +00 至 166 +00)	0.06	0.06	0	0.12
联邦航道(航道站 166 +00 至 138 +00)	0.08	0.06	0	0.1
联邦航道(航道站 138 +00 至 90 +00)	1.22	0.32	0.3	1.84
联邦航道(航道站 90 +00 至 0 +00)	0.38	0.22	0	0.60
总计[3]	3.3	1.3	0.6	5.2

注:1. 这些数值表示考虑到 2006 年水深测量的现场疏浚物体积。为估计待处理疏浚物的体积,膨胀系数设为 1.2。考虑到 2006 年的水深测量,这些值代表待挖掘疏浚物的原始估计数量。膨胀系数 1.2 将用于评估待处置疏浚物的体积。

2. 预先维护只能在疏浚工程的快速驶入区域进行。

3. 总计数据为取四舍五入的结果,目的是提供更保守的估计。

(3)疏浚方法

疏浚方式可以采用机械和液压的组合疏浚设备,具体由美国陆军工程兵团及疏浚工程承包商确定。疏浚工程最早可于 2011 年实施,并在 12 至 18 个月内完成。疏浚作业通常连续进行,每周 7 天,每天最多 24 小时。下面讨论的是能够将疏浚物放置在海滩或美国国家环境保护局管理的海洋疏浚物处置场中的方法,以及用于平滑挖掘后海底轮廓的基床平整技术。梅波特水域常用的疏浚设备为抓斗式挖泥船和漏斗式挖泥船,一些联邦航道的项目也使用过较大的刀盘设备。预计疏浚区域内没有石灰石或基岩,因此疏浚过程中不会使用爆破技术。出于对佛罗里达州沿海地区受威胁或濒危物种的担忧,在疏浚工程的整个过程中可能会对疏浚相关活动进行某些限制(更多详细信息见本书第7章和第8章)。尽管一年中的某些特定季节可能需要各种类型的疏浚设备,但是12至18个月的连续疏浚时间表已经考虑了上述限制。以下将详细介绍每项疏浚工作的运行条件及相关运输设备的使用。

①液压式挖泥船。

液压式挖泥船的特点是使用离心泵来疏浚沉积物并将包括疏浚物和水的泥浆送到指定的排放区域。采用这种设备时,要控制泥浆中水与疏浚物的比例以使作业效率最大化。液压式挖泥船的主要类型有液压式管道挖泥船和液压漏斗式挖泥船。

a.液压式管道挖泥船。管道挖泥船用于处置各种材料,包括黏土、硬质地层、淤泥、沙子、砾石,以及某些无须爆破的岩层。这种设备常常用于具有合适处置区域的新开工的项目和维护项目,并在几乎连续的疏浚循环中作业,从而实现生产、经济、效率最大化。液压式管道挖泥船能够在浅水或深水中疏浚,并具有精确的底部和边坡切割能力;局限性包括相对缺乏机动性,进出施工现场时间较长,无法在大浪环境和海流中工作,在交通量大的区域不实用。

液压式管道挖泥船很少能自行前进,因此必须在疏浚场地之间由专用的设备运输。管道疏通尺寸取决于排放管的内径,通常在6至36英寸的范围内。管道式挖泥船需要广泛的支持设备,包括管道、船、驳船和管道处置设备。大多数管道挖泥船在吸入端有一个刀盘。刀盘是一种机械装置,具有旋转的齿轮以粉碎或疏松底部物料,以便挖泥船吸入。一些质地坚固的刀盘可以粉碎岩石(图5-1)。

在疏浚作业期间,带有刀盘的液压式管道挖泥船由艉部的两个定位桩固定到位,摆动作业时只有一个定位桩位于海底。两个摆动锚距离挖泥船两侧有一定距离,通过钢丝绳连接到绞盘上。挖泥船左舷和右舷交替摆动,使刀盘旋转进入底部物料,直到达到适当的深度。

挖泥船通过固定桩"自行"前进。这需要通过将挖泥船摆渡到港口,利用港口桩及需要适当的空间,"前进"时,右舷桩落下并且港口桩抬起,然后挖泥船向右舷摆动相等的距离,接着港口桩落下并且右舷桩抬起。

由于刀盘埋在海底,因此带刀盘的管道挖泥船在大面积的深滩区域工作效果最佳。刀盘通过进气管移除疏浚物,然后将其从排放管道直接推入处置场。大多数(但不是全部)管道疏浚作业涉及疏浚物的陆地处置。因此,管道的排放端连接到岸上管道。当距处置场的有效泵送距离太长时,可在管道中增加一个增压泵,以提高疏浚作业的效率(美国陆军工程兵团,1993)。

图 5 - 1　带有刀盘的液压式管道挖泥船

　　b. 液压漏斗式挖泥船。液压漏斗式挖泥船或拖曳式挖泥船是一种自行式远洋船,船体的一部分被分隔成一个或多个漏斗。挖泥船配有强力泵,通过长进气管(称为耙臂)将疏浚物从航道底部吸入,并将其存放在料斗中。一般液压漏斗式挖泥船有两个耙臂,左右舷边各有一个。耙臂是吊在舷边的管道,带有一个称为耙头的吸入口,用于与底部接触(图 5 - 2)。由于液压漏斗式挖泥船耙头"齿轮"的作业,利用高压水射流保持泵的抽吸速度,产生了水和沉积物的混合泥浆。疏浚出来的泥浆储存在舰艇的料斗内,便于筛选出固体沉积物,而泥浆里的水在操作过程中则通过溢流系统从舰艇中排出。当料斗达到满载时,疏浚工作停止,舰艇前往水中处置场,通过船体分离将疏浚物从船底排出。一些液压漏斗式挖泥船能够将疏浚物泵出船并通过一系列岸管输送至指定的处置位置。

图 5 - 2　液压漏斗式挖泥船

液压漏斗式挖泥船非常适合疏浚压实的重型的材料。由于其具有可移动性，即使在海况相对恶劣的海域也可以安全、有效、经济的作业，因此也可以工作在大流量交通区域。液压漏斗式挖泥船通常用于海洋入口和远海，但不能用于狭窄或浅水区域。

液压漏斗式挖泥船可以靠自身的动力快速移动到施工现场（最大卸载速度为16节；最大装载速度为14节），但由于在往返工作区域的过程中停止疏浚，因此如果运输距离太远将导致操作效率变低。根据美国陆军工程兵团沉默督察（USACE Silent Inspector）程序提供的液压漏斗式挖泥船的速度数据，挖泥船疏浚的平均速度在1至3节之间，大多数挖泥船从未超过4节。液压漏斗式挖泥船也有一些局限性。考虑到其正常运行的条件，液压漏斗式挖泥船不能连续作业、液压漏斗式挖泥船的疏浚精度低于其他类型的挖泥船，因此，液压漏斗式挖泥船难以疏通陡峭的侧岸，不能有效地在建筑物周围疏浚。

为了尽量减少意外伤害海龟的风险，美国陆军工程兵团要求在所有可能存在海龟的区域内的挖掘项目中使用海龟偏转牵引头。当牵引头运行时，折向器的前缘设计成具有至少6英寸深度的犁耕结构。船上需要安装一定的仪器以确保达到关键的"接近角"来满足6英寸的耕作深度要求（美国陆军工程兵团，1993）。

②挖斗式挖泥船。

挖斗式挖泥船的特点是使用某种形式的挖斗来挖掘和提升疏浚物（图5-3）。其从海底挖取物料然后将其放在等待的驳船上或直接将物料放入处置区域来移除材料。挖斗式挖泥船在疏浚结构紧密的物料时效果最佳，可用于清除岩石和碎屑。疏浚挖斗很难疏浚松散细小的物料，这些物料往往在挖斗升起时被冲掉。已经设计出可以控制水流及挖斗内物料的特殊挖斗，且已用于疏浚受污染的沉积物。挖斗式挖泥船坚固耐用，可在狭窄的区域内工作。这种挖泥船安装在一艘大型驳船上，由驳船拖到疏浚地点，通过锚杆或桩子固定。挖斗式挖泥船通常用于港口、码头和码头周围，以及相对受保护的航道，但不适用于大流量交通或海况恶劣的海域。

按斗的结构不同，挖常见的斗式挖泥船有铲斗式挖泥船和抓斗式挖泥船。铲斗式挖泥船是将铲斗置于沉积物上方后，开始挖掘作业。铲斗中的水渗进底部的物料里，然后闭合铲斗，把物料包进铲斗内，并将铲斗提升到水面以上，移动到驳船上方，然后打开铲斗将物料移到驳船上。这种挖泥船通常需要两个或两个以上的处置驳船，又称为倾卸式挖泥船，一般与机械挖泥船一起使用。当一艘驳船装满时，由另一艘拖轮拖到处置场并清空。如果是挖沟作业，则必须使用机械或液压设备卸载物料。使用多艘驳船可以使疏浚工作连续进行，除非要更换倾卸铲或移动挖泥船。这使得铲斗挖泥船特别适用于距离处置场地较远的疏浚工程。铲斗挖泥船其实是装有动力铲的驳船，可以挖掘坚硬的材料。除了不具备深挖和适应海况变化的能力外，这种挖泥船具有斗式挖泥船的所有优点。与斗式挖泥船作

图 5 – 3　抓斗式挖泥船

业类似,铲斗式挖泥船将物料放入驳船,然后将其拖到处置区域(美国陆军工程兵团,1993)。

③基床整平设备。

基床整平设备是指用于平滑挖泥船留下的不平沉积物的各种拖曳设备。这些基床整平设备通过人字架上的绞车悬挂在工作驳船上,以控制设备的操作深度。推动或拉动驳船上安装的基床整平设备,通常需要 1 艘 1 000 至 3 000马力的拖船,其牵引速度范围为 1 至 2 节。典型的基床整平设备宽度从 30 到 50 英尺不等,质量从 25 到 50 吨不等。疏浚工程承包商经常使用它们平整疏浚设备产生的凹凸不平的区域或降低疏浚物处置堆的高度。在某些情况下,基床整平设备用于分散沉积物以维持可通航的深度,而并不采用传统的疏浚方法来重新移除沉积物。需要使用基床整平设备的挖泥船类型有抓斗式挖泥船、铲斗挖泥船、带刀盘的液压式管道挖泥船和液压漏斗式挖泥船。

基床整平不是一种新的疏浚技术,最早可追溯到 1565 年(Van de Graaf,1987)。通常情况下,基床整平包括大型定制犁、工字梁或旧桩,在疏浚活动的最后清理阶段,缓慢拖过沉积物以平滑疏浚后的区域。另一种形式是漏斗式挖泥船沿着工程深度下方的通道挖掘沟槽,然后利用拖船沿着航道底部拖动悬挂在驳船上的犁或工字梁基床整平设备把物料从高处打入挖出的深沟中,以达到最终的工程深度和均匀的坡度。另外,基床整平被认为是搅动疏浚法的一种形式。铲斗式挖泥船承包商也采用基床整平的方式来降低处置堆的高度。液压漏斗式挖泥船、铲斗式挖泥船和抓斗式挖泥船承包商认为,与再疏浚相比,基床整平是实现最终基床坡度要求的首选且最经济的方法(工兵研究与发展中心,2003)。驳船或工作船通过拖曳设备平整挖泥船挖掘的地方进行基床整平是一项工程量相对较低的工作(工兵研究与发展中心,2003)。

④运输活动。

根据特定项目的疏浚任务和处置场地条件,作为液压和机械疏浚作业的一个组成部分,拖船和驳船等附属设备可在疏浚时使用,以便将疏浚物料运输到指定位置。将疏浚物料运输到处置场地的方法包括通过漏斗式挖泥船的自行运输或通过拖船将满载的驳船拖曳到处置场地。拖船是整个疏浚作业的必要设备,用于将固定设备移动到位及将满载的驳船拖到处置场地。考虑到漏斗式挖泥船和驳船可以长距离运输物料,当处置区域的位置超出管道挖泥船的泵送距离时,通常使用漏斗式或铲斗式挖泥船和驳船。根据疏浚物的类型、疏浚的体积、驳船容量、溢流能力、处置场地的距离、天气等因素,可以用多艘往返于疏浚地点及处置场地的铲斗式挖泥船来实现最大的生产效率。根据这些因素,料斗负载或驳船的数量、运输间隔,以及到处置场地的速度将因具体疏浚项目而异。如前所述,漏斗式挖泥船通常挖掘速度为 1 至 3 节,最大卸载速度为 16 节(最大装载速度为 14节)。根据最近的美国陆军工程兵团沉默督察程序数据,驳船和敞舱平底驳船的平均拖曳速度为 5 至 8 节,其中大约 10% 的时间平均速度超过 10 节。

⑤维护性疏浚

在疏浚施工之后,需要进行长期的维护,以维持疏浚后的深度。目前,作为疏浚维护计划的一部分,海军每 2 年从梅波特海军基地回旋水域和入港航道中移除大约 90 万立方码的物料(年平均值为 45 万立方码)。过去,大多数物料已经在杰克逊维尔海洋疏浚物处置场中处置掉了,但也有一部分被合理地放置在陆地。美国陆军工程兵团自 2003 年以来一直在杰克逊维尔海洋疏浚物处置场处置疏浚物,目前还在每 3 年疏浚维护期间(年平均 10 万立方码)从联邦航道外部移除约30 万立方码疏浚物。由于母港改建计划使疏浚深度增加,预计疏浚维护要求将会增加。未来疏浚维护要求的疏浚物运输预测模型表明,梅波特海军基地回旋水域、入港航道和联邦航道中的沉积物分别增加了约 2% ,7% 和 2%。这相当于项目的总体维护量增加了约 5% ,或每年增加约 2.75 万立方码的维护量。

2. 疏浚物处置

疏浚物的处置取决于若干因素,包括指定的放置地点的可用性以及疏浚物的数量、粒度和化学特征。美国海军将在美国国家环境保护局管理的海洋疏浚物处置场海洋深化项目中处置疏浚材料,就像处置定期维护性疏浚项目一样。应注意,《环境影响分析评估》草案中估计的疏浚物为 570 万立方码。然而,基于水动力模型结果,已确定项目的某些部分不需要预先维护,这使得估计的疏浚量从 570万立方码减少到 520 万立方码。海军评估了利用现有或潜在的新的陆地疏浚物处置场地的可行性并得出结论,认为计划的疏浚项目所预计的疏浚物料量(520 万立方码)没有可行的高地处置方案(见下面的陆地处置部分的内容),因此海洋处置是最合适的方式。作为《环境影响分析评估》草案的一部分,海军进行了初步抽样和测试,以评估将要疏浚的约 520 万立方码沉积物的物理和化学特征。在发布《环境影响分析评估》草案后,美国陆军工程兵团增加了对沉积物的化学和生物测试,特别是给出了反映海洋处置适宜性的初始沉积物特征测试结果,并且结果符合 1972 年发布的《海洋保护、研究和保护区法》第 103 节评估的全部测试要求。《环境影响分析评估》终案第 3.1.5 节中给出了另外一次疏浚物特征的测试结果,该结果表明有超过 480 万立方码的疏浚物符合《海洋保护、研究和保护区法》第 103 节的适用性标准。为疏浚工程而设立的 8 个沉积物取样区中,有 1 个区域的样本在生物测试部分略差强人意,该区域约占 520 万立方码总量中的 31.5 万立方码。由于测试结果非常接近通过标准(测试结果为 70% 的存活率,但通过的标准是 71% 的存活率),该疏浚区域需要根据第 103 节的规定重新进行生物测定。如果仍达不到标准,疏浚物将被放置在获准的梅波特海军基地附近的陆地处置场。这项评估是在《环境影响分析评估》终案发布之前启动的,并将作为项目许可流程的一部分。下面详细讨论海洋处置、陆地处置和海滩养护。

(1)海洋处置

杰克逊维尔和费尔南迪纳海洋疏浚物处置场是美国国家环境保护局指定的两个最近的海洋处置场所,由美国国家环境保护局和美国陆军工程兵团根据《海洋保护、研究和保护区法》进行监督和管理,疏浚工程产生的疏浚物将由这两处处置场处置。杰克逊维尔海洋疏浚物处置场或费尔南迪纳海洋疏浚物处置场中用于海洋处置的疏浚物的可行性必须经美国陆军工程兵团验证,并在海洋处置实施之前得到美国国家环境保护局的认可。在使用海洋疏浚物处置场之前必须提供验评文件。测试应遵循 1991 年美国国家环境保护局和 美国陆军工程兵团《海洋处置用疏浚物质评估(测试手册)》(*Evaluation of Dredged Material proposed for ocean Disposal(Testing Manual)*)(通常称为"绿皮书")中概述的程序和 1993 年区域实施手册(美国国家环保局和美国陆军工程兵团,1993)。只有通过美国陆军工程兵团和美国国家环境保护局第 4 区的验证程序确定的物料才能放置在杰克逊维尔海洋疏浚物处置场和费尔南迪纳海洋疏浚物处置场。依据《海洋保护、研究和保护区法》第 103 节进行的又一轮沉积物测试结果表明,至少有 480 万立方码的疏浚物符合美国国家环境保护局海洋处置的适用性标准。在重新测试结果出来之前,预计 520 万立方码总量中约剩余 31.5 万立方码的疏浚物也将用于海洋处置。

杰克逊维尔海洋疏浚物处置场位于梅波特海军基地回旋水域东南方向 5.5 海里处,自 1952 年以来一直在使用。梅波特海军基地自 1954 年开始定期使用海洋疏浚物处置场,并且自 1993 年其两个陆地疏浚物处置点达到了最大容量以来,便将所有维护疏浚物运往杰克逊维尔海洋疏浚物处置场。1996 年至 2008 年的 13 年期间,联邦航道维护项目允许处置大约 110 万立方码的疏浚物,并允许海军在杰克逊维尔海洋疏浚物处置场处置约 490 万立方码疏浚物,当时相当于平均每年处置 46 万立方码。杰克逊维尔海洋疏浚物处置场占地 1 平方海里。根据美国陆军工程兵团在 2007 年 6 月进行的水深测量,海洋疏浚物处置场的平均水深为 46 英尺,深度范围为 35 到 55 英尺。美国陆军工程兵团已经制定了专门的现场管理和监控计划(Site Management and Monitoring Plan)来解决杰克逊维尔海洋疏浚物处置场中疏浚物的位置问题。杰克逊维尔海洋疏浚物处置场现有的现场管理和监控计划确定了对可放置的年度疏浚物容量上限为 200 万立方码。

费尔南迪纳海洋疏浚物处置场于 1987 年 3 月由美国国家环境保护局指定,占地约 4 平方海里,位于梅波特海军基地回旋水域东北方向约 8.5 海里,拿骚海峡(Nassau Sound)以东 5.5 海里。根据美国陆军工程兵团在 2007 年 6 月进行的水深测量,该处置场的平均最低水位范围为 40 到 67 英尺。美国陆军工程兵团预计平均每年在费尔南迪纳海洋疏浚物处置场处置 60 万立方码的疏浚物,这些疏浚物由国王湾潜艇基地入港航道的维护产生。(平均每 3 年从潜艇基地内部通道和回旋水域维护中产生 35 万立方码疏浚物,被放置在陆地处置场)。可利用费尔南迪纳海洋疏浚物处置场的其他潜在项目包括费尔南迪纳港务局、费尔南迪纳市码头或私人疏浚项目,确保获得州和联邦的合法批准(美国国家环境保护局和美国陆军工程兵团,1998;2001)。现有的费尔南迪纳海洋疏浚物处置场现场管理和监控计划确定了对超过 95 万立方码的计划项目进行建模的要求,以确定适当的缓冲区,将初始处置堆包含在海洋疏浚物处置场边界内。

在《环境影响分析评估》草案中,海军使用最新测深调查的简单几何测量与使用场地的管理限制评估了两海洋疏浚物处置场的物理容量。经计算得出杰克逊维尔海洋疏浚物处置场和费尔南迪纳海洋疏浚物处置场的最小容量估计值分别约为 930 万立方码和 6 480 万立方码。海军还使用多重倾倒归趋模型(Multiple Dump Fate)来模拟每个海洋疏浚物处置场中疏浚物的放置,以确定估计的 570 万立方码待疏浚物(《环境影响分析评估》草案中估算的原始体积)是否适合每个海洋疏浚物处置场的容量。多重倾倒归趋建模证实,570 万立方码的疏浚体积适合在两个海洋处置场处置,因此海军有两个可行的海洋处置场用于计划的疏浚项目,目前建议疏浚量仅为 520 万立方码。

在《环境影响分析评估》草案中,海军建议将疏浚物分配到两个海洋疏浚物处置场,以避免杰克逊维尔海洋疏浚物处置场的可用容量受到不利影响。杰克逊维尔现场管理和监控计划包括海洋疏浚物处置场的历史使用。从 1996 年至 2006 年的 11 年间,大约有 480 万立方码疏浚物允许放置在杰克逊维尔海洋疏浚物处置场。这一数据意味着每年平均约 44 万立方码的疏浚物放置于杰克逊维尔海洋疏浚物处置场。考虑到在海洋疏浚物处置场新增的两次处置事件(2007 年联邦航道维护项目约为 51 万立方码,2008 年梅波特海军基地回旋水域和入港航道疏浚约为 63.5 万立方码),在这 13 年间杰克逊维尔海洋疏浚物处置场平均处置量增加至约每年 46 万立方码。如果将计划的疏浚工程中的 520 万立方码,加上预计未来

10 年的 460 万立方码(10 年内以每年 46 万立方码计算)一并在杰克逊维尔海洋
疏浚物处置场中处置,这一数量则将超过该海洋疏浚物处置场的容量。因此,海
军建议将 520 万立方码的疏浚物分配到两个海洋疏浚物处置场,其中杰克逊维尔
海洋疏浚物处置场处置 200 万立方码,在费尔南迪纳海洋疏浚物处置场中处置剩
余的 320 万立方码。

自《环境影响分析评估》草案发布以来,美国陆军工程兵团与美国国家环境保
护局联合编制了一份最新评估杰克逊维尔海洋疏浚物处置场接收疏浚物的可用
容量的报告。2008 年 5 月,题为《杰克逊维尔海洋疏浚物处置场容量报告》
(*Jacksonville Ocean Dredged Material Disposal Site Capacity Report*)的报告草案载于
《环境影响分析评估》终案。

《杰克逊维尔海洋疏浚物处置场容量报告》是在现场收集一年的海浪和海流
数据后编制的。相关部门最近进行了水深测量,并将其作为基准,根据现场管理标
准估算海洋疏浚物处置场内的可用剩余容量,该标准可确保场地不会对航行产生威
胁;疏浚物不会在处置场边界外积聚;最大限度地利用了场地的容量。该处置场的
最新水深表明,场地边界的平均最低水位范围为 46 到 57 英尺,而中心平均最低水位
为 30 英尺。疏浚物处置承包商远离海洋疏浚物处置场的中心区域,以避免违反现
场管理和监控计划中确定的平均最低水位 25 英尺的最小深度标准。此外,场地中
心区域未被包括在容量分析中,因为出于规划目的,认为该区域已占满。

美国陆军工程兵团的报告使用了多重倾倒归趋模型,该模型也用于海军发布
的《环境影响分析评估》草案中。容量评估假设梅波特海军基地疏浚项目的处置
量为 200 万立方码(新开工项目),年度维护疏浚量为 80 万立方码。美国陆军工
程兵团对未来每年 80 万立方码维护性疏浚的预测高于 46 万立方码的历史平均
值,并提供了保守估计,包括可能利用海洋疏浚物处置场处置新增的联邦航道维
护项目。海军利用收集的梅波特海军基地疏浚项目的相关数据及梅波特海军基
地回旋水域和入港航道,以及联邦航道的维护疏浚物的历史记录,估算出疏浚物
的类型(淤泥、黏土或沙子)。

美国陆军工程兵团报告草案的结论证实,杰克逊维尔海洋疏浚物处置场可以
处置梅波特海军基地的疏浚项目产生的 200 万立方码疏浚物。海洋疏浚物处置
场的剩余容量将允许 8 至 10 年或 640 万至 800 万立方码的再维护(原地或就近),
而不违反现场管理和监控计划标准。该报告草案还表明,多重倾倒归趋模型分析
之后将对杰克逊维尔海洋疏浚物处置场进行再建模(长期趋势模型)。后一种模
型估算了疏浚物在处置后和现场随时间推移的分散量、处置潜力。杰克逊维尔海
洋疏浚物处置场的疏浚物和处置历史记录表明,部分处置物(特别是淤泥)不会留
在现场,而是随着波浪和水流分散。因此,报告草案中提供的容量估计可能是保
守的,因为长期趋势模型运行可能显示更多的可用容量,并且上述估计值代表了
实际的最小容量。

（2）陆地处置

在梅波特海军基地附近的现有场地或新地点进行陆地处置的可行性已经过评估。美国陆军工程兵团先前对1994年海军使用的潜在陆地处置场地进行了全面评估（美国陆军工程兵团，1994年），此次海军更新了该分析，并将其作为此次环境影响分析评估的一部分。表5-8确定了现有陆地处置场的状况，该表对梅波特海军基地半径10英里（10英里是液压管道挖泥船的最大实际长度）范围内的2 800个地点进行了筛选分析。位于梅波特海军基地半径10英里范围内的现有疏浚物处置场已用于接收美国陆军工程兵团其他疏浚维护项目及杰克逊维尔港口的疏浚物。这些现有的疏浚物处置场不适合海军处置梅波特海军基地疏浚项目产生的大量疏浚物，但能够容纳少量疏浚物。

有两个未开发地块符合要求的所有尺寸和其他物理特征，有望成为该项目中新的疏浚物处置场。但是，这两个地点都归美国国家公园管理局（National Parks Service）管理，位于蒂姆库安生态和历史保护区（Timucuan Ecological and Historic Preserve）内。在蒂姆库安生态和历史保护区内，疏浚物处置场长期占用土地是不可行或不可取的。99号地现有的保护地役权，特别防止该场地的泥土淤积。此外，即使在排除土地购置和相关成本时，场地准备和处置的估算也超过了海洋处置的成本估算。因此可以得出结论，在梅波特海军基地附近使用杰克逊维尔海洋疏浚物处置场和费尔南迪纳海洋疏浚物处置场是疏浚项目中处置疏浚物的最佳方案。但是，如果美国国家环境保护局第4区未确认任何材料适合海洋处置，则现有许可的陆地处置场可用于处置最少量的疏浚物。如果按照美国国家环境保护局的适用性标准，目前再次进行的生物测定部分中约有31.5万立方码的疏浚物被确认为不符合标准，则这些疏浚物将被放置在现有许可的陆地处置场中。

梅波特海军基地附近现有获批准的陆地处置场是巴克岛和范宁岛（Buck Island and Fanning Island）。目前正在重新测试海洋处置适用性的31.5万立方码的疏浚物，其物理和化学特性（细粒石英砂含黏土和淤泥）与可放置在巴克岛上的疏浚物兼容。范宁岛（佛罗里达内陆航运站点DU-6）以前不能用于疏浚物处置，但是由于从31.5万立方码中收集的样品中沙子成分较高且无污染，这些疏浚物应该适合放置在陆地处置场，且可以进一步考虑从陆地处置场卸载以供将来使用（Ross，2008c）。在项目许可过程中，可协调和批准使用任何陆地处置场。

表5-8　陆地疏浚物处置场

地点	目前容纳量	可接受容纳量	排水需求	运输方式
梅波特疏浚物处置场	正在评估容量再利用的可行性	满负荷，不可用	在处置场完成	液压泵

续表

地点	目前容纳量	可接受容纳量	排水需求	运输方式
东巴坦岛（East Bartram Island）	164.8 万立方码	不适用于 520 万立方码总量的疏浚物；符合联邦维护的要求；海军使用需要协调批准	在处置场完成	液压泵、驳船
西巴坦岛（West Bartram Island）	328.2 万立方码	不适用于 520 万立方码总量的疏浚物；符合联邦维护的要求；海军使用需要协调批准	在处置场完成	液压泵、驳船
巴克岛	162.28 万立方码，但该数据因材料用于施工填料而波动	不适用于 520 万立方码总量的疏浚物；符合联邦维护的要求；海军使用需要协调批准	在处置场完成	液压泵、驳船
海军陆战队戴森处置场	支持疏浚船台，以支持海上预先部署部队计划	不可用，仅支持船台疏浚	在处置场完成	驳船
范宁岛	73 万立方码/天	仅限临时使用；不能完全容纳 520 万立方码的总量；海军使用需要协调批准	无	液压泵
杰克逊维尔电力局站	不适用	用于将疏浚物与床灰（能量副产品）混合，以便在其他地方进行处理之前保持稳定	是	液压泵、驳船
西拿骚垃圾填埋场（West Nassau Landfill）	0.3 万立方码/天(12 年)	需要获得填埋场主管、杰克逊维尔市和佛罗里达州环境保护部的批准	是	卡车
特雷岭垃圾填埋场（Trial Ridge Landfill）	0.3 万立方码/天(14 年)	需要获得填埋场主管、杰克逊维尔市和佛罗里达州环境保护部的批准	是	卡车

（3）海滩养护

疏浚物的再利用取决于疏浚物的特性,通常用于海滩养护、制造或加固人工鱼礁(适用于任何疏浚岩石材料);栖息地创建、施工和补救修复。由于疏浚区域不会出现石灰岩或其他岩石,因此制造或加固人工鱼礁并不算是疏浚物的再利用。然而,疏浚物对当地海滩养护十分必要。杜瓦尔县的几个海滩经常需要沙子用于海滩养护及海岸线加固,并且这些海滩也是圣约翰河疏浚物的潜在接收地。这些海滩位于圣约翰河入口南部码头以南长约 16 英里,包括梅波特海军基地海滩、凯瑟琳·阿比·汉纳公园(Kathryn Abbey Hannah Park),大西洋海滩(Atlantic Beach),海王星海滩(Neptune Beach)和杰克逊维尔海滩。自 1963 年开始,这些海滩的养护就依靠杰克逊维尔港定期疏浚的沙子及距离大西洋海滩约 7 英里的两个采料区开采的沙子供给(佛罗里达州环境保护部,2000a)。杰克逊维尔港维护疏浚产生的沙量通过液压疏浚物排放管道放置在南部码头以南,该管道将泥浆物从疏浚地点运往海滩。对于涉及近海采沙的大型海滩养护项目,沙子被泵送到料斗或驳船,运输至待养护的海滩附近,并通过料斗或专门设计的驳船泵送到海滩。在上述两种情况下,在用管道将疏浚物输送到岸上之后,再使用重型设备(如推土机)沿着海岸线分配沙子。在天气条件允许的情况下,海滩养护时,每周 7 天,每天 24 小时作业。暂时封闭施工区域的海滩,不再对外开放,通过管道输送疏浚物,并使用重型设备分配。

用于养护海滩的沙子必须符合佛罗里达州沙滩标准(《佛罗里达行政法规》第 62B-41.007 条)的要求,该标准规定"只有与海滩兼容的填充物才能放置于海滩或任何相关的沙丘系统中"。海滩兼容填充物是指那些与海滩和相邻沙丘以及沿海系统中的物质一样具有共通性与功能性的物质。海滩兼容填充物的定义指出了目前放置地点海岸系统中物质的成分、粒度、颜色和粒度分布(沙粒频率、平均粒径和中间粒径以及粒度分配系数)。1963 年至 1999 年间,杜瓦尔县附近的海滩至少有 15 个养护项目。至今,只有 1 个养护项目失败(发生在 2003 年至 2005 年之间),主要原因是由于在航道疏浚物中没有与海滩兼容的物质。虽然早前的研究发现,圣约翰河上游的疏浚物与杜瓦尔县海滩兼容,但是梅波特海军基地回旋水域和入港航道的疏浚物此前并未用于海滩养护项目。

作为《环境影响分析评估》草案的一部分,海军进行了岩土钻孔和海底浅层剖面分析,以鉴定疏浚物中存在与海滩兼容的沙子的可能性。对疏浚轨迹(包括回旋水域、入港航道和联邦航道)内的沉积物进行了初步的岩土取样分析,并确定了某些钻孔中存在有限沙层,但是不能仅依据少量的沉积物样本就足以代表整个海滩。海底浅层剖面调查确定了梅波特海军基地入港航道(11 万立方码)和 3 号联邦航道(11.5 万立方码)中的沙子已经足够厚实,可进一步考虑作为潜在的兼容沙子。然而,沉积物钻孔取样和地表下岩石图像表明沉积物存在垂直和水平变化。沙的这种可变性和分层性使选择性挖掘成为必要,有时需要特定的疏浚设备或沉积物分离技术。因此,约 22.5 万立方码的沙层反映出了潜在海滩兼容沙子的最大量,但还需要进一步的取样和测试以确定沙层是否符合佛罗里达州沙滩标准(《佛罗里达行政法规》第 62B – 41.007 条)的要求,以及可否用于海滩养护。

虽然海军在《环境影响分析评估》草案中将海滩养护视为可能的疏浚物处置方案,但《环境影响分析评估》终案的进一步测试使海军考虑淘汰该疏浚物再利用方案。自《环境影响分析评估》草案发布后,美国陆军工程兵团在梅波特海军基地入港航道和联邦航道外部可能包含较厚沙层的位置增设了振动采样。结果证实了这些区域沉积物的分层性质,并得出结论——考虑到沙层中细小沉积物的比例令人无法接受,该区域疏浚物不符合海滩养护的海滩质量标准。美国陆军工程兵团还确定,由于调动多项疏浚设备的成本巨大,加上计划的疏浚作业缺乏精确性以及可能遇到其他此前未检测到的淤泥或黏土层,将有限的符合海滩质量标准的沙层与不符合海滩质量的物质分开并不可行。

由于佛罗里达州沙滩标准中规定的虽然适用于航道维护项目,但不是海军提出的航道建设项目,因此待疏浚区域的疏浚物也不适合近岸放置。另外,杜瓦尔县之前没有指定近岸放置地点,而且,《环境影响分析评估》终案认为指定新的近岸放置地点是不可行的。指定近岸放置地点需要分析许多国家的环境政策法规,包括必要的调查(例如,水深测量、文化资源和生物资源)和机构协调。综合上述因素,再加上海军对梅波特海军基地入驻其他水面舰艇进行合理安排的决策之后的种种需求,就排除了计划的疏浚工程疏浚物近岸放置的可行性。因此,《环境影响分析评估》终案中不再考虑海滩养护和近岸放置方案。

5.3.2 方案3:核动力航母停靠港

因为该方案不会有核动力航母驻泊在港,所以不会向梅波特海军基地新增分配人员。如表 5 – 9 所示,自 2006 年(基准年)至 2014 年(终止年),梅波特海军基地的每日净人口数量净损失约为 3 900 人。最早于 2012 年,核动力航母才可不受限制地访问梅波特海军基地。当核动力航母访问时,梅波特海军基地将暂时增加 3 140 人。就此次环境影响分析评估而言,预计核动力航母每年会访问梅波特海军基地长达 63 天,单次访问持续时间不超过 21 天(每年约访问 3 次)。由于 2007 年"肯尼迪"号舰母以及 2014 年 10 艘护卫舰的退役,到 2014 年,梅波特海军基地的舰艇数量将达到 11 艘。

表5 –9 方案3梅波特海军基地年均每日净人口和驻港舰艇数量

年份	2006[6]	2009	2010	2011	2012	2013	2014[7]
非部署人数	6 210	5 671	5 671	5 671	5 671	5 671	5 671
其他基地人员[1]	4 706	4 706	4 706	4 706	4 706	4 706	4 706

年份	2006[6]	2009	2010	2011	2012	2013	2014[7]
驱逐舰中队/两栖中队/海上训练大队工作人员[2]	0	0	0	0	0	0	0
舰艇维修人员[3]	1 504	965	965	965	965	965	965
在港船员[4]	6 036	4 213	4 056	4 056	3 585	3 114	2 643
基地空军中队人员[5]	1 026	1 026	1 026	1 026	1 026	1 026	1 026
平均每日净人口	13 272	10 910	10 753	10 753	10 282	9 811	9 340
驻港舰艇数量	22	21	20	20	17	14	11

注:见表5-2表注。

5.3.3 方案7:巡洋舰/驱逐舰驻泊港和核动力航母停靠港

方案7结合了方案1巡洋舰/驱逐舰驻泊港和方案3核动力航母停靠港。梅波特海军基地将增加其他驱逐舰中队的工作人员以及新增5艘舰艇(4艘导弹驱逐舰和1艘导弹护卫舰)。这5艘舰船最早可能在2009年到达,但值得关注的是,方案7涉及的护卫舰最早也可能于2014年退役。方案7表明梅波特海军基地将新增1 800名相关人员(与方案1相同,见表5-1)。如表5-10所示,自基准年2006年至终止年2014年,梅波特海军基地的每日净人口数量约减少2 800人。因为2007年"肯尼迪"号航母退役,2010年至2014年期间10艘护卫舰退役,2014年护卫舰的计划退役,加上2006年至2009年东南区域维护中心军事人员缩减造成的人口损失,将由新增的5艘舰艇人员数量部分抵消。到2014年,梅波特海军基地的舰艇数量约为15艘。

与包括巡洋舰/驱逐舰驻泊港在内的其他方案一样,方案7需要建造新的驱逐舰中队指挥大楼,其占地面积、所在位置与方案1所述相同。疏浚工程如5.3.1节所述。

表5-10 方案7中梅波特海军基地年均每日净人口和驻港舰艇数量

年份	2006[6]	2009	2010	2011	2012	2013	2014[7]
非部署人数	6 210	5 726	5 726	5 726	5 726	5 726	5 726
其他基地人员[1]	4 706	4 706	4 706	4 706	4 706	4 706	4 706
驱逐舰中队/两栖中队/海上训练大队工作人员[2]	0	35	35	35	35	35	35

年份	2006[6]	2009	2010	2011	2012	2013	2014[7]
舰艇维修人员[3]	1 504	985	985	985	985	985	985
在港船员[4]	6 036	5 479	5 322	5 322	4 852	4 381	3 753
基地空军中队人员[5]	1 026	1 026	1 026	1 026	1 026	1 026	1 026
平均每日净人口	13 272	12 231	12 074	12 074	11 603	11 133	10 505
驻港舰艇数量[8]	22	26	25	25	22	19	15

注:见表 5 - 2 表注。

5.3.4　方案 9:两栖攻击舰驻泊港和核动力航母停靠港

方案 9 结合了方案 2 两栖攻击舰驻泊港和方案 3 核动力航母停靠港。梅波特海军基地将新增 2 艘舰艇(2 艘两栖攻击舰)。与方案 2 所述相同,该方案约新增 2 200 人。如表 5 - 11 所示,自基准年 2016 年至终止年 2014 年,梅波特海军基地的每日净人口约减少 2 300 人。因为 2007 年"肯尼迪"号航母退役,2010 年至 2014 年期间 10 艘护卫舰的退役,2014 年护卫舰的计划退役,加上 2006 年至 2009 年期间东南区域维护中心军事人员缩减造成的人员减少,将由新增的两栖攻击舰人员数量部分抵消。到 2014 年,梅波特海军基地的舰艇数量将为 13 艘。疏浚工程如 5.3.1 节所述。

表 5 - 11　方案 9 梅波特海军基地年均每日净人口和驻港舰艇数量

	2006[6]	2009	2010	2011	2012	2013	2014[7]
非部署人数	6 210	5 686	5 686	5 686	5 686	5 686	5 686
其他基地人员[1]	4 706	4 706	4 706	4 706	4 706	4 706	4 706
驱逐舰中队/两栖中队/海上训练大队工作人员[2]	0	5	5	5	5	5	5
舰艇维修人员[3]	1 504	975	975	975	975	975	975
在港船员[4]	6 036	5 793	5 636	5 636	5 165	4 694	4 223
基地空军中队人员[5]	1 026	1 026	1 026	1 026	1 026	1 026	1 026
平均每日净人口	13 272	12 504	12 347	12 347	11 877	11 406	10 935
驻港舰艇数量[8]	22	23	22	22	19	16	13

注:见表 5 - 2 表注。

5.3.5 方案11:巡洋舰/驱逐舰和两栖攻击舰驻泊港与核动力航母 停靠港

方案11结合了方案1、方案2和方案3。梅波特海军基地将进驻7艘舰艇(4艘导弹驱逐舰,1艘导弹护卫舰和2艘最早于2009年可进驻的两栖攻击舰)。值得关注的是,计划所需的护卫舰也有可能于2014年退役。方案11中,梅波特海军基地将新增约3 899名船员。此外,还将新增驱逐舰中队工作人员(13名军官和12名士兵);东南区域维护中心将新增30名文职人员;梅波特海军基地将新增14名在役士兵。因此,预计方案11中新增人员与方案6相同,约为4 000人。如表5-12所示,考虑到2007年"肯尼迪"号航母的退役及2010年至2014年间10艘护卫舰的退役,相关船员和工作人员数量将减少,再加上东南区域维护中心减少的工作人员,自基准年2006年至终止年2014年,梅波特海军基地的每日净人口将减少约1 200人。2009年驻扎在港的舰艇数量约为28艘,但到2014年将减少至17艘。

表5-12 方案11中梅波特海军基地年均每日净人口和驻港舰艇数量(包括基地人口预测值)

年份	2006[6]	2009	2010	2011	2012	2013	2014[7]
非部署人数	6 210	5 740	5 740	5 740	5 740	5 740	5 740
其他基地人员[1]	4 706	4 706	4 706	4 706	4 706	4 706	4 706
驱逐舰中队/两栖中队/海上训练大队工作人员[2]	0	39	39	39	39	39	39
舰艇维修人员[3]	1 504	995	995	995	995	995	995
在港船员[4]	6 036	7 059	6 902	6 902	6 431	5 960	5 333
基地空军中队人员[5]	1 026	1 026	1 026	1 026	1 026	1 026	1 026
平均每日净人口	13 272	13 825	13 668	13 668	13 197	12 726	12 098
驻港舰艇数量[8]	22	28	27	27	24	21	17

注:见表5-2表注。

与巡洋舰或者驱逐舰驻泊港的其他方案一样,方案11需要建造新的驱逐舰中队指挥大楼,其占地面积、所在位置与方案1所述相同。

5.4 核动力航母母港的方案概述

5.4.1 第3组方案的共同之处

以下是第3组方案的共同之处:
①梅波特海军基地将驻泊1艘核动力航母;

②疏浚和疏浚物处置如第 2 组方案所述；

③建造核动力航母核推进装置维修设施；

④改善码头 F，以便在核动力航母维护期间为其提供停泊，改善项目包括升级岸电公用设施系统和安装Ⅲ型恶劣天气系泊设备；

⑤改善梅西大道，以更好地适应码头 F 附近的交通流量；

⑥建造停车场；

⑦除了核动力航母核推进装置维修设施负责核动力航母核推进装置系统和部件的维护之外，东南区域维护中心和梅波特海军基地的现有造船厂将负责其他舰艇的维修；

⑧由于 2007 年"肯尼迪"号航母退役，所以舰艇数量和平均每日净人口数将从基准年 2006 年至 2009 年一直减少；随着 2010 年至 2014 年护卫舰按计划退役，这一数字将继续减少。

第 3 组所有方案中的疏浚和疏浚物处理如第 2 组方案所述，详见 5.3.1 节。此外，从核动力航母母港方案可知，梅波特海军基地目前无法提供核动力航母核推进装置系统和部件的基地维修或维护设施。为了符合海军指挥官关于人员的运作效率的要求，通常在船港区域内尽可能最大限度地完成舰艇的基地维修。如果在梅波特海军基地没有建造核动力航母核推进装置维修设施，那么将在弗吉尼亚州诺福克地区完成必要的基地维护。基地级维护涉及系统维护和测试，约需要 6 个月。将梅波特海军基地的一艘核动力航母送到诺福克地区进行维修或维护，可能导致航母与母港长时间分离，这违反了人员的运作效率政策，降低了船员及其家属的"生活质量"。核动力航母所需的核推进装置维护设施有三个主要部分：可控工业设施（CIF）、舰艇维修设施（SMF）和维修保障设施（MSF）。

由于建造核动力航母核推进装置维修设施将占用原有的停车位，因此将建造新的停车场，并根据需要增加停车容量。码头 F 还将准备建造第二个码头供核动力航母维修或维护期间使用，此外还将升级岸电公用设施系统以提供 4 160 V 的电压。先前在第 2 组方案中讨论的疏浚工程将为码头 F－1 和 F－2 提供足够的项目深度），即 50 英尺的平均最低水位（考虑到允许超出深度，可达 52 英尺的平均最低水位。）沿梅西大道的道路走廊将改善，以适应码头 F 维修期间交通模式的变化。

1. 可控工业设施

可控工业设施包括建造放射性工作设施，用于检查、改进和修理与海军核动力推进装置有关的放射性控制设备和部件，并提供用于处理、回收、包装放射性控制液体及固体的设施设备；还包括行政和其他支持职能的非放射性控制空间。该设计是对加利福尼亚州圣地亚哥的北岛海军航空站（Naval Air Station North Island）1996 年建造的可控工业设施场地的改造复制。计划的设施基本上是两栋连接在一起的建筑物(共用一面墙),其总占地面积约为 5.2 万平方英尺。一栋用于工业运转,另一栋用于行政办公。建筑物采用钢混结构,由石柱支撑。建筑设计和场地布置规范考虑了飓风和风暴潮的影响。

该设施的工业运转部分包括一个放射性控制区域。放射性控制区域将支持舰艇放射性组件维修的方方面面(反应堆卸料、装料除外),包括机械拆卸或重新组装、净化、加工、液体处理、检查、焊接、切割、放射化学、废物处理和存储,以及运输。该区域将设有一高一低两个海湾区域并配备两个桥式起重机。该区域还包括一个带有隔离工作箱的小型部件维修区域,用于拆卸、检查和维修小型工作台大小的物品;一个带有较大工作箱的大型部件维修区域,用于维修移动式水箱、脱盐装置、过滤外壳和大型推进装置部件;一个隔离的工作箱,其中安装了各种机床的小型零件;材料储存区;油罐区和液体处理设施;软管维修区;液体废物凝固区;固体放射性废物综合处理区;放射化学实验室和一个隔离的放射性废物储存区。该可控工业设施只能处理少量的低放射性物质。核燃料不在梅波特海军基地处理。由于舰艇反应堆装置中的燃料元素为含有高放射性物质(称为裂变产物),因此在梅波特海军基地维护核动力航母时,预计不会遇到任何放射性物质。本书第 7 章详细描述了放射性物质及海军核动力推进计划中用于保护人员和环境的严格设计和程序控制。

可控工业设施还包括一个约 7 200 平方英尺的用于存放移动式放射性液体废物收集罐的储存设施,以及一个约 2 400 平方英尺的混合废物储存设施,专门用于储存废物,这种废物是一种低放射性废物和化学危险废物的混合物,如本书第 7 章所述。

2. 舰艇维修设施

舰艇维修设施是一个占地约 11.4 万平方英尺的设施,包括对核动力航母推进装置进行非放射性基地级维护所必需的机床、工业处理和工作功能。在该设施进行 6 个月的基地级维护便可完成几乎所有的专业推进装置维护工作,但大直径弯管、重型加工、金属锻造、电机重绕和大型阀门和泵测试等除外。

该设施为一座钢筋混凝土建筑,包括中等容量的悬臂起重机和桥式起重机,最大载重量可达 25 吨。该维修设施靠近三个主要的海湾,是重要车间的所在地。建筑物一侧二楼将设有监督办公室和一个仪表校准实验室。地下一层区域包括工作区、工具室、商店、更衣室,以及淋浴间和洗手间。该建筑为重要的设备铺设了特殊的混凝土地面。建筑物将由桩或石柱等作为支撑。飓风和风暴潮的影响也将被纳入建筑设计和场地布置规范的考虑之中。该舰艇维修设施还提供下列车间或区域:舰艇装配车间,钣金车间,管工车间,焊接车间,机加工车间,电气车间,电子车间,绝缘车间,涂装车间,模具车间和工具室,木工车间,布工车间,装配车间,临时服务区,运输、接收、沉积区,纯净水生产,非破坏检测实验室和化学实验室。

3. 维修保障设施

维修保障设施是一座占地约 4.6 万平方英尺的双层钢筋混凝土建筑,其中包括支持核动力航母核推进装置维护的主要行政和技术人员办公室,以及用于接收、检查、运输和储存材料的中心区域。该设施还设有开始和结束轮班工作的人员集结点,包括更衣室、洗手间和淋浴设施。此外,该建筑物还包括制造、测试和存放索具、齿轮的区域,人员培训和作战区域,电话会议设施、设备模型培训区域,文件复制和存储区域,邮件室,以及提供剂量测定设备的辐射健康办公室。此外,该维修保障设施还将提供一个区域,用于堆放由核推进装置维护活动产生的化学危险废物(不超过 90 天)。这些废物将根据适用的联邦、州和地方法规进行处理,或者由杰克逊维尔海军公共工程中心(Navy Public Works Center Jacksonville)收集,储存并运输到获准的处置区域或梅波特海军基地工业废物处理区域。

维修保障设施还将包括面积为 1 300 平方英尺的电力保险库、面积为 1 600 平方英尺的压缩空气厂房、维修设施的围栏和其他安全防护设施,以及两个面积为 5 000 平方英尺的设备暂存或搁置区域。设备暂存或搁置区域将铺砌起来,且每个区域的一半将封闭。飓风和风暴潮的影响也将被纳入建筑设计和场地布置规范的考虑之中。

4. 核动力航母核推进装置系统维修

核动力航母在梅波特海军基地涉及放射和非放射推进装置系统的维修和维护工作。维修和维护工作主要在船上进行。码头的维护设施既支持船上任何作业,也可支持船上部件的拆除工作。

然而梅波特海军基地无法向核动力航母核反应堆注入燃料。这类工作需要专业设施,只有具有处理核装置能力的船坞中才有相应的维护设施。因此,任何需要拆除、安装、处理或运输核燃料的操作都将在指定的船坞中完成,而不是在梅波特海军基地。

维修期间需要临时的支持系统。如舰艇附近会放置储存罐,以便接收从核推进装置排出的放射性液体、舱底的含油废水,以及舰艇卫生水箱处理的污水。安装配备空气颗粒采样器的临时高效微粒空气(HEPA)过滤通风系统。还将为舰艇提供所需的淡水、压缩空气和推进装置的补给水。

推进装置系统的维修工作通常涉及修理或更换各种部件,包括管道、阀门、泵和仪表。主推进装置系统包含放射性物质,主要是活化腐蚀物和磨损生成物。无论何时打开主系统,都将采用严格的放射控制措施,包括使用污染物隔离带,并在必要时配备高效微粒空气过滤通风系统,以防止污染扩散。

进入推进装置前需要移除隔热层。在管道和部件上进行的维修工作包括切割、研磨、机械加工、焊接、阀门填料,以及密封和垫圈更换;采用非破坏性方法检查系统和部件的完整性,例如使用渗透染料、放射线照相术、超声波、磁粉检测和涡流检测;移除并更换树脂和过滤介质。

推进装置空间维修还需要进行除锈、研磨、焊接、喷沙、溶剂擦拭和补漆处理,以及使用碳弧焊枪拆除结构并进行通道切割以拆除相对现有舱口太大的组件。电气维护工作包括修理,拆卸或更换各种电气面板、机柜、电线和电缆。

5. 码头 F 改善

码头 F 的改善指对码头 F 的公共设施和结构进行升级,使其可为核动力航母提供维护条件。当需要维护时,核动力航母将从码头 C-2 转移到码头 F。虽然码头 C-2 目前配备所有必要的设施,但该方案需要升级码头 F 的公共设施,以提供饮用水、盐水、纯净水(蒸馏过的以满足核动力航母的要求)、蒸汽、电力、通信、卫生下水道、油性废物处理设备、压缩空气和用以支持核动力航母的数量充足、质量优良的燃料。码头 F 需要安装嵌入式平板锚强风Ⅲ型恶劣天气系泊设备,如果发生飓风,核动力航母处于维护状态且无法迁移,则Ⅲ型系泊设备可以满足核动力航母继续停泊在码头的要求。码头 F 需要一台起重机,用于将大型舰艇部件从可控工业设施的船顶舱口移出,并从船上卸下其他载荷。此外,还需要进行结构甲板升级以进行必要的舰艇维护操作。第 2 组方案描述的疏浚工程将在码头 F-1 和 F-2 提供足够的深度,达到 50 英尺的平均最低水位(考虑到允许的超出深度,总工程深度为 52 英尺的平均最低水位)。

6. 核动力航母核推进装置维修人员

核动力航母核推进装置的维修人员数量将根据维修计划而变动。据估计,核动力航母每两年要进行为期 6 个月的维护,前 2 个月将在梅波特海军基地进行。每 3 个维护期将在具有核维护能力的造船厂的干船坞中进行。核动力航母非维护期间,具有维修人员约为 50 人,但是在 6 个月的维护期内将平均增加 750 人(根据近年来年日净人口增加 375 人所推断)。

7. 梅西大道改善

这一改善工作指改善梅西大道走廊以更好地保证往返于码头 F 附近的核动力航母核推进装置维修设施的交通流量。在核动力航母维护期间,约 800 名维修人员和约 3 140 名船员前往码头 F 区域。这其中不包括现有的东南区域维护中心人员和承包商,这些人员将在附近的其他舰艇上进行维护。梅西大道的改善内容包括 6 个方面。

①加宽梅西大道,双向均增加一条车道,并在缅因街(Maine Street)到巴尔的摩街(Baltimore Street)的中间地带铺设草坪。

②重新调整梅西大道和缅因街交叉路口,改善北行向右和西行向左车道以更好

地适应交叉路口,尤其在高峰时段的主要交通需求。该调整需要双向各提供 2 个直通车道,以及 2 个北行左转车道。东行方向需要 2 条右转车道,以及 1 条左转车道。

③改善梅西大道和供应街(Supply Street)的交叉路口,包括一个配备行人控制按钮和信号指示的协调式交通信号控制机,以便大量行人通过。移除该路口以西的行人信号。东行左转车道长度将增加 100 至 225 英尺。如前所述,该路口还将在梅西大道的每个方向上增加一条直行车道。

④改善梅西大道和博诺姆理查德街的交叉路口,增加一条 50 英尺长的西行右转车道。在路口以南加宽并重新设置停车场的入口,以便形成该交叉路口的北行路段。此外,从新入口向西直到停车场边缘还将增加一个有限制的岛屿,以控制进入该入口的交通流量,而且将安装协调式交通信号控制装置。如前所述,该路口还将在梅西大道的每个方向上增加一条直行车道。

⑤在梅西大道和巴尔的摩街,以及莫阿莱大道(Moale Avenue)和巴尔的摩街的交叉口增加现代环形交叉路口。该环形交叉路口与传统交叉路口有所不同,其有 3个特点:要求在入口处让行,在环形道路上设置车辆通行权;驶入的车辆环岛行驶;扩大或加宽环形入口。

⑥在莫阿莱大道和缅因街交叉路口增加转弯车道,可以在一定程度上减轻梅西大道的交通流量。新增的转弯车道将包括一条长约为 75 英尺的东行左转车道,约225 英尺的西行左转车道,以及约 75 英尺的南行右转车道,并将西行右转车道的长度从 50 英尺增加到 75 英尺。

8. 阶段性计划

这组方案需要在几年的时间内分阶段完成许多不同的建筑施工。在建设之前需要进行设计和规划。假设军事建设项目最早可能在 2011 年开始,建设或改进工作通常分阶段进行:

① 2011 年开始疏浚工程,2012 年完成(约 18 个月)。

② 2011 年进行码头 F 改进,并于 2013 年完成(约 24 个月)。

③ 2011 年开始停车场建造,并于 2013 年完成(约 24 个月)。

④ 2011 年进行道路改善,并于 2013 年完成(约 24 个月)。

⑤ 2011 年开始核动力航母核推进装置维护设施建设,于 2014 年完成(约 33 个月);随后的设备舾装,最早将于 2014 年完成(约 9 个月)。

⑥核动力航母最早于 2014 年进驻母港。该日期取决于核动力航母核推进装置维护设施的建设和舾装的完成情况,可最早能在 2014 年完成。《环境影响分析评估》终案表明,舰艇和人员预计在 2014 年到达,而不是《环境影响分析评估》草案预期的 2012 年。因为第 3 组所有方案的每日净人口数最终值少于《环境影响分析评估》草案中的数据,改建方案的基础设施完工日期和最早的核动力航母入驻日期已从 2012 年推迟至 2014 年,这就需要将与核动力航母核推进装置维护相关的人员入

驻时间推迟至 2015 年后,具体时间取决于具体的核动力航母维护计划。

5.4.2 方案 4:核动力航母母港

根据方案 4,最早于 2014 年会有 1 艘核动力航母入驻梅波特海军基地。虽然该核动力航母非维护期间停泊在码头 C－2,但其在维护期间,将停泊在梅波特海军基地的码头 F。维护时,按照核动力航母的平均补充人数(不包含空军中队人员)估计,船上人员将新增 3 140 人,包括 2 981 名士兵和 159 名军官。当梅波特海军基地不进行核动力航母维护时,大约只有 50 名核动力航母核推进装置设施的维护人员。

如表 5－13 所示,自基准年 2006 年至终止年 2014 年,梅波特海军基地每日净人口将减少约 1 600 人。人口减少的主要原因有以下几点:2007 年"肯尼迪"号航母退役,2010 年至 2014 年间 10 艘护卫舰退役,东南区域维护中心军事人员在基准年至 2009 年之间缩减规模。至 2014 年,梅波特海军基地的舰船总数将从 22 艘减少到 12 艘。

表 5－13　方案 4 梅波特海军基地年均每日净人口和驻港舰船数量

年份	2006[6]	2009	2010	2011	2012	2013	2014[7]
非部署人数	6 210	5 671	5 671	5 671	5 671	5 671	5 721
其他基地人员[1]	4 706	4 706	4 706	4 706	4 706	4 706	4 706
驱逐舰中队/两栖中队/海上训练大队工作人员[2]	0	0	0	0	0	0	0
舰船维修人员[3]	1 504	965	965	965	965	965	1 015
在港船员[4]	6 036	4 213	4 056	4 056	3 585	3 114	4 936
基地空军中队人员[5]	1 026	1 026	1 026	1 026	1 026	1 026	1 026
平均每日净人口	13 272	10 910	10 753	10 753	10 282	9 811	11 682
驻港舰船数量	22	21	20	20	17	14	12

注:见表 5－2 表注。

码头 F 以南、码头 E 以东的区域,目前是地面停车场(1 653 个停车位)、雨水排放区和沼泽区,但是这一区域将用于建设可控工业设施、舰船维修设施和维修保障设施等。由于这 1 653 计划个停车位的开发利用,到终止年 2014 年,方案 4 将使停车位减少 550 个。方案 4 计划将现有停车场改为两层半的停车场。该区域的 349 个现有地面停车位将被新建停车场的 1 080 个停车位所取代,净增加 731 个停车位,以弥补方案 4 中减少的 550 个停车位。

为了满足监管要求,码头 F 附近的雨水排放设备的改进工作将被纳入场地设计中。这可能包括重新设计码头 F 现有的干蓄水池,并采取措施,使梅波特海军基地根据总最大日负荷量减少圣约翰河下游流域的养分负荷。在码头 F 的回旋水域中将安装嵌入式平板锚强风Ⅲ型恶劣天气系泊设备。疏浚工程如本章 5.3.1 节所述。

5.4.3 方案 8:巡洋舰/驱逐舰驻泊港和核动力航母母港

方案 8 结合了方案 1 和 4 的主要内容。将新增驱逐舰中队工作人员和 6 艘舰船(4 艘导弹驱逐舰、1 艘导弹护卫舰和 1 艘核动力航母)入驻梅波特海军基地。驱逐舰和护卫舰最早可能于 2009 年入港,而核动力航母最早可能于 2014 年进驻。根据方案 8,梅波特海军基地驻守的人员将新增 4 980 人。驱逐舰中队工作人员将增加 13 名军官和 12 名士兵。此外,在东南区域维护中心大约需要 20 名文职人员,梅波特海上训练大队需要 10 名士兵,可控工业设施、舰船维修设施、维修保障设施大约需要 50 名长期工作人员。因此,方案 8 人员总计约增加 5 000 人。

鉴于 2007 年"肯尼迪"号航母退役,2010 年至 2014 年期间 10 艘护卫舰退役,方案中涉及的护卫舰可能于 2014 年退役,以及 2006 年至 2009 年期间东南区域维护中心军事人员缩减规模,因此 2006 年至 2014 年期间每日净人口将减少约 430人。2009 年舰船数量将从 22 艘增加到 26 艘,然后在 2014 年底逐步下降到 16艘,如表 5 - 14 所示。

按照计划核动力航母停泊在 C - 2,但在其维护、修理期间,也可停泊在码头 F。在核动力航母停泊在码头 F 期间,停泊在码头 F - 1、F - 2 和 E - 1 的舰船将被移至码头 C - 2 或其他码头。与方案 4 一样,将在码头 F 以南和码头 E 以东建造可控工业设施、舰船维修设施和维修保障设施。

表 5 - 14 方案 8 梅波特海军基地年均每日净人口和驻港舰船数量

年份	2006[6]	2009	2010	2011	2012	2013	2014[7]
非部署人数	6 210	5 726	5 726	5 726	5 726	5 726	5 776
其他基地人员[1]	4 706	4 706	4 706	4 706	4 706	4 706	4 706
驱逐舰中队/两栖中队/海上训练大队工作人员[2]	0	35	35	35	35	35	35
舰船维修人员[3]	1 504	985	985	985	985	985	1 035
在港船员[4]	6 036	5 479	5 322	5 322	4 852	4 381	6 045
基地空军中队人员[5]	1 026	1 026	1 026	1 026	1 026	1 026	1 026
平均每日净人口	13 272	12 231	12 074	12 074	11 603	11 133	12 847
驻港舰船数量[8]	22	26	25	25	22	19	16

注:见表 5 - 2 表注。

码头 F 以南和码头 E 以东的区域将拆除现有停车场,这会减少 1 118 个停车位(根据方案 8 的人员负荷进行调整)。因此,方案 8 中将建造 4 层的停车场代替现有停车场。该区域现有的 349 个停车位将被新建停车场的 1 728 个停车位所取代,净增停车位 1 379 个,补足了方案 8 中减少的 1 118 个车位。此外,与方案 4 一样,为了满足监管要求,雨水排放系统的改进将被纳入场地设计中。与涉及巡洋舰/驱逐舰驻泊港的其他方案一样,方案 8 将建造全新的占地 6 000 平方英尺的驱逐舰中队总部大楼。在码头 F 的回旋水域中将安装嵌入式平板锚强风Ⅲ型恶劣天气系泊设备。疏浚工程如本章 5.3.1 节所述。

5.4.4 方案 10:两栖攻击舰驻泊港和核动力航母母港

方案 10 结合了方案 2 和方案 4 的主要内容,将新增 3 艘舰船入驻梅波特海军基地(2 艘两栖攻击舰最早会于 2009 年入驻,1 艘核动力航母最早于 2014 年入驻)。根据方案 10,估计驻扎在梅波特海军基地的人员将新增 5 304 人;可控工业设施、舰船维修设施、维修保障设施将新增约 50 人;东南区域维护中心约增加 10 名文职人员;梅波特海上训练大队约增加 5 名士兵。因此,方案 10 的每日净人口新增约 5 400 人。如表 5-15 所示,根据方案 10,到 2014 年梅波特海军基地平均每日净人口基本上与基准年 2006 年相同。在 2006 年至 2014 年之间,每日净人口数量将以 2007 年"肯尼迪"号航母退役情况为基准,并随着 2010 年至 2014 年期间 10 艘护卫舰的退役,以及东南区域维护中心人员缩减规模而波动。根据这一方案,舰船的数量将从 2006 年的 22 艘减少到 2014 年的 14 艘。

表 5-15 方案 10 梅波特海军基地年均每日净人口和驻港舰船数量

年份	2006[6]	2009	2010	2011	2012	2013	2014[7]
非部署人数	6 210	5 686	5 686	5 686	5 686	5 686	5 736
其他基地人员[1]	4 706	4 706	4 706	4 706	4 706	4 706	4 706
驱逐舰中队/两栖中队/海上训练大队工作人员[2]	0	5	5	5	5	5	5
舰船维修人员[3]	1 504	975	975	975	975	975	1 025
在港船员[4]	6 036	5 793	5 636	5 636	5 165	4 694	6 515
基地空军中队人员[5]	1 026	1 026	1 026	1 026	1 026	1 026	1 026
平均每日净人口	13 272	12 504	12 347	12 347	11 877	11 406	13 277
驻港舰船数量	22	23	22	22	19	16	14

注:见表 5-2 表注。

按照计划,非维护期间核动力航母停泊在码头 C-2,但在其维护修理期间也可停泊在码头 F。在核动力航母停泊在码头 F 期间,停泊在码头 F - 1、F - 2 和 E - 1 的舰船将被移至码头 C - 2 或其他码头。与方案 4 和方案 8 一样,方案 10 将在码头 F 以南和码头 E 以东建造可控工业设施、舰船维修设施和维修保障设施区域。这一区域的停车位将会减少 1 445 个(根据方案 10 的人员负荷进行调整)。当前停车场将被拆除并改建为四层半的停车场。该停车场现有的 349 个停车位将被新建的 1 944 个停车位所取代,净增停车位 1 595 个,以弥补方案 10 中减少的 1 445 个车位。此外,与方案 4 和方案 8 相同,为了达到监管要求,雨水排放系统的改进将被纳入场地设计中。在码头 F 的回旋水域中将安装嵌入式平板锚强风Ⅲ型恶劣天气系泊设备。疏浚工程如本章 5.3.1 节所述。

5.4.5　方案 12:巡洋舰/驱逐舰驻泊港和两栖攻击舰驻泊港及核动力航母母港

方案 12 结合了方案 1、方案 2 和方案 4 的内容,共有 8 艘舰船(4 艘导弹驱逐舰、1 艘导弹护卫舰和 2 艘两栖攻击舰最早于 2009 年抵达,1 艘核动力航母最早于 2014 年抵达)入驻梅波特海军基地。值得注意的是,方案中涉及的护卫舰也可能在 2014 年退役。方案 12 中,梅波特海军基地驻扎的船员人数将新增 7 039 人。此外,可控工业设施、舰船维修设施、维修保障设施将新增 50 名文职人员;驱逐舰中队将新增 25 人;东南区域维护中心将新增 30 名文职人员;海上训练大队将新增 14 名士兵。因此,方案 12 中梅波特海军基地的人员新增约 7 200 人(表 5 - 16)。表 5 - 15 中列出了由"肯尼迪"号航母退役,2010 年至 2014 年期间 10 艘护卫舰退役,2014 年护卫舰计划退役,以及东南区域维护中心军事人员缩减规模造成的相关人员减少的情况。梅波特海军基地的平均每日净人口将增加约 1 200 人。2009 年,舰船数量将增至 28 艘,在 2014 年又降至 18 艘。

表 5 - 16　方案 12 梅波特海军基地年均每日净人口和驻港舰船数量

年份	2006[6]	2009	2010	2011	2012	2013	2014[7]
非部署人数	6 210	5 740	5 740	5 740	5 740	5 740	6 790
其他基地人员[1]	4 706	4 706	4 706	4 706	4 706	4 706	4 706
驱逐舰中队/两栖中队/海上训练大队工作人员[2]	0	39	39	39	39	39	39
舰船维修人员[3]	1 504	995	995	995	995	995	1 045
在港船员[4]	6 036	7 059	6 902	6 902	6 431	5 960	7 625
基地空军中队人员[5]	1 026	1 026	1 026	1 026	1 026	1 026	1 026
平均每日净人口	13 272	13 825	13 668	13 668	13 197	12 726	14 441
驻港舰船数量[8]	22	28	27	27	24	21	18

注:见表 5 - 2 表注。

与该组中的其他方案一样,虽然核动力航母计划停泊在码头C－2,但在其维护修理期间,也可停泊在码头F。在核动力航母停泊在码头F期间,停泊在码头F－1,F－2和E－1的舰船将被移至码头C－2或其他码头。可控工业设施、舰船维修设施和维修保障设施将在码头F以南和码头E以东建造。

码头F以南和码头E以东区域的停车场将被拆除,停车位将会减少2 078个(根据方案12的人员负荷进行调整)。当前停车场将被改建为一个5层和一个4层的停车场。该区域现有的451个停车位将被新建停车场中2 632个停车位所取代,净增停车位2 181个,以弥补方案12中减少的2 078个车位。此外,与此组中的其他方案一样,为了达到监管要求,雨水排放系统的改进将被纳入场地设计中。在码头F的回旋水域中将安装嵌入式平板锚强风Ⅲ型恶劣天气系泊设备。疏浚工程如本章5.3.1节所述。与涉及巡洋舰/驱逐舰驻泊港的其他方案一样,方案12将建造一栋驱逐舰中队总部大楼,其占地面积和所在位置如方案1所述相同。

5.4.6 方案13:不进行母港改建

不进行母港改建,则梅波特海军基地不会增加水面舰艇的数量。如表5－17所示,鉴于2007年"肯尼迪"号航母退役,2010年至2014年期间10艘护卫舰退役,东南区域维护中心军事人员缩减规模。2014年,梅波特海军基地的平均每日净人口数量将减少3 900人;将有11艘水面舰艇入驻梅波特海军基地。在停泊受限情况下,梅波特海军基地仍能停泊核动力航母,现有的限制条件仍然有效。本章5.3.1节中描述的疏浚工程不会实施。

表5－17　方案13梅波特海军基地年均每日净人口和驻港舰船数量

年份	2006[6]	2009	2010	2011	2012	2013	2014[7]
非部署人数	6 210	5 621	5 621	5 621	5 621	5 621	5 621
其他基地人员[1]	4 706	4 706	4 706	4 706	4 706	4 706	4 706
驱逐舰中队/两栖中队/海上训练大队工作人员[2]	0	0	0	0	0	0	0
舰船维修人员[3]	1 504	965	965	965	965	965	965
在港船员[4]	6 036	4 213	4 056	4 056	3 585	3 114	2 643
基地空军中队人员[5]	1 026	1 026	1 026	1 026	1 026	1 026	1 026
平均每日净人口	13 272	10 910	10 753	10 753	10 282	9 811	9 340
驻港舰船数量	22	21	20	20	17	14	11

注:见表5－2表注。

5.5　方案评估程序

海军已对 5.2 节中的所有方案进行了评估,以确定各方案是否能够满足母港改建的目的和需要。如本书 5.2 节所述,母港改建的目的是通过有效利用滨水区和岸边设施,确保梅波特海军基地可有效支持舰队作战要求。海军需要以有效且高效的方式利用梅波特海军基地的现有设施,从而最大限度地减少新开工建设项目,因此设定了以下因素来评估方案。

①有效支持舰队作战需要。

②利用现有设施尽量减少建设新项目:

a.使用现有的堤岸公共设施;

b.使用现有的维护和维修设施;

c.使用现有的指挥和控制设施;

d.使用现有的军事配套设施。

③有效利用岸边设施或码头:

a.码头通道;

b.码头 C-1 作为武器装卸区的可用性;

c.码头 E 和码头 F 作为主要维护码头的可用性;

d.遵守港口返港要求。

5.5.1　为舰队作战提供有效支持

上述所有的 12 种方案都可有效地支持舰队作战需要,但第 3 组方案需要克服某些限制条件。在梅波特海军基地的驱逐舰、护卫舰、两栖攻击舰、登陆舰(两栖船坞运输舰和船坞登陆舰)、核动力航母应当与《舰队反应计划》一致。在东海岸建立的舰队作战区和训练靶场的舰队作战训练不依赖于舰船的母港位置。目前,停泊在梅波特海军基地的舰队与航母战斗群和远征军联合部署,未来也将保持该安排。第 2 组方案将通过疏浚保证必要的水深,来满足核动力航母的吃水要求。此方案还将在东海岸提供具备停泊核动力航母能力的第二港口,以支持舰队行动。第 3 组方案则将整个梅波特海军基地作为核动力航母的母港,为进一步支持舰队行动,该方案还将沿东海岸为核动力航母提供第二母港,如有必要,海军作战部长可以分散其东海岸核动力航母舰队。然而,方案 3 也具有一定缺点,包括后勤效率低、行动受影响,以及由于大部分航母舰载飞行联队布局导致离港的时间增加。空军中队的基地与核动力航母之间的距离增加,空军装备和人员运输的必要时间也随之增加。而空军起飞与返回基地的时间变长会影响人员调度速度及减少空军中队的训练时间(而这些对提前部署准备的时间至关重要)。

5.5.2 利用现有设施尽量减少新建工程

1. 利用现有的岸边设施

现有的岸边设施可满足第 1 组方案,即不需要对新增的护卫舰、驱逐舰、两栖攻击舰或登陆舰进行重大升级。第 2 组方案中,如果想让核动力航母在码头 C - 2 停泊超过 7 天,按计划需要为其提供纯水(可通过蒸馏来满足要求),这一要求也可通过移动的纯水水源来满足。而在第 3 组方案中,码头 F 的岸电则需要从 480 V 升级至 4 160 V 方可满足核动力航母的电力需求,并需要建设纯水设施来满足核动力航母的水质需求。另外,在第 2 组方案和第 3 组方案中也无须对护卫舰、驱逐舰、两栖攻击舰进行重大升级。

2. 利用现有的维修设施

梅波特海军基地可提供多种舰船维护服务(该服务由东南区域维护中心和修船厂提供)。由驻泊港提供的这些维护服务及修理设施可满足第 1 组和第 2 组方案中所有舰船的维修需求(包括日常维修和基地级维修)。由于两栖攻击舰维修时需要干船坞,所以其高级维修将不会在梅波特海军基地完成。两栖攻击舰目前只在诺福克海军造船厂进行高级维修。第 3 组方案中均涉及了核动力航母的母港,且当"肯尼迪"号航母驻泊在母港时,传统航母的维修和非推进式发电厂维修活动都在梅波特海军基地进行。但是,为了在核动力航母母港完成航母的核动力推进装置和部件的常规或基地级维护,需要建造工业受控设施、船舶维修设施和维修保障设施。核动力航母高级维修周期大约为 8 年,并且需要干船坞,通常这类维修工作不会由梅波特海军基地完成。东海岸核动力航母舰队的高级维修只能在弗吉尼亚州诺福克地区完成。

3. 利用现有指挥控制设施

梅波特海军基地是支持舰队行动的大流量海军基地,拥有诸多指挥和控制设施,可持续为舰队提供此类服务。梅波特海军基地是海军所有护卫舰的中队总部,拥有 3 个驱逐舰中队和海上训练大队,因此指挥官可以保持舰员的战备状态。现有的指挥和控制设施将可用于支持所有 12 种方案。在关于巡洋/驱逐舰驻泊港或两栖部队驻泊港的方案(方案 1,5,6,7,8,11 和 12)中,还包含将驱逐舰中队或两栖中队指挥团队设在梅波特海军基地,这将需要建设新的设施。其他方案都不需要在梅波特海军基地安排指挥团队。

4. 利用现有军事配套设施

梅波特海军基地是支持舰队行动的大流量海军基地,拥有诸多军事配套设施。在高峰期,梅波特海军基地为 18 000 多名人员提供支持。现有设施足以支持所有第 1 组和第 2 组的方案,因为与基准年 2006 年相比,所有这些方案都存在人员净损失。第 3 组方案中的方案 10 中每日净人口将基本与 2006 年持平,而第 3 组中的方案 12 将造成人员净增长,强调健身中心和教堂/宗教教育中心的重要性。目前,公私合资企业(PPV)计划将会解决 E1 - E3 级单身人员的住房问题。未来 PPV 计划将解决与三组方案相关的所有单身人员的新增住房要求。

5.5.3　有效使用岸边设施或码头

下面讨论的停泊能力是基于海军设施工程司令部规划标准中的《统一设施标准 2 - 00 - 05N》(NAVFAC2005),并参照《舰队反应计划》使用 73% 的部署因子计算得出的,这意味着为实现预计目标,每个舰船的在港时间都假定为 73%(如前所述)。

1. 码头通道

梅波特海军基地自码头 A 至码头 F 共计 16 个泊位,深度从 35 到 50 英尺不等(以基准面为准),这样的深度足以使所有方案中提及的非核动力航母停靠。然而,在第 2 组和第 3 组的所有方案中,核动力航母进入泊位的装载情况皆受限,因此必须疏浚梅波特海军基地回旋水域、入港航道和联邦航道的深度至 50 英尺(外加 2 英尺为方便进港维修(在必要的快速搁浅区)和允许超过深度范围的 2 英尺深度,最大总深度为 54 英尺)(以上数据皆参考基准面)。核动力航母龙骨下水深最少为 6 英尺,而 50 英尺的深度也满足此条件;这将允许所有核动力航母在装载和潮汐条件下自由地进出港口。第 1 组的所有方案及非核动力航母停靠港,无须进行新的疏浚作业。

2. 相关标准

这里之所以讨论标准,是因为这些标准代表了梅波特海军基地港口在不建造新码头或要求大量港口管理工作的情况下的最佳容量。所述标准如下:

①码头 C - 1 作为武器装卸区的可行性。使用该泊位进行武器处理对居住区影响最小,进入航道较方便,并能满足梅波特海军基地增加武器处理的请求。应尽可能保持该码头的随时无限制停靠。因此可以利用该码头的潜在功能:支持偶尔的舰船疏散或某些舰船的临时请求。

②码头 E 和码头 F 作为主要维修码头的可行性。舰船不可在码头 F - 1、F - 2、E - 1、E - 2 和E - 3 长时间停靠。只可稍做停留进行维修,长时停靠会导致其他船舶无法修理。(在核动力航母母港方案中,码头 F(码头 F - 1 和 F - 2)和码头E - 1 应可用于核动力航母维护)

③遵守港口作业/反港要求。在别处(码头 A、B、C 和 D)最多只能有 2 艘船同时返港。虽然某些船也可 3 艘并排停靠,但会影响港口内的人员操作和物流,因此小于 3 艘为最优情况。下列船型组合可同时停靠:巡洋舰与护卫舰;驱逐舰与护卫舰;护卫舰与护卫舰;如果预计风速大于等于 50 节,则不允许任何船只归港。

对以上三项标准做出评估后,才能确定是否所有舰船(现有和改建方案)停靠在梅波特海军基地是最佳选择。根据改建方案中的返港舰船最早可能抵达的日期和目前在梅波特海军基地停泊舰船退役的时间表,拟定了符合所述标准的舰船停泊设施的安排。除了在必要疏浚工程(最早 2012 年)和核动力航母核动力装置维护设施完成之前无法驻港的核动力航母(最早 2014 年),所有舰舶的最早到达日期是在海军签署决定记录后的 2009 年。同样地,第 2 组方案中,核动力航母最早的驻港日期是 2012 年。按照这个"最早日期"分析,梅波特海军基地的人员和船舶装载面临一个"最坏情况",因为会使基地在护卫舰预期退役之前容纳更多舰船,从而使早期年均舰船装载量增加,舰船靠泊配置更加紧张。实际上,在"最早日期"之后实施任何方案都将使港口运营更符合所述标准。

5.5.4 方案细节分析

以最早可能的入港日期计算,除方案 6、方案 11 和方案 12 外,所有方案都可满足规定的标准。方案 6 中,除非改建方案中的两栖攻击舰或巡洋舰/驱逐舰到港日期延迟到 2012 年,否则当巡洋舰/驱逐舰和两栖攻击舰停靠时(4 个驱逐舰、1 个护卫舰和 2 个两栖攻击舰)会导致 3 艘舰船同时停靠。方案 11 与方案 6 相同,新增的核动力航母也会造成 3 艘舰船同时停靠的情况,但是当核动力航母没有进港或在 2013 年进港,港口运营情况将符合规定。方案 12 中巡洋舰/驱逐舰、两栖攻击舰和核动力航母驻泊时也会不符合标准,除非改建方案中的两栖攻击舰或巡洋舰/驱逐舰中任何一个的到港日期延迟到 2012 年。在任何情况下,所有方案都可以在 2009 年至 2014 年间实施,不会因为到港日期稍有延迟而违反所述规定;如要在上述"最早日期"实施所有方案,则需要放宽标准。

海军评估了所有方案的可行性,所有 12 个方案及不进行母港改建方案皆可实施。下面将继续进行详细分析。表 5-18 对比总结了各方案和评价标准。

表 5-18　各方案满足不同目的需求的能力

	利用现有设施减少新建工程					有效使用水边设施或码头			
	有效支持舰队行动	使用现有码头设施	使用现有维修设施	使用现有指挥控制设施	使用现有军事设施	码头通道	使用码头 C-1 作为武器装卸区	码头 E 和码头 F 作为主要维修码头	遵守港口返港要求
第 1 组方案——涉及水面舰艇驻泊港(不含核动力航母)									
方案 1:巡洋舰和驱逐舰停靠港	○	○	○	◐	○	○	○	○	○

续表

	利用现有设施减少新建工程					有效使用水边设施或码头			
	有效支持舰队行动	使用现有码头设施	使用现有维修设施	使用现有指挥控制设施	使用现有军事设施	码头通道	使用码头C-1作为武器装卸区	码头E和码头F作为主要维修码头	遵守港口返港要求
方案 2：两栖攻击舰驻泊港	○	○	○	○	○	○	○	○	○
方案 5：两栖部队驻泊港	○	○	○	◐	○	○	○	○	○
方案 6：巡洋舰/驱逐舰驻泊港和两栖攻击舰驻泊港	○	○	○	◐	○	○	○	○	◐
第 2 组方案——涉及疏浚无限制核动力航母停靠港									
方案 3：核动力航母停靠港	○	○	○	○	○	◐	○	○	○
方案 7：巡洋舰/驱逐舰驻泊港和核动力航母停靠港	○	○	○	◐	○	◐	○	○	○
方案 9：两栖攻击舰驻泊港和核动力航母停靠港	○	○	○	○	○	◐	○	○	○
方案 11：巡洋舰/驱逐舰和两栖攻击舰驻泊港与核动力航母停靠港	○	○	○	◐	○	◐	○	○	◐
第 3 组方案——涉及核动力航母母港									
方案 4：核动力航母母港	◐	◐	◐	◐	○	◐	○	○	○
方案 8：巡洋舰/驱逐舰驻泊港和核动力航母母港	◐	◐	◐	◐	◐	◐	○	○	○

	利用现有设施减少新建工程					有效使用水边设施或码头			
	有效支持舰队行动	使用现有码头设施	使用现有维修设施	使用现有指挥控制设施	使用现有军事设施	码头通道	使用码头C-1作为武器装卸区	码头E和码头F作为主要维修码头	遵守港口返港要求
方案10:两栖攻击舰驻泊港和核动力航母母港	◐	◐	◐	◐	◐	◐	○	○	○
方案12:巡洋舰/驱逐舰和两栖攻击舰驻泊港与核动力航母母港	◐	◐	◐	◐	◐	◐	○	○	●

注:○指符合需求,无约束条件。

◐指符合需求,但需要适度克服约束条件。

●指不符合需求,严重到无法克服标准/约束。

5.6 各方案的比较

第4到第5章详细分析了所有12个方案和不进行母港改建对环境的影响。表5-19总结了各方案的施工要求,表5-20提供了各方案对环境资源的潜在影响分析,该总结按资源区域分列,并在《环境影响分析评估》终案中进行了分析。

表5-19 各方案的施工要求

	土地施工					疏浚项目
	总部设施	交通改善	新建停车场	码头改善	可控工业设施、舰船维修设施和维修保障设施	
第1组方案——涉及水面舰艇驻泊港的方案(不含核动力航母)						
方案1	0.5英亩	—	—	—	—	—
方案2	—	—	—	—	—	—
方案5	0.5英亩	—	—	—	—	—
方案6	0.5英亩	—	—	—	—	—

续表

	土地施工				疏浚项目
总部设施	交通改善	新建停车场	码头改善	可控工业设施、舰船维修设施和维修保障设施	
第 2 组方案——涉及疏浚工程的核动力航母停靠港的方案					
方案 3	—	—	—	—	520 万立方码
方案 7	0.5 英亩	—	—	—	520 万立方码
方案 9	—	—	—	—	520 万立方码
方案 11	0.5 英亩	—	—	—	520 万立方码
第 3 组方案——涉及核动力航母母港的方案					
方案 4	—	加宽梅西路通道和改善 6 个路口	3 英亩	岸上电力系统,钢筋混凝土吊车垫,Ⅲ型耐恶劣天气系泊设备	15 英亩	520 万立方码
方案 8	0.5 英亩		3 英亩		15 英亩	520 万立方码
方案 10	—		3 英亩		15 英亩	520 万立方码
方案 12	0.5 英亩		3 英亩/1 英亩		15 英亩	520 万立方码
不进行母港改建					
方案 13	—	—	—	—		

5.7　最优方案

《环境影响分析评估》终案分析了 12 种方案和不进行母港改建的情况。经过分析,海军已确定方案 4 为最优方案。方案 4 涉及以下方面的内容:核动力航母驻泊、疏浚工程、优化基础设施和码头,以及建设核动力航母核推进装置维护设施。海军考虑到以下因素,最终选择方案 4 作为最优方案:环境影响分析评估、成本预算、军事建设和其他运维成本,以及战略分散。为核动力航母提供驻泊能力将分散母港地点,可在发生自然灾害、人为灾难或外来敌对力量或恐怖分子攻击时,降低舰队资源受损的风险,其中也包括航空母舰、工业支持设施风险,以及保障这些重要设施资产的人员安全。

无论在和平时期还是战争时期美国的航母都是服务国家利益的重要战略资产。总统期望航母能在危急时刻显现威慑力和战斗力。在目前服役的 11 艘航母中,有 5 艘被派往大西洋舰队。发挥梅波特海军基地的能力为核动力航母驻泊,能分散大西洋舰队的关键资产、降低风险、强化战备状态,而战备状态是海军的任务和海军总司令的基本职责所在。

表 5-20　各方案对环境资源的潜在影响分析

资源	方案		潜在影响
地球资源	第1组	1	0.5英亩的土地受到影响和与总部建设相关的地形改造;这一方案的影响将在开发地本地化,并通过优化措施(例如,使用淤泥围栏,砾石施工人口等),以及遵守佛罗里达州环境保护局部设定的环境资源许可条件使其最小化;对海洋沉积物设没有影响。
		2	预期无影响
		5	与方案1的影响相同
		6	与方案1的影响相同
	第2组	3	梅波特海军基地回旋水域和入港航道,以及杰克逊维尔3号联邦航道疏浚至54英尺的平均最低水位将产生约520万立方码的疏浚物。对地球资源的物理影响评估分为以下几类: ①疏浚对沉积物和底栖生物产生的物理影响;影响范围只限于疏浚地点。处置疏浚物产生对受影响的底栖生物产生长期的物理影响;影响范围只限于疏浚地点。处置沉积物产生的较小的底栖生物可能无法在疏浚中存活,随着时间的推移与其他生物将一起进行了评估。在疏浚期间未逃离的较小的底栖生物可能无法在疏浚中存活,随着时间的推移,底栖生物将受影响。区域重新定殖,其速率取决于疏浚活动期间基本保持不变的各种生物因素。 ②海洋处置物处置将受该材料是否适合海洋处置。疏浚物处置将受《海洋保护,研究和保护区法》第103节的约束,美国陆军工程兵团和美国国家环境保护局限于疏浚物处置厂。在疏浚物处置厂处置物将掩埋一些海洋生物,并造成其死亡,影响范围暂时局限于疏浚物处置厂。疏浚物处置将受实该核实局将核实该材料是否适合海洋处置。 ③海洋处置疏浚物对处置厂容量的影响;处理520万立方码大约占用杰克逊维尔疏浚物处置厂剩余容量的8%。如果所有疏浚物都放在杰克逊维尔疏浚物处置厂进行处置,会使疏浚物处置厂的剩余容量可能在几年内耗尽,因此海波特海军基地和联邦航道处置超过现有的200万立方码年度处置限制,海军目前正在致力于帮助美国陆军工程兵团和美国国家环境保护局重新评估杰克逊维尔海洋处置厂的剩余容量。海洋处置能力的受限,对其处理能力的限值将在合理的规划期间内达到最小,通过将疏浚物料拆分,从计划中的深化项目中分配到约费南迪纳海纳疏浚物处置厂,而其余(320万立方码)将分配到约200万立方码杰克逊维尔海洋处置厂。

续表

资源	方案		潜在影响
地球资源	第2组	7	与方案3的影响相同,除了新增的0.5英亩的土地和与总部建设相关的地形改造;该方案中的影响将在开发地本地化,并通过最优措施(例如,使用涂泥围栏,砾石施工条件入口等)以及遵守佛罗里达州环境保护部设定的环境资源许可条件使其最小化
		9	与方案3的影响相同
		11	与方案7的影响相同
	第3组	4	与方案3相同,大约30至32英亩的土地将受到影响和并涉及地形改造,以便在梅波特海军基地建造核动力航母核推进装置维修设施,停车场和交通改善。通过雨水管理系统所需的施工通用许可证和环境资源许可证规定的侵蚀控制程序和污染控制程序,可以最大限度地减少影响
		8	与方案4的影响相同
		10	与方案4的影响相同
		12	与方案4的影响相同
	不进行母港改建		预期无影响
土地和海洋	第1组	1	港内:梅波特海军基地土地用途转换与总部设施建设之间的局部影响 港外:对梅波特海军基地附近站外土地使用具有间接影响,由于每每日净人口和依赖人口约2800人,对商业,社区住房住房和娱乐房屋的振兴,现有分布范围内的商业及住宅用地可能会有所改变。随着该区域内的土地使用及住宅用地可能会有所改变 近海:对商业和休闲渔业没有影响 海岸带:该方案将与当地土地使用计划相一致,并在最大限度上与佛罗里达海岸管理计划的可执行政策相一致

续表

资源	方案		潜在影响
土地和海洋	第1组	2	港内：没有影响 港外：与方案1所述的影响相同，但程度会减少，因为方案2的每日净人口约减少了2 300人 近海：对商业和休闲渔业没有影响 海岸带：该方案将与当地土地使用计划一致，并在最大限度上与佛罗里达海岸管理计划的可执行政策相一致
		5	与方案1的影响相同，但港外影响的程度较小，因为方案5的每日净人口预计将减少约2 600人
		6	与方案1的影响相同，但港外影响的程度较小，因为方案6的每日净人口预计将减少约1 200人
	第2组	3	港内：预期没有影响 港外：与方案1所述的影响相同，但程度会减少，因为方案3的每日净人口约减少了3 900人 近海：由于沉积的增加，疏浚会对商业和休闲渔业造成局部的短期影响 海岸带：该方案将与当地土地使用计划一致，并在最大程度上与佛罗里达海岸管理计划的可执行政策相一致
		7	除疏浚对商业和休闲渔业的局部、短期影响外，其他与方案1的影响相同
		9	与方案2的影响相同
	第3组	1	与方案6的影响相同
		4	港内：在梅波特海军基地建造核动力航母核推进装置维修设施，停车场和改善交通，将把指定的15英亩的储备用地转换为现有土地使用相适应的开发用地。拓宽梅西大道将减少与道路之间的弯路，这需要从反恐或部队保护要求的角度加以考虑

续表

资源	方案	潜在影响
土地和海洋	4	港外：与方案 1 相同，但影响的程度较小，因为方案 4 的每日净人口预计将减少约 1 600 人 近海用途：疏浚对捕鱼的影响与方案 3 相同 海岸带：该方案将与当地土地使用计划相一致，并在最大限度上与佛罗里达海岸管理计划的可执行政策相一致
	8	与方案 4 的影响相同，但也包括方案 1 所评估的与总部建设有关的驻地影响，而且由于方案 8 的每日净人口预计将减少 430 人，因此将不考虑方案对驻地外的影响
	第 3 组	港内：新建总部设施的影响同方案 4 一样。每日净人口基本保持不变，预期不会导致基准年土地使用条件的改变
	10	港外：与基准年条件无显著变化 近海用途：疏浚对捕鱼的影响与方案 3 相同 海岸带：该方案将与当地土地使用计划相一致，并在最大限度上与佛罗里达海岸管理计划的可执行政策相一致
	12	港内：与方案 10 的影响相同，但也包括方案 1 所评估的与总部建设有关的驻地影响，因为预计每日净人口将增加约 1 200 人 港外：与梅波特海军基地有关的间接影响可能包括该地区商业、工业和住宅用地的小规模变化，这些变化与该地区的振兴相一致，可能导致开发密度增加，对休闲区的需求增加 近海用途：疏浚对捕鱼的影响与方案 3 相同 海岸带：该方案将与当地土地使用计划相一致，并在最大限度上与佛罗里达海岸管理计划的可执行政策相一致
	不进行母港改建	港内：如果加强梅波特海军基地利用以提高空间利用率，那么梅波特海军基地利用模式可能会发生变化 港外：对梅波特海军基地外附近土地使用有间接影响，由于每日净人口减少了约 3 900 人，对商业、社区住房和依赖人口的振兴，现有分布范围内的商业及住宅用途可能会有所改变 近海用途：预期无影响 海岸带：预期无影响

续表

资源	方案		潜在影响
水资源	第1组	1	地下水：在占地0.5英亩的总部建设工地增加不透水土地会导致水面入渗有减少。 地表水：占地0.5英亩的总部建设工地对雨水流动有局部影响。这项新工程不需要设置新的雨水排放口。这项新工程不需要设置环境资源许可证。 湿地和洪泛区：预期没有影响。
		2	预期无影响
		5	与方案1的影响相同
		6	与方案1的影响相同
	第2组	3	地下水：疏浚工程不会影响地下水，因为佛罗里达含水层不会被破坏，而且（如果发生）对疏浚物的高地处置将在现有的佛罗里达州达到的佛罗里达州环境保护许可证设定的环境资源许可证的保护下进行处置，以确保对地下水没有影响。 地表水：建筑新项目对地表水的影响。 疏浚工程对地表水的影响：疏浚工程会对地表水质产生短期、局部的影响，包括悬浮沉积物和沉积物的化学成分可能释放到水体中。水动力模型结果表明，停止疏浚作业后，梅波特海军基地的悬沙在1小时内迅速消失，并在4小时内完全消失。悬沙在梅波特海军基地回旋水域内使用斗式挖泥船后1小时内完全消失。研究者在梅波特海军基地回旋水域进行的淘析分析表明，在疏浚液中检测到7种溶解金属；大多数金属含量低于佛罗里达州第Ⅲ类水质标准，但砷含量测定为每升131微克（佛罗里达州第Ⅲ类水质标准是每升0.025微克），铝含量每升26微克（佛罗里达州第Ⅲ类水质标准是每升30微克），汞含量每升8.5微克（佛罗里达州第Ⅲ类水质标准是每升0.5微克）。根据《海洋保护、研究和保护区法》，对疏浚物进行了一轮淘析分析。由于砷的批准阶段正在进行过程中，水体中汞、铝等沉积物的浓度较高，弥散将进一步扩大，但浓度相对较低（大多数分散水平低于佛罗里达州第Ⅲ类水质标准）。在疏浚过程中，水动力模型结果表明疏浚液的浓度正在正在进行过程中，弥散将进一步扩大。在项目的批准阶段与前一段《环境保护和保护区法》对疏浚物进行进一步的淘析分析。草案分析所用样本相同的位置，更具体的数据。在疏浚工程范围内（包括《海洋保护、研究和保护区法》对疏浚物进行分析。在疏浚工程区域内的所有沉积物样本中，这些参数均远低于佛罗里达州第Ⅲ类水质标准。 并对金属、多氯联苯、杀虫剂和多环化合物进行分析。草案分析所用所有沉积物样本，更具体的为每升0.1到0.5微克）。

续表

资源	方案		潜在影响
水资源	第 2 组	3	这些结果表明,《环境影响分析评估》草案分析样本中的砷、汞和铅的含量高于佛罗里达州第 Ⅲ 类水质标准。水动力模型结果对计划的疏浚工程后,梅波特海军基地不会发生显著变化。联邦航道和圣约翰河的水流、入港航道、回旋水域,测量人员在圣约翰河的水面和河底相关区域水测量底栖生物生存的变化来测量底栖生物生存的变化。河底盐度是一个值得关注的问题,并且通常是根据相关区域盐度有小幅下降,下游 1 到 4 英里河段的底层盐度和表层盐度略有上升。大潮期间的潮汐和所有深度都不会发生变化。该模型预测,在小潮期间及在大潮期间,由于流浚工程的影响,表层盐度会有增加。在梅波特海军基地回旋水域,年沉积量将增加 2%,梅波特海军基地延至 8 英里处,联邦航道年沉积量增加 7%,联邦航道年沉积量增加 2%。特海军基地和洪泛区,湿地和洪泛区:预期没有影响。
		7	与方案 1 的影响相同
		9	与方案 3 的影响相同
		11	与方案 7 的影响相同
	第 3 组	4	地下水:增加的 30 到 32 英亩的核动力装置维护设施,新建停车场和改善交通将增加不透水面积,导致降雨的渗入量有减少。在进行现场准备活动(即平整和挖掘)期间,可能会遇到浅的地下水,但雨水管理将解决该问题。雨水渗入量减少对含水层系统进行补给的潜滞渗入地区的潜在影响。 洪泛区。在进行现场准备活动(即平整和挖掘)期间,可能会遇到来自表层含水层的地下水,但必须遵守《国家污染物排放消除系统》(NPDES)的施工许可要求,采取常规常规脱水技术和改良施工技术,才能解决潜在的影响。

资源	方案		潜在影响
水资源	第3组	4	地表水:①新建建造活动,30到32英亩的建造活动会对雨水流量造成局部影响,这需要建筑工地持有《雨水污染预防计划》(SWPPP)和环境资源许可证,以应对新的工业活动进行修改,对佛罗里达州梅波特海军基地多部门通用许可证雨水污染预防计划通用许可证(MS4)许可证》的管理和计划进行修改。对于新的不透水排放必须进行评估并采取缓解措施,以防止其他成分进入接收水域。支持此项新的建造活动无需新的雨水排放口。②疏浚活动,与备选方案3所述的影响相同。 湿地和洪泛区:百年一遇的洪泛区内不建造设施;但是,核动力装置维护设施的潜在开发区的外围区域和部分道路拓宽都在百年一遇洪泛区内。梅西路与博诺姆查德湿地的影响;如不能避免,则应尽量减轻影响。在设计阶段最好避免对该管辖湿地的沟渠排空到一条排空到管辖湿地的沟渠相邻。
		8	与方案4的影响相同,此外不具有方案1中总部建设对水资源的影响
		10	与方案4的影响相同
		12	与方案8的影响相同
	不进行母港改建		预期无影响
空气质量	第1组	1	由于总部的建设,建筑和运营导致气体排放量增加(2011年0.21吨,2012年0.01吨)。产生直径小于10微米(PM10)的颗粒物,最大变化是在施工期间;交通通勤排放量将减少,这与人员减少量相关。
		2	预期无影响
		5	由于总部的建设,建筑和运营导致气体排放量增加(2011年0.27吨,2012年0.01吨)。产生直径小于10微米(PM10)的颗粒物,最大变化是在施工期间将减少;交通通勤排放量将减少,与人员减少相关。
		6	与方案1的影响相同

续表

资源	方案		潜在影响
空气质量	第2组	3	疏浚设备和运输疏浚物至海洋抛置场的拖船会造成多气体排放量的短期增加。最大建筑排放量占杜瓦尔县排放量的一小部分,氮氧化物(NOx)在2011年的排放最多,为194吨(约0.26%)。与此方案中人员减少相对应的交通通勤排放量减少,并且当核动力航母访问港口期间,舰员使用汽车会产生轻微的车辆排放
		7	与方案3的影响相同,另外如方案1所述的总部建设活动会导致气体排放量小幅增加
		9	与方案3的影响相同
		11	与方案7的影响相同
	第3组	4	与方案3的影响相同,包括建设和运营核推进装置维护设施产生的排放,建筑排放增加。氮氧化物在2011年的排放量最大,为197吨(约为杜尔县氮氧化物排放量的0.26%)
		8	与方案4的影响相同,但由于方案1(2011年氮氧化物为199吨)中的总部的建设,排放量将略高
		10	与方案4的影响相同,但交通通勤排放预计将随人员增加而增加(2011年氮氧化物排放量为198吨)
		12	与方案8的影响相同,但交通通勤排放预计将随人员增加而增加(2011年氮氧化物排放量为199吨)
	不进行母港改建		交通通勤排放量预计将随人员减少而减少
噪声	第1组	1	在梅波特海军基地医疗和牙科诊所附近的总部与陆基建设相关的噪音水平将短期增加(这两处通常是一种敏感度音受体,敏感度将降低)
		2	预期无影响
		5	与方案1的影响相同
		6	与方案1的影响相同

续表

资源	方案		潜在影响
噪声	第2组	3	与疏浚活动产生的噪音水平的短期增加预计会影响2 000英尺疏浚区域范围内的敏感噪音受体（如梅波特海军基地鹈鹕栖息地休闲公园，单身人士住房及杰克逊维尔市胡格诺市派公园）。预计噪声水平不会超过杰克逊维尔市规定的水平或其他显著水平
		7	与方案3的影响相同，另外还有方案1的影响
		9	与方案3的影响相同
		11	与方案7的影响相同
	第3组	4	与方案3的影响相同，另外梅西路拓宽项目可能会影响教堂，医疗和牙科诊所（这两处通常被认为是一种敏感的噪音受体，但该诊所的不提供夜诊，敏感度会降低）
		8	与方案4的影响相同，另外还有方案1的影响
		10	与方案4的影响相同
		12	与方案8的影响相同
	不进行母港改建		预期无影响
生物资源	第1组	1	在占地0.5英亩的总部建筑区内，进行植被被清除，并将野生动物临时迁移到适当的栖息地（现场没有敏感的植被和野生物种）。对海洋生物群落，海洋鱼类，基本鱼类栖息地，受威胁或濒危的联邦物种如海洋哺乳动物没有影响。与方案1的影响相同
		2	预期无影响
		5	与方案1的影响相同
		6	与方案1的影响相同

续表

资源	方案		潜在影响
生物资源	第 2 组	3	海洋生物群落(海洋植物群和无脊椎动物):流浚活动对疏浚区和海洋疏浚物处置区海洋疏浚物处置场附近的海洋植物群落和无脊椎动物有短期影响。 海洋鱼类和重要鱼类栖息地:疏浚工程位于 21 个渔业管理部门(FMU)指定的重要鱼类栖息地附近。在疏浚活动区附近对其中 4 个重要栖息地进行特别关注。预计疏浚活动会导致鱼类暂时避开该区域,并可能在疏浚物处置区域中夹带幼年鱼类,但不会对其种群产生显著影响。 受威胁和濒危的联邦物种:根据《濒危物种法案》第 7 节,海军正在与美国鱼类和野生动物管理局和国家海洋渔业管理局协商,以了解方案列出的物种和指定的重要鱼类栖息地的潜在影响。为了《支持濒危物种法案》咨询,海军和美国陆军工程兵团作为共同咨询者为国家海洋渔业管理局和美国鱼类和野生动物管理局提供了单独的生物评估,以在各自自管辖范围内解决方案对联邦物种的潜在影响。 海军已经确定,通过实施保护措施,疏浚工程不太可能对海牛产生不利影响。也不会破坏环北大西洋露脊鲸或佛罗里达大西洋露脊鲸、座头鲸的重要栖息地。海军发现,通过实施保护措施,使用机械和刀盘挖泥机不会对海龟产生不利影响;使用漏斗挖泥机可能会对海龟产生相关的影响,与疏浚作业相关的与疏浚作业用气海床平整活动不太可能对海龟产生不利影响。对海电筑巢没有影响。海军和美国陆军工程兵团预计采用类似的疏浚活动现有相关生物意见中美似的工程兵团意见中为方案确定类似的决策记录。海军和美国陆军工程兵团意见与美国国家海洋渔业管理局符合这类条款的条件。在发布本《环境影响分析评估》终案时,应获得美国鱼类和野生动物管理局与美国国家海洋渔业管理局同意书。美国鱼类和野生动物管理局条款和条件及美国国家海洋渔业管理局意见见的条款记录在决策记录中给出。
		3	海洋哺乳动物:流浚活动对海洋哺乳动物的潜在影响与海洋哺乳动物的潜在影响相似。沿海宽吻海豚在疏浚区很常见,虽然这些海豚对疏浚活动产生的某些频率的噪音非常敏感,但海豚的移动性很强,因此在疏浚作业区停留时间很短。可以合理地预测,疏浚活动不会使任何海洋哺乳动物种群受到伤害或造成其死亡。预计疏浚活动不会对任何物种和种群的年出生率或存活率产生不利影响。
		7	与方案 3 及方案 1 的影响相同
		9	与方案 3 的影响相同
		11	与方案 7 的影响相同

续表

资源	方案		潜在影响
生物资源	第3组	4	与方案3的影响相同，另外，方案中建设核推进装置维修设施、停车场以及改善交通将产生局部影响，包括施工区清除植被以及建设区域30到32英亩范围内的野生动物栖息地的野生动物临时迁移（这些地点没有敏感的植被或动物物种）。在码头F安装Ⅲ型恶劣型天气系泊设备相关的水下施工活动大约需要打桩1小时。可以合理地预见，该方案不会使任何海洋哺乳动物物种受到伤害或造成其死亡。预计该方案不会对评估的任何物种或种群的年出生率或存活率产生不利影响
		8	与方案4和方案1的影响相同
		10	与方案4的影响相同
		12	与方案8的影响相同
	不进行母港改建		预期无影响
文化资源	第1组	1	在相关本地区建设总部大楼。没有已知的历史遗迹受影响。然而，作为额外的保障，海军将根据《联邦法规汇编》第36章第800.13款将合同后审查发现条款附加到合同中，以确保在该方案实施过程中不会对历史资源造成不利影响
		2	预期无影响
		5	与方案1的影响相同
		6	与方案1的影响相同
	第2组	3	疏浚活动不会影响任何已知的历史资源。海军完成了对梅波特海军基地入港航道和联邦航道部分的遥感调查，该调查确认没有任何调查目标具有指示文化资源的磁特征标记。在现有联邦航道100英尺范围内确定了两个指示文化资源的水下调查目标。在计划的疏浚区域之外，海军对这些目标进行了水下强化水平调查，并确定这些调查目标不属于国家历史遗迹名录内。根据《国家历史保护法》第106条，海军与佛罗里达州的州历史保护官进行了磋商，决定将采取适当的措施，以确保方案实施过程中不会对历史资源造成不利影响

续表

资源	方案		潜在影响
文化资源	第2组	7	与方案3的影响相同，还包括方案1的影响
		9	与方案3的影响相同
		11	与方案7的影响相同
	第3组	4	与方案3的影响相同。由于建造核动力航母运输相关基础设施，因此将在相关区域内建设大楼，在潜在影响区域内没有历史资源，因此对历史资源的影响也很小。作为额外的保障措施，将派一名考古监察员，以保护任何新发现的文化资源，并避免使位于梅西大道与梅罗里街交叉路口改善名录条件的符合国家史迹名录条件的史前考古遗址（8DU7458）受到影响。根据《国家历史保护法》第106条，海军与佛罗里达州历史保护官进行了磋商，决定采取适当的措施，以确保保护方案实施过程中不会对历史资源造成不利影响
		8	与方案4的影响相同，还包括对方案1的影响
		10	与方案4的影响相同
		12	与方案8的影响相同
	不进行母港改建		预期无影响
交通	第1组	1	交通路线变更及与建设总部相关施工车辆对基地内交通有局部和短期影响
		2	预期无影响
		5	与方案1的影响相同
		6	与方案1的影响相同
	第2组	3	将疏浚物运输到海洋疏浚废物处置场的驳船将暂时加大海上船舶的通行量（根据驳船的大小，约有2 000至6 000船次往返海洋疏浚废物处置场），但这仅占杰克逊维尔港口每年总计约81 000船次的一小部分（例如，入境和出境海；船舶种类包括圣约翰河渡轮）

续表

资源	方案		潜在影响
交通	第2组	7	与方案3的影响相同，还包括方案1的影响
		9	与方案3的影响相同
		11	与方案7的影响相同
		4	与方案3的影响相同，另外，该方案中核推进装置维修设施、停车场建设和交通改善，预计施工车辆将会对基地内的交通产生局部和短期影响，如交通路线局部改变，临时更换停车场
	第3组	8	与方案4的影响相同，还包括方案1的影响
		10	与方案4的影响相同
		12	与方案4的影响相同，但预计每日净增人口增加9%，导致每天增加2 081（约2 100）车次的通行量。服务水平分析显示，方案12对该区域路段的服务水平影响极小。除了大西洋林荫大道南部的梅波特特路段以外，所有路段的服务水平应以公认的服务水平进行作业（C级或更高级别）
	不进行母港改建		预期无影响
社会经济	第1组	1	比较基准年2006年和终止年2014年之间的影响。由于2007年"肯迪尼"号航母的退役和东南区域维护中心的裁员，一些影响已经产生。基地人口的减少导致基地内外的住房需求和居住率下降。受拆养人总人数的变化率为 -24%，学龄儿童总数将减少23%。预计对建筑业的影响共计约500万美元，直接就业岗位将减少约3 500个，就业岗位将减少约 -3.8%，直接工资将减少约2.46亿美元。预计地方税收将减少约1 100万美元
		2	比较基准年2006年和终止年2014年之间的影响。由于2007年"肯迪尼"号航母的退役和东南区域维护中心的裁员，一些影响已经产生。基地人口的减少导致基地内外的住房需求和居住率下降。受拆养人总人数的变化率为 -20%，学龄儿童总数将减少19%。建筑业不会受到影响。直接就业岗位将减少2900个，直接工资将减少2.2亿美元，可支配收入将减少2.08亿美元，就业岗位将减少约900个，直接工资的年均增长率为 -3.2%，就业岗位将减少约900万美元。预计地方税收将减少约900万美元

续表

资源	方案		潜在影响
社会经济	第 1 组	5	比较基准年 2006 年和终止年 2014 年之间的影响。由于 2007 年"肯迪尼"号航母的退役和东南区域维护中心的裁员,一些影响已经产生。基地人口数将减少 21%。受抚养人总数的变化率为 −23%,学龄儿童总数将增长率为 −3.5%。预计对建筑业的影响共计约 700 万美元,并减少 70 个全职和兼职工作。直接就业的年均增长率为 −3.5%,就业岗位将减少 3 200 个,直接工资将减少 2.42 亿美元,可支配收入将减少 2.29 亿美元。预计地方税收将减少 1 000 万美元
		6	比较基准年 2006 年和终止年 2014 年之间的影响。由于 2007 年"肯迪尼"号航母的退役和东南区域维护中心的裁员,一些影响已经产生。基地人口数将减少 9%。受抚养人总数的变化率为 −10%,学龄儿童总数将增长率为 −1.5%。预计对建筑业的影响共计约 500 万美元,并减少 53 个全职和兼职工作。直接就业的年均增长率为 −1.5%,就业岗位将减少 1 500 个,直接工资将减少 1.1 亿美元,可支配收入将减少 1.04 亿美元。预计地方税收将减少 500 万美元
	第 2 组	3	比较基准年 2006 年和终止年 2014 年之间的影响。由于 2007 年"肯迪尼"号航母的退役和东南区域维护中心的裁员,一些影响已经产生。基地人口数将减少 32%。受抚养人总数的变化率为 −35%,学龄儿童总数将减少 23%。预计对建筑业的影响共计约 8 000 万美元,并减少 810 个全职和兼职工作。直接就业的年均增长率为 −5.7%,就业岗位将减少约 4 900 个,直接工资将减少 3.7 亿美元,预计地方税收将减少 1 600 万美元
		7	比较基准年 2006 年和终止年 2014 年之间的影响。由于 2007 年"肯迪尼"号航母的退役和东南区域维护中心的裁员,一些影响已经产生。基地人口数将减少 24%。受抚养人总数的变化率为 −23%,学龄儿童总数将减少 23%。预计对建筑业的影响共计约 8 500 万美元,并减少 860 个全职和兼职工作。直接就业的年均增长率为 −3.8%,就业岗位将减少约 3 500 个,直接工资将减少 2.6 亿美元,可支配收入将减少 2.46 亿美元。预计地方税收将减少 1 100 万美元

资源	方案		潜在影响
社会经济	第2组	9	比较基准年2006年和终止年2014年之间的影响。由于2007年"肯迪尼"号航母的退役和东南区域维护中心的裁员,一些影响已经产生。基地人口总数将减少19%。预计对建筑业的影响共计约8000万美元。受抚养人总数的变化率为-20%,学龄儿童总数将减少810个全职和兼职工作。直接就业的年均增长率为-3.2%,就业岗位将减少约2900个,直接工资将减少2.2亿美元,可支配收入将减少900万美元。
		11	比较基准年2006年和终止年2014年之间的影响。由于2007年"肯迪尼"号航母的退役和东南区域维护中心的裁员,一些影响已经产生。基地人口总数将减少9%。预计对建筑业的影响共计约8500万美元。受抚养人总数的变化率为-10%,学龄儿童总数将减少1500个全职和兼职工作。直接就业的年均增长率为-1.5%,就业岗位将减少约500万美元。预计地方税收将减少1.04亿美元。
	第3组	4	比较基准年2006年和终止年2014年之间的影响。由于2007年"肯迪尼"号航母的退役和东南区域维护中心的裁员,一些影响已经产生。基地人口总数将减少12%。预计对建筑业的影响共计约6.71亿美元。受抚养人住房需求和居住率下降。就业岗位将减少约2000个,直接工资将减少1.5亿美元,可支配收入将减少600万美元。
		8	比较基准年2006年和终止年2014年之间的影响。由于2007年"肯迪尼"号航母的退役和东南区域维护中心的裁员,一些影响已经产生。由于基础人员的减少,基地内外住房需求和入住率将会有小幅下降。受抚养人总数的变化率为-3%,学龄儿童总数将减少7700个全职和兼职工作。预计对建筑业的影响约7亿美元,并减少4000万美元。直接就业的年均增长率为-0.5%,就业岗位将减少530个,直接工资将减少3800万美元,可支配收入将减少100万美元。预计地方税收将减少100万美元。

续表

资源	方案		潜在影响
	第 3 组	10	比较基准年 2006 年和终止年 2014 年之间的影响。由于 2007 年"肯迪尼"号航母的退役和东南区域维护中心的裁员，一些影响已经产生。住房需求相对稳定，因为基地人口将保持相对稳定。受抚养人总数的变化率为 1%，学龄儿童总数没有变化。预计对建筑业的影响共计约 7.01 亿美元，并减少 7 700 个全职和兼职工作。直接就业的年均增长率将持平，就业总数变化为 6 个就业岗位，可支配收入将增加 100 万美元。预计地方税收由将增加约 100 万美元
		12	比较基准年 2006 年和终止年 2014 年之间的影响。由于 2007 年"肯迪尼"号航母的退役和东南区域维护中心的裁员，一些影响已经产生。基地人口数增加，导致基地内外的住房需求和人住率的变化率为 12%，学龄儿童总数增加 11%。预计对建筑业的影响计约 7.22 亿美元，并减少 7 900 个全职和兼职工作。直接就业的年均增长率为 1.4%，就业岗位将增加约 1 500 个，直接工资将增加 1.1 亿美元，可支配收入将增加 1.04 亿美元。预计地方税收将增加 600 万美元
社会经济	不进行母港改建	1	比较基准年 2006 年和终止年 2014 年之间的影响。由于 2007 年"肯迪尼"号航母的退役和东南区域维护中心的裁员，一些影响已经产生。基地人口的减少导致基地内外的住房需求和居住率下降。受抚养人总数的变化率为 -35%，学龄儿童减少 32%，直接就业的年均增长率为 -5.7%，就业岗位将减少约 4 900 个，直接工资将减少 3.7 亿美元，可支配收入将减少 3.49 亿美元。预计地方税收将减少约 1 600 万美元
	第 1 组	2	比较基准年 2006 年和终止年 2014 年之间的影响。2007 年"肯尼迪"号航母退役以及东南区域维护中心裁员，一些影响已经产生。与梅波特海军基地相关的人口和家属属长期影响消防和紧急救援、娱乐设施和学校服务或儿童保育服务。学龄儿童减少（23%）可能会对公立学校产生间接影响，而这些预计会受影响这些儿童的其他人口变化的影响。《环境影响分析评估》终案给出了杜瓦尔县学区可能在其人学区域规划中使用的人口统计数据，用于学校设施的长期规划和校区规划
		2	与方案 1 的影响相同，但学龄儿童的减少率为 19%

145

续表

资源	方案		潜在影响
	第1组	5	与方案1的影响相同,但学龄儿童的减少率为21%
		6	与方案1的影响相同,但学龄儿童的减少率为9%
		3	与方案1的影响相同,但学龄儿童的减少率为32%
		7	与方案1的影响相同
	第2组	9	与方案2的影响相同
		11	与方案6的影响相同
		4	与方案1的影响相同,但学龄儿童的减少率为12%
		8	与方案1的影响相同,但学龄儿童的减少率为3%
一般性服务（执法、紧急救援、卫生服务、娱乐、家庭保育、儿童保育、教育）	第3组	10	受抚养人口增加300人,学龄儿童增加92人,因此对消防和紧急救援、娱乐设施和场所、家庭服务、儿童保育服务以及当地学校教育的长期需求将不断增加。《环境影响分析评估》终案给出了杜瓦尔县学校的人口统计数据,用于学校设施的长期规划和校区规划
		12	由于每日净人口净增加1 200人,家属增加2 900人,学龄儿童增加890人,预计消防和紧急救援、家庭服务、儿童保育服务和当地家属入学的杜瓦尔县学校过度拥挤。《环境影响分析评估》终案给出了杜瓦尔县学区可能在其入学预测中使用的人口统计数据,用于学校设施的长期规划和校区规划可能对学校设施的潜在影响,用于减轻对学校的潜在影响,海军将在寻求联邦教育援助的过程中(尽可能)向杜瓦尔县学区提供援助
	不进行母港改建		比较基准年2006年和终止年2014年之间的影响。2007年"肯尼迪"号航母退役及东南区域维护中心裁员,一些影响已经产生。学龄儿童减少(32%)可能会对公立学校产生间接影响,而这些影响预计会受到影响这些学校的其他人口变化的影响。《环境影响分析评估》终案给出了杜瓦尔县学区可能在其入学预测中使用的人口统计数据,用于学校设施的长期规划和校区规划

续表

资源	方案		潜在影响
公共设施	第1组	1	总部设施防水层增多的问题将通过遵守许可程序许可程序(包括环境资源许可证)和海军低影响发展政策来解决
		2	预期无影响
		5	与方案1的影响相同
		6	与方案1的影响相同
	第2组	3	预期无影响
		7	与方案1的影响相同
		9	预期无影响
		11	与方案1的影响相同
	第3组	4	潜在开发项目需要升级电力、蒸汽、压缩空气、饮用水和雨水储备设施,从而满足维护核动力装置设施的需求。这些改进是该方案计划内的一部分。雨水储备设施的局部影响将遵照许可允许(包括环境资源许可证和海军的低影响发展政策)来解决
		8	与方案4的影响相同
		10	与方案4的影响相同
		12	与方案8的影响相同
不进行母港改建			预期无影响
环境健康与安全	第1组	1	建造总部将使危险、有毒材料的使用和废物处理工作量的短期增加,并使危险、有毒危险、有毒物品将按照既定的适当处理程序进行处理。施工相关的相关风险升高,这类物品将按照既定的安全风险也会遵照既定安全程序进行管理
		2	预期无影响
		5	与方案1的影响相同
		6	与方案1的影响相同

续表

资源	方案		潜在影响
环境健康与安全	第2组	3	疏浚项目将增加燃料的采购量、临时存储量和消耗量。疏浚项目的安全风险将根据既定的安全程序进行管理,该影响是短期的
		7	与方案3和方案1的影响相同
		9	与方案3的影响相同
		11	与方案7的影响相同
	第3组	4	与方案3的影响相同,此外,建造核推进装置维护设施将导致危险、有毒材料释放的相关风险的提升
		8	与方案4和方案1的影响相同
		10	与方案4的影响相同
		12	与方案8的影响相同
不进行母港改建			预期无影响

第6章　环　境　影　响

本章描述了现有资源的状况,这些状况可能受到第 5 章中提到的母港改建和备选方案的影响。本节提供了与母港改建对环境影响的评估基准年。根据《国家环境政策法》和环境质量委员会的指导方针,本章将讨论人类和自然环境的现状,以及这些环境可能会受到的影响。

1. 环境影响和基准年

受影响的环境因素包括以下几个方面:地球资源、土地和海洋、水资源、空气质量、噪声、生物资源、文化资源、交通、社会经济、一般性服务、公共设施和环境卫生与安全。2006 年是一个基准年,也是最能代表梅波特海军基地近年运营状况的一年,因为这一年是"肯尼迪"号航母服役的最后一年(于 2007 年退役)。因此,在规定不变的情况下,本章将使用该基准年的数据或代表本基准年的数据对所有受影响的资源进行分析。如前所述,在基准年,"肯尼迪"号航母拥有 2 498 名船员(退役之前(2006 年 8 月起)的人员编制水平)。

2. 影响范围

以下各节会介绍每种资源的定义及可能受到潜在影响的相关区域(ROI)。影响范围因具体资源而异。某些资源的受影响范围主要限于梅波特海军基地的潜在开发区域(如土壤、湿地、植被),其他资源可能受到更广泛的地理区域因素的影响(如社会经济、土地用途等)。

6.1　地　球　资　源

对这一资源的分析包括地形、地质、土壤、海滩和海滩形态、海洋沉积物和海洋疏浚物处置场容量等内容,并将在以下小节详细叙述。地形、地质和土壤的受影响区域包括梅波特海军基地的计划开发区,也包括运输沉积物的沿岸。海洋沉积物的受影响区域包括计划疏浚区域和周边区域,涉及圣约翰河下游区域、大西洋沿岸地区、梅波特海军基地回旋水域和入港航道。海洋沉积物的影响范围还包括梅波特海军基地附近的潜在疏浚物开放水处理区域,包括杰克逊维尔和费尔南迪纳海洋疏浚物处置场。海洋沉积物还会影响到杰克逊维尔和费尔南迪纳海洋疏浚物处置场的处理能力。

6.1.1 地形

梅波特海军基地及其周边地区的地形特征是更新世时期(180 万年前到 1 万年前)冰川运动引起的海平面变化所形成的。从地质学角度看,梅波特海军基地地区地处北海岸,是海岛区的一部分,海拔范围从海平面高度到平均海平面(msl)以上约 30 英尺。梅波特海军基地地貌相对平坦,海拔在 10 英尺或以上,地形起伏一般出现在圣约翰河下游。另外,值得注意的是,处于码头 A 的小山丘和巴尔的摩街以东的沙质山脊的蜿蜒区域的海拔均超出上述范围(美国海军,2007b)。

核动力航母维护设施开发区域内的地形从东向西略有倾斜,自东向西海拔 12 英尺变为海拔 7 英尺,有一个海拔从 9 英尺下降到 5 英尺的洼地(以平均海平面为基准,如无特殊说明,下文海拔皆以此为基准)。该区域西南部 347 号楼周围海拔上升到 12 英尺。在该区域的东北角,有一处修整过的洼地,面积大约为 150 平方英尺,平整后海拔下降到 3 英尺。驱逐舰中队或两栖中队总部大楼的建设区域地形平坦,海拔为 12 英尺。此地西部有一个排水沟,海拔高度为 7 英尺。计划建造的停车场地形平坦,靠近核动力航母维护设施的停车场海拔高度为 12 英尺,新缅因街西部和消防站西北的停车场海拔高度为 7 英尺。拓宽后的梅西大道及交叉口路改善区域内的地形通常较为平坦,海拔约 12 英尺,沿路有雨水排放沟,海拔约 8 英尺。

6.1.2 地质

地质特征是根据地形结构、岩石类型、地质结构和历史地形来划分的。梅波特海军基地及其周边地区属于佛罗里达州东北部沿海低地地貌区,大致与海岸线平行,并自大西洋至杰克逊维尔市中心向西延伸。总的来说,这一区域的地表和近地表沉积物由石灰岩、贝壳、沙和黏土组成(美国海军,2007b)。

杜瓦尔县位于始新世(5 480 万年前至 3 370 万年前)和形成较晚的硅质碎屑沙和海洋碳酸盐沉积物和厚层序之下。这些沉积物由表层沉积物按年代顺序依次组成,即霍索恩(Hawthorn)层(也就是覆盖在佛罗里达含水上层的中新世地层,由磷、黏土沙、沙质黏土组成)和始新世海洋碳酸盐岩层。杜瓦县表层沉积物由全新世(1 万年前至今)至更新世(180 万年前到 1 万年前)的沙、粉沙、黏土和贝壳层,以及上新世圣何塞(Cypresshead)层和拿骚组的沙、粉质黏土、贝壳层和石灰岩层组成。在梅波特海军基地附近,表层沉积物的厚度大约为 70 英尺。霍索恩群由可变磷质和粉质黏土沙夹层和沙质黏土组成,沙质黏土与磷酸盐沙岩和不同的磷酸盐、沙质、粉质白云岩和石灰岩互层。在梅波特海军基地附近,霍索恩群的厚度大约为 500 英尺。始新世海洋碳酸盐岩层序由奥卡拉(Ocala)及灰岩、埃文帕克(Avon Park)层及奥尔兹马(Oldsmar)层按年代降序组成。奥卡拉灰岩由块状化石、白垩质至粒状灰岩组成。埃文帕克层和奥尔兹马层由层间灰岩和白云岩组成。杜瓦尔县始新世碳酸盐岩层序厚度超过 1 500 英尺(美国海军,2007b)。

梅波特海军基地不属于地震活跃区,因此仅记录了 1879 年和 1893 年在佛罗里达州北部发生的 2 次地震。1879 年发生在圣奥古斯丁(St. Augustine)(梅波特海军基地以南约 35 英里)的地震波及了佛罗里达州北部大部分地区,而 1893 年的地震引发了更多的局部余震,这些余震的强度没有用地震仪一类的科学仪器来测量。

6.1.3 土壤

梅波特海军基地上的土壤分为 13 类,由中沙到细沙,种类不等,还包含泥炭系。表 6-1 列出了土壤类型、位置、描述等内容。一般来说,位于梅波特海军基地的土壤渗透率高,而且除淤泥质泥炭土外,有机质含量和可用水含量均较低。拟定活动区内土壤分为城市土地土壤和耕种混合新成土。由于超过 85% 的地表覆盖着沥青、混凝土和其他物质,所以城市土壤具有不可观测性。耕种混合新成土是通过人工搬土作业进行改良的土壤。

表 6-1　梅波特海军基地内的土壤情况

土壤类型	位置	描述
含水层的石英砂与耕种混合新成土	大部分大型开发区包括高尔夫球场和跑道区域,以及邻近的无障碍区,还包括计划开发区域	这些土壤的特征通常由人工搬土作业期间进行了翻新改良
海滩,Fripp 细沙(倾斜度 2% 至 8%)和 Kureb 细沙(倾斜度 2% 至 8%)	大西洋沿岸的海滩、沙丘和海滩后面的山脊地区	这些细沙的特征是,在自然条件下,地下水位深度超过 6 英尺
Leon, Mandarin, Kershaw, Ortega, and Pottsburg 细沙土	广阔平原区、山脊上和独立的小圆山丘,包括计划的开发区域。梅波特海军基地内的大部分植被茂盛的土壤群	根据季节的不同,这些土壤相对于水位的高度一般在 10 至 60 英寸之间
Tisonia 泥炭与 Wesconnett 细沙	梅波特海军基地湿地地区	地下水位深度低于 10 英寸,经常全年被水覆盖

资料来源:美国海军,2007b。

注:表中英文因无法查询未译,保留了原文内容;后文也有类似情况,同此注。

侵蚀因子 K 表示土壤对水的片蚀和细沟侵蚀的敏感性,是用于预测由于相关侵蚀造成的土壤年均损失率的 6 个因素之一,可以直观显示出每年每英亩土壤的流失吨数。K 值一般应在 0.02 ~ 0.69 之间;K 值越高,侵蚀敏感性越高。在梅波特海军基地测评的土壤,K 值均为 0.10。类似地,对于易受风蚀影响的土壤,建立了风蚀性群组。第 1 组土壤最易受风蚀,第 8 组的土壤最不易受风蚀。梅波特海军基地的计划开发区域内的土壤属于第 1 组(美国农业部,2006)。

6.1.4　海滩和海滩形态

杜瓦尔县的海岸线大约有 16 英里长,其中 10 英里位于圣约翰河入口以南。从圣约翰河入口以南的南码头起,海滩包括梅波特海滩、汉娜公园海滩、塞米诺尔海滩(Seminole Beach)、大西洋海滩、海王星海滩和杰克逊维尔海滩。梅波特海滩位于梅波特海军基地(海潮均高线以下淹没的土地属于佛罗里达州);汉娜公园海滩位于凯瑟琳·阿比·汉娜州立公园;塞米诺尔和大西洋海滩位于大西洋海滩市;海王星海滩位于海王星海滩市内;杰克逊维尔海滩位于杰克逊维尔市内。杜瓦尔县有 3 个入海口:拿骚海峡,乔治堡河(Ft. George)入口和圣约翰河入口。

佛罗里达州环境保护部正进行海滩养护计划的研究和评估,现有的关于杜瓦尔县海滩形态的数据就来源于此。海滩形态受到以下因素影响:海滩沉积物的转移(碎波海浪加上海潮作用)、进港和进水口的稳定性;沿岸沉积物转移(即平行于海岸的起浪区内的泥沙转移)和填沙护滩。佛罗里达州环境保护部沿着杜瓦尔县海滩建立了 80 个顺序编号的测量点,通常称为"R"开头编号,每个测量点间隔约 1 000 英尺。

沿岸沉积物转移是影响海滩形态的最重要的近岸活动之一,在很大程度上决定了海岸受侵蚀程度,如可能引起海滩增生(土地堆积或沿海系统内未固结物质的积聚)或停滞。圣约翰河入口码头以北长期淤积泥沙;码头以南长期处于受侵蚀状态,由此可以看出,泥沙自北向南沉积于海滩。海岸沉积物的几种净输沙估测量相差悬殊,从每年约 11 万至 48 万立方码不等(佛罗里达州环境保护部,2000a)。

总的来说,拿骚海峡,乔治堡河入口和圣约翰河入口形成了杜瓦尔县海岸线。圣约翰河入口的流沙稳定性对其两侧的海滩影响巨大。而圣约翰河入口码头上游的泥沙长期堆积,导致了圣约翰河入口向北迁移以及小塔尔博特岛(Little Talbot Island)的地理位置的改变。在圣约翰河入口码头以南,海岸受到的侵蚀有逐渐向南扩散的趋势。但从 1963 年开始,各海滩的养护使侵蚀得到控制。

圣约翰河入口航道定期进行维护疏浚,并在入口以南的顺流海岸线上填充与海滩兼容的沙。来自河流或其他采料厂的沙料定期用于养护这一段海岸线。

圣约翰河入口区域的海岸泥沙转移成因非常复杂,主要原因是位于圣约翰河入口以北的乔治堡河入口,因没有防波堤保护而不稳定。美国陆军工程兵团进行的波浪模拟结果表明,在圣约翰河入口以北,沿岸沉积物有向南转移的趋势。研究还指出,圣约翰河入口以北约 0.8 英里处有一个运输中转点。该转折点北部,泥沙输运往北向乔治堡河入口方向延伸。这一预测结果与沃德河岸(Ward's Bank)的整体情况一致(沃德河岸是紧靠圣约翰河入口以北的一小片土地)。该分析结果解释了沃德河岸向北不断延伸和向中心侵蚀的原因。

在圣约翰河入口码头建成的防护区改变了沿岸海浪的走向,因此影响了圣约翰河入口南码头以南的海岸受侵蚀趋势。如图 6-1 所示,北防波堤从沃德河岸南端向大西洋延伸约 7 500 英尺,南防波堤从梅波特海军基地东北端海岸线延伸约 4 700 英尺。这些防波堤深达 20 英尺(相对于平均最低水位而言)。人们通常认为在圣约翰河入口以外,几乎绝无可能出现泥沙转移的情况。

紧邻圣约翰河以北,沿岸沉积物转移出现向南发展的趋势。圣约翰河以北约 0.9 英里处是一个转移节点,在该节点以北,沿岸沉积物向北向乔治堡河入口转移。在圣约翰河以南,码头防护区会出现净泥沙转移的现象。具体地说,在圣约翰河中心线以南约 0.5 英里处,沿岸沉积物转移方向由向北向南。在分界线的南部,沉积物转移量减少,但趋势仍然向南发展(Gosselin et al. ,2000)。

据估计,在防波堤以南和防护区以外,在进行养滩前侵蚀按照每年约 -5.5 英尺的速度发展,至县城的最南端逐渐降低到零。(请注意,在防波堤后,养滩前的时期,这一数据能提供的信息非常有限。此外,由于人们沿岸建造的建筑物可能会影响海滩侵蚀速度,因此实际的侵蚀速率可能更低(佛罗里达州环境保护部,2000a))。

如图 6-2 所示,早在 1963 年,杜瓦尔县就开始了海滩养护计划,当时从圣约翰河入口航道和杰克逊维尔港疏浚出的物质沉积在梅波特海军基地的海滩、海王星海滩和杰克逊维尔海滩。自此,从梅波特海军基地以南到 R-80 测量点,杜瓦尔县至少有 15 个海滩养护项目。

1999 年以后,杜瓦尔县只有 1 个海滩养护项目。2003 年,利用从河口挖出的沙土,开展了海滩再养护工程。但当发现沙土中含有过量的贝壳和黏土,不适合海滩填充时,该项目被暂时搁置,但当时已经填充了 20 万立方码(美国陆军工程兵团,2005b)。随后该海滩养护工程重新启动,并于 2005 年竣工,此次使用的沙料来自一个离岸采料区(位于大西洋海岸大约 8 英里处)。该项目沿海滩分为两段,总长 5.9 英里。北部河岸延伸至大西洋海滩的大半地区,从 R-43 测量点延伸到 R-53 测量点。南部河岸从 R-57 测量点延伸到 R-80 测量点,延伸部分包括海王星海滩南部和整个杰克逊维尔海滩。最终回填交付量为 61.519 8 万立方码(美国陆军工程兵团,2005b)。该海滩养护工程的周期约为 5~7 年,这是杜瓦尔县海滩养护工程的常见周期(佛罗里达州环境保护部,2005)。

这些海滩养护项目的沙源不同,有来自圣约翰河联邦航道维护疏浚地区的海滩沙半年;近海取土区开采的沙料;临时储存的来自巴克岛疏浚物处置场的沙料(佛罗里达州环境保护部,2000b);海滩养护工程从未使用过梅波特海军军事基地回旋水域和入港航道的疏浚物。

图6-1 圣约翰河入口航道与圣约翰河入口南部及北部码头

6.1.5 海洋沉积物

海洋沉积物包括杰克逊维尔和费尔南迪纳海洋疏浚物处置场的沉积物,和从梅波特海军基地回旋水域和入港航道、联邦航道中疏浚出的物质。

为了解现有疏浚的海洋沉积物质量,在计划疏浚的回旋水域,入港航道和联邦航道范围内进行了沉积物取样和测试。测试根据美国国家环境保护局和美国陆军工程兵团的指导文件进行。沉积物测试均按照美国国家环境保护局和美国陆军工程兵团的《海洋处置用疏浚材料评估》(测试手册)或"绿皮书"(美国国家

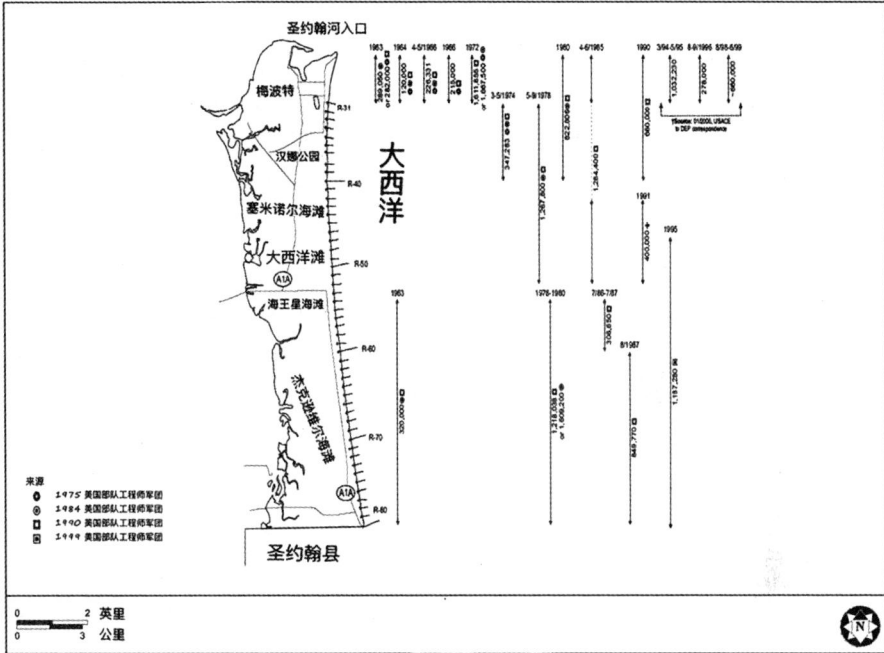

图 6 - 2 杜瓦尔县海滩养护

(资料来源:佛罗里达州环境保护部,2000a)

环境保护局和美国陆军工程兵团,1991)及美国陆军工程兵团和美国国家环境保护局,4 区区域执行手册(Region 4 Reqional Implementation Manual)(美国国家环境保护局和美国陆军工程兵团,1993)开展。这项于 2007 年 3 月开展的沉积物取样及测试计划,在现有深度至平均最低水位以下 56 英尺范围内收集沉积物样本,该深度深于第 2 组及第 3 组方案所需的疏浚深度(54 英尺的平均最低水位)。在梅波特海军基地回旋水域、入港航道和联邦航道的计划疏浚区共收集了 19 个具有代表性的样本,用于检查泥沙沉积物特性和质量。2007 年 3 月,环境部门利用固定于驳船上的岩土钻机,在回旋水域内收集了 6 个样本。同时还采集了回旋水域内地表沉积物和场地水样品进行淘析分析试验。淘析分析试验是公认的用于保守估计疏浚泥沙进入水体后污染物释放量的方法。淘析分析对象包括混合泥沙和现场场地水样,并检测溶解状态下污染物的情况。淘析试验结果同时测定了悬浮沉积物中污染物的含量,这些污染物可能来自往来船只、疏浚或其他形式的水上施工。由于天气条件恶劣,其余 13 个位于入港航道和联邦航道的泥沙样本需要重新收集。第二轮取样是在 2007 年 6 月进行的,使用的是振动取样装置,与钻孔取样不同,振动取样利用振动来收集沉积物。

泥沙取样和测试的目的是测定疏浚物质所含泥沙的物理和化学性质。《环境影响分析评估》草案中分析了根据"绿皮书"指南(美国国家环境保护局和美国陆军工程兵团,1991)三轮测试中的前两轮测试中海洋沉积物是否适合用于在批准的海岸处置地点进行无限制回填。在《环境影响分析评估》终案中讨论的第三轮测试根据《海洋保护、研究和保护区法》第103节的海洋处理标准进行,涉及沉积物的生物测定和生物累积试验。《海洋保护、研究和保护区法》是在《环境影响分析评估》草案发布后开始实行的(生物测定和生物累积实验可解决潜在的生物污染物的影响。

2007年3月和6月的沉积物取样和测试是首次的沉积物质量的测试。这些结果显示了沉积物的物理特征,包括第2组和第3组方案中疏浚的沙、黏土和淤泥混合物的百分比。大量化学试验提供了关于金属、杀虫剂、多氯联苯含量的数据。多氯联苯是一种合成有机化合物,用于制作电力变压器、电容器和线路,但早在20世纪70年代就被禁止使用。同时进行的还有多环芳烃沉积物测试,多环芳烃是化学燃料燃烧过程中产生的常见有机化合物。这些试验的结果表明,疏浚物适用于海洋处理和其他处理方案。美国国家环境保护局在授权许可过程中要求美国海军在《环境影响分析评估》草案公布后完成第三轮沉积物的生物分析和生物累积试验,且必须得到美国国家环境保护局和美国陆军工程兵团的确认,才可认定疏浚物适用于海洋处置。

1. 梅波特海军基地回旋水域和入港航道

梅波特海军基地回旋水域是在20世纪40年代初通过疏浚里包尔湾(Ribault Bay)东部建造的。疏浚工程产生的疏浚物用于回填里包尔湾的部分地区和洼地,以提升海拔高度。该回旋水域最初被疏浚到29英尺的平均最低水位;1952年,为方便更大的船只进出,回旋水域加深到40英尺以下。1952年的疏浚物用于回填梅波特海军基地的其他地势低洼处(美国国家环境保护局,2006b)。截至1960年,回旋水域已疏浚至42英尺的平均最低水位(Hardy Heck Moore Inc.,2001)。回旋水域目前的平均水深维持在42英尺的平均最低水位(加上过渡深度2英尺),泊位深度的平均最低水位为30至50英尺。该回旋水域是深水水面舰船停泊区,其入港航道与主航道于圣约翰河入口处交汇。梅波特海军基地入港航道宽约500英尺,长约5 000英尺,直接与联邦航道交汇,其平均最低水位为42到51英尺。

2002年,在梅波特海军基地入港航道和回旋水域的维护疏浚之前进行的沉积物化学分析显示,铝、砷、铬、铜、铁、铅、镍和锌的浓度水平高出大西洋海滩参考测量点(杰克逊维尔海洋疏浚物处置场附近)2倍多。在取样区和参考测量点,镉和汞要么检测不到,要么含量极低(0.2%)。在2002年部分沉积物的检测中,只检测出少量多环芳烃和有机锡,未检测出杀虫剂和多氯联苯。

(1)待疏浚沉积物的物理特性(梅波特海军基地回旋水域和入港航道)

2007年3月进行的沉积物取样和测试表明,回旋水域内的沉积物主要由细粒物质(如淤泥和黏土)组成。2007 年 3 月,在该回旋水域内收集了 6 份现有深度平均最低水位 56 英尺深度的沉积物样本。还参考了 1994 年调查(美国陆军工程兵团,1994a)的类似取样选址,以及 2007 年的钻孔选址,以这些数据作为横向对比。回旋水域的水深范围是平均最低水位 40 到 45 英尺。地表的沉积物包括整个回旋水域的淤泥和黏土,厚度从 3 到 10 英尺不等。在回旋水域和入港航道处,可观察到最薄的淤泥和黏土层。底部沙层位于平均最低水位 46 到 56 英尺深度范围之间,而在 48 至 50 英尺以下深度范围内为稳定无沙层。2007 年 3 月采集的 6 个样本的沙层厚度在 0 至 8 英尺之间。2007 年 6 月的样本采集地包括梅波特海军基地入港航道东端和整个联邦航道。2007 年回旋水域钻孔位置和钻孔截面位置图如图 6 - 3 所示。

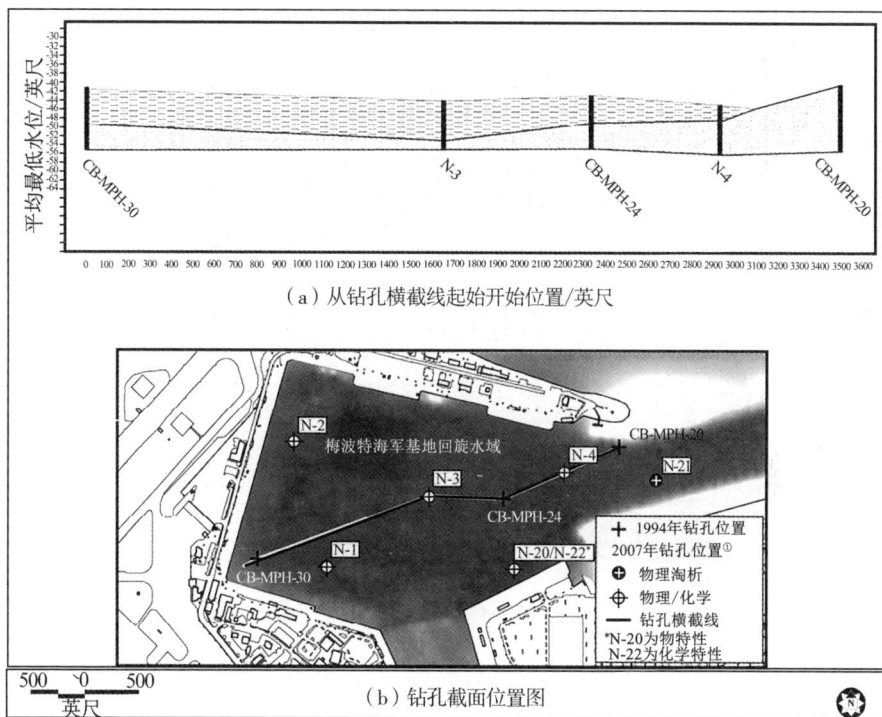

(a) 从钻孔横截线起始开始位置/英尺

(b) 钻孔截面位置图

图 6 - 3 2007 年回旋水域钻孔位置和钻孔截面位置图

图 6 - 4 为梅波特海军基地回旋水域计划的疏浚区域内按位置和深度划分的泥沙类型。在整个钻孔深度内,对每个取样深度分别进行取样;随着钻孔深度的增加,子样本数量也相应增加(如 NS1 - 1 为表面,NS1 - 6 为钻孔最深处)。如图所示,取样各不相同,但表层都由淤泥和黏土组成,大多数钻孔的较深处也都含有沙层。

---

① 具体位置原文缺失。

（2）海底剖面调查（梅波特海军基地回旋水域和入港航道）

梅波特军事基地的回旋水域、入港航道及联邦航道的地质钻孔调查表明，在其附近可能存在适合海滩养护再利用的沙层。在《环境影响分析评估》草案的准备过程中，西维森海洋服务有限公司（SeaVision）对计划的疏浚区域内进行了海底剖面水声（声音）调查。

海底剖面调查由整个回旋水域内一系列测量线组成，从航道一侧的斜坡尾部跨越至入港航道和联邦航道另一侧斜坡坡尾交叉处。在回旋水域内，剖面间距约为 500 英尺，线路间距为 500 英尺，以此形成交错的航道。一般来说，入港航道和联邦航道的测量剖面相距 1 000 英尺。可根据不同沉积物类型（如淤泥、沙子和黏土）的声波读数来解释海底剖面形成的地下图像。调查结果也与地质钻孔相关，可利用这些数据点来验证沉积层类型的位置和厚度。

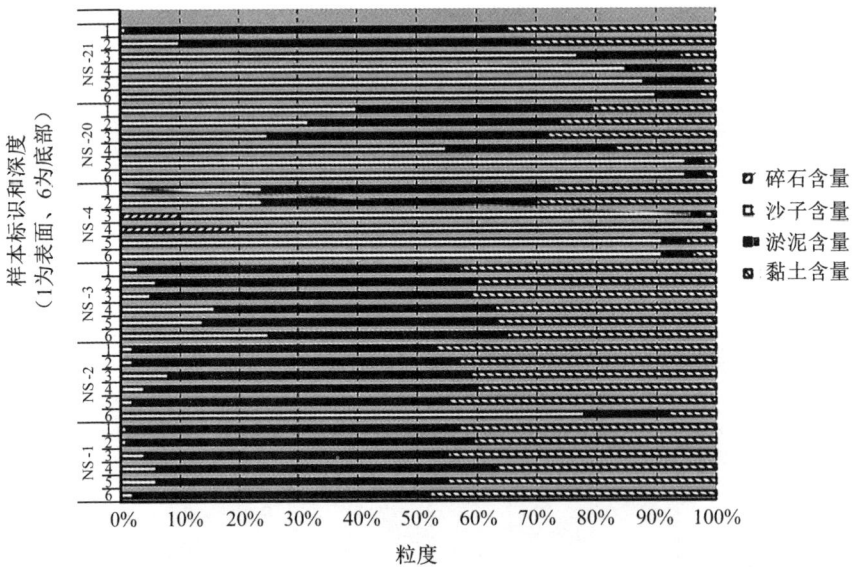

图 6－4 梅波特海军基地回旋水域沉积物样本粒度分布

在梅波特军事基地回旋水域的海底调查中，由于大量淤泥与粉沙或粉质黏土混合，无法确定沙层是否可用于海滩回填。然而，外部入港通道和联邦航道被确定为在计划的疏浚区域内含有可定位和可量化的沙层。根据对海底剖面的解读，入港航道外可能存在大约 11 万立方码的沙子可用于海滩养护。可识别出的沙层厚度处于 2 至 15 英尺之间。沙层一般被淤泥或粉质黏土覆盖，平均厚度为 1.4 英尺，深度从现有（2007 年 10 月）海床深度 0 至 6.5 英尺不等。自《环境影响分析评估》草案公布以来，美国陆军工程兵团在可能含有较厚沙层的地点进行了额外的振动取样，并发现将有限的海滩质量沙层和非海滩质量沙层分离的方案不可行。

（3）沉积物样品的化学分析（梅波特军事基地回旋水域与入港航道）

在 2007 年 3 月的 6 份海底沉积物样本中，有 5 份被检测出存在化学污染物，并对金属、多氯联苯、半挥发性有机物或多环芳烃、杀虫剂和无机物等大量化学参数进行了检测。同时对 12 种金属、28 种多氯联苯、16 种多环芳烃和 19 种杀虫剂进行了检测。在对 5 个样品的 75 个化学参数进行了测试后，发现大部分疏浚物中没有检测到任何污染物。然而，在样本中发现了低浓度的金属、一些多环芳烃物和一些多氯联苯成分。特别值得注意的是，在这些回旋水域沉积物样本中没有检测到杀虫剂和常见的多氯联苯。下面将就这些检测结果进行讨论。

在初步测试阶段，把大量沉积物化学测试的结果与美国国家海洋和大气管理局（NOAA）通过其国家现状和趋势项目（National Status and Trends Program）制定的沉积物质量指南（SQG）进行比较。沉积物质量指南并不作为监管准则或标准，也不用于整治或排放达标，或是其他任何监管目的。相反，其目的是用于解释沉积物分析数据的非正式（非强制）指南。沉积物质量指南来源于北美各地的研究数据，因此可以应用于全国范围内的国家现状和相关趋势项目。由于需要对两方面进行计算：①不发生不良反应的临界浓度值（估计值）；②发生不良反应的临界浓度值（估计值）。因此每种物质都需要两个值，这两个值分别为效应范围低值（ERL）和效应范围中值（ERM），分别表示在该浓度以下很少发生不良反应，在该浓度以上经常发生不良反应。美国国家环境保护局生物技术援助小组也利用美国国家海洋大气局的沉积物质量指南作为沉积物筛选值。

在梅波特海军基地回旋水域采集的 5 个沉积物样本中，中只有 1 种金属（砷）和 2 种多环芳烃（苊和芴）的浓度超过了生物效应范围低值阈值。这 3 种超标物质仅略高于生物效应范围低值阈值，但远低于生物效应范围中值水平。检测到的所有其他金属、多环芳烃和多氯联苯的浓度都远低于各自的生物效应范围低值水平。

这些测试结果普遍反映了梅波特海军基地回旋水域 56 英尺深度的海洋沉积物污染水平较低。此外，2007 年 3 月的污染水平与梅波特海军基地最近维护疏浚项目之前进行的测试结果相吻合。这些维护或疏浚沉积物也根据《海洋保护、研究和保护区法》第 103 节进行了生物测定和生物蓄积试验，并经杰克逊维尔海洋疏浚物处置场验证，即符合美国国家环境保护局规定的《海洋保护、研究和保护区法》第 103 节），可用于海滩回填处置。

（4）理论生物蓄积潜力（TBP）（梅波特军事基地回旋水域和入港航道）

作为梅波特海军基地回旋水域沉积物质量的另一项评估标准，沉积物化学测试结果用于计算沉积物样品中污染物在底栖生物组织中蓄积的可能性。（下文将讨论《环境影响分析评估》草案公布后对沉积物实际进行的第三轮生物分析和生物累积实验的结果）。理论生物蓄积潜力可估算计划疏浚项目内的生物蓄积，这些估算结果不但可以与过去海洋处理项目的生物蓄积结果进行比较，还可以与美国食品和药物管理局(USFDA)2001 年公布的贝类污染物与人类健康风险预防的行动标准进行比较。美国食品药品监督管理局的行动标准是美国国家环境保护局和美国食品和药物管理局在根据《海洋保护、研究和保护区法》第 103 节规定的海洋回填处置适宜性之前,对实际生物蓄积试验结果进行审查时使用的生态和人类健康风险标准之一。

理论生物蓄积潜力是一种预测受海洋沉积物污染的海洋无脊椎动物体中污染物浓度的方法。理论生物蓄积潜力是由美国国家环境保护局和美国陆军工程兵团共同提出的,目的是用于确定无限制海洋回填处置的疏浚材料的适宜性(美国国家环境保护局和美国陆军工程兵团,1991)。理论生物蓄积潜力的预测方法是将项目涉及的特定大量化学药品和沉积物样本的总有机含量溶于所选测试物种的脂质(脂肪)中。在理论生物蓄积潜力评估中,评估测试的对象是 Nereis rirens,一种杂食性多毛动物(蠕虫)和以沉积物为食的蛤蜊马孔虫(Macoma nasuta)。这些物种也曾作为 2002 年在梅波特海军基地的实际生物蓄积的试验中的测试对象测试结果收录进了《海洋保护、研究和保护区法》第 103 节中的疏浚维护(Anamar Environmental Chemistry Inc. ,2002)评估部分。两种生物都是美国国家环境保护局用来确定生物蓄积试验的基准物种(美国国家环境保护局,1998a)。

从该回旋水域采集的 5 个样本中获得的大量沉积物的化学结果均值,基本上与此前在测试《海洋保护、研究和保护区法》第 103 节生物效应协议预估样本的合成(组合)方式相同。以下是发现的两种污染物的摘要。

①多环芳烃

在此次提出的疏浚工程取样计划和 2002 年对回旋水域进行的维护性疏浚试验中,从回旋水域沉积物样本中检测到了几种多环芳烃物。在最近的取样样本中检测到的蛤蜊体内的多环芳烃物的理论生物蓄积潜力为$(0.4 \sim 27) \times 10^{-9}$。将其与 2002 年《海洋保护、研究和保护区法》第 103 节批准的样本的实际生物蓄积结果进行比较,得到的结论是:该样本中蛤蜊体内的多环芳烃含量为$(35 \sim 830) \times 10^{-9}$(Anamar Environmental Chemistry Inc. ,2002)。这表明,相比已获批准进行海洋处置的维护性疏浚材料的生物效应,在此次取样中评估的深水区的回旋水域沉积物的生物效应较低。

②多氯联苯

在计划疏浚的回旋水域收集的沉积物样本中未检测到低浓度多氯联苯。在此前的回旋水域维护性疏浚物测试中并未检测到多氯联苯。蛤蜊体内多氯联苯的理论生物蓄积潜力范围为$(0.08 \sim 0.45) \times 10^{-9}$,远低于美国食品和药物管理局对多氯联苯的贝类作用限制的标准 1/2 000(美国食品和药物管理局,2001)。

(5)《海洋保护、研究和 保护区法》第 103 节生物测定和生物蓄积试验结果

如前所述,在《环境影响分析评估》草案公布之后,美国陆军工程兵团对沉积物进行实际的第三轮生物测定和生物蓄积试验。所有生物测定和生物蓄积试验

均按照美国国家环境保护局的《海洋处置用疏浚材料评估》(试验手册)或"绿皮书"(美国国家环境保护局和美国陆军工程兵团,1991),以及第 4 区区域执行手册(美国国家环境保护局和美国陆军工程兵团,1993)进行。这些试验是美国国家环境保护局在许可授权过程中要求的,认定疏浚物可作为海洋疏浚物处置场中海洋处理材料之前,必须由美国国家环境保护局进行验证。建议的疏浚区域被划分为 8 个区域。在 8 个区域内分别采集单个沉积物代表样本,合成 8 个样本进行生物效应测试。为期 10 天的固相生物测定的急性试验是海洋处置场地底栖环境的生物体的代表试验。两种试验物种被放置在疏浚材料样品中,使用的测试物种是密西德虾(Americamysi bahia)和底栖两足动物(Lepteochirus plumulosus)。10 天后,计算存活的物种数量。比较疏浚物和处置场附近的参考地点的沉积物的物种之间的存活率(MATEC,2008)。

当生物死亡率大于参考沉积物中生物的死亡率且超过参考沉积物中生物死亡率的 10% 及以上(或是达到符合批准的测定值,例如,两足动物生物测定值为 20%)时,疏浚材料不符合海洋处置的底栖生物毒性标准(美国国家环境保护局和美国陆军工程兵团,1991)。

在参考了这一指导意见后,关于疏浚物中污染物的急性毒性的结论是:

①若疏浚物中的生物死亡率小于或等于参考沉积物中的生物死亡率,或者参考沉积物中的生物死亡率低于 10%(两足动物中的 20%),则疏浚材料符合底栖生物毒性测定标准。如果测试结果满足这一结论,则不需要进一步的信息来判定,但是也必须考虑生物蓄积的作用。

②但如果在统计上,疏浚物料内的生物死亡率大于参考沉积物中的生物死亡率,并且超过参考沉积物中的生物死亡率的 10% ,疏浚物中污染物浓度超过极限浓度并且不符合底栖生物毒性测定标准(美国国家环境保护局和美国陆军工程兵团,1991)。

8 个样本区都符合密西德虾生物测定的标准。8 个样本区中有 7 个符合底栖足类生物测定的标准。区域 4 中的 1 个样本在 10 天的试验内存活率达 70% ;而其余参考样本(位于杰克逊维尔海洋疏浚物处置场附近)的生物存活率为 91% 。此外,生物死亡率高于参考数值(MATEC,2008),时只有生存率达到 71% 以上才能符合标准(Ross,2008;美国国家环境保护局和美国陆军工程兵团,1991)。因此,第 4 区内样本测试结果显示计划疏浚区内的疏浚物未能达到生物测定标准,所以不适用于海洋处置。项目共计疏浚物为 520 万立方码,第 4 区大约占 31.5 万立方码。第 4 区的疏浚物料主要是粗沙,还混有一些黏土和淤泥。化学结果不能给出生物测定失败的原因,但根据生物蓄积试验结果中的材料类型和化学数据分析,疏浚物中污染物未能通过检测的原因很可能是由于沉积物污染以外的因素造成的(Ross,2008)。这个区域正在重新按照《海洋保护、研究和保护区法》第 103节的要求进行生物测定。这一评估是在《环境影响分析评估》终案发布之前施行的，评估结果将最终作为项目许可流程的一部分。美国陆军工程兵团杰克逊维尔区通过以下网站向公众提供对这一测试结果的查询网址：http://planning. saj. usace. army. mil/envdocs/envdocsb. htm. 用户登录后，可以在网站的杜瓦尔县选项下查询到这一在项目许可阶段完成的调查结果。

2. 联邦航道

计划的疏浚工程中半数以上的泥沙将来自联邦航道。目前，3 号联邦航道（1区和 2 区）保持在国会授权的 42 英尺的平均最低水位深度，按计划将加深至 54 英尺的平均最低水位。从梅波特海军基地的入港航道处开始，联邦航道将向前延伸3 英里以上，直到自然水深可满足舰船通行。这一水域位于圣约翰河口和大西洋的交界处。

（1）疏浚沉积物的物理特性（联邦航道）

1994 年，美国陆军工程兵团评估一个类似的疏浚项目时对该地区岩土进行了勘察。此次调查的物理沉积物剖面报告也与此密切相关，因为现有深度以下的沉积物不像地表沉积物层那样不稳定。

尽管沙土是联邦航道条形断面 3 号航道的主要沉积物类型，但沉积物类型复杂多样。1994 年的研究中采集了 30 种岩土沉积物样本，其中 20 个样本采集自 3号联邦航道（1 区和 2 区）。

在 1994 年的钻探记录中可发现不同尺寸的沙颗粒、粉土、粉沙与黏土混合物及黏土。此外，在不同深度的沉积物剖面处也都检测到了泥沙，上层通常是沙或淤泥。沙层深度范围为 2 到 14 英尺不等，主要物质为粉沙层、黏质沙土和沙；在48 至 56 英尺的平均最低水位下的地层中多为沙或黏土。

2007 年 6 月，在入港航道和联邦航道处再次收集了 13 个矿石积淀物样本（振动取样），并验证积淀物的物理特征。样本中 9 个取自联邦航道，2 个取自联邦航道和梅波特海军基地之间的过渡区，还有 2 个样本来自梅波特海军基地入港航道的最东端。这些样本的取样点的中心深度位于 47.5 到 55.5 英尺的平均最低水位下，其中 9 个岩心的深度超过 53 英尺的平均最低水位。回旋水域使用开叉钻机（split spoon drill rig）对 18 英寸的沉积物样本测试，结果显示出粒度呈增量分布，而联邦航道外端处的样本岩心经过了全长振动测试，结果显示，这些样本的上层多是混有沙或黏土的沙子，而黏土多出现在更深的底层中。

图 6 - 5 给出了 2007 年 6 月采集的振动取样的样本粒度分布。较小采样号（NV - 1 到 NV - 4）取自梅波特海军基地入港航道与联邦航道交口，较大的采样号（NV - 5 到 NV - 13）取自联邦航道外端。样品 3a 是样品 3 的微型样品，而样品12a 是样品 12 的子样品，几乎全是沙子。样品中沙粒含量为 11% ~ 96%，黏土含量为 2% ~ 66%；淤泥为 1% ~ 27%。收集到的沉积物的平均粒度分布为 9% 的淤泥、22% 的黏土和 69% 的沙子（尽管大部分沙中混合了其他物质）。

（2）海底地层剖面调查（联邦航道）

2007 年 10 月，对从梅波特海军基地入港航道到开放海域的联邦航道进行了声学测量，该测量关系到计划航线的拓宽与加长。测量数据可以说明上述岩土钻孔和岩心相关性的问题。3 号联邦航道中有一个区域（1 区）鉴定出具有大量的沙层，用疏浚棱镜观测估计大约有 1.15 万立方码的沙子，沙层厚度范围在 2 到 12 英尺之间。

沙层上面的粉砂或粉质黏土覆盖层的厚度范围从 0 英尺到 2.5 英尺不等。

（3）沉积物样品的化学分析（联邦航道）

2007 年 6 月，联邦航道和梅波特海军基地入港航道中收集了 13 个样本，对其中的 5 个样品进行了大量化学分析。尽管可检测到金属、多环芳烃和多氯联苯，但含量较低，低于美国国家海洋和大气管理局公布的沉积物质量指南中的生物效应范围低值阈值。只在 1 个联邦航道的外端处采样点（采样位置为 NV－10）检测到多氯联苯。这些检测值总量（62.1×10^{-9}）超过生物效应范围低值阈值（22.7×10^{-9}），但不超过生物效应范围中值阈值（180×10^{-9}）。由于与所有其他样本相比，无类似结果，且样本中沙含量百分比高达 64%，这个结果可能是一个异常值。因为样本中淤泥中含量高于沙子时，样本中更容易发现污染物。

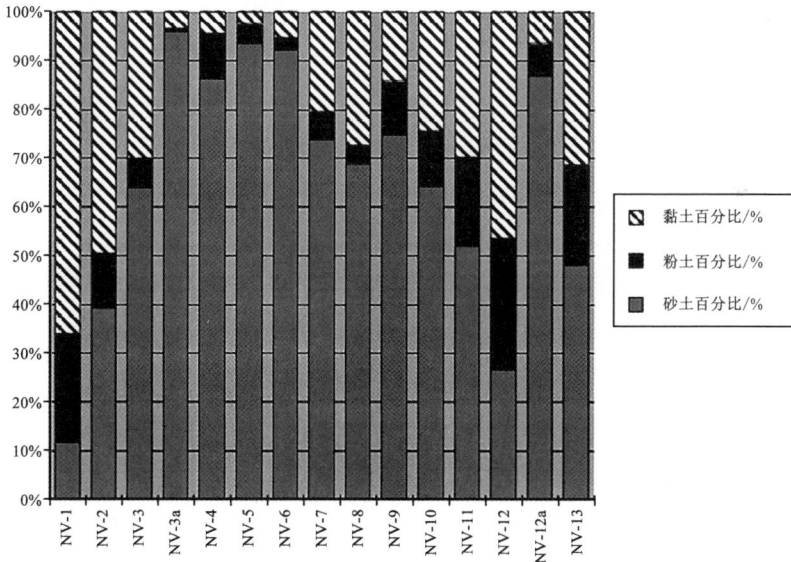

图 6－5　粒度分布（梅波特海军基地入港航道和联邦航道沉积物样品）

对联邦航道和梅波特海军基地回旋水域和入港航道中样本进行了多氯联苯同类物测试。在所有样品中都检测到了微量多氯联苯，但含量较低。在第 1 区，最高检测值为每升 13.8 纳克。该试验结果低于佛罗里达州Ⅲ级海水水质标准的每升 0.03 微克，与参考样本中发现的每升 4.7 纳克相当。此前，3 号联邦航道的疏浚物料被运到杰克逊维尔海洋疏浚物处置场,或者如果疏浚物与海滩相容,则用于海滩养护。此前在联邦航道中进行的沉积物测试(包括来自美国陆军工程兵团,1994 年的调查(美国陆军工程兵团,1994a))的结果显示检测出了低浓度的污染物。1994 年的调查发现沉积物样本的黏土中铝的含量相对较高,但不存在其他金属(或浓度极低)。此外,以往对杀虫剂和多氯联苯的检测结果均显示浓度低于实验室的检测限度。2007 年的测试结果与之前的测试结果一致,表明梅波特海军基地入港航道和联邦航道中的沉积物总体上无污染。

(4)理论生物蓄积潜力(联邦航道)

利用 2007 年 6 月 5 日采集的大量沉积物化学结果的平均值对 3 号联邦航道沉积物进行了理论生物蓄积潜力分析。其中,多氯联苯和杀虫剂污染物的分析结果总结如下。

①多氯联苯

在联邦航道(即 NV – 10 样本)的 1 个样本测试结果中检测出了多氯联苯,其他 4 个航道样品检测出的多氯联苯极低甚至可以忽略不计。联邦航道沉积物中多氯联苯的理论生物蓄积潜力值占总含量的 $0.022\ 6 \times 10^{-6}$。这些潜在的多氯联苯生物蓄积水平远低于美国食品和药物管理局对鱼类和贝类体中多氯联苯 2‰的限制(美国食品和药物管理局,2001)。

②杀虫剂

只在联邦航道沉积物中检测到了杀虫剂,其中奥尔德林的理论生物蓄积力值最高,浓度为 67.6×10^{-9}。农药的理论生物蓄积潜力值远低于美国食品和药物管理局对艾氏剂和狄氏剂的 0.3×10^{-6} 和二氯二苯基三氯乙烷(DDT)的 5‰的限制(美国食品和药物管理局,2001)。

(5)《海洋保护、研究和保护区法》第 103 节生物测定和生物蓄积试验结果(联邦航道)

如前所述,在《环境影响分析评估》草案公布后,美国陆军工程兵团对沉积物进行了三轮生物测定和生物蓄积试验。这些试验是美国国家环境保护局在许可授权过程中要求的,在将疏浚物认定适合作为海洋疏浚物处置场中的海洋处理材料之前,必须由美国国家环境保护局美国陆军工程兵团进行测试验证。美国陆军工程兵团已经确定,联邦航道中所有计划疏浚的物料都满足《海洋保护、研究和保护区法》第 103 节的参数要求,适合用于海洋处置。

3. 杰克逊维尔海洋疏浚物处置场

杰克逊维尔海洋疏浚物处置场距离梅波特海军基地大约 5.5 海里,将继续作为放置维序疏浚物的主要场所。这些疏浚物来自回旋水域、入港航道和靠近梅波特海军基地联邦航道的部分区域。根据《海洋保护、研究和保护区法》,美国国家环境保护局和美国陆军工程兵团负责管理和监测海洋疏浚物处置场。在 1995 年和1998年的调查期间,所有杰克逊维尔海洋疏浚物处置场采样站的沉积物主要为沙(含量大于90%)。总体而言,处置场地边界外的沉积物粒度变化不大。海洋疏浚物处置场中的绝大多数化学成分要么低于实验室分析检测限度,要么浓度非常低。1998年,有两处处置场地的锌浓度高于正常水平,但远低于阈值。沉积物中的化学成分含量非常低或者说低于分析检测限度。在各项调查结果中,总磷含量范围为83到1 500毫克/升,而且各项结果之间差距不大。样本的化学成分含量大体一致,海洋疏浚物处置场内外的化学成分含量也基本无差别,处置区沉积物中未检出挥发性有机物。因为存在大型底栖生物(生活在海底大于1毫米的有机体),所以还需要另外测量栖息地的生物健康状况来衡量沉积物质量。1995年和1998年在海洋疏浚物处置场内部和紧邻海洋疏浚物处置场处采集了大型底栖动物的样本,并按分类群(即,包括物种、属、科等任何组或类别的植物或动物)进行报告。总体来说,分类群种类繁多,且分布均匀,1995年发现446个分类群,8 214个生物个体;1998年发现434个分类群,7 861生物个体。1995年和1998年,所有取样点的大型底栖生物种类都极为多样化,与生活在该区域沉积物内的其他生物群落相比,单元分布极为均衡。就个体数量和物种数量而言,多毛类(海洋蠕虫)个体物种丰富度最高(美国国家环境保护局,1999b)。

4. 费尔南迪纳海洋疏浚物处置场

费尔南迪纳海洋疏浚物处置场面积为4平方海里(2海里乘2海里),深度范围为40到68英尺。如图6-6(a)所示,费尔南迪纳海洋疏浚物处置场中的底部沉积物主要是含有粉沙、黏土和砾石的沙子。对比1989年和2005年的海洋疏浚物处置场沉积物结构数据发现,1989年在海洋疏浚物处置场外部5个取样点的沉积物的组成发生了变化,2个取样点发现了沙子,1个发现了粉沙,1个发现了砾沙。2005年海洋疏浚物处置场外取样点的沉积物中沙子含量超过97%。1989年海洋疏浚物处置场内采样点的沉积物也发生了变化,1个取样点发现了沙子,2个发现了少量砾沙,2个含有砾沙。2005年的海洋疏浚物中3个取样点有沙质沉积物,2个取样点有砾沙沉积物,1个站点有沙质砾沙沉积物。

2005年和1989年的费尔南迪纳海洋疏浚物处置场及其附近采样的大型底栖主导类群相似。如图6-6(b)所示,2005年采样显示,海洋疏浚物处置场物种多样性丰富,主要为大型无脊椎动物(生活在海底的无脊椎动物)。据1989年报告显示,海洋疏浚物处置场内的采样点的物种丰度和密度显著高于海洋疏浚物处置场外;但到2005年,海洋疏浚物处置场内外物种丰度都高于1989年(美国国家环境保护局,2006b)。

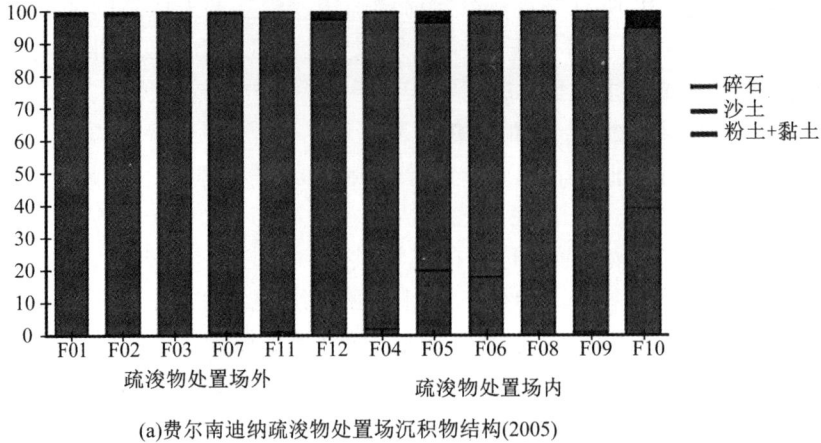

(a)费尔南迪纳疏浚物处置场沉积物结构(2005)

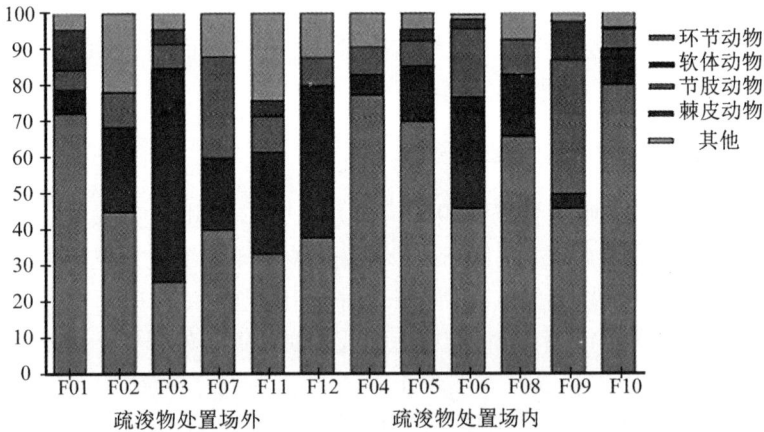

(b)费尔南迪纳海洋疏没物处置场主要大型无脊椎动物类群的丰度(2005)

图6-6 费尔南迪纳海洋疏浚物处置场沉积物特征
（资料来源：美国国家环境保护局）

6.1.6 海洋疏浚物处置场容积

1. 杰克逊维尔海洋疏浚物处置场

1996年至2006年,在杰克逊维尔海洋疏浚物处置场内共处置了大约480万立方码的疏浚物,其中82%是由梅波特海军基地维护疏浚产生的(美国国家环境保护局和美国陆军工程兵团,2007),其余部分来自联邦航道的维护疏浚。2007年和2008年,该海洋疏浚物处置场内又放置了110万立方码疏浚物,其中来自联邦航道疏浚的大约 51 万立方码和来自梅波特海军基地维护的大约 63.5 万立方码。

海深地形图是将海洋截面深度信息汇编成的地形图,显示了海洋疏浚物处置场的地理特征。杰克逊维尔和费尔南迪纳海洋疏浚物处置场的地形图于近期(2007 年 6 月)绘制完成,并在图 6-7 中以三维形式给出。

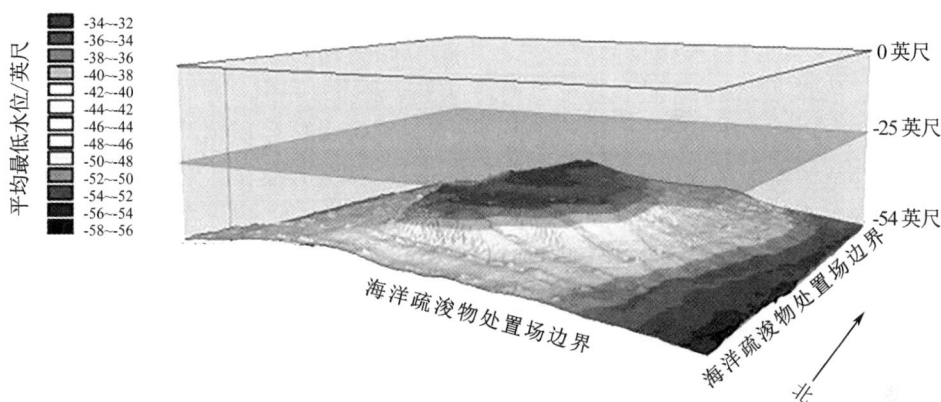

(a)杰克逊维尔海洋疏浚物处置场(垂直放大40倍)

(b)费尔南迪纳海洋疏浚物处置场(垂直放大40倍)

图 6-7 杰克逊维尔和费尔南迪纳海洋疏浚物处置场测深(2007 年)

如图所示,图 6-7(a)为从东南方向看到的杰克逊维尔海洋疏浚物处置场,其海底地形是基于 2007 年 6 月的深度调查数据,图中给出了水下 25 英尺的参考深度;图 6-7(b)为从东南部看到的费尔南迪纳海洋疏浚物处置场,其海底地形是基于 2007 年 6 月的深度调查数据,图中给出了水下 25 英尺的参考深度。杰克逊维尔海洋疏浚物处置场包括一个小丘地,该丘地中心位于距场地边界 1 平方英里(1 海里乘 1 海里)处,比周围的海床高出大约 15 英尺。

美国国家环境保护局和美国陆军工程兵团依据《海洋保护、研究和保护区法》管理和监测海洋疏浚物处置场。现有的杰克逊维尔海洋疏浚物处置场现场管理和监控计于 1997 年完成,并于 2007 年更新(美国国家环境保护局和美国陆军工程兵团,2007)。据了解,处置堆中会分离一些原料,而大部分沉积物仍在原地固结,与周围的山丘和山谷形成了形状不规则的地形。美国国家环境管理局和美国陆军工程兵团管理该场地,将废弃物料保存在海洋疏浚物处置场内,占地1平方英里,高度低于海平面以下25英尺,避免对航行造成危害。海洋疏浚物处置场的年度处理能力是200万立方码(美国国家环境保护局和美国陆军工程兵团,2007)。

《环境影响分析评估》草案对杰克逊维尔海洋疏浚物处置场的容积上限和下限进行了估算,以预估该处置场可以额外容纳疏浚物的容积。假设处置场像以往那样接收疏浚物,达到容积上限时的最小处置量即为最低容积预测。低容积预测表示海洋疏浚物处置场中剩余的最小可用空间。容积上限表示未来在每个处置场的处理工作将按照处理管理办法来完成。在这种方法下,疏浚物运输驳船将其载有的疏浚物放置在预先指定的地点,以便最大限度地利用海床与现场管理和监控计划规定的25英尺最低航行深度之间的当前剩余空间。高容积预测代表持续容纳疏浚材料的最大可用空间。在实践中,很难预估容积上限值,因为实际可用容积可能处于上下限之间。图6-8给出了2007年海床上层物质层的剩余最低容积的估算办法。利用这种方法估计杰克逊维尔海洋疏浚物处置场疏浚物料的剩余容积范围在930万到2 540万立方码之间。

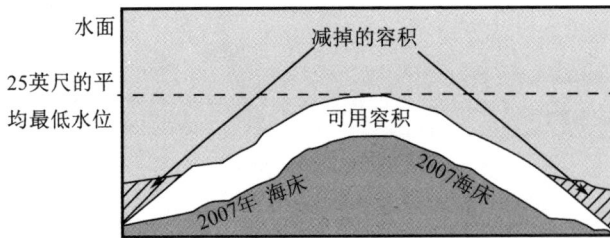

图6-8 海洋疏浚物处置场剩余容积概念图

最低容积计算步骤:①将2007年海床底面垂直上移,直到其最高点达到平均最低水位25英尺。②计算2007年海床底面和平移后海床底面之间的体积。③从海洋疏浚物处置场的边缘去除掉一部分体积以使边缘处的斜坡保持在处置场地边界内,并与其保持角度最大30°。

2. 费尔南迪纳海洋疏浚物处置场

费尔南迪纳海洋疏浚物处置场占地面积为4平方海里,深度范围为40到68英尺的平均最低水位。该场地自1987年以来一直在使用,每年约有60万立方码疏浚物从国王湾入港航道运抵此处。1987年到1998年,大约有1 050万立方码疏浚物被放置在该海洋疏浚物处置场中,其中90%的疏浚物来自佐治亚州国王湾的海军潜艇基地(Navy Submarine Base King Bay, Georgia)的入港航道。最近(2007年6月)的费尔南迪纳海洋疏浚物处置场的三维测深结果如6-7(b)所示。如图所示,费尔南迪纳海洋疏浚物处置场的场地边界内有不规则分布的小丘地,它们高出周围海床约 10 至 15 英尺。

美国国家环境保护局和美国陆军工程兵团依据《海洋保护、研究和保护区法》来管理和监督该海洋疏浚物处置场,同样实施杰克逊维尔海洋疏浚物处置场的监测和管理方案。现有的费尔南迪纳现场管理和监控计划将于 2008 年更新。2008 年的更新内容是预估 4 平方海里(2 海里乘以 2 海里)海洋疏浚物处置场的总容量,用途是放置疏浚材料。与杰克逊维尔的海洋疏浚物处置场一样,该场地由美国国家环境保护局和美国陆军工程兵团管理,将处理过的材料放置在海洋疏浚物处置场的边界内。材料堆放的深度应低于海平面 25 英尺,以避免对航行造成危害。现有的现场管理和监控计划要求对超过 95 万立方码的计划项目进行建模,以验证是否存在适当的缓冲区足以容纳海洋疏浚物处置场内的初始处置堆。

容量下限和容量上限评估作为《环境影响分析评估》的一部分,其范围从 6 480 万立方码到 1.423 亿立方码不等。相比之下,费尔南迪纳海洋疏浚物处置场的容量要比杰克逊维尔的海洋疏浚物处置场大得多。

6.2 土地和海洋用途

土地利用是指由于人为原因而导致土地用途变更的行为。土地主要用于居住和经济活动,但也可用于休闲和自然保护。土地利用的属性包括土地管辖权,土地所有权,以及土地上发生的各种活动类型(农业、住宅、工业、娱乐等)。土地使用受管理计划、政策、条例及法规的约束,以决定土地用途。如已指定特别用途的土地,例如公园及保护区,土地及(或)自然资源管理计划,则使用相应的管理条例进行管理。自然资源用途包括以娱乐和商业用途为目的的对土地和水资源的开发利用。海岸区域具体要遵守 1972 年《沿海地区管理条例》(CZMA)(经修订的《美国法典》第 16 章 1415 条,以及下列条例。)。根据《沿海地区管理条例》第 307 条和《联邦法规汇编》的 930C 部分,如果活动会影响土地或水的使用或一个州沿海地区的自然资源,那么该活动必须尽可能遵照该州的海岸管理条例(国家海洋和大气管理局,2004)。

本次讨论主要集中于土地和自然资源的管理和利用,它们可能受到母港改建和改建方案的影响。首先讨论佛罗里达州东北部地区的自然资源使用,并进行详细分析。该地区内自然资源的使用包括圣约翰河和海上商业和休闲捕鱼区,具体包括梅波特海军基地和位于主体设备安装边界 2 英里半径内的土地。沿海地区土地一致性分析的范围是梅波特海军基地的潜在开发区域,因为这是联邦行动服从一致性决策的土地区域。根据 8 个改建方案,大西洋方向 3 海里处为疏浚的区域。

6.2.1 区域土地利用

梅波特海军基地位于佛罗里达州东北部,俗称第一海岸。之所以这样命名是因为它靠近大西洋,且它是欧洲人在北美洲的第一个聚居地。在过去的 30 年中,该区域发展模式带动了这个地区的发展,交通走廊的一端是就业中心,另一端是住宅用地,中间是零售和商业用地。该地区的大部分开发项目都遵循自然规律,包括大西洋和圣约翰河——这两大水体在梅波特海军基地交汇(美国海军,2003)。这两大水体在该区域以及梅波特海军基地附近的土地和自然资源管理和使用中发挥着重要作用。

梅波特海军基地位于杜瓦尔县和杰克逊维尔市的共同政治地缘边界内。大西洋海滩站位于水体以南约 3 英里。梅波特村(Village of Mayport)与该军事基地西北部接壤,位于圣约翰河沿岸的一条狭长地带上,地处奇科比特湾(Chicopit Bay)和渡船站之间。杰克逊维尔市已经建立了梅波特区,该区在杜瓦尔县内成为一个独特的住宅和商业社区。梅波特海军基地的南部边界与 A1A 州际公路、旺德伍德大道和凯瑟琳·阿比·汉纳公园(杰克逊维尔市)接壤。圣约翰河以北是胡格诺派公园(杰克逊维尔市)、小塔尔博特岛州立公园和乔治堡岛文化州立公园。基地北面的大部分土地皆属蒂姆库安生态历史保护区(国家公园管理局(National Park Service))。蒂姆库安生态历史保护区的边界也延伸到梅波特海军基地的东南部,并与大约 1 150 英亩的基地区域重叠(美国海军,2002c)。

佛罗里达州东北部地区规划委员会(The Northeast Florida Regional Planning Council)由 7 个县政府组成:杜瓦尔县、克莱(Clay)县、圣约翰县、拿骚县、普特南(Putman)县、弗莱格勒(Flagler)县和贝克(Baker)县。该委员会是一个具有多种功能的区域政权体,负责计划和协调政府间的问题,解决地方以上级别的议题。委员会为该区域制定了一项战略区域政策计划,但只用于规划用途,不具备许可权或管理权。规划涉及 5 个战略主题领域:经济适用住房、经济发展、应急准备、具有区域意义的自然资源和区域交通(佛罗里达州东北部地区规划委员会,1997)。

6.2.2 具体土地利用区

相关人员在具体的土地利用区域(距军事基地边界 2 英里)内,对现有的土地利用情况进行了编号并绘制了地图。如表 6-2 所示,在这 8 717 英亩的区域内,土地的用途主要分为 9 类。

大面积的土地基本尚未开发:农业、沼泽(3 225 英亩);环境保护土地(1 788 英亩);娱乐和开放空间(524 英亩)。这 3 类土地合计占该区域的近 2/3。土地用途主要根据杰克逊维尔市土地利用情况进行分类。农业、沼泽地用途是指那些服务于生态、流域、湿地功能的沼泽地,这些土地不适合开发。环境保护土地是指胡格诺派公园、小塔尔博特岛州立公园、乔治堡岛文化州立公园和达顿岛公园和保护区(Dutlon Island Park and Preserve)(大西洋海滩城和杰克逊维尔市,2006 年)的特别管理区域。在有些情况下,被归类为环境保护土地用途不仅仅局限于这些公园。娱乐和开放空间用途指的是凯瑟琳·阿比·汉纳公园(杰克逊维尔市,2007a;2007b;2007c)。这些公园和海滩区域后续将作详细地讨论。其他用途主要包括空闲、机构、交通和混合使用。

表 6 – 2　梅波特海军基地附近土地使用

土地使用类型	面积/英亩	占研究区面积百分比/%
农业、沼泽	3 225	37.0
住宅	2 021	23.2
保育	1 788	20.5
娱乐和开放空间	524	6.0
农村住宅	498	5.7
办公室、商业	311	3.6
公共、半公共	213	2.4
工业	72	0.8
其他	65	0.7

资料来源:杰克逊维尔市,2007b。

该地区土地第二大用途是住宅(2 021 英亩)和农村住宅(498 英亩),它们共同占该区域内土地总使用的近 30%。住宅和农村住宅的区别主要在于土地面积大小(农村住宅面积较大)。农村居民土地使用区域位于圣约翰河以北,赫克谢尔大道(Heckscher Drive)沿线(105 国道),占范宁岛大部分地区。从赫克谢尔大道以南一直延伸到河北岸的许多地段,都有临河房屋。其他居住区,包括梅波特村住宅小区;位于近岸航道和大西洋之间的界线之间,海军基地以南的杰克逊维尔市和大西洋海滩城的居民区,包括公寓、流动家庭场地、多户住宅和单户住宅小区;皇后港游艇和乡村俱乐部(Queens Harbor Yacht and Country Club)住宅小区位于梅波特海军基地西南部和近岸航道以西。与相对密集的多户住宅不同的是,这些居住区是沿着梅波特路(Mayport Road)到塞尔瓦海滨乡村俱乐部(Selva Marina Country Club)的大面积土地上的家庭住宅。梅波特海军基地南部居住区有两大主要建筑区:①里包尔湾村家庭住宅区。从梅波特路经阿西西巷(Assisi Lane)便可到达。②占地 100 英亩的舰队退役疗养院(Fleet Landing Retirement Home)(位于梅波特路和 A1A 州际公路交叉口以东的住宅区),由退役海军军官始建于 20 世纪 80 年代。位于梅波特海军基地西北部的梅波特村居民区与世隔绝,且因其独特的历史、社会和文化而独树一帜。梅波特村的居住密度基本低于平均密度水平（每英亩 15 个居住单元）。

该区域内大部分办公、商业用地位于梅波特路（A1A/101 州际公路）和赫克谢尔大道（105 州际公路）。这些土地大多数为商业用地（建造零售店、造船厂，一般性服务提供商所在地，餐馆，加油站等），而不是行政办公区域。海军购物中心（Navy Exchange/Commissary Mall）位于商业中心和 A1A 州际公路之间的泛美购物中心（Pan American Shopping Center），是最大的单一贸易开发区。公共及半公共土地用地包括梅波特中学、梅波特小学和法恩根小学（Finegan Elementary School）在内的 4 个教育机构，以及梅波特村的大卫·韦恩·帕克公园（David wayne Pack Park）的杰克逊维尔市船用坡道。工业用地包括位于梅波特村东南角的 St. Johns Bar Pilots 和位于范宁岛西端的大西洋海运造船厂（包括海军基地使用的干船坞）。在梅波特路和旺德伍德大道的交叉口，梅波特海军基地内有一个杰克逊维尔电力管理局（JEA）变电站和一个大西洋海滨城市污水处理厂（归类为商业用地）。

其余 4 种土地用途占该区域土地用途的 0.7% 以下。

2001 年，梅波特海滨共建道路发展小组委员会成立，专门负责改善通往梅波特村的梅波特公路走廊。大西洋海滩城和杰克逊维尔市准备研究梅波特公路走廊，包括商业再开发战略。梅波特道路改善措施包括：创建安全岛，将高架的公用线路置于地下，并创建梅波特公路走廊覆盖区，以改变公路走廊的发展模式。社区再开发区作为一种经济发展工具，允许分区覆盖、征用土地和特殊资金（大西洋海滩城和杰克逊维尔市，2006；杰克逊维尔市，2007）。

海军空中设施兼容使用区（AICUZ）计划用于规划与机场相关的安全和噪声区内的兼容土地使用。根据该计划，海军鼓励邻近社区在这些区域内协调发展。杰克逊维尔市已通过一项法令，专门针对各种毗邻空中设施区和土地使用。该法令规定这些区域内的土地使用标准，并将空中设施可相容使用区域内的土地使用划分为：不可行发展、部分合理的新发展、或可实行发展。该法令规定了对于不符合规定用途的计划处理办法，并在适当情况下，界定可实行空中设施兼容使用区土地用途及发展条件（美国海军，2003）。

除了与该项目合作外，海军还为梅波特海军基地制定了一份征用计划。海军基地以南的梅波特村的居民区、皇后港游艇和乡村俱乐部，赫克谢尔大道沿途，在相容的噪声或安全区内仍存在被征用的可能。杰克逊维尔市胡格诺派公园的部分区域位于噪声和安全地带。公园的土地使用虽具有兼容性，但有人担心在无任何保障的情况下，未来仍会出现不兼容情况。

适用于该区域的土地使用控制法规的区域包括：杰克逊维尔市和大西洋海滩城。这两个城市都制定了指导土地利用和发展的综合规划。总体来说，该区域现有的土地利用与城市建设用地用途一致。

2010 年杰克逊维尔市规划包含 15 个规划要素，其中有交通、土地利用、环境保护、基础设施和排水等。规划和发展署土地用途科负责处理土地用途事宜,包括配合分区制订条例及保证土地用途政策。杰克逊维尔市 2010 年的土地利用要素于 1991 年开始实施。当时,该市划拨了 179 844 英亩土地用于住宅、商业和工业发展;公共设施用地 46 826 亩;另有 89 833 英亩土地仅限于农业或造林、环境保护和娱乐用途;其余则用作诸如保护湿地、道路和排水设施等(杰克逊维尔市,2004;2005)。

2015 年大西洋海滩城的规划包括 8 个要素:土地利用、交通、基础设施、环境保护和海岸管理、娱乐和开放空间、住房、政府间协调和资本改善。规划及分区部门负责管理市区的综合规划、分区与土地发展规例,以及其他规划项目。该市的第一个综合规划项目于 1990 年通过,此后经过多次修订,最新一次修订是在 2004 年。该市占地约 4 平方英里,土地几乎处于完全开发状态,且主要用于住宅区的建设。尽管该市的优先战略规划是重新开发两条主要商业走廊,但城市仍通过兼并向西延伸至近岸航道的广阔沼泽地区,并创建了新的保护区。这些地区的土地规划为土地养护,如今已经建立了两个休闲区:泰德威尔斯(Tideviews)保护区和达顿岛保护区(大西洋海滩城,2004)。

1997 年,杰克逊维尔市和大西洋海滩城共建梅波特滨水区,使杜瓦尔县的东海岸地区获得了经济复苏。1998 年,佛罗里达州指定梅波特为该州首批 3 个需要振兴的滨水之一。这一合作关系发展成为一个多政府机构、企业和社区工作组。滨水合作委员会的 25 名成员代表了美国海军、国家公园管理局、地方政府、企业和社区团体等团体的广泛利益。2001 年,作为杰克逊维尔市法规的一部分,滨水区的各个团体共同起草并建立梅波特工作村滨水区规范条例(杰克逊维尔市,2006;2007d)。

6.2.3 基地内土地用途及限制

梅波特海军基地的现存土地 3 409 英亩,是按规划发展并用于支持军事任务的结果。一般来说,位于缅因街和三角洲码头(Delta Piers)之间的滨水区提供管理、维护和维修功能,为舰船和回旋水域的活动提供了合理分区。住宅和社区设施通过道路网、管理设施和高尔夫球场与工业区隔开。梅波特海军基地西南部的大部分地区是包括湿地在内的开放土地。回旋水域位于梅波特海军基地的内部,有周围社区建筑的缓冲保护。根据以下土地用途介绍梅波特海军基地的现行土地使用分区。

①关键任务:空域和近水作战;

②辅助任务:指挥和控制、后勤、燃料、维修、军械、公共工程与公用事业,以及训练;

③生活质量:卫生服务、住房及人员和社区服务。

此外,目前梅波特海军基地大约有 200 英亩土地专用于定量处理回旋水域和入港航道的疏浚物。梅波特海军基地正致力于评估是否能最大限度地分离出干燥的疏浚物,并发掘其有益的再利用潜力(梅波特海军基地,2007a)。沼泽区是空置地区,主要用作环保土地。海伦·库珀·弗洛伊德纪念公园(Helen Cooper Floyd Memorial Park)(也称为小码头)位于梅波特海军基地西部,近岸航道和圣约翰河交汇以东的边界内,面积大约为33英亩,现属杰克逊维尔市租地。该公园的主要用途是为游客提供休闲垂钓的场所,并兼作码头。

杰克逊维尔舰队集中区域海岸基础设施概览计划(美国海军,2003)为梅波特海军基地提供了土地使用的通用规划指南。梅波特海军基地的总计划着眼于未来几年该基地的有序发展。现有的土地利用模式和未来的土地利用趋势受到各种人为和环境因素的制约。母港改建计划和备选方案的最大限制是对空域假想面和事故隐患区(APZ)、爆炸安全距离(ESQD)区、反恐/武装保护(AT/FP)和美学兼容性的考虑。这些问题将在下文简要讨论。本《环境影响分析评估》终案的其他部分解决了其他潜在的限制因素,如湿地、受威胁和濒危物种栖息地和污染地点。

1. 机场假想面

机场假想面是绘制于纸上或位于与机场相关的绘图项目中的平面,主要用于机场安全许可规划、固定翼飞机应用和直升机装置建立。根据联邦航空条例第77条和海军设施工程司令部P-971号规定,飞机安全标准分三类:①高度限制;②横向间隙;③无障碍区/紧邻跑道的起飞安全区域。这些限制主要体现在梅波特海军基地建立的固定翼和直升机主平面和无障碍区以及固定翼过渡区。

固定翼主平面是地面上以纵向跑道及延伸至跑道末端200英尺范围为中心的区域。梅波特海军基地固定翼主平面为1 500英尺宽。直升机主平面包括直升机起飞和降落区,和两端外75英尺区域范围(美国海军,2003;空军、陆军和海军各部,1981)。

无障碍区是靠近跑道末端的区域。梅波特海军基地跑道的固定翼无障碍区从东北以及西南方向跑道的两端延伸约2 750英尺,且主体位于基地内。西南固定翼无障碍区延伸至A1A州际公路。直升机无障碍区位于跑道末端延伸400英尺的位置,且位于边界内。除西北边界外,东北跑道末端的无障碍区延伸到圣约翰河。无障碍区必须清空障碍物,分级,以及清空除了机场照明设施外的所有地面物体(美国海军,2003;空军、陆军和海军各部,1981)。

固定翼过渡面位于跑道全长单侧的1 500英尺处,在固定翼机场无障碍区末端,与整个假想面边缘相连。固定翼过渡面从跑道中心线向外和向上的坡度比为7∶1。这个假想面限定了建筑物、塔、杆的最大安全高度,还列举了其他可能妨碍空中导航的障碍物。在物理和经济条件允许范围内,不建议以征用的方式破坏假想面,也不应在这些区域面以下进行新的开发(美国海军,2003;空军、陆军和海军各部,1981)。

2. 机场事故隐患区

建立机场事故隐患区是为了确定飞机事故高发区。在这些区域内,某些不兼容类型的土地开发及活动是受限或被禁止的。梅波特海军基地的机场事故隐患区包括固定翼和直升机无障碍区和直升机事故隐患区Ⅰ。无障碍区面积与前面描述的相同。然而就事故隐患区来看,无障碍区是飞机发生事故可能性最大的区域。直升机事故隐患区Ⅰ虽然是发生重大事故隐患的区域,但相比之下,无障碍区域的危险性反而更大。直升机事故隐患区Ⅰ位于直升机无障碍区域,遵循标准的降落－起飞模式。实际上,在事故隐患区Ⅰ区内不允许开发任何项目(美国海军,2002d)。直升机事故隐患区Ⅰ区主要是水洼和沼泽区。除位于跑道东北角的事故隐患Ⅰ区南段的在建区域外,Ⅰ区其余部分目前尚未开发。

3. 爆炸安全距离

国防部制定了基本的爆炸物安全标准和最低爆炸安全距离标准,国防部各部门在涉及弹药和爆炸物的行动中应遵守这些标准。爆炸安全距离标准的要求是,弹药和爆炸物能够得到处理或存储,或在军方的监督下与有人居住的建筑物、客运铁路、公共公路、舰艇和其他设施和财产保持最低的安全距离(美国海军,1999)。受爆炸安全距离影响的地区都视为无开发潜力区域。在梅波特海军基地受爆炸安全距离影响的两个地点是军械储存区和海滨军械处理区。与军械储存区(和飞机装载区)相关的爆炸安全距离影响区位于该基地的西南部,离待开发区很远。受海滨军械处理区的爆炸安全距离影响区位于将进行疏浚的地区和待开发区附近。C－1泊位是武器装卸的主要泊位,但C－2、B－2(仅北端)和B－3泊位有时也用于弹药的装卸。每当C－1、C－2和B－3码头进行军械装卸作业时,就需要注意1 250英尺的爆炸安全距离。在B－2码头北端授权的有限军械装卸活动中,要注意800英尺的爆炸安全距离(梅波特海军基地,2006b)。在爆炸安全距离影响的范围内,非必要人员需要撤离。

4. 反恐/武装保护

反恐/武装保护是指美国国防部的安全计划,旨在保护军人、文职人员、家庭成员、设施和设备免受恐怖袭击。国防部2000.16号指令《国防部反恐标准》(DoD Anti-terrorism Standards)是现行的政策指令。2003年10月8日颁布的《统一设施标准(UFC)》4－010－01是公认的《国防部建筑物最低反恐标准》(DoD Minimum Antiterrorism Standards for Buildings)中的代表性文件(国防部,2003年)。随着威胁形势的变化和有效保护措施的发展,虽然特定国防部反恐/武装保护指导方针在持续更新,但居住建筑物指导方针的基本目标始终如一,即培养更强的抵御恐怖袭击的能力。实现这一目标最简单、成本最低的方法是使建筑物与潜在威胁之间的距离最大化。虽然并不可能总是达到最大距离，但将该距离最大化是最具成本效益的解决方案。最大化对立距离也确保了在未来有机会改建建筑物，以应对日益增加的威胁或提供更高级别的保护。与梅波特海军基地的反恐/武装保护母港改建有关的重要因素是场地安全和新建筑（或对现有建筑物的主要投资）的现场安全和防区外距离。进入梅波特海军基地的车辆和行人由一个受控制的基地周边和安全入口保护。这些入口由马歇尔教务长办公室（Provost Marshall Office）管理，并配备了应对各种恐怖威胁（简称威胁）的安全措施。在回旋水域的入口处安装港口安全屏障并设立禁区，在非紧急情况下，除了美国海军、来访的外国海军或美国海岸警卫队（U. S. Coast Guard）的舰艇以外的其他人员、船只和飞行器一律不得入内（NOAA，2006）。梅波特海军基地有大约 1 英里长的海滩不对外开放，仅由梅波特海军基地安全部进行巡逻。

在受管制的范围内，新建筑物所需的设施与停车位或道路之间的距离标准如下：有人居住的建筑物为 33 英尺，主要聚集建筑物为 82 英尺（美国国防部，2003年）。

6.2.4　自然资源管理与利用

1. 梅波特海军基地

梅波特海军基地的综合自然资源管理计划（INRMP）规定了梅波特海军基地的自然资源管理与应用（美国海军，2007b）。海军在制定综合自然资源管理计划前，必须确定是否存在重要的自然资源。海军基地综合自然资源管理计划的目的是实施生态系统的保护计划，以符合军事任务的方式保护和恢复自然资源，整合和协调所有自然资源，实现自然资源的可持续、多用途利用，并在考虑安全的情况下为公众提供利用自然资源的途径。就综合自然资源管理计划而言，梅波特海军基地的土地分为改良土地、半改良土地、未改良土地和其他土地。大多数土地都是未改良土地（60%），17% 为改良土地，12% 为半改良土地，另外 11% 为其他土地（美国海军，2007b）。

基于自然资源的户外娱乐活动包括与大西洋、圣约翰河、近岸航道、奇科比特湾、旺德伍德湖（Lake Wonderwood）和当地小溪有关的水上娱乐活动。海伦·库珀·弗洛伊德纪念公园的土地于 1976 年被美国海军征用，以控制开发可用区域的速度。梅波特海军基地与杰克逊维尔市签订了租约，协议允许该市将该区域作为公园的专用土地。该区域与梅波特海军基地的防护区域隔离，并且可以通过与A1A 州际公路交叉通道和水路进入。海军人员和公众可在该地进行娱乐活动，主要包括钓鱼、观鸟和其他休闲活动。杰克逊维尔市租用奇科比特湾除了进行娱乐活动，还用于发展教育。

派往梅波特海军基地的现役军人及其家属和陪同人员、联邦文职雇员和退役人员均可在驻地进行户外休闲。在某些情况下,梅波特海军基地可能禁止娱乐活动。梅波特海军基地内各处户外娱乐类型包括:

①在南码头(鹈鹕角)奇科比特湾谢尔曼角(Sherman Point),以及沿着海滩等地的海捕;

②旺德伍德湖(位于梅波特海军基地家庭住宅区的东南部)水上娱乐(淡水捕鱼、独木舟和皮划艇);

③步行或骑车前往南码头和鹈鹕点海滨;梅波特海军基地前门的自然小径;海滩沙丘以西的服务区路;沿着海滩和海伦·库珀·弗洛伊德纪念公园的小径。

集中的户外娱乐活动区包括野餐区、健身房、慢跑道和双向飞碟射击设施。人们可以在奇科比特湾的奇科比特谢尔曼角以南的潮汐湿地以及 A1A 州际公路以西的潮汐湿地划船和游泳,还可以在大西洋游泳和冲浪(美国海军,2007b)。

综合自然资源管理部建立功能区集中管理自然资源,功能区包括 2 个自然资源保护区、1 个作业保护区和 1 个综合管理区。

在梅波特海军基地的东部边界区域有一个毗邻大西洋的自然资源保护区,保护区内有海滩沙丘等自然地貌。另一个自然资源保护区位于梅波特海军基地西南部的南端,包括广阔的盐沼和地表水体,以及奇科比特湾区。该自然资源保护区是蒂姆库安生态历史保护区的一部分。

作业保护区位于基地中心,包括回旋水域、机场、疏浚物处置场、作业区和社区援助区。由于自然资源有限、军事任务需求高、区域内人类活动高度集中,使得土地管理是作业保护区的重点。潜在的开发区域位于作业保护区内。

综合管理区位于梅波特海军基地的西南部,这一区域作业强度低,具备以自然资源为基础的户外休闲活动和野生动物管理的条件。旺德伍德湖和高尔夫球场都位于这一地区。

2. 梅波特海军基地附近的公园、海滩及自然保护区

梅波特海军基地附近大部分土地都用于建设公园、海滩和自然保护区,其中许多已做过介绍。因此,这里将提供一些关于这些区域的附加细节。1999 年,国家公园管理局、佛罗里达州公园管理局(Florida Park Service)和杰克逊维尔市签署了一份协议备忘录,建立了蒂姆库安州和国家公园的合作关系。双方同意提供工作人员、设备和设施,共同保护杰克逊维尔市区内约 84 000 英亩土地内的所有资源(蒂姆库安州立国家公园,2006)。梅波特海军基地附近包含以下受保护土地。

(1)国家公园。国家公园包括蒂姆库安生态历史保护区,卡罗琳堡国家纪念馆(Fort Caroline National Memorial),金斯利种植园(Kingsley Plantation)和西奥多·罗斯福地区(Theodore Roosevelt Area)。1988 年建设的蒂姆库安生态历史保护区占地 46 000 英亩,包括盐沼、草地和水道,以及树木繁茂的岛屿和海岸线等许

多景观。蒂姆库安生态历史保护区,75% 由湿地和河道组成,在拿骚河和圣约翰河之间形成一个宽阔的河口系统。不足 30% 的蒂姆库安生态历史保护区由国家公园管理局直接管理,其余的土地归 300 多个农场主所有。蒂姆库安生态和历史保护区内的休闲活动包括解说游览、小径观光、海滩、游泳和钓鱼。卡罗琳堡国家纪念馆占地 680 英亩,足以证明法国曾在佛罗里达州的存在。金斯利种植园占乔治堡岛 60 英亩的面积,与乔治堡河接壤,环绕着佛罗里达州最古老的主要奴隶种植园,其内还有 23 个奴隶住所的遗迹。西奥多·罗斯福地区有 600 英亩的森林、池塘和湿地,皆毗邻卡罗琳堡国家纪念馆。这些地区的娱乐活动包括徒步旅行、解说性的项目,除此以外还有游客中心。

(2)佛罗里达公园。佛罗里达公园包括乔治堡岛文化国家公园,小塔尔博特岛州立公园。乔治堡岛文化国家公园占地 620 英亩,有海上吊床、贝壳山和河口潮沼,还有建于 1928 年的里包尔俱乐部,这是一个高尔夫综合俱乐部的分部。小塔尔博特岛州立公园占地 1 800 英亩,该公园面积广阔,有沙滩、植被茂盛的沙丘及原始的盐沼,是佛罗里达州东北部为数不多的未开发的封闭岛屿之一。这些地区的娱乐活动包括露营、划船、钓鱼、徒步、观鸟、游泳、划独木舟或皮划艇和骑自行车。

(3)杰克逊维尔市休闲区域。杰克逊维尔市休闲区域包括海伦·库珀·弗洛伊德纪念公园、凯瑟琳·阿比·汉纳公园、胡格诺派纪念公园和拿骚河圣地、约翰河湿地水产保护区。城市公园、娱乐部门负责管理和经营本市的娱乐及公园设施。凯瑟琳·阿比·汉娜公园和胡格诺派纪念公园是区域性公园,即它们主要为市内大多数市民使用,是该市的重要休闲场所。海伦·库珀·弗洛伊德纪念公园位于梅波特海军基地内。凯瑟琳·阿比·汉娜公园位于大西洋沿岸梅波特海军基地以南,由 450 英亩的海滩、沙丘、淡水湖泊和林地组成。胡格诺派纪念公园是一个 450 英亩的马蹄形半岛,周围有乔治堡河入口、圣约翰河和大西洋。两个公园的娱乐活动包括露营、游泳、冲浪、划船、徒步旅行和野生动物参观。在胡格诺派公园,人们可以在海滩上驾驶汽车,风帆冲浪也很受欢迎。杰克逊维尔市与蒂姆库安生态历史保护区一起建立了拿骚河－圣约翰斯河沼泽水生保护区,该区是杰克逊维尔市综合计划的特殊管理区域,有助于杜瓦尔县的沿海管理。杰克逊维尔设置特别管理区的目的是:保护鱼类的栖息地;重点关注野生动物物种;保护本地植物群落;保护或提高生态价值和生产力;考古和历史保护;促进教育科研;提供娱乐活动;丰富交通运输方式。

(4)达顿岛保护区。达顿岛保护区不属于蒂姆库安州立国家公园,该区域可进行近岸航道东侧的盐沼生态系统游览,还可进行皮划艇、钓鱼、野餐和野生动物参观等活动。保护区由杰克逊维尔市和大西洋海滩城共同管理。在达顿岛保护区入口附近,有一项扩建项目已经在筹建,其中包括新的设施建设和徒步旅行(杰克逊维尔市,2007e)。

(5)母港计划改建区域内的城市公园。此次评估区域内的城市公园包括里包尔湾村以南的摩德斯基公园(Modesky Park)、梅波特与海洋街(Ocean Street)的船渡匝道和橡树港船渡匝道。梅波特海军基地以南的大西洋海滩支持各项海滩娱乐,包括游泳、冲浪、日光浴、野餐、猎贝、观景、散步、放风筝、冲浪、划船、钓鱼等。人们可以通过凯瑟琳·阿比·汉娜公园及分布在大西洋、海王星、杰克逊维尔海滩入口进入这一区域。

3. 商业性捕鱼

梅波特海岸附近可捕获到栖息在软底、硬底和沿海浮游生物(即海面或海水表面或水柱附近)栖息地的各种鱼类。这些群体中,主要用于商业经营的渔业物种包括棕虾、白虾(软底)、鲷鱼(礁鱼)和鲭鱼(沿海远洋)。圣约翰河流域下游的商品虾类分三种:白虾、棕虾和粉虾。每年降雨量的变化决定着这些物种向上游迁徙的程度。每年从6月到次年2月的9个月期间,大部分虾类生活在大西洋。用于游钓活饵的诱饵虾可沿河捕获(美国海军,1997)。岩虾需要在深水中捕捞。1998—2005年佛罗里达州杜瓦尔县、拿骚县、圣约翰县的平均商业年捕捞量如表6-3所示。

表6-3　佛罗里达州杜瓦尔县、拿骚县和圣约翰县的平均商业年捕捞量　　单位:磅

种类	捕捞地点			合计
	杜瓦尔县	拿骚县	圣约翰县	
琥珀鱼	89 374	4 012	17 110	110 495
军曹鱼	15 498	1 958	2 462	19 917
海豚	17 771	429	4 452	22 652
鲽鱼	34 730	4 807	18 178	57 714
鲶科鱼[1]	108 838	5 060	23 218	137 116
石首鱼(鳕鱼)	255 841	39 590	14 600	350 032
金鲭鱼	25 883	833	6 016	32 732
乌鱼子	135 837	2 076	29 537	167 450
鲷类	10 119	348	1 821	12 288
海鳟[2]	7 674	9	152	7 835
鲨鱼	215 709	377	39 744	255 829
红鲈	18 755	829	10 052	29 636
鲷鱼[3]	149 585	1 664	43 067	194 316
剑鱼	60 029	237	40	60 307

续表

种类	捕捞地点			合计
	杜瓦尔县	拿骚县	圣约翰县	
三叉鱼	21 761	49	6 142	27 952
金枪鱼[4]	13 714	126	535	14 374
螃蟹,蓝色(硬)	489 059	88 167	493 697	1 070 924
螃蟹,蓝色(软)	20 584	38	4 426	25 048
龙虾	20 536	585	1 588	22 708
牡蛎	16	0	32 567	32 583
鱿鱼	7 746	1 484	769	9 999
虾(全虾食品)[5]	2 835 319	819 073	111 191	3 765 583

资料来源:鱼类和野生动物研究所(FWRI),2007a。

注:1. 鲶科鱼包括黑石斑鱼、麻雀石斑鱼、拿骚石斑鱼、红石斑鱼、流浪石斑鱼、雪石斑鱼、华沙石斑鱼、黄鳍石斑鱼、黄鳍石斑鱼、混合石斑鱼和其他石斑鱼。

2. 海鳟包括沙海鳟、银海鳟、斑点海鳟和弱鱼海鳟。

3. 鲷鱼包括灰笛鲷(红树林)、巷笛鲷、双色笛鲷、红笛鲷、银笛鲷、朱红色笛鲷、黄尾笛鲷、混合笛鲷和其他笛鲷。

4. 金枪鱼包括白鳍金枪鱼、大眼金枪鱼、黑鳍金枪鱼、蓝鳍金枪鱼、鲣鱼、黄鳍金枪鱼和混合金枪鱼。

5. 虾(全虾食品)包括棕虾、粉虾、岩虾、皇家红虾、白虾和其他虾类。

美国国家海洋渔业局与鱼类和野生动物研究所可以从商业捕鱼者和经销商提交的月度报告中收集捕捞数据。捕捞量是上岸渔获量的一部分。渔船上岸后会按位置记录捕获捞量,其中不包括水深或离岸距离的信息。表6-4中提供的渔船登陆数据主要来自拿骚县、杜瓦尔县和圣约翰县的主要物种。在主要物种中,虾类产品(包括褐虾和粉虾)占总数的61%,其次是蓝蟹,占17%(如表6-4所示)。顶级鳍鱼捕获率最多的是石首鱼,杜瓦尔县、拿骚县和圣约翰县三县的鱼类捕获率合计为5.7%。如表6-5所示,从1998年到2005年,杜瓦尔县、拿骚县和圣约翰县的年平均捕获量合计超过600万英镑,其中76%是无脊椎动物,特别是虾和蓝蟹。捕获的鱼类包括黑鲻鱼、比目鱼、石斑鱼、石首鱼、鲷鱼和鲨鱼。

表 6 - 4　按平均每年在杜瓦尔县、拿骚县和圣约翰县渔船捕获的平均磅数计算
主要物种的商业捕获量

种类	平均捕获量/磅	占比/%（1998—2005 年）
虾（全虾食品）	3 786 583	61.3
蓝蟹（硬）	1 070 924	17.4
金鱼	350 032	5.7
鲨鱼	255 829	4.2
鲷鱼	194 316	3.2
黑梭鱼	167 450	2.7
石斑鱼类	137 116	2.2
琥珀鱼	110 495	1.8
鲽鱼	57 714	0.9
大西洋马鲛	32 732	0.5
合计	6 142 191	100

资料来源：鱼类和野生动物研究所,2007a。

表 6 - 5　1998—2005 年间杜瓦尔县、拿骚县、圣约翰各县每年平均商业捕获量

种类	平均商业捕获量/磅				各县合计百分比/%
	杜瓦尔县	拿骚县	圣约翰县	各县合计	
鳍鱼	1 288 516	71 675	241 153	1 601 344	24
无脊椎动物	3 444 202	1 107 672	646 864	5 198 738	76
合计	4 732 718	1 179 347	888 017	6 800 082	100

资料来源：鱼类和野生动物研究所,2007a。

　　如表 6 - 6 所示,2005 年梅波特地区的海上捕获量为 470 万磅,价值约为 810 万美元。1994 年到 2005 年,梅波特的商业捕鱼船捕获总量超过 5 000 万英镑,价值为 9 260 万美元。1994 年到 2005 年,梅波特地区渔业平均每年获得 500 万英镑或约 800 万美元的收入。虽然 2004 年捕鱼量比 1994 年多出 80 万磅,但 2004 年捕鱼收入较 1994 年减少 560 万美元。

表 6 - 6　佛罗里达州梅波特地区 1994—2005 年渔业捕获量

年份	捕获量/百万磅	收入/百万美元
1994	6.4	13.5
1995	4.3	8.0

年份	捕获量/百万磅	收入/百万美元
1997	3.9	6.1
1998	3.5	7.3
1999	3.9	7.7
2000	4.5	9.9
2001	4.0	8.3
2002	4.5	8.4
2003	4.0	7.4
2004	7.2	7.9
2005	4.7	8.1
合计	50.9	92.6

资料来源:美国国家海洋渔业局,2007c。

4. 捕鱼运动

美国鱼类和野生动植物管理局和美国人口普查局(U. S. Census Bureau)在2006年全国渔业、狩猎和野生动物相关娱乐项目报告中称,佛罗里达州有280万年龄超过16岁的常住人口和非常住人口热衷于捕鱼,其中68%是佛罗里达州居民。2006年,在佛罗里达州,16岁以上的钓鱼者在捕鱼方面开支大约是43亿美元,其中包括餐饮、住宿、交通、设备租赁、诱饵和燃料。表6-7汇总了2006年佛罗里达州捕鱼活动的休闲支出总额。

表6-7 佛罗里达州16岁以上常住居民和非常住居民渔业支出

支出	成本/亿美元
出行相关	20
设备	19
其他	3.93×10^4
合计	43

资料来源:美国鱼类和野生动物管理局,美国人口普查局,2006。

根据对当地渔民的采访(Strate,2007;Sipler,2007;Waddill,2007;St. Laurent,2007),将捕获的鱼的种类、大小和数量等因素纳入考虑范围内,人们认为码头和圣约翰河入口是较热门的捕鱼地点。码头上钓到的主要鱼类有红鲈、红鱼、大海鲢、军曹鱼和比目鱼。在疏浚工程区常见的近海渔获物有多须石首鱼、鲨鱼、产卵红鱼和红鲈。最受欢迎的近海鱼类是石斑鱼、鲷鱼、海鲈、琥珀鱼、海豚、鲭鱼和刺鲅。

表 6-8 列举了受欢迎的物种、适宜捕获的季节和位于佛罗里达州东北部的捕鱼地点。

表 6-8 佛罗里达州东北部常见的捕鱼种类

种类	季节	位置
牛牙鲾	春季、夏季、秋季	浪区
军曹鱼	春季、夏季、秋季	近岸（春天） 离岸（秋天）
比目鱼	春季、秋季	入口、码头、小溪
长面鲹	夏季、秋季	海上
鲳参鱼	春季、夏季、秋季	浪区
鲑鱼	春季、秋季	近岸
鲨鱼	夏季、秋季	近岸、近海、进口、码头
红鲈	冬季、春季	码头
斑点海鳟	秋季、冬季和春季	近岸、内陆
大海鲢	夏季、秋季	近岸、内陆
斜纹犬牙石首鱼	春季、冬季	近岸、内陆

资料来源：Strate,2007。

当地一年一度的钓鱼锦标赛在佛罗里达州的梅波特市从早春一直持续到秋季。表 6-9 列出了由当地钓鱼俱乐部，即杰克逊维尔近海体育钓鱼俱乐部（JOSFC）组织的钓鱼锦标赛，该俱乐部原为梅波特船舶坡道。本地锦标赛包括但不限于该表所列内容。在杰克逊维尔，锦标赛主要在春夏两季举行。

表 6-9 佛罗里达州梅波特市钓鱼锦标赛

锦标赛	月份	位置
谢尔坡红鲈锦标赛	二月	梅波特港坡道
河钓鱼锦标赛	三月	梅波特港坡道
非现场锦标赛	四月	梅波特港坡道
五月拖钓锦标赛	五月	梅波特港坡道
无限制拖钓锦标赛	五月	梅波特港坡道
少年钓鱼锦标赛	六月	梅波特港坡道
金鱼锦标赛	七月	梅波特港坡道
女子钓鱼锦标赛	八月	梅波特港坡道
轻钓具锦标赛	八月	梅波特港坡道
深海钓鱼锦标赛	九月	梅波特港坡道

资料来源:杰克逊维尔近海体育钓鱼俱乐部,2007。

捕鱼的热门地点经常位于人工礁石场。建立人工礁石场是为了促进海洋生物生长,有利于商业捕鱼和捕鱼运动。人工礁石是由沉重、稳定、耐用和无污染的材料制成的,包括旧船和混凝土。这些材料放置在沙子或泥土上而非海底。梅波特海军基地近海人工鱼礁不在联邦航道内或疏浚物处置场附近。

6.2.5　海岸地区

海岸地区拥有丰富的自然、商业、休闲、生态、工业和美学资源。因此,为了有效管理这些资源,当地已经实施立法保护。根据《海岸地区管理条例》(CZMA),联邦和地方机构向各州提供援助,以开发海岸地区的土地项目,包括自然资源保护和海岸开发管理。

《海岸地区管理条例》设立了国家政策来保护海岸资源。《海岸地区管理条例》政策适用对象为美国国家海洋和大气管理局批准的海岸管理计划。联邦土地不属于这种海岸管理计划的管辖范围。然而,《海岸地区管理条例》及其实施条例规定,无论是在州海岸带内还是在州海岸带外,联邦机构必须确定其计划方案是否会直接或间接影响州内海岸带自然资源及任何土地或水资源,以及对资源的开发利用是否合理、可控。《海岸地区管理条例》要求影响州内任何海岸利用或资源的联邦活动必须在最大限度上符合该州的经国家海洋和大气管理局批准的海岸管理计划的可执行政策。海军作战部长指令(第 25 章 5090.1C 条)要求海军审查母港改建方案,以判定那些影响海岸地区土地、水资源或其他自然资源的活动是否符合规定。对于所有影响海岸地区的活动,都需要准备接受海岸一致性测定。

1981 年,美国国家海洋和大气管理局批准了佛罗里达州的海岸管理计划。这是佛罗里达州联邦政府批准的管理计划。因此,《海岸地区管理条例》及《联邦法规汇编》(第 15 章 930 条)授权该州审查其海岸区内或邻近地区的活动,以确定该活动是否符合海岸管理计划的要求。该州已给出限制许可,并具体定义为《佛罗里达法典》第 380.23(3)(c)节,这些许可要求改建方案可在佛罗里达州 35 个沿海县或向海范围内实行(佛罗里达州环境保护部,2007a)。沿海地区向海范围指从海岸线开始延伸 3 海里。佛罗里达州环境保护部的政府间项目办公室管理佛罗里达州信息中心,该中心是接收联邦机构一致性评估的主要联系部门。

佛罗里达海岸管理计划由佛罗里达州下属的 8 个州机构和 5 个水管理区管理的 23 项法规组成。这个框架使国家能够做出综合平衡的决定,确保合理利用和保护国家的水、文化、历史和生物资源,保护公众健康,尽量降低沿海灾害,确保经济有序、有规律的增长,保护国家交通系统,把控重要的经济开发(佛罗里达州环境保护部,2007a)。在佛罗里达海岸管理计划实施的 23 项法规中,下列领域与母港改建及其备选方案最为相关:

①第 161 章,海滩和海岸保护;

②第 252 章,应急管理;

③第 253 章,国家土地;

④第 258 章,公园和保育土地;

⑤第 267 章,历史资源;

⑥第 370 章,咸水渔业;

⑦第 372 章,野生动物;

⑧第 373 章,水资源;

⑨第 375 章,户外游憩与保护地;

⑩第 376 章,污染物排放的预防和清除;

⑪第 380 章,土地和水资源管理;

⑫第 403 章,环境控制;

⑬第 582 章,水土保持。

其余可强制执行的法令与母港改建及备选方案有较少的或根本没有关系。杰克逊维尔市是参与制定佛罗里达海岸管理计划的机构之一。该市在 2010 年综合规划的保护沿海计划中,概述了 11 个目标,其中包括指导沿海资源管理和保护的支持性政策,涉及空气质量、水质、原生态群落、湿地保护、独特或敏感环境、沙滩和海岸线、与沿海风暴相关的公共安全和健康、历史资源、服务水平标准、船舶设施选址与运营以及兼容开发(杰克逊维尔市,2004/2005)。

6.3　水　资　源

母港改建及其备选方案对水资源的影响包括梅波特海军基地的地下水,梅波特港计划开发区的地表水。第 2 组和第 3 组改建方案可能会进行的疏浚及海洋疏浚物处置活动会涉及计划开发区域内的湿地和洪泛区。地表水的详细研究区域包括梅波特海军基地回旋水域和入港航道,杰克逊维尔港 3 号联邦航道内的疏浚水域和可能受影响的水域,以及计划开发区域附近的湿地和海滩。杰克逊维尔和费尔南迪纳海洋疏浚物处置场的运营可能会受到影响。

6.3.1　地下水

佛罗里达州的地下水是极其重要的自然资源,极易受到污染。因此,地下水受到许多州和联邦法规的保护。海军基地的所有饮用水源都来自位于佛罗里达富水层附近的供水井,威尔斯是其中水质最好的。梅波特海军基地有 3 个富水层系统:地表含水层系统、中间含水层系统和佛罗里达含水层系统。

1. 地表含水层系统

地表含水层系统是一个紧临地表的渗透性水文单元,主要由疏松(分离)的硅质碎屑沙和岩石及碳酸盐沉积物组成。梅波特海军基地的地表含水层位于地表以下约 100 英尺,包含潜水面,大部分水流均可渗透至该层。地表含水层系统的下界限与霍索恩地层的上部沙黏土单元一致。

由于大部分地表水都可渗入地表含水层,且该层位置相对接近地表,所以易受到污染物影响,原因是这些污染物能够穿透地下水和地表之间的高渗透性沉积物的薄层。此外,由于雨水的渗透,受污染土壤中的可淋滤污染物会传递到地下水。据估计,当地降水补给率为每年 10 至 16 英寸。霍索恩地层沉积物中的低渗透性使其形成了一个有效的屏蔽层,限制污染物的垂直迁移。此外,作为一个有效的保护屏障,霍索恩地层屏蔽层为佛罗里达含水层中的饮用水提供了相当大的保护。

地表水和流动污染物也会发生横向迁移。在梅波特海军基地的大部分地区,地表含水层中的地下水通常流向主要的地表水域,为重要的生态系统提供水源。这些水体包括东部的大西洋、北部和西北部的圣约翰河、西部的潮间带斯帕蒂纳(Spartina)沼泽和南部的谢尔曼河(美国国家环境保护局,2006b)。

2. 中间含水层系统

中间含水层系统由夹在霍索恩地层的黏土沙和沙质黏土中的沙和石灰岩层组成,位于地表含水层和佛罗里达含水层系统之间。这些地层共同阻碍了地表含水层系统和佛罗里达含水层系统之间的水进行交换。中间含水层可以与地表含水层相连接。中间含水层的水资源补给主要来自梅波特海军基地以西约 30 英里的贝克县和克莱县地区的降水。在这些地区,霍索恩地层沉积发生于地表以下的浅层(地表以下约 30 英尺)。在霍索恩地层沉积物暴露的其他地区,也会发生水补给现象(美国国家环境保护局,2006b)。

3. 佛罗里达含水层系统

佛罗里达含水层系统是佛罗里达州东北部淡水的主要来源。它由奥尔兹马和埃文帕克地层、奥卡拉石灰岩,以及霍索恩地层下部几个不连续的薄含水带组成。奥卡拉石灰岩是一系列均质的可渗透、水力连接的海相石灰岩层,其中含有一些硬质白云岩或石灰岩层,这种结构造成了水的垂直运动。埃文帕克地层几乎完全由坚硬,相对无渗透能力的白云岩层组成。这些白云岩层限制了水在上下渗透带之间的垂直运动。奥尔兹马地层由坚硬、无渗透能力的白云岩封闭层和相对较软、可渗透的石灰岩和白云岩含水带交替构成。佛罗里达含水层系统的距地表最近处位于在梅波特海军基地的陆地表面以下大约 400 英尺的位置。公布的杜瓦尔县东部佛罗里达含水层系统每日渗透率(水通过含水层的单位宽度的渗透率)大约为 85 000 至 16 000 加仑①/英尺。

过去的研究报告显示,在梅波特海军基地附近的佛罗里达含水层系统中的地下水正向南移动,流向海岸的重开采区。在梅波特海军基地附近的佛罗里达含水层系统因足够的自流压力而在地表流动。梅波特地区佛罗里达含水层系统的水是可直接饮用的,其总溶解固体浓度约为每升 400 毫克,氯化物浓度约为每升 25 毫克。

佛罗里达含水层系统的测势面(一个虚拟表面,代表地下水的静水源头处,并根据在紧密套管井中水住上升的程度定义)存在于地表以上的高程处,导致佛罗里达含水层系统和地表含水层系统之间产生某些净向上水力梯度。这一信息表明,位于霍索恩地层的中间霍索恩含水层可能从佛罗里达含水层系统中获得水补给(美国国家环境保护局,2006b)。

6.3.2 地表水

1. 监管概述

根据 1972 年的《清洁水法》第 404 条的规定,美国水域受到保护。根据《清洁水法》的定义,受保护的美国水域指地表水、河流、湖泊、河口、沿海水域和湿地。美国水域一般包括以下几个方面:

①所有州际水域;

②州际以及外商使用的州内水域;

③上述支流;

④周期性满潮领海;

⑤与上述水域相邻的湿地(美国国家环境保护局,2003a)。

监管部门根据《清洁水法》第 404 条法规严格管控排入美国水域的疏浚物或填充物。美国陆军工程兵团授权并发放个人和一般许可证,并负责确保人们遵守许可证要求。此外,美国陆军工程兵团负责确定特定土地是否确实是美国的湿地或水源。美国环境保护局还要发布与第 404 条款有关的指导方针和政策,决定是否应将部分项目转交给州、地区或部落(美国国家环境保护局,2003a)。

《清洁水法》要求每个州按照指定的用途对地表水进行分类。佛罗里达州有 5 种地表水分类(《佛罗里达行政法规》(62 – 302.400)),具体用途为:Ⅰ类用于饮用水供应;Ⅱ类用于贝类繁殖或捕捞;Ⅲ类用于鱼类和野生动物种群生存、繁衍和维系健康、平衡的种群数量;Ⅳ类为农业用水;Ⅴ类用于航行、公共设施和工业(目前,没有任何指定的 Ⅴ 类水体)(佛罗里达州环境保护部,2007b)。根据《佛罗里达行政法规》(62 – 302.400(10)),水体除了分为 Ⅰ、Ⅱ 或Ⅲ类之外,还可以被指定

---

① 1 加仑 = 3.785 43 升。

为佛罗里达优质水域(OFW)。佛罗里达优质水域因其天然属性而受到重点保护。这一特殊名称也适用于某些水域,意在保护现有的良好水质(佛罗里达州环境保护部,2007c),佛罗里达优质水域目前已列入《佛罗里达行政法规》(62302.7700)中。

《清洁水法》第303(d)节提到了受破坏水域,这些水域不可用于其原来指定的用途(例如,饮用、捕鱼、游泳、捕获贝类等)。根据《清洁水法》第303(d)节和《佛罗里达流域恢复法》(Florida Watershed Restoration Act),必须为所有受破坏水域制定总最大日负荷(TMDL)。一个水体可能具有若干总最大日负荷,每个总最大日负荷用于限制超过水体安全吸收能力的污染物排放量。佛罗里达州将圣约翰河下游列为Ⅲ类水体,指定其可用于鱼类和野生动物种群生存、繁衍和维持健康、平衡的种群数量。根据叶绿素 a 水平(这条河的淡水和海水部分都含有藻类有机物),1998 年圣约翰河下游被列入第303(d)节中的亟须养护的名单,并已被列入流域受破坏水域的确认名单。总最大日负荷决定了圣约翰河下游淡水和海水部分的总氮(TN)和总磷(TP)的允许负荷,为恢复河流的成分,使其溶解氧(DO)含量符合适用的水质标准提供了保障(佛罗里达州环境保护部,2006)。

圣约翰河河口的水体标识为 2213A(包括梅波特海军基地回旋水域、入港航道、海滩和联邦航道,一直延伸至上游的圣约翰河与大西洋近岸航道的交汇处)(美国国家环境保护局,2008a)。根据《佛罗里达行政法规》(62 – 304.415),圣约翰河下游海洋段(即从布莱克河(Black Creek)到河口的河流)的总氮负荷是每年 1 472 984 千克,其中包括每年 1 112 480 千克的总氮负荷和每年 360 504 千克的非总氮负荷。

梅波特海军基地的北部和西北部,帝姆库安生态历史保护区内的水域和拿骚河 – 圣约翰河湿地水生保护区被指定为佛罗里达优质水域。佛罗里达优质水域边界穿过圣约翰河,沿着胡格诺派公园的海岸刚好经过梅波特海军基地回旋水域的上游。

2. 梅波特海军基地回旋水域和入港航道

资料显示,梅波特海军基地回旋水域和入航航道的水质符合佛罗里达州环境保护部Ⅲ级海洋水质标准(美国海军,2000)。梅波特海军基地入港航道内的潮汐周期为半天(每天两高两低)。梅波特海军基地回旋水域的平均潮差和春季潮差分别为4.5 和5.3 英尺。根据潮汐范围和淡水流动情况,该回旋水域的平均盐度范围为从潮水期间的 33×10^{-3} 到退潮期间的 15×10^{-3} 至 26×10^{-3}(美国海军,2000)。2007 年 3 月,在梅波特海军基地回旋水域进行的水质测量显示该区域地表温度范围为64.9 华氏度(F)到68.2 华氏度,盐度读数为 29.4×10^{-3} 到 30.1×10^{-3}。这些数据处于该地区当前季度的正常范围。

由于靠近大西洋,受到半日潮汐和其他水动力影响,在回旋水域和入港航道内冲刷过滤现象良好。作为淘析分析内容的一部分,2000 年 3 月,美国海军收集了回旋水域地表水样品,并检测了其中金属和半挥发性有机化合物(SVOC)的含量,发现在样品中这些物质并未达到可检测浓度,表明梅波特海军基地回旋水域的水和沉积物质量相对较高(美国海军,2000)。

在回旋水域或入港航道的水域只有一定量溶解氧。1993 年收集的数据显示,从地表到水下 40 英尺深度没有明显的分层。在夏季炎热的天气条件下,深水区从顶部到底部的最大溶解氧变化为 1.43‰(1‰等于 1 mg/L),最小溶解氧变化为 0.20‰。所有读数均高于 4.0×10^{-6},其中一些读数还高于 5.0×10^{-6},这表明溶解混合进行得十分顺利(美国海军,2000)。佛罗里达州Ⅲ级海洋水质标准的最小预处理量为 5 毫克/升(5×10^{-6}),预先确定的海洋区域最小标准为 4 毫克/升,最低每日平均值为 5 毫克/升。然而,佛罗里达州环境保护部和圣约翰河水资源管理区(SJRWMD)已经为圣约翰河下游河口部分建立了以下替代溶解氧标准:①4.0 毫克/升的最小溶解氧浓度;②在每一测量时段内,溶解氧水平在 4.0 至 5.0 毫克/升范围内的溶解氧总暴露量也必须小于或等于 1.0,其中每个区间内的天数必须基于每日平均溶解氧浓度确定(美国国家环境保护局,2008a)。

3. 联邦航道

联邦航道位于圣约翰河下游,是圣约翰河的一部分,在其最大的支流奥克拉瓦哈河(Ocklawaha River)的河口和大西洋之间,涵盖 2 750 平方英里的排水区。在该河段内,圣约翰河的长度为 101 英里,水域面积约为 115 平方英里。圣约翰河下游是达克沃特河(Dark Water River)河口,其河岸周围呈现出与河流、湖泊和河口水生环境相关的特征(美国国家环境保护局,2008a)。受大西洋的潮汐影响,圣约翰河下游河口界面呈现咸水盐楔、且通常出现在绿湾温泉(Green Cove Springs)附近(杰克逊维尔市中心以南约 20 英里)(圣约翰河水资源管理区,2006)。圣约翰河是佛罗里达州最长的河流,蜿蜒 300 多英里,从南向北流动,极不寻常(美国国家海洋和大气管理局,1999)。

圣约翰河发源于维罗海滩(Vero Beach)以西约 15 英里的宽阔的沼泽地区,被称为"懒惰"的河。平均斜率约为每英里 1 英寸。河流总流量的大约 80% 到 90% 是由潮汐引起的,其余的流量由淡水流入(来自支流和雨水),以及工业和污水处理厂的排放物组成。河水流量通常在下游增加,最高流量出现在河口。河流的总流量通常大于每秒 50 000 立方英尺,瞬时速度可以超过每秒 150 000 立方英尺。河道流量呈季节性变化,与季节雨型相对应,高流量出现在夏末秋初,低流量出现在冬季。河口的年平均非潮汐流量约为 15 000 立方英尺(美国国家海洋和大气管理局,1999)。圣约翰河中的潮汐周期是半日。在杰克逊维尔,潮汐流经河口的速度为每秒 4.3 至 3.4 英尺之间(美国陆军工程兵团,1996)。开阔海域的含盐度基本恒定为 36×10^{-3}。1994 年在梅波特海军基地附近的联邦航道进行的调查中,

测量出的盐度为 36.5×10^{-3} 到 40.4×10^{-3}（美国陆军工程兵团,1994a）。

与梅波特海军基地回旋水域流域和入港航道一样,联邦航道范围内的水质良好。根据现有数据,水质符合佛罗里达州环境保护部Ⅱ级海洋水质标准。与梅波特海军基地回旋水域和入港航道一样,其水质也受到大西洋半日潮汐和其他水动力的影响。溶解氧浓度持续偏低的现象存在于圣约翰河下游的中盐到多盐（$5 \times 10^{-3} \sim 30 \times 10^{-3}$ 的盐水）河段。这一现象有据可查,但人们对其知之甚少。持续、低溶解氧现象（每升低于 5 毫克）在夏季高温时期出现,似乎与藻类水华大量减少有关（佛罗里达州环境保护部和圣约翰河水资源管理区,2006）。佛罗里达州Ⅲ类海水水质标准中要求溶解氧含量每升低于 4 毫克,最低日均值为每升 5 毫克。然而,佛罗里达州环境保护部和圣约翰河水资源管理区已经为圣约翰河下游河口区域建立了以下特定的溶解氧替代标准:①最低溶解氧浓度为每升 4.0 毫克;②在每升 4.0 至(待查)5.0 毫克范围内的溶解氧总暴露量也必须小于或等于 1.0,其中每个区间内的天数必须基于每日平均溶解氧浓度来确定（美国国家环境保护局,2008a）。

4. 杰克逊维尔和费尔南迪纳海洋疏浚物处置场

过去的研究主要关注杰克逊维尔海洋疏浚物处置场的水样化学特性。虽然类似的研究仍有待于费尔南迪纳疏浚物处置场现场管理和监控计划的更新,但是这些海洋测量点的水质仍可供参考。在 1998 年的一次调查中,为了确定处理场的水质参数,调查人员在杰克逊维尔疏浚物处置场 12 个取样点中的 6 个收集了水样（美国国家环境保护局,1999b）。以往美国国家环境保护局对 4 区进行的疏浚物处理场的调查表明,靠近其他测量点的水样中的化学成分几乎不受取样点的影响。为了调查处置场附近的水质,收集了下列水样参数:溶解氧、盐度、温度、氮(总磷、硝酸盐 - 亚硝酸盐氮($NO_2 + NO_3$)、氨(NH_3)和总凯氏氮(TKN))、透光率和叶绿素 a。1998 年所有采样点采样的各成分均低于或接近分析检测限值。除溶解氧外,理化参数(由电导率 - 温度 - 深度剖面测量的温度、盐度、氧气和 pH 值)处于正常水平,各测量点基本一致。1998 年,测得的溶解氧结果很低,在每升 3 到 5 毫克之间,而 1995 年大约为每升 6 毫克（美国国家环境保护局,1999b）。

6.3.3　湿地

联邦管辖的湿地隶属美国水域,受到 1972 年颁布的《清洁水法》第 404 条的保护。1977 年《清洁水法》修正案第 33 条第 328.3(b)款将湿地定义为:

被地表水或地下水淹没或积水的地区,其频率和持续时间足以维持,而且在正常情况下确实能够维持水生植被正常生长。湿地一般包括木本沼泽、草本沼泽、酸性泥炭沼泽,以及类似的区域。

湿地是陆地环境和水生环境的过渡地带。一般来说,湿地与陆地环境的区别在于是否有水(无论是在表面还是在地下)。湿地土壤通常缺氧(低氧),因此不适合大多数陆地植物生存;但适合许多在湿地低氧条件下能够生存的植物。

梅波特海军基地附近的水体包括东部的大西洋、北部和西北部的圣约翰河、西部的潮间带沼泽和南部的谢尔曼河。在梅波特海军基地内,属于地表水的水体包括基地中北部的回旋水域、南部和西南部的大面积潮汐沼泽和大西洋近岸航道,以及旺德伍德湖(人造湖)。

2004年5月,根据1987年美国陆军工程兵团确定和划定管辖湿地的标准,绘制了该基地内湿地区域的地图,确定了大约1 950英亩的淡水和咸水湿地。其中,总共有1 720英亩是咸水湿地,230英亩是淡水湿地。这些湿地为盐沼、淡水沼泽、森林沼泽和潮汐流。梅波特海军基地的大部分湿地由盐沼和潮汐小溪组成(美国海军,2004b)。唯一靠近计划改建区域的湿地位于梅西大道与博诺姆理查德街交汇处,是交通改善处附近的排水系统。该系统将水输送到高尔夫球场以北的沼泽,森林覆盖的阔叶落叶湿地区域。此外,梅波特海军基地入港航道的南岸现也存在湿地,这些湿地将在第2组和第3组改建方案中疏浚,分为紧急湿地、河口湿地、潮间带湿地、持续性湿地和不规则洪泛湿地(美国海军,2004b)。

6.3.4 洪泛区

11988号行政命令(EO)(洪泛区管理)指示联邦机构须评估在洪泛区内开展项目的风险,危险和潜在影响。行政命令规定,在替代方案不可行时,该机构必须尽量降低洪泛区或洪泛区内的潜在危害,并采取适当措施通知公众。洪泛区通常指可能被特大洪水淹没的区域。例如,任何发生概率为百分之一的洪水,就是百年一遇的洪水。由于杜瓦尔县东部地形平坦、地势低洼,洪泛区和洪涝灾害区是影响该区域目前及未来发展的重要环境因素。当前的联邦应急管理局(FEMA)地图显示,梅波特海军基地周边百年一遇的洪水灾害导致平均海平面上涨6到14英尺。梅波特海军基地邻近圣约翰河和大西洋的低洼地区都不同程度地遭受洪水的影响(美国海军,2002c)。五百年一遇的洪水导致的水位上升的高度比平均海平面高13.2英尺(美国海军,1997)。

6.4 空气质量

空气质量的影响范围是指杜瓦尔县的行政和管理边界内的区域。杜瓦尔县位于美国国家海洋管理局指定的杰克逊维尔(佛罗里达州)－不伦瑞克(佐治亚州)州际空气质量控制区。分析受母港改建及其备选方案影响的地区的空气质量需要了解以下几个方面的内容：

①适用的监管要求；

②(固定污染源的)排放类型和来源,以及来自诸如船舶等移动污染源的排放水平和蔓延范围；

③与母港改建相关的受影响区域的位置和环境；

④目前情况(或受影响的环境情况)。

①监管要求。特定区域的空气质量可以通过大气中各种污染物的浓度来反映。一个地区的空气质量受到许多因素的影响,包括排放到大气中的污染物的类型和数量、空气域范围、地形,以及当时的气象条件。污染物浓度需要通过与联邦和州的空气质量标准进行比较来确定。《清洁空气法》(CAA)及其修正案(CAAA)组成了《国家环境空气质量标准》(NAAQS),包括以下 7 种"标准"污染物：

a. 臭氧(O_3)；

b. 一氧化碳(CO)；

c. 二氧化氮(NO_2)；

d. 二氧化硫(SO_2)；

e. 直径小于 10 微米的颗粒物(PM10)；

f. 直径小于 2.5 微米的颗粒物(PM2.5)；

g. 铅(Pb)。

《国家环境空气质量标准》给出了在确保公共卫生和权益的同时,在合理的安全范围内可允许的最高大气浓度。标准针对引起急性健康问题的污染物制定短期标准(1 小时、8 小时和 24 小时),对引起慢性健康问题的污染物制定了长期标准(季度和年度平均)。佛罗里达州环境保护部的空气资源管理部(DARM)已经采用了《国家环境空气质量标准》,还包括一些例外情况和补充说明。值得注意的是,佛罗里达州对二氧化硫的要求比《国家环境空气质量标准》中的相关标准更严格。表 6 – 10 列出了佛罗里达州和国家主要环境空气质量标准对比。

表 6 – 10　佛罗里达州和国家主要环境空气质量标准对比

污染物	平均时间	佛罗里达州标准	国家主要环境空气质量标准	国家二级环境空气质量标准
一氧化碳	8 小时 1 小时	9 ppm[1] 35 ppm	9 ppm 35 ppm	NA[3] NA
铅	季度	1.5 微克/立方米	1.5 微克/立方米	1.5 微克/立方米
二氧化氮	年度	100 微克/立方米 (0.05 ppm)	100 微克/立方米 (0.053 ppm)	100 微克/立方米 (0.053 ppm)

污染物	平均时间	佛罗里达州标准	国家主要环境 空气质量标准	国家二级环境 空气质量标准
臭氧	8 小时	—	0.075 ppm	0.075 ppm
PM10	年度	50 微克/立方米	50 微克/立方米	50 微克/立方米
PM2.5	年度 24 小时制	— —	15 微克/立方米 35 微克/立方米	15 微克/立方米 35 微克/立方米
二氧化硫	年度	60 微克/立方米 (0.02 ppm)	0.030 ppm 0.14 ppm	0.5 ppm
	24 小时[2]	260 微克/立方米 (0.10 ppm)	NA	NA
	3 小时	1 300 微克/立方米 (0.5 ppm)	NA	NA

资料来源:美国国家环境保护局,2008。

注:1. 1 ppm = 10^{-6};

2. 2008 年 3 月 12 日改为 8 小时臭氧标准;

3. NA 表示不适用。

一个地区的空气质量监测标准和法规是否严格取决于所监测的污染物浓度是否达到《国家环境空气质量标准》规定的水平。环境空气质量浓度以百万分比或微克/立方米表示,但现有和预计的空气排放的标准则以每年排放污染物的吨数表示。为了确保满足或维持《国家环境空气质量标准》,《清洁空气法》及其补充条款要求每个州制定州实施计划(SIP)。根据州实施计划,指定州和地方机构将执行一些法规来控制规定污染物的来源。

②一般符合性。此外,《清洁空气法》修正案规定,在非战斗和维护区域的联邦行动不应该妨碍未来实现《国家环境空气质量标准》,而且要符合适用的州实施计划(即佛罗里达州的实施计划)。美国国家环境保护局认为杜瓦尔县符合所有污染物排放标准,包括新修改的 8 小时臭氧标准下的臭氧含量,因此通用规则并不适用,佛罗里达州环境保护部也没有对母港改建计划的一般符合性分析提出要求。2008 年 3 月 12 日,美国国家环境保护局将 8 小时臭氧标准从 0.08‰改为0.075‰。根据 2005—2007 年的数据,杜瓦尔县的臭氧浓度大于 0.075‰。为了实施新标准,佛罗里达州将修改州实施计划,以使臭氧浓度降低至标准范围内。佛罗里达州在 2009 年 3 月 12 日之前向美国国家环境保护局报告该州的哪些地区没有达到新的臭氧标准之后,美国国家环境保护局有一年时间(到 2010 年 3 月 12日)就未达到的地区做出最后裁定。这一最后裁定会考虑最近的数据,以当前减少臭氧水平的方案为基础,届时,2005—2007 年杜瓦尔县的臭氧水平可能会下降

（佛罗里达州环境保护部,2008）。

《清洁空气法》修正案还制定了国家目标,防止联邦境内的任何Ⅰ类地区环境发生恶化或遭受破坏。作为防止严重恶化(PSD)计划的一部分,国会将所有国际公园、国家荒野地区、面积为 5 000 英亩以上的纪念公园和 6 000 英亩以上的国家公园规定为法定Ⅰ类地区。在Ⅰ类地区,可视范围的缩小和大气变色即为能见度损害。固定污染源,如工业排放,通常使Ⅰ类地区内出现能见度的常见问题。

在佛罗里达州有 3 个Ⅰ类区域:查萨霍维茨卡(Chassahowitzka)荒野地区;圣马克(St. Marks)荒野地区;大沼泽国家公园(Everglades National Park)。离梅波特海军基地最近的Ⅰ类区域是查萨霍维茨卡荒野地区,其位于佛罗里达州西海岸克里斯特尔城(Crgstal City)附近,距离梅波特海军基地大约 100 英里。这远远超过了联邦土地管理者通常使用的 50 公里(31 英里)的限制,以确定"接近"Ⅰ类地区及相应的能见度影响类型(国家公园管理局,美国国家海洋鱼类和野生动物管理局和美国林务局,2000)。

③空气污染物的种类和来源。分析评估认为污染物包括 SO_2 及其化合物(即硫氧化物或 SO_x);挥发性有机化合物(VOCs)(臭氧的化学前体);氮氧化物(也是臭氧的化学前体);NO_2 及其化合物;一氧化碳;PM10;PM2.5。这些污染物是由母港改建及其备选方案引起的(例如工程建筑、疏浚运输)。铅的排放不包括在内,因为该区域没有已知的重要的铅排放源,母港改建、备选方案和不进行港改建方案也不会产生铅排放。

6.4.1 区域气候特征

杰克逊维尔地区处于亚热带,气候湿润,冬暖夏热。全年高温均值为 64～91°F(18～33 ℃)。杰克逊维尔地区夏季高温时甚至可达 90°F,热度指数为 105～115°F。该地每年平均降雨量为 52 英寸,雨季一般为 6 月到 9 月。冬季该地区昼夜温差较大,夜间温度骤降,但这种天气通常很短暂。与其他东海岸城市相比,杰克逊维尔地区遭受的飓风灾害较少。尽管墨西哥湾到大西洋的风暴使杰克逊维尔地区遭遇了 10 次以上的飓风或近飓风天气,但自 1871 年以来,该市仅发生 1 次飓风天气(气候空间,2006)。

6.4.2 环境影响区域

杜瓦尔县及杰克逊维尔市区的环境可能会受到梅波特海军基地空气质量的影响。如前所述,杜瓦尔县目前已符合所有法定污染物标准。空气资源管理部公布了杜瓦尔县所需的空气质量维护计划,最近的一项于 2002 年 12 月公布,期限为从 2005 至 2015 年。该计划正在更新修订,新增加了臭氧 8 小时的监测标准。该计划的修订预计将提交至美国国家环境保护局 4 区审批(Rogers,2007)。如果获批,修订后的计划将归入《清洁空气法》修正案第 110 节,但无须履行任何合规义务。拿骚县一直都符合规定污染物的所有标准,但由于其距费尔南迪纳海洋疏浚物处置场的管辖区最近,所以该县的环境也会受到影响。

梅波特海军基地的地面气体排放主要来自维护区、航空航天地面设备(AGE)、锅炉和油漆区。基地符合佛罗里达州环境保护部《清洁空气法》第5章的许可条件,并按规定每年提交固定排放源清单。数据显示梅波特海军基地年 NOx 和挥发性有机化合物排放总量(臭氧化学前体)分别占2001年杜瓦尔县气体排放总量的0.008%和0.144%。两者都明显低于杜瓦尔县气体排放总量的1%,说明杜瓦尔县不存在空气污染物超标风险。

6.5 噪 声

本部分将从噪声对人类环境的影响和对自然环境的潜在影响(如海洋哺乳动物)两方面来探讨、评估。噪声是指会干扰正常活动或降低环境质量的令人难以承受的、有害的声音(美国陆军健康促进和预防医学中心,2006)。当声音干扰我们讲话,打扰我们日常休息和工作时,就会变成噪声。就此次环境影响分析评估而言,建筑施工产生的噪声还包括改造码头和疏浚产生的噪声。因为梅波特海军基地建造新增水面舰艇驻泊港的所有方案都不会改变其飞机行动,一旦航母出海,舰载机就起飞,所以飞机噪声并没有得到解决。

6.5.1 背景

在此次环境影响分析评估中,噪声是指声音强度(或等级),以分贝(dB)为单位。

测量声音的分贝系统可以给出声音的物理强度与其对人耳的感知响度之间的简化关系。一个地区环境(或周围的)的噪声来源,如梅波特海军基地,包括来自自然(风、浪、鸟)和人为(飞机、车辆、船舶发动机、喇叭)的声音。声音等级的强度、程度(级数)和频率,在一天或一周中都是不同的,并可能受到天气条件的影响。最常见的频率单位是赫兹(Hz),相当于每秒声波的一个波峰。而对于可能引起振动的低频声音,则使用C加权度量,或C加权分贝。许多人发现诸如打桩等低频噪声,比其他噪声,更令人头疼。因此,低频噪声也被划入C加权分贝之中。A加权噪声指标用于反映人们所听到的声音,这种声音被称为A加权分贝。A加权分贝常用于测量人为活动噪声,如施工设备和飞机起降的声音。这两种加权分贝都能筛选出很难被人耳捕捉到的极高或极低的声音。

①噪声感知。当听到噪声时,人们的反应会受到许多因素的影响,包括强度(噪声的响亮程度),持续时间(噪声是持续1秒还是1小时),重复出现的频率(噪声是每天出现还是一个月出现一次),噪声突然开始或突然停止(噪声是否在不可预知的情况下突然出现或消失),背景噪声水平(噪声是出现在市区还是郊区),干

扰活动(噪声是否会干扰电话接听和谈话、收听收音机或观看电视),社区活动与噪声(某些邻居可能是毕生都居住在这里,某些可能刚搬到这里),时间段(噪声出现在白天或夜间),噪声给人身安全带来的恐惧(如枪炮声)和噪声的可控程度(美国陆军健康促进和预防医学中心,2006)。

②噪声影响。噪声影响是指由噪声环境中可感知的变化产生,比如增加焦虑程度或影响人类健康。噪声会对人类健康造成影响,如失聪和惊吓。烦躁是人们对噪声的一种直接体会,在这种体会中,人们的生理和心理都会受到影响,而噪声的累加必定会加大噪声的干扰程度。表6-11给出了在日常环境中存在的典型声音的音量(以分贝dB为单位),以及当人(或受体)暴露在该声音下可能引起的感受。

表6-11　以分贝计的音量

来源(限定距离)	分贝级别/dB	典型感受
民防防空警报器(100英尺)	140	痛苦
	130	
钻锤(50英尺)	120	最大音量
打桩机(50英尺)	110	
救护车警笛(100英尺)	100	极度烦躁或不舒服
马达(25英尺) 动力割草机	90	
垃圾处理(3英尺)	80	被打扰
闹钟	70	
真空吸尘器(3英尺)		
正常交谈(5英尺)	60	正常讲话
洗碗机	50	
轻型交通(100英尺)		
鸟叫声(遥远)	40	安静
轻声细语(5英尺)	30	
人类呼吸	20	轻微
	10	
	0	

联邦运输管理局(FTA)的噪声和振动指南适用性最强。该指南将三类对噪声特别敏感的土地用途进行分类(联邦运输管理局,2006),分别是:

①需要安静环境的场所和公园;

②不应有夜间噪声的住宅和场所(如酒店、医院等);

③白天和夜晚都要运转的公共的场所(如学校、图书馆、公园、教堂等)。

6.5.2 通过空气传播的建筑噪声

为了描述建筑施工的噪声水平,该节利用美国国家环境保护局的数据进行分析(美国国家环境保护局,1971)。基于美国国家环境保护局的这些标准,在敏感的地方(如医院、住宅、教堂),每小时声强等级为 75 dB(A) 的施工噪声也会对其产生重大的影响。建筑施工产生的噪声会因施工过程中所使用设备的种类和使用时间而不同(图 6-9)。重型机械和其他建筑施工产生的噪声水平,在 50 英尺的距离内,通常在 70 至 90 分贝不等。通常情况下,重型机械只是在白天偶尔使用。

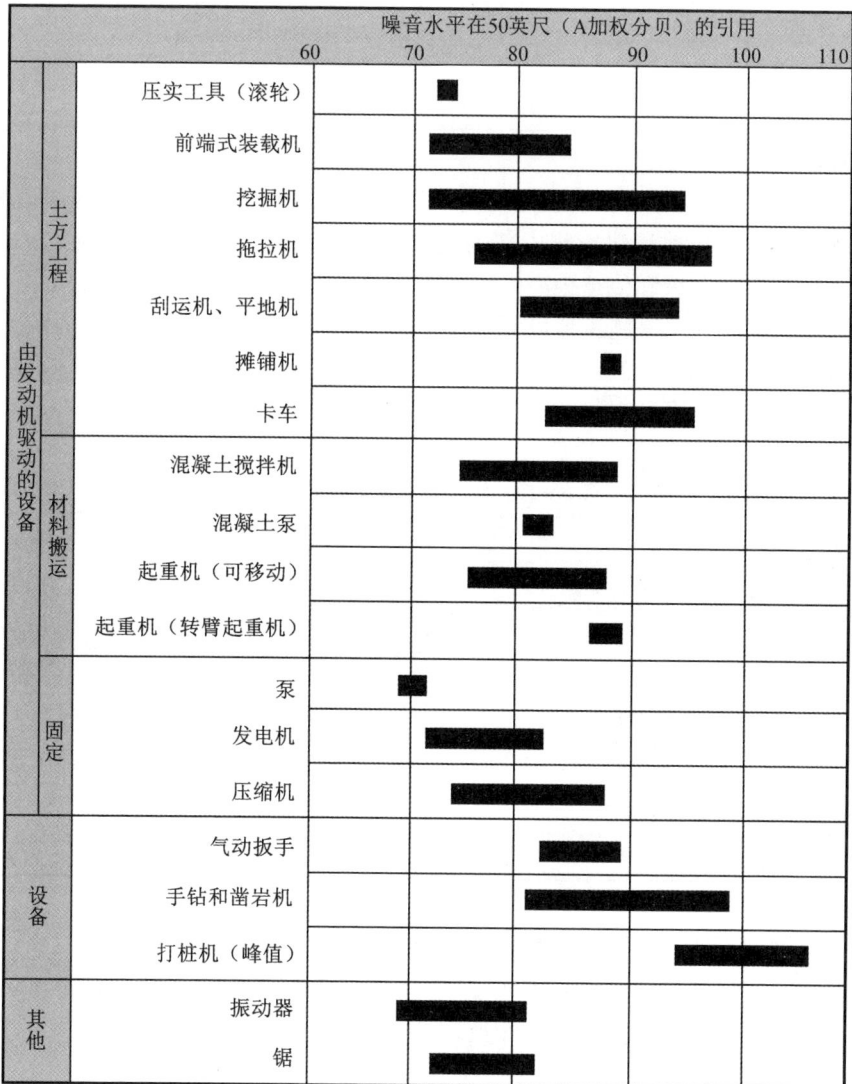

			噪音水平在50英尺（A加权分贝）的引用				
			60　70　80　90　100　110				
由发动机驱动的设备	土方工程	压实工具（滚轮）					
		前端式装载机					
		挖掘机					
		拖拉机					
		刮运机、平地机					
		摊铺机					
		卡车					
	材料搬运	混凝土搅拌机					
		混凝土泵					
		起重机（可移动）					
		起重机（转臂起重机）					
	固定	泵					
		发电机					
		压缩机					
设备		气动扳手					
		手钻和凿岩机					
		打桩机（峰值）					
其他		振动器					
		锯					

图 6-9　一般建筑噪声声级(基于有限的可用数据样本)

(资料来源:美国国家环境保护局,1971)

施工噪声因施工过程、使用设备的类型和条件以及施工现场的布局而有很大区别。总体而言,产生建筑噪声的主要设备有手钻,打桩机等。表6-12给出了手钻和打桩机噪声对指定用地的最小影响距离,可知,这两种噪声水平可影响的范围包括离噪声源18英尺以内的商业或工业用地,以及离噪声源177英尺内的住宅用地。根据这些数据可知,在梅波特海军基地涵盖半径为177英尺范围内的待开发区域会受到陆上施工噪声的影响。

表6-12　施工设备噪声影响距离　　　　　　　　单位:英尺

设备	距住宅用地距离	距商业或工业用地距离
手钻	56	18
打桩机	177	56

除了施工设备噪声,振动也是一种干扰社会生活的噪声。振动指地面的震动可以引起建筑物震动和建筑物内部的隆隆声。打桩机产生的振动通常通过地面传播。影响振动等级和传播距离的因素有很多,如设备所在施工区域的土壤或岩石类型等。只有在某一施工地点频繁发生振动的情况下(70次/天),人们才会感到不适;否则振动对人的影响并不易于察觉。表6-13为常见施工设备振动的影响距离(美国运输部联邦铁路管理局,2002)。

表6-13　施工设备振动冲击距离　　　　　　　　单位:英尺

设备	影响距离
打桩机(冲击)	小于525
打桩机(振动)	小于330
振动压路机	小于265
车轮冲击器	小于200
大型推土机	小于85
装载卡车	小于85
沉箱钻探	小于85

杰克逊维尔市执行《噪声管制条例》第4章(Rule 4, Noise Pollution Control),对噪声污染进行控制(杰克逊维尔环境保护委员会,1995年;美国商务部,1965年)。适用于工程项目范围的施工建筑《噪声管制条例》部分内容如下:

①除非城市特别允许进行特殊的项目外,在晚上10点至次日早晨7点之间,不能使用施工设备(第4.208. A条);

②白天,任何噪声音量超过 65 分贝时,不得在居民区、安静休憩地以及噪声敏感场所(如学校、退休院舍、医疗场所、教堂及未开发土地)中进行施工或使用维护设备(第 4.208.C 条);

③噪声水平超过 60 分贝的施工或维护设备不得在夜间工作(第 4.208.D 条)。

6.5.3　水下噪声

除了空气中传播的噪声之外,还有水下噪声。疏浚、填充、打桩及其他施工或改造都会产生水下噪声。水下环境噪声包括潮汐、水流、波浪,以及海洋哺乳动物和人类活动产生的噪声。由人类活动引起的噪声有航行、飞行、疏浚等。此类的低频噪声往往会在水中传输很长的距离,但会随着噪声源逐渐远离而衰减。目前,维护疏浚工作定期在疏浚工程区域内进行,梅波特海军基地入港航道和回旋水域通常每 2 年进行 1 次。杰克逊维尔港向上游的加深需要对 3 号联邦航道进行爆破。后续会讨论与海洋哺乳动物有关的水下噪声。经测量,类似于曾用于疏通梅波特海军基地回旋水域的斗式挖泥船,在 50 英尺的范围内,其噪声的暴露水平介于 75 和 88 分贝之间(美国国家海洋渔业局,2007d)。

6.5.4　敏感噪声区域

大多数敏感噪声区域距离施工区域和疏浚区的距离至少为 1.5 英里,但有两个例外:①法恩根小学,该小学位于梅波特海军基地南部,距离莫阿莱大道与缅因街交叉口改善项目以南约 0.75 英里;②胡格诺派公园,其位于入港航道疏浚区北部约 0.75 英里处。在梅波特海军基地,噪声敏感区域包括鹈鹕栖息地休闲公园、单身公寓(包括临时宿舍)、医疗和牙科诊所、小教堂、儿童发展中心和梅波特海军基地家属区。

6.6　生　物　资　源

母港改建及其备选方案对生物资源的影响范围涵盖海洋和陆地区域,海洋的影响范围包括梅波特海军基地回旋水域和入港航道、杰克逊维尔 3 号联邦航道、杰克逊维尔和费尔南迪纳海洋疏浚物处置场,以及疏浚区和海洋疏浚物处置场之间的运输区域。

回旋水域通过 500 英尺宽的入港航道连接到圣约翰河的联邦航道。回旋水域的平均最低水位维持在 42 英尺,舰艇泊位的深度在 30 至 50 英尺之间。梅波特海军基地入港航道和联邦航道入口处的平均最低水位也维持在 42 英尺,但在远离海岸的联邦航道处平均最低水位可超过 55 英尺。杰克逊维尔海洋疏浚物处置场面积为 1 平方海里,距梅波特海军基地回旋水域约 5.5 海里,距圣约翰河河口东南部约 4.5 海里。杰克逊维尔海洋疏浚物处置场的平均最低水位为 46 英尺,该处置场自 1952 年以来使用较为频繁(美国国家环境保护局和美国陆军工程兵团,2007 年)。费尔南迪纳海洋疏浚物处置场面积为 4 平方海里,位于圣约翰河口东北约 8.5 海里处。费尔南迪纳海洋疏浚物处置场的深度从 40 到 67 英尺不等,自 1987 年以来使用较为频繁(美国国家环境保护局和美国陆军工程兵团,1998 年)。

母港改建对陆地区域影响范围包括毗邻回旋水域的地区及计划建造的停车场和计划进行交通改善的地区。改建方案计划对这些地区内的基础设施及用于设施建设的设备进行改造或升级。

根据《濒危物种法案》(ESA)第 7 节的规定,所有联邦项目和其他需要联邦许可的(如美国陆军工程兵团许可证)的项目,都需要与美国鱼类和野生动物管理局及国家海洋渔业局进行协商,这些项目可能对一些联邦列出的濒危物种和指定的重要栖息地产生不利影响。为了完成美国鱼类和野生动物管理局及国家海洋渔业局关于《濒危物种法案》的协商,第 2 组和第 3 组改建方案对《濒危物种法案》中列出的物种和指定的重要栖息地的影响进行生物学评估。海军在发布《环境影响分析评估》的决定记录之前,会先向美国鱼类和野生动物管理局申请一份同意通知书,并向国家海洋渔业局申请一份生物意见书。美国鱼类和野生动物局同意通知书的条款和国家海洋渔业局的生物意见书的相关条款将在决定记录中给出。

6.6.1　海洋生物种群

1. 植物和无脊椎动物

下面关于植物和无脊椎动物的讨论是基于受改建项目影响的特定的海洋区域内的有限调查数据。

(1)植物

①水下水生植物。海草或水下水生植物(SAV)是重要的生态栖息地,是海牛和海龟的幼年栖息地和食物来源,也可用于休闲、渔业。各州和联邦法律包括但不限于《河流和港口法》(Rivers and Harbors Act)第 10 条、《清洁水法》第 404 条和《马格努森－史蒂文斯渔业养护和管理法》(大西洋国家海洋渔业委员会,1997 年;南大西洋渔业管理委员会,2007)。圣约翰河内水下水生植物的生长的最深水深为平均最低水位下的 5 到 6.5 英尺(圣约翰河水资源管理区)。

根据以往的对海草栖息地所做的研究及其生存的条件来判断,真正的海草不太可能大量存在于圣约翰河下游的海域。据报道,虽然在圣约翰河中已经发现了野鸭草,但是在母港改建和备选方案涉及的影响范围内还没有研究该植物在特定地点的丰度和分布。对于野鸭草来说,梅波特海军基地冬季温度太低,而夏季温度又太高,而且没有适合浅滩草生长的环境,所以在基地附近的圣约翰河河口野鸭草几乎不可能有真正的高丰度分布。

②褐色海藻或马尾藻。马尾藻是一种漂浮在北大西洋西部的近海海域的海藻,通常可以在近海区域发现大片缠结在一起的这种植物。缠结的藻类植物由两种远洋(公海)褐色藻类组成。马尾藻在美国东南部的大陆架上经常大量出现,在马尾藻栖息地生存的鱼类有 100 多种,这里也是海豚的重要栖息地,海豚主要以马尾藻为食。在上述改建方案的涉及海域中,马尾藻可能只出现在海洋疏浚物处置场附近(南大西洋渔业管理委员会,1998)。

③浮游植物。浮游植物是漂浮在海洋中的微小植物。圣约翰河河口和大西洋之间的潮汐和水循环使得这里的浮游植物种群多样。

耐盐性和有限的光合能力是影响该地区物种生存的主要因素。某些物种的丰度一年四季都在波动。在圣约翰河,蓝藻和绿藻会集中在夏季大量繁殖。硅藻是圣约翰河的主要浮游植物,其丰度一般在 2 月份达到高峰(圣约翰河水资源管理区,1994)。

海洋疏浚物处置场的浮游植物种群主要由硅藻,甲藻(自由游动的海洋生物)和颗石藻组成。大陆架水域的浮游植物以硅藻为主,夏季,甲藻含量丰富。目前还没有专门针对回旋水域内生长的浮游植物的调查数据,可以假定梅波特海军基地回旋水域内生长的浮游植物与圣约翰入海口和海洋疏浚物处置场中的浮游植物相似(美国海军,1997)。

(2)无脊椎动物

①浮游生物。浮游生物是一种小型的、一般需要用显微镜才能看清的动物,如浮游甲壳类动物和鱼卵,中型浮游生物,大型浮游生物和鱼类(鱼类的幼年阶段)都生活在圣约翰河和梅波特海军基地的回旋水域。过去,在圣约翰河干流和位于梅波特海军基地 8 英里范围内的圣约翰河支流进行的研究显示,春季和夏季中型和大型浮游动物的成活密度和多样性最大(美国海军,1997)。全年最主要的中型浮游动物是桡足类(微型海洋甲壳类动物);夏季,幼年螃蟹数量在大型浮游动物中占主导地位;而在春季和冬季,糠虾(一种把卵装在育卵囊里的类似虾的生物)则最为常见。鱼类浮游生物,如斑点海鳟鱼和弱鱼,在春季和夏季的数量更多。春,幼年虾在大陆架会出现最大丰度,它们占浮游生物总数的 16%。幼年虾是凤尾鱼的主要食物来源,其他如虾虎鱼、鲶,有时也以其为食。冬季是黄花鱼繁衍的高峰期(美国海军,1997)。

海洋疏浚物处置场的浮游生物种群由桡足类、毛颚类动物(类似蠕虫的海洋无脊椎动物)、尾索动物(透明的小生物体)、水母、翼足类(海蝴蝶)、十足类和各种浮游幼虫组成。通常桡足类数量最多。浮游生物的数量在春季和秋季最多。幼年虾、蟹和鱼大量生活在大陆架上,在海上反而相当罕见(美国国家环境保护局,1983 年)。

②底栖无脊椎动物。底栖生物(生活在海底)栖息在圣约翰河下游和梅波特海军基地回旋水域,生存环境主要以粉质沙底为主。软体动物、多毛类和棘皮动

物的种类在春季、夏季和冬季较为多见,在秋季较为少见(美国海军,1997)。

杰克逊维尔海洋疏浚物处置场底栖环境主要由沙子构成。约有 434 个种群的底栖生物栖息于此,其中以多毛类、双壳类、腹足类和软甲纲类为主,其中多毛类数量最多、软甲纲类数量最少(美国国家环境保护局,1999a)。

费尔南迪纳海洋疏浚物处置场底栖生物环境也主要由沙子构成。255 个种群的底栖生物栖息在此,其中以多毛类、双壳类、软甲纲类和腹足类为主,多毛类动物数量最多,腹足类动物数量最少(美国国家环境保护局,2006a)。

③贝类。在沼泽潮间带能够发现牡蛎群,在梅波特海军基地北部靠近乔治堡海湾、乔治堡河、辛普森溪(Simpson Greek)和姐妹溪(Sisters Greek)的地方可发现两种硬壳蛤(美国海军,1997)。贝类在杰克逊维尔和费尔南迪纳海洋疏浚处置场均不常见(美国国家环境保护局和美国陆军工程兵团,2007;1998)。

④虾。这一区域的虾主要有三种:白虾、棕虾和粉虾。白虾在 4 月开始产卵,繁殖地通常在离岸 20 到 80 英尺的地方,偶尔会在近岸或入海口产卵;棕虾在冬季产卵,繁殖水域深度约为水下 45 英尺;粉虾在夏季产卵,繁殖水域深度在水下 12 至 50 英尺之间。大型白虾在 8 月至 12 月期间迁徙到商业捕鱼区,而棕色和粉虾在冬季海洋疏浚作业期间仍留在入海口。

2. 海洋鱼类

整个圣约翰河已知的沿海和入河口鱼类大约有 170 种(圣约翰河水资源管理区,1994 年)。休闲和商业渔业中最重要的鳍鱼是白鳍鱼、斑点海鳟、弱鱼、黄花鱼和红鼓鱼(南大西洋渔业管理委员会,1998)。有关商业及休闲渔业的其他资料,请参阅前述内容。

3. 重要鱼类栖息地评估

经 1996 年《可持续渔业法》(公法 104 – 267)修订的《马格努森 – 史蒂文斯渔业养护和管理法》,要求联邦机构就可能对重要鱼类栖息地产生不良影响的活动与美国国家海洋渔业局进行协商。此次的环境影响分析评估符合美国国家海洋渔业局东南地区办事处向杰克逊维尔区美国陆军工程兵团提供的关于与美国国家环境保护局协调的重要鱼类栖息地的咨询要求。(美国国家海洋渔业局,1999)。重要鱼类栖息地的定义是"鱼类产卵、繁殖或生长至成熟所必需的水域和资源"(南大西洋渔业管理委员会,1998)。2002 年发布的指南指出"重要鱼类栖息地必须设立渔业管理部门(FMU),该部门能够识别和描述每个生命阶段和所有物种,以及重要鱼类栖息地的物理、生物和化学特征。(如果以上信息已知的情况下)这些特征会如何影响每个物种和生命阶段对重要鱼类栖息地的使用。"(美国国家海洋渔业局,2008b)。

须重点关注的栖息地(HAPCs)是重要鱼类栖息地的一个部分。应鼓励渔业管理委员会(FMCs)根据马格努森法案指定须重点关注的栖息地。应根据栖息地等级来确定重点关注的栖息地,而不是用栖息地来判别鱼类的生长阶段。《联邦法规汇编》中公布的重要鱼类栖息地指南中须重点关注栖息地定义为重要鱼类栖息地中栖息地域的类型和区域。这类栖息地应根据以下一个或多个考虑因素进行确定:

①栖息地提供的生态功能的重要性;

②栖息地对人为造成的环境退化的敏感程度;

③计划实施的活动对栖息地的影响程度;

④栖息地类型的稀有性(《联邦法规汇编》第50章第600.815(a)(8)款)。

基于这些考虑,渔业管理委员和美国国家海洋渔业局已将"栖息地类型"和"区域"指定为须重点关注的栖息地。在某种情况下,通过特定栖息地类型确定的须重点关注栖息地,可能与特定区域的名称重复。在考虑潜在的非捕捞因素影响时应特别注意,需通过识别生态上具有重要价值的、敏感的、受威胁的或稀有的生物栖息地来推进协商过程,以确定需要重点关注的栖息地。确认栖息地是渔业管理委员会和美国国家海洋渔业局应对这些影响的主要方式(美国国家海洋渔业局,2008c)。

在此次环境影响分析评估中涉及的受影响范围内及其附近的重要鱼类栖息地和须重点关注的栖息地,由中大西洋渔业管理委员会(MAFMC),南大西洋渔业管理委员会和美国国家海洋渔业局管理。表6-14给出了此次环境影响分析评估中受影响范围内的重要鱼类栖息地,须要重点关注的栖息地及其受季节影响的情况。

表6-14 环境影响分析评估中所述的影响范围内的重要鱼类栖息地、须重点关注栖息地及其季节受季节影响的情况

物种	生命阶段1	出现在影响范围内	须重点关注的栖息地	出现在受影响范围附近
由中大西洋渔业管理委员会管理的物种				
青鱼	J、A	圣约翰河/联邦航道	N	全年
夏鲆	L、J、A	圣约翰河/联邦航道	Y	全年
由南大西洋渔业管理委员会管理的物种				
红鼓鱼	J	圣约翰河/联邦航道	Y	6至8月(圣约翰)春秋(航道)
沿海迁徙的中上层鱼	E、J、A	圣约翰河/联邦航道,海洋疏浚物处置场	N	夏
鲷鱼-石斑鱼混合	J	圣约翰河/联邦航道	Y	夏

物种	生命阶段1	出现在影响范围内	须重点关注的栖息地	出现在受影响范围附近
对虾	J	圣约翰河/联邦航道	Y	夏、冬

由美国国家海洋渔业局管理的高度洄游的大西洋物种

鲨鱼

大西洋尖鼻鲨	N、J	联邦航道	N	全年
黑吻鲨	N、J	联邦航道	N	夏
黑边鳍鲨	N、J、A	联邦航道	N	发生季节性迁徙
窄头双髻鲨	N、J、A	联邦航道	N	全年
牛鲨	J	联邦航道	N	当前季节未知
灰鲨	N、J、A	联邦航道	N	当前季节未知
真齿鲨	N、J、A	联邦航道	N	当前季节未知
柠檬鲨	N、J、A	联邦航道	N	夏(成年)
铰口鲨	J、A	联邦航道	N	少见
铅色鲨	N、JA	联邦航道	Y	全年
沙虎鲨	N	联邦航道	N	少见
双髻鲨	N、J	联邦航道	N	发生季节性迁徙
转轮鲨鱼	N、J	联邦航道	N	发生季节性迁徙(少见)
虎鲨	N、J、A	联邦航道	N	当前季节未知

长嘴鱼

| 旗鱼 | J | 海洋疏浚物处置场 | N | 全年 |

资料来源:美国国家海洋渔业局,2006b;2008a。

注:J 指幼年;A 指成年;L 指幼虫;E 指卵;N 指新生鱼或当年鱼。

(1)中大西洋管理的物种

中大西洋渔业管理委员会已在其管辖范围内为青鱼和夏鲆指定了重要鱼类栖息地。以下介绍两种鱼类在各生命阶段生存的栖息地。

①青鱼。青鱼是一种洄游和远洋物种,栖息在最温和的沿海地区。美国大西洋沿岸的青鱼从缅因州及佛罗里达州,青鱼大多会在大西洋中部海湾过冬或产卵。一些青鱼从海湾向北迁徙,而另一些则向南迁徙到佛罗里达海岸(美国国家渔业海洋局,2006b)。缅因州佩诺布斯科特湾和佛罗里达州圣约翰河之间的主河口为幼年和成年青鱼的重要栖息地。仅指定沿佛罗里达海岸大陆架上的远洋水

域为青鱼鱼卵和幼虫的重要栖息地,而未指定其为近海重要鱼类栖息地。一般来说,幼年青鱼会在 3 月至 12 月出现在南大西洋河口,成年青鱼会在 5 月至次年 1 月出现在"混合"和"海水"区域内(Shepherd and Packer,2006)。幼年青鱼和/或成年青鱼可能在一年中的任何时间出现在此次评估的受影响范围的近岸区域内。

②夏鲆。夏鲆通常在温暖的月份出现在浅海和河口水域,在寒冷的月份则出现在大陆架外围区域。根据夏鲆各生命阶段所生活的区域来确定的重要鱼类栖息地,大陆架上的水域(从海岸到 200 英里专属经济区的边界),即从北卡罗来纳州的哈特拉斯角(Cape Hatteras)到佛罗里达州的卡纳维拉尔角(Cape Canaveral)。所有被鉴定为夏鲆栖息地的河口(稀有、常见、丰富或高度丰富)都被指定为夏鲆幼虫,幼年和成年鱼类的重要鱼类栖息地。河口包括从阿尔伯马里音(Albermarie Sound)到布罗德河(Broad River),以及圣约翰河和印度河的河口(Packer, et al, 1999;美国国家海洋渔业局,2008a)。幼虫、幼年和成年夏鲆可能在春季或夏季出现在此次评估的影响范围内,而在冬季离开。

在幼鱼和成鱼重要鱼类栖息地内的须重点关注的栖息地被认为是一种包括所有种类的大型藻类、海草、淡水和潮汐植物,以及松散的海底的综合体(美国国家海洋渔业局,2008a)。

(2)南大西洋管理的物种

南大西洋渔业管理委员会已在其管辖范围内指定了红鼓鱼、鲷鱼、沿海洄游中上层生物和虾的重要鱼类栖息地及须重点关注的栖息地(南大西洋渔业管理委员会,1998)。

①红鼓鱼。红鼓鱼分布在大西洋沿岸,其栖息地在贯穿佛罗里达州的切萨皮克湾(Chesapeake Bay)地区。它们在海边、近海湾和高盐度河口产卵。在 6 月至 8 月,圣约翰河盐度高的月份里,给鼓鱼的幼鱼数量非常庞大。红鼓鱼在河口成熟后,成鱼大部分时间都在海洋中度过。这些红鼓鱼都具有娱乐价值和商业捕捞价值(南大西洋渔业管理委员会,1998)。

红鼓鱼的重要鱼类栖息地包括以下所有离岸 50 米的海上栖息地:淡水、潮汐河口自然植被湿地(淹水盐沼、咸淡水沼泽和潮汐溪流)、河口灌木丛和其他灌木丛(红树林边缘)、水下维管植物(海草)、牡蛎礁和贝壳库、松散的海底(软沉积物)、海洋高盐度冲浪区和人工珊瑚礁。其覆盖的区域包括弗吉尼亚和佛罗里达群岛。此次评估的影响范围内的红鼓鱼的重要鱼类栖息地仅存在于与入港航道和联邦导航道相交的海岸入口内(南大西洋渔业管理委员会,1998)。在位于圣约翰河上游的产卵区和育苗区内,可能会出现红鼓鱼。

符合红鼓鱼须重点关注的栖息地标准的地区包括所有沿海入口、对红鼓鱼特别重要的所有国家指定的繁殖地;栖息地计划(Habitat Plan)中描述的佛罗里达州产卵的聚集地;未来将确定的其他产卵区及已确定的水下植被栖息地。与重要鱼类栖息地一样,此次评估的影响范围内红鼓鱼的须重点关注栖息地仅存在于与梅波特海军基地入港航道和联邦航道相交的海岸入口内(南大西洋渔业管理委员会,1998)。特别是耐盐水下植物,目前在疏浚的地区非常稀少,因此红鼓鱼很可能会进入圣约翰河上游,到达耐盐水下植物的栖息地,在特定的疏浚地点或繁忙的船只航道和入口内觅食或进行日常活动。春季和秋季疏浚区内可能会出现成年红鼓鱼;然而,它们通常集中在船只流量最小的入口处(美国国家海洋渔业局,2008a)。

珊瑚和海底生物的重要鱼类栖息地和须重点关注的栖息地位于此次评估的影响区域附近,但并不在疏浚或疏浚物处置场内(如梅波特海军基地回旋水域、入港航道和联邦航道及海洋疏浚物处置场)(南大西洋渔业管理委员会,1998)。

②红鲷鱼和石斑鱼。红鲷鱼和石斑鱼共有 10 科 73 种。这些物种的具体信息可在南大西洋渔业管理委员会管辖的渔业管理计划中找到。一般来说,红鲷鱼和石斑鱼既适应远洋环境,也适应底栖生境。通常可在其生活的水层内发现其幼鱼和成鱼。此外,红石斑鱼、黄鳍石斑鱼、灰鲷鱼和毛鲷鱼的幼鱼可能出现在近海海草床、红树林河口、泻湖和海湾系统中和圣约翰河里。红鲷鱼和石斑鱼也大量生活在人造鱼礁上。红鲷鱼和石斑鱼的商业捕捞地通常是海底栖息地(水下 54.1至 88.6 英尺)和大陆架边缘的栖息地(水下 360.9 至 590.5 英尺)。重要鱼类栖息地包括在成年鱼类栖息地上方水域中的产卵区,和包括马尾藻类海草在内的幼体生存和生长直至定居所需的远洋环境。墨西哥湾流因其对红鲷鱼和石斑鱼幼虫的扩散作用,被列为重要鱼类栖息地。对于依赖河口和近岸的红鲷鱼和石斑鱼物种的特定生命阶段,重要鱼类栖息地包括便于大型藻类附着的水下 100 英尺的近岸区域,埋根维管植物(马尾藻类海草)、河口新兴植被湿地(盐沼,咸淡水沼泽)、潮沟、河口灌木/灌木(红树林边缘)、牡蛎礁和贝壳库、松散海底(软沉积物)、人工珊瑚礁,以及距海岸至少 600 英尺的大陆架断裂带(对于多锯鲈来说至少要达到 2 000 英尺)。

对于红鲷鱼和石斑鱼,符合其重要鱼类栖息地和须重点关注的栖息地标准的区域,通常包括产卵的中高层近海硬底、已知或可能的周期性产卵地点、红树林栖息地、海草栖息地、贝类栖息地、所有沿海入口、所有对石斑鱼特别重要的国家指定孵育环境、浮游和底栖的马尾藻、所有的人造珊瑚生存环境和珊瑚礁、布莱克深海高原(Blake Plateaa),以及委员会指定的人工鱼礁特别管理区。在此次评估的范围内的红鲷鱼和石斑鱼的重要鱼类栖息地和须重点关注的栖息地位于与入港航道和联邦导航通道相交的海岸入口内(南大西洋渔业管理委员会,1998)。夏季,未成年的红鲷鱼和石斑鱼可能会出现在此次评估的区域内,沿着圣约翰河向海草栖息地及上述的其他首选栖息地迁徙。马尾藻类海草可能出现在海洋疏浚物处置场附近,因此该地也可能存在红鲷鱼和石斑鱼。

③沿海洄游的中上层水域鱼类。在南大西洋地区发现的沿海洄游远洋鱼类包括诸如王鲭鱼和西班牙鲭鱼、角鲭鱼、大鳞鲭鱼和小金枪鱼等。可以在大陆架

边缘的沿海水域中找到它们的身影。上述幼鱼栖息在其所生活的水层内,卵和幼虫集中出现在浅表水域的产卵区内。沿海洄游中上层鱼类的主要食物来源来自附近的河口(南大西洋渔业管理委员会,1998)

一般来说,沿海洄游远洋鱼类的重要鱼类栖息地包括对这些鱼类特别重要的所有沿海入海口和所有州指定的育幼区。军曹鱼的重要鱼类栖息地还包括高盐度海湾、河口和海草栖息地。此外,墨西哥湾流是重要的鱼类栖息地,因为它可以分担沿海洄游的远洋幼鱼。对于王鲭鱼、西班牙鲭鱼和军曹鱼来说,重要的鱼类栖息地主要分布在南大西洋和大西洋中部的海湾(南大西洋渔业管理委员会,1998)。

在此次评估的范围内,重要的鱼类栖息地位于与梅波特海军基地进港航道和联邦航道相交的沿海入口内。在6月至8月的高盐度月份,军曹鱼在圣约翰河很常见,此外,上述所有沿海洄游物种都可能出现在海洋疏浚物处置场附近。

④虾。如前所述,虾(白虾、棕虾和粉虾)是圣约翰河下游重要的捕捞对象。虾的重要鱼类栖息地包括近海河口孵育区、用于产卵和成长至成熟的近海海洋栖息地,以及栖息地计划中所述的所有相互连接的水体(南大西洋渔业管理委员会,1998)。近海保育区包括潮汐淡水(沼泽)、河口和海洋重要湿地(如潮间带沼泽)、潮汐沼泽森林地区、红树林、潮汐淡水、河口和海洋水下植物(如海草),以及潮下带和潮间带的无植被平原。这一重要鱼类栖息地所覆盖的区域从北卡罗来纳州到佛罗里达群岛。符合须重点关注的虾栖息地标准的区域包括所有沿海入口、所有虾特别重要和各州指定的孵育栖息地,以及各州确定的越冬区。

在此次评估的范围内,重要鱼类栖息地和须重点关注的多虾栖息地位于梅波特海军基地入港航道和联邦航道相交的海岸入口内(南大西洋渔业管理委员会,1998)。产卵期的和迁徙来的成年虾可能出现在海洋疏浚物处置场附近。沿海入口处可能存在幼年粉虾和棕虾,它们在孵育区度过冬季后,在夏季洄游到更深的水域(南大西洋渔业管理委员会,1998)。

(3)美国国家海洋渔业局管理的物种:长嘴鱼和高度洄游鱼种(HMS)

一般来说,高度洄游鱼种和长嘴鱼的重要鱼类栖息地包括海洋和河口水域栖息地。对于可能出现在此次评估范围附近的每个物种,按发育阶段,仔鱼前期/后期、稚鱼、成鱼更具体地对重要鱼类栖息地进行了细分。在此次评估范围附近确定了1种长嘴鱼和14种鲨鱼的重要鱼类栖息地,具体描述见下文。

①长嘴鱼(旗鱼)。长嘴鱼包括马林鱼(蓝色和白色)、旗鱼和矛鱼,美国国家海洋大气管理局的高度洄游鱼种渔业管理计划规定,这些鱼均由联邦政府管理。在此次评估的范围附近,唯一生活在重要鱼类栖息地的长嘴鱼是旗鱼。旗鱼分布在大西洋西部北纬40°到南纬40°之间。它们通常生活在沿海海洋浅水层,也经常出现在近岸水域。虽然旗鱼通常在夏季从佛罗里达群岛向北迁徙,但有一种旗鱼全年都远离佛罗里达海岸。幼年旗鱼的重要鱼类栖息地包括从北纬32°以南到基韦斯特(Key West)的远洋和沿海浅表水域,佛罗里达州近海5英里到125英里的

海域,或 200 英里的专属经济区(Exclusive Economic Zone)边界,以近岸者为准(美国国家海洋渔业局,2006b)。幼年长嘴鱼重要鱼类栖息地可能出现在海洋疏浚物处置场附近,成年鱼产卵、孵卵及幼鱼阶段的鱼类栖息地不在此次评估的范围之内。

②大西洋尖吻鲨。大西洋尖吻鲨生活在北美东北海岸的水域。它是南卡罗来纳州佛罗里达州和墨西哥湾沿岸常见的全年常驻生物。夏季,它在弗吉尼亚的海域很常见。大西洋尖吻鲨的仔鱼出现的水域为重要鱼类栖息地,包括浅海地区、海湾河口,以及从佛罗里达州北部的代托纳海滩(Daytona Beach)到北卡罗来纳州哈特拉斯角,一直延伸到 25 米等深线处(海床等深线)。幼年大西洋尖吻鲨的重要鱼类栖息地位于佛罗里达州北部代托纳海滩外至佐治亚坎伯兰岛(Cumberland Island)25 米等深线以外的浅海地区、海湾和河口。成年尖吻鲨的重要鱼类栖息地位于此次评估的范围以南(佛罗里达州卡纳维拉尔角以南的圣奥古斯丁近海区域)(美国国家海洋渔业局,2006b)。大西洋尖吻鲨所有的发育阶段都可能出现在此次评估的范围内。

③黑吻真鲨。黑吻真鲨在从卡罗来纳州到佛罗里达州及墨西哥湾的沿海水域分布非常丰富。黑吻真鲨仔鱼的重要鱼类栖息地包括,从北卡罗来纳 – 南卡罗来纳州边界向南到佛罗里达州卡纳维拉尔角的 25 米的浅水区。幼鱼的重要鱼类栖息地位于距离佐治亚州 – 佛罗里达州边界南部到佛罗里达州西棕榈滩(West Palm Beach)25 米的浅海海域。成年黑吻真鲨的重要鱼类栖息地位于此次评估的范围南部(佛罗里达州卡纳维拉尔角以南的圣奥古斯丁近海区域)(美国国家海洋渔业局,2006b)。夏季,黑吻真鲨的仔鱼和稚鱼可能会出现在此次评估的范围内。

④黑鳍鲨。在美国东南部,黑鳍鲨分布在弗吉尼亚州到佛罗里达州和墨西哥湾的海域。它们随季节变化沿着海岸由北向南迁移。黑鳍鲨仔鱼阶段的重要鱼类栖息地,包括从南卡罗来纳州布尔湾(Bull's Bay)至佛罗里达州卡纳维拉尔角向南北韦 33.5°的浅海岸水域。幼年黑鳍鲨的重要栖息地是从海岸线到沿岸浅水区25 米等深线:从北纬 35.25°的北卡罗来纳州哈特拉斯角到北纬 29°的庞塞德利昂湾(Ponce de Leon)。成年黑鳍鲨的重要栖息地包括佛罗里达州圣奥古斯丁以北北纬 30°至佐治亚州坎伯兰岛的沿岸浅海水域(美国国家海洋渔业局,2006b)。在季节性南北迁移期间,成年黑鳍鲨可能出现在此次评估的范围内。

⑤窄头双髻鲨。窄头双髻鲨通常出现在海底有泥沙的浅海岸水域。窄头双髻鲨仔鱼的重要栖息地,包括从佐治亚州的杰基尔岛(Jekyll Island)到佛罗里达州卡纳维拉尔角的北部距离不到 25 米深的浅海、入海口和河口。窄头双髻鲨稚鱼的重要栖息地包括在从北卡罗来纳州的恐惧角(Cape Fear)到佛罗里达州的卡纳维拉尔角的浅海岸水域、入海口和河口(美国国家海洋渔业局,2006b)。窄头双髻鲨的所有发育阶段都可能出现在此次评估的范围内。

⑥牛鲨。牛鲨是一种生活在河口并经常进入淡水区域的大型浅水鲨。在此次评估的范围内仅可见到牛鲨的稚鱼。牛鲨的重要栖息地包括从佐治亚州萨凡纳

海滩(Savannah Beach)向南到佛罗里达州干龟岛(Dry Tortugas)的不到 25 米的浅海岸、入海口和河口。牛鲨的仔鱼和成鱼的重要栖息在此次评估的范围之外(美国国家海洋渔业局,2006b)。此次评估的范围内牛鲨可能出现在佛罗里达州东海岸的沿海淡水鱼苗区内。

⑦乌锥齿鲨。乌锥齿鲨在全球范围内的温暖的水域中十分常见,它们季节性地沿海岸由南向北迁徙。乌锥齿鲨仔鱼的重要栖息地包括从瞭望角、北卡罗来纳向南到佛罗里达州西棕榈滩 25 到 100 米等深线的浅海、海湾和河口。乌锥齿鲨稚鱼的重要栖息地位于从位于弗吉尼亚州 - 马里兰州边界的阿萨蒂格岛(Assateague Island)(38°N)到佛罗里达州的杰克逊维尔的 200 米等深线的浅海水域、入海口和河口,向南延伸至佛罗里达州干龟岛的 500 米等深线的浅海水域、入海口和河口。成年乌锥齿鲨的重要栖息地包括弗吉尼亚 - 北卡罗来纳州边界(36.5°N)以南至佛罗里达州劳德代尔堡(Ft. Landerdale)25 至 200 米等深线之间的远洋水域(美国国家海洋渔业局,2006b)。乌锥齿鲨仔鱼和稚鱼可能栖息在此次评估的范围内。成年乌锥齿鲨可能栖息在离岸较远的水域海,不在此次评估的范围之内。

⑧直齿鲨。直齿鲨分布于北卡罗来纳州和巴西之间,栖息在近海水域。直齿鲨的仔鱼、稚鱼和成鱼的重要栖息地位于南卡罗来纳州、佐治亚州和佛罗里达州的浅海岸水域的北纬 33°至 30°的 25 米等深线处。(美国国家海洋渔业局,2006b)。各发育阶段的直齿鲨都可能出现在此次评估的范围内。

⑨柠檬鲨。柠檬鲨栖息在浅海水域,特别是珊瑚礁附近,在南佛罗里达州的水域中数量较多。但是,一些成年柠檬鲨在夏天会向北迁徙到卡罗来纳州和弗吉尼亚州。柠檬鲨仔鱼的重要栖息地,包括从北纬 32°的佐治亚州萨凡纳,至北纬 29°的佛罗里达州印第安河 25 米等深线的所有浅海水域、入海口和河口。青年柠檬鲨的重要栖息地是指从南卡罗来纳州的布尔湾西南 79.75°至佛罗里达州西棕榈滩以南的所有浅海岸水域、入海口和近海 25 米等深线的河口。成年柠檬鲨的重要栖息地包括从北纬 31°的佐治亚州坎伯兰岛至北纬 31°佛罗里达州圣奥古斯丁的所有浅水沿海水域、入口和近海 25 米等深线的河口(美国国家海洋渔业局,2006b)。在夏季,成年柠檬鲨可能会出现在此次评估的范围内。

⑩铰口鲨。铰口鲨生活在浅水水域,分布于东至热带西非和佛得角群岛(Cape Verde Islands),西至哈特拉斯角和巴西的水域中,大量聚集并栖息在珊瑚礁区域。铰口鲨通常安静地伏在珊瑚礁或岩石下面。铰口鲨仔鱼的重要栖息地不在此次评估的范围之内。铰口鲨稚鱼和成鱼的重要栖息地包括佛罗里达州东海岸以外的浅海岸水域(从海岸线到 25 米等深线),从佐治亚州坎伯兰岛南部(北纬 30.5°)到佛罗里达州干龟岛(美国国家海洋渔业局,2006b)。铰口鲨可能出现在此次评估范围内,但更有可能出现在此次评估的范围以南的佛罗里达群岛。

⑪铅灰真鲨。铅灰真鲨是一种底栖物种,大多生活在 20 到 55 米深的沿海地

区,偶尔也出现在200米深的水域。铅灰真鲨仔鱼的重要栖息地包括,从长岛蒙托克(Moutauk)到佛罗里达州卡纳维拉尔角25米的浅海海域(全年),还包括从新泽西州的大海湾(Great Bay)到佛罗里达州的卡纳维拉尔角浅海岸水域的鱼苗区。铅灰真鲨仔鱼的重要栖息地包括位于北纬40°的新泽西州的巴奈加特海湾入海口(Barnegat Inlet)至佛罗里达州的卡纳维拉尔角(北纬27.5°)的所有水域(沿海和远洋)。成年铅灰真鲨的重要栖息地包括从海岸到50米等深线的浅海岸地区,即从马萨诸塞州南部的南塔基特(Nantucket)到佛罗里达州的迈阿密(美国国家海洋渔业局,2006b)。铅灰真鲨全年都生活在此次评估的范围附近。一些育苗区和幼年铅灰真鲨的栖息地已被指定为须重点关注的栖息地,但是该区域不在此次评估的范围之内。(美国国家海洋渔业局,2006b)。

⑫沙虎鲨。沙虎鲨生活在全世界范围内4米深的热带和温暖的水域。幼年沙虎鲨的重要栖息地包括从新泽西州南部的巴尼加特湾入口(Barnegat Inlet)到佛罗里达州的卡纳维拉尔角的25米深的浅海。在重要鱼类栖息地并未发现沙虎鲨稚鱼。成年沙虎鲨不在此次评估的范围之内(美国国家海洋渔业局,2006b)。沙虎鲨尽管数量稀少,但是可能仍会出现在此次评估的区域附近。

⑬双髻鲨。双髻鲨是锤头鲨中最常见的一种,主要生活在近岸热带水域中。仔鲨的重要栖息地包括南大西洋海湾的浅水水域,南卡罗来纳州的海岸附近、佐治亚州和佛罗里达州海岸,西经79.5°,北纬30°,距海岸线25英里的区域。双髻鲨稚鱼的重要栖息地是指,美国大西洋沿岸从北纬39°的海岸线到200米等深线的所有浅海岸水域,从北纬39°向南到西经82°的干龟岛和佛罗里达群岛附近。成年双髻鲨的重要栖息地不在此次评估的范围内(美国国家海洋渔业局,2006b)。在每年季节性由北向南迁徙时,双髻鲨可能会出现在此次评估的范围内。

⑭纺齿鲨。纺齿鲨群分布于从弗吉尼亚州到佛罗里达州,再到墨西哥湾的水域中。纺齿鲨仔鱼的重要栖息地包括从哈特拉斯角(北纬35.25°)绕佛罗里达州(包括佛罗里达湾和佛罗里达群岛附近),向北至北纬29.25°的25米等深线的浅海沿岸水域。纺齿鲨稚鱼的重要栖息地包括东海岸佛罗里达州-佐治亚州边境以南的北纬30.7°到北纬28.5°,从浅海到200米的等深线水域。成年纺齿鲨的重要栖息地位于此次评估的范围以南(美国国家海洋渔业局,2006b)。尽管关于纺齿鲨迁徙模式的信息有限,但在其季节性迁徙期间,可能出现在此次评估的范围附近。

⑮虎鲨。虎鲨生活在深海和浅海的温暖水域。虎鲨仔鱼的重要栖息地包括从佛罗里达州北部卡纳维拉尔角到纽约长岛蒙托克外200米等深线的浅海沿岸地区。虎鲨稚鱼的重要栖息地包括从密西西比湾(Mississippi Sound)(密西西比-亚拉巴马州界线以西)到佛罗里达群岛以南的100米等深线的浅海岸地区及从佛罗里达半岛到100米等深线再到佛罗里达州-佐治亚州边界。成年虎鲨的重要栖息地包括从切萨皮克湾南部到劳德代尔堡(Ft. Lauderdale)到墨西哥湾西部边界的近海

地区(美国国家海洋渔业局,2006b)。虎鲨可能出现在此次评估的范围附近。

6.6.2　陆地种群

改建方案中将在上述的评估区域进行改建和施工活动。所有区域都铺设路面,包含已有的建筑或设施,或用各种原生和非原生树木、灌木和草进行人工景观美化。此次评估的范围位于综合自然资源管理计划指定的保护区范围内,包括机场和人类活动区域,但这一区域并不是自然资源管理的重点(美国海军,2007b)。此次评估的范围不存在敏感生境。生存环境受城市和人为干扰的典型物种美国包括绿安乐蜥、浣熊、灰松鼠,还包括候鸟,如普通地鸽、哀鸽、歌雀、红翼黑鸟、家朱雀、北方嘲鸫和船尾白头翁。在圣约翰河近岸和开阔水域出现的其他候鸟包括鱼鹰、双冠鸬鹚、褐鹈鹕、花斑嘴灰鹭和黑头夜鹭。此次评估范围附近的湿地仅限于:①由于输水至此次评估的范围内的湿地栖息地而划定为湿地的排水区域;②梅波特海军基地入港航道南岸的湿地。

6.6.3　联邦政府确定的受威胁和濒危物种

在《濒危物种法案》中被列为受威胁或濒危的11个物种可能出现在此次评估的范围内(表6-15)。美国国家海洋渔业局提供的关于可能出现在此次评估范围内的补充物种则未包括在以下分析中,因为它们不在此次评估的范围内(例如珊瑚、约翰逊海草、抹香鲸等)。北大西洋露脊鲸和西印度群岛(佛罗里达)海牛的重要栖息地已确定在此次评估的范围内。为了完成美国鱼类和野生动物管理局与国家海洋渔业局关于《涉危物中法案》中列出的物种和栖息地的协商,美国海军和美国陆军工程兵团编制了生物评估,用于评估母港改建方案对濒危物种及其指定的重要栖息地的影响。除此之外,还有一种令人担忧的物种(SOC)——大西洋鲟鱼。之所以将大西洋鲟鱼列入其中,是因为在此次环境影响分析评估过程中可能会将该物种列入其中。

表6-15　《濒危物种法案》中列出的此次评估范围中可能出现的物种和重要栖息地

物种	现状	出现在影响范围内				
		杜瓦尔县海滩	回旋水域(陆侧)	回旋水域(海洋)	途经和/或入港航道	海洋疏浚物处置场与疏浚区之间的海域
鱼类						
短吻鲟	E	na	na	-	-	-
大西洋鲟	SOC	na	na	-	-	x
小齿锯鳐	E	na	na	-	-	-

续表

物种	现状	出现在影响范围内				
		杜瓦尔县海滩	回旋水域（陆侧）	回旋水域（海洋）	途经和/或入港航道	海洋疏浚物处置场与疏浚区之间的海域
海龟						
红海龟(筑巢)	T	x	–	–	–	–
红海龟（海洋）	T	–	na	x	x	x
棱皮龟(海洋)	E		na	–	x	x
坎普海龟(海洋)	E	–	na	–	x	x
绿海龟（筑巢）	T	x	–	–	–	–
绿海龟（海洋）	E	–	na	x	x	x
鸟类						
笛鸻	T	x	–	–	–	–
林鹳	E					
海洋哺乳动物						
北大西洋露脊鲸	E,CH	na	na	–	–	x
座头鲸	E	na	na	–	–	x
佛罗里达海牛	E,CH	na	na	x	x	–

资料来源:美国国家海洋渔业局,2007a;美国鱼类和野生动物管理局,2007a。

注:CH 指重要栖息地;E 指濒临灭绝;T 指受到威胁;SOC 指令人担忧的物种;na 指不适用;– 指预计不会发生;x 指预期发生。

1. 海洋鱼类

①短吻鲟。历史上,短吻鲟分布在从加拿大的圣约翰向南河向南到佛罗里达州的圣约翰河的大西洋沿岸的主要河流中,在近海海洋环境中很少见到。目前,短吻鲟在北方水系中较常见,而在南方水系中的数量急剧减少。佛罗里达州的圣约翰河的短吻鲟恢复计划已经完成,但是缺乏有效种群数据(美国国家海洋渔业局,1998)。从 2001 年春开始,鱼类和野生动物研究所、美国鱼类和野生动植物管理局开始研究圣约翰河的种群和物种分布状况。在 2002 年 1 月至 2003 年 8 月间,进行了约 4 500 小时的刺网取样后,终于在 2002 年捕获了一条短吻鲟。此外,1980 年至 1993 年期间,对其他鱼种进行了 21 381 小时的刺网取样,仍没有捕获鲟鱼。因此,目前圣约翰河内不太可能出现大量短吻鲟(鱼类和野生动物研究所,2007b)。

由于圣约翰河沿岸的高度工业化,以及在该水域水源处建筑大坝,使短吻鲟的数量可能由于栖息地环境恶化和洄游产卵受阻而受到影响。短吻鲟的产卵地是岩石或砾石基质或石灰岩,这种环境在圣约翰河及其支流非常罕见。圣约翰河没有记录在案的短吻鲟的繁殖情况,也没有发现大型成年短吻鲟。在南方温泉水河流中发现过短吻鲟,但在圣约翰河大量温泉水系统中却没有发现短吻鲟(鱼类和野生动物研究所,2007b)。因此,美国海军认为在梅波特海军基地的回旋水域、入港航道和联邦航道内发现短吻鲟的可能性很小;它们不会出现在海洋疏浚物处置场的近海地区,也不会出现在从疏浚区到海洋疏浚物处置场的运输途中。

②大西洋鲟。1998 年,美国鱼类和野生动物管理局和美国国家海洋渔业局对大西洋鲟进行了调查,认为将大西洋鲟列入濒危物种名单是不合理的。然而,大西洋鲟渔业管理计划将暂停所有有关大西洋鲟的渔业活动,暂停时间为 20 至 40年,以使大西洋鲟种群得以恢复。2003 年,相关部门再次评估了大西洋鲟的种群数量,从而促使美国国家海洋渔业局对该物种进行二次评估。

南大西洋的大西洋鲟种群是预计列入涉危物种名单的 5 个种群之一。大西洋鲟状态评估小组由来自美国国家海洋渔业局、美国鱼类和野生动物管理局和美国地质调查局(USGS)的成员组成。从历史上看,南大西洋独特的大西洋鲟种群可划分为 8 个产卵亚种群,它们栖息在佛罗里达州的圣约翰河到南卡罗来纳州的阿什波(Ashepoo)河、康巴希(Combahee)河和埃迪斯托(Edisto)河流域,其中 5 个亚种群仍然存活。疏浚活动、水质变差和商业捕捞的威胁可能导致相关种群数量的减少。根据种群评估的方法,评估小组认为,南大西洋特有的大西洋鲟种群在未来 20 年内有中度危险(低于 50% 的概率)成为濒危物种(大西洋鲟鱼状态评估小组,2007)。

历史上,大西洋鲟的活动范围为从缅因州的圣克罗伊(St. Croix)到佛罗里达州的圣约翰河。它们大部分时间生活在海中,在 2 月至 3 月洄游到河流中游产卵。由于栖息地的环境恶化,可以猜测圣约翰河仅仅是大西洋鲟的繁衍地(美国国家海洋渔业局和美国鱼类和野生动物管理局,1998)。只有 37% 的大西洋鲟仍然生活在圣约翰河栖息地。目前,大西洋鲟尚未在此产卵,这条河历史上对于大西洋鲟的作用也还不清楚(大西洋鲟鱼状态评估小组,2007)。因此,大西洋鲟不太可能生活在梅波特海军基地回旋水域、入港航道和联邦航道内。由于大西洋鲟鱼大多生活在海水中,因此,它们可能出现在海洋疏浚物处置场附近的近海地区,以及疏浚区和海洋疏浚物处置场之间的区域。

③小齿锯鳐。小齿锯鳐生活在沿海和河口的浅水区,此区域靠近海岸,底部泥泞多沙,尤其河口泥沙更多。正如该物种保护计划草案所指出的,历史上小齿锯鳐的分布较广,从佛罗里达州一直到哈特拉斯角。幼年小齿锯鳐栖息地的丧失和成年小齿锯鳐误捕的高发生率可能是该种群数量减少的主要原因。从克卢萨哈奇(Caloosahatchee)河到佛罗里达群岛,目前小齿锯鳐的活动区域范围减少了近 90%,这种小齿锯鳐经常出现在佛罗里达州南端(美国国家海洋渔业局,

2006a）。因此,小齿锯鳐不大可能出现在梅波特海军基地的回旋水域、入港航道和联邦航道内;也不会出现在海洋疏浚物处置场附近及疏浚区到海洋疏浚物处置场之间的运输区域。

2. 海龟

海龟生活在世界范围内的亚热带海域。尽管海龟是两栖类生物但其大部分时间都在水中度过。成年雌海龟返回海滩产卵时,在陆地上停留的时间最长。在此次评估的范围区域内可能出现的海龟种类包括红海龟、棱皮龟、坎普海龟和绿海龟。海龟的筑巢栖息地为毗邻大西洋、墨西哥湾和佛罗里达海峡水域的所有海滩,这些栖息地分布于布里瓦德湾、布劳沃德、夏洛蒂、科里尔、戴德、杜瓦尔、埃斯堪比亚、弗拉格勒、富兰克林、墨西哥湾、印第安河、李、海牛、马丁、门罗、纳索、奥卡卢萨、棕榈滩、皮涅拉斯、圣约翰、圣露西、圣罗莎、萨拉索塔、沃卢西亚和沃尔顿县的海湾内;以及这些海滩的所有海岸线入口（《佛罗里达行政法规》62B－55.003）。从梅波特海军基地南部码头延伸到杰克逊维尔海滩的海滩,是红海龟、棱皮龟和绿海龟的筑巢栖息地。

虽然我们讨论的每一种海龟都在佛罗里达的某些海滩有相应的筑巢栖息地,但每年仍会发生搁浅现象。佛罗里达海龟搁浅和救助网是由美国国家海洋渔业局领导,由鱼类和野生动物研究所提供帮助的海龟救助机构。鱼类和野生动物研究所的生物学家收集佛罗里达州海龟的搁浅数据表明,每年1月到8月之间均有海龟搁浅的记录（例如,死亡,生病和受伤）。在过去的10年中,平均每年发生的海龟搁浅有916次。2007年,共有939只海龟搁浅（鱼类和野生动物研究所,2007e）。红海龟、棱皮龟、绿海龟和坎普海龟的基本情况如下所述。

①红海龟。在美国东南部,红海龟的产卵季节为5月初至9月初（佛罗里达鱼类和野生动物保护委员会（FWC）,2002）。一个产卵季中,在高潮汐能、狭窄、陡坡、粗沙粒的海滩上,雌性红海龟会筑造5个或更多的龟巢。经过大约两个月的孵化期,龟卵在6月下旬至11月中旬之间孵化。刚孵出的小海龟在几天内陆续离开陆地,直到它们在海洋中找到栖身之处,那里有漂浮的植物,如海藻,可以供其休息和觅食。在洋流把小海龟带到离岸更远的地方之前,它们通常会在这些保育区待上几个月。在7到12岁之间,幼龟会迁移到近岸沿海地区,直到成年。红海龟将在35岁左右性成熟（美国海军,2007b）。

2006年进行的调查发现,杜瓦尔县海滩上有103个红海龟巢穴（鱼类和野生动物研究所,2006a）。红海龟已经并将继续在梅波特海军基地海滩筑巢。调查始于1998年,由最开始的2个巢,到2006年增至21个巢及1 177只刚孵化的小海龟,这是本港有记录以来的最大数量（美国海军,2007b）。在海洋疏浚物处置场附近也可能存在红海龟。

②棱皮龟。棱皮龟生活在凉爽的亚热带水域。它们虽然是深海生物,通常以

水母为食,但它们确实会季节性地进入沿海水域,以河流入海口处的大型水母为食。棱皮龟的产卵期为 3 月至 7 月,孵化期为 55 至 75 天(美国海军,2007b)。棱皮龟通常会在布里瓦德县南部到布劳沃德县之间的海滩筑巢,这一区域位于此次评估的范围内。它们也在杜瓦尔县的海滩上筑巢,2003 年,杜瓦尔县发现了两个棱皮龟巢穴(鱼类和野生动物研究所,2006b)。最近的筑巢记录是 2007 年于汉纳公园发现的巢穴,只有 1 个巢(鱼类和野生动物研究所,2006b;Mithcel,2007)。棱皮龟可能出现在海洋疏浚物处置场附近。

③绿海龟。由于绿海龟是食草生物,主要以海草和海藻为食,它们在幼年时往往出现在近海的水面,成年后则更多地在近岸地区觅食。绿海龟的产卵季节为 4 月至 9 月,孵化期约 2 个月(佛罗里达鱼类和野生动物保护委员会,2002;美国海军,2007b)。2006 年进行的调查发现,杜瓦尔县海滩有 4 个绿海龟巢穴(鱼类和野生动物研究所,2006a);然而,并没有在梅波特海军基地海滩的筑巢记录。2004 年,汉娜公园附近仅发现 1 个绿海龟的巢穴(鱼类和野生动物研究所,2006a)。绿海龟在梅波特海军基地的回旋水域出现过(美国陆军工程兵团,2001),因此可能出现在海洋疏浚物处置场中。

④坎普海龟。坎普海龟是浅水底栖生物,其主要生活在墨西哥湾、美国,以及北美洲大西洋沿岸远至新斯科舍和纽芬兰。坎普海龟主要以甲壳类动物为食,尤其是螃蟹。坎普海龟的巢很少出现在布里瓦德县棕榈滩(鱼类和野生动物研究所,2007d)。在过去的 25 年里,杜瓦尔县没有坎普海龟巢穴的记录。最近发现的坎普海龟的筑巢地点是沃卢西亚县海滩(佛罗里达鱼类和野生动物保护委员会,2007)。坎普海龟已被发现在佐治亚州的国王湾附近出现,因此它们可能出现在梅波特海军基地的入港航道(美国陆军工程兵团,2006)。预计坎普海龟在航道内、疏浚物输运区的近海水域和海洋疏浚物处置场附近出现的概率很低。

3. 鸟类

①笛鸻。冬季,在墨西哥湾和大西洋沿岸的开阔沙滩、潮滩和沙地上都能找到笛鸻。虽然在两海岸都有它们的踪迹,但它们在墨西哥湾一带更常见。先前的冬季普查表明,大约有 20 到 30 只笛鸻出现在大西洋沿岸的杜瓦尔县南部到布里瓦德、圣露西和迈阿密 – 戴德县一带(佛罗里达自然区域目录(FNAI),2001)。梅波特海军基地北部、圣约翰河上游的乔治堡岛和胡格诺派纪念公园是笛鸻越冬的重要栖息地(美国鱼类和野生动植物管理局,2001a)。笛鸻虽然很少出现在梅波特海军基地和杜瓦尔县的海滩,但最近在梅波特海军基地能看到笛鸻的踪迹,预计它们不会出现在此次评估的范围内(梅波特海军基地,2007b)。

②林鹳。林鹳在河口湿地筑巢和觅食,通常在 3 月至 8 月的筑巢季节出现在佛罗里达州北部。在梅波特海军基地的回旋水域以东的入口河道,曾发现林鹳的踪迹(美国海军,2007b)。

4. 海洋哺乳动物

①北大西洋露脊鲸。最近一次(2005年11月至2006年10月)预测北大西洋露脊鲸的数目为396只(北大西洋露脊鲸协会(North Atlantic Right Whale Consortium),2006)。在美国东南部,11月至4月之间会发生裂冰现象,因此这种鲸主要在春季至秋季的美国东北部和加拿大沿海水域捕食,那里的食物(浮游动物)非常丰富。船舶碰撞和渔网是造成露脊鲸伤亡的主要原因。其他因素,如栖息地退化、污染、猎食和以往的捕鲸活动,都是造成北大西洋露脊鲸处于濒危状态的原因(美国国家海洋渔业局,2007b)。根据1985年12月至2007年3月的年度调查,北大西洋露脊鲸在疏浚区和海洋疏浚物处置场之间的疏浚物输运区,以及联邦航道附近较为常见(Slay et al. 2001,2002;Zani et al. 2003,2004,2005,2006;美国海军,2007a;北大西洋露脊鲸协会,2007)。早在2007年2月,在圣约翰就曾观察到北大西洋露脊鲸(美国海军,2007a;北大西洋露脊鲸协会,2007)。从1991年到2006年,此次评估的范围内出现了两次变化。1994年,佐治亚州南部和佛罗里达州北部沿海地区被指定为北大西洋露脊鲸的重要栖息地,包括从佐治亚州阿尔塔马哈河口到佛罗里达州杰克逊维尔的离岸15海里,再从杰克逊维尔离岸5海里到佛罗里达州塞巴斯蒂安湾的区域(美国国家海洋渔业局,1994)。联邦航道的东部和两个海洋疏浚物处置场都在其重要栖息地内。

②座头鲸。北大西洋西部座头鲸通常在夏季出现在新英格兰南部到挪威一带,它们在高纬度地区觅食。加勒比海的冬季,在浅滩和大陆海岸会发生裂冰,从1月到3月是裂冰高峰期,一些动物最早于12月到达这里,一些动物直到6月才离开。由于座头鲸在秋季向南迁徙到繁殖地,在春季返回北部觅食区,预计它们不会在夏季离开佛罗里达海岸,那时它们将位于佛罗里达海岸北部的觅食地。佛罗里达州的沿海地区并没有发现座头鲸集中出没(美国海军,2002b)。直到2003年,人们才在圣约翰河中发现座头鲸,因此,它们在此次评估的范围内出现的概率很小。根据观察、搁浅和生活记录,座头鲸预计会在秋季、冬季和春季出现在海洋疏浚物处置场附近的近海地区。

③佛罗里达海牛。海牛种群分为四类:西北海牛、圣约翰河上游海牛、大西洋海岸海牛和西南海牛。圣约翰河上游海牛的栖息地从帕拉特卡上游区域,一直延伸到圣约翰河的源头的区域,在这些范围内的此次评估的区域内最容易出现佛罗里达海牛。这一区域的栖息地包括鳗鱼草床、湖泊和泉水补给支流。重要的支流包括布卢河、银峡谷河、德莱昂河、索尔特河和奥克拉瓦哈河(美国鱼类和野生动植物管理局,2001b;2007b)。

一般来说,海牛主要以淡水植物、水下海草和沿岸植物为食。在佛罗里达州东北部,海牛在盐沼中以光滑的细草为食。泉水和淡水径流场是海牛的饮用水来源(美国鱼类和野生动植物管理局,2001b;2007b)。

海牛利用隐蔽的运河、小溪、港湾和泻湖休息、嬉戏、交配、产崽和哺育幼崽；以开放航道作为通行通道。一年中不同的时间，海牛的栖息地也不同，在冬季主要聚集在温暖的水域。它们在 11 月从圣约翰河游至温泉，并在此生活到次年 3 月（美国鱼类和野生动植物管理局，2001b；2007b）。

船舶运输和人类开发是海牛数量下降的主要原因。圣约翰河下游的海牛保护区包括杜瓦尔县、克莱县和圣约翰县，并在该地区建立了联合保护机制，使其免受与水产品相关的影响。其他造成海牛伤害或死亡的原因包括误食残骸、渔具缠结、低温、赤潮，以及水利设施和船闸的伤害。尽管海牛在目前的环境中很脆弱，但最近的调查显示，上述 4 类海牛中有 3 种数量有所增加。美国鱼类和野生动物管理局编写的一份为期 5 年的审查报告得出结论，西印度海牛已不属于《濒危物种法案》中规定的濒危物种范畴，管理局提出将其重新分类（美国鱼类和野生动植物管理局，2001b；2007b）。

1976 年佛罗里达被指定为海牛的重要栖息地（《联邦法规汇编》第 50 章第 17.95(a) 节）。在梅波特海军基地附近指定的海牛重要栖息地包括从源头到大西洋河口的整个圣约翰河，因此，基地最东边的联邦航道就属于海牛重要栖息地范围内。

杰克逊维尔地区生活着两种海牛。其中一种在整个冬季都生活在这个地区，而另一种会在冬季向南迁徙（美国海军，2007b）。在梅波特海军基地入港航道南侧的滤水厂排水口附近平均每年可观察到 6 只海牛（梅波特海军基地，2007b）。有时可在梅波特海军基地回旋水域观察到海牛（美国海军，2007b）。海牛可能出现在疏浚物输运区域的近岸地区，然而考虑到疏浚物处置场与海岸之间的距离，海牛不会出现在海洋疏浚物处置场附近。

6.6.4 其他海洋哺乳动物

1. 布氏鲸

布氏鲸在近海和海岸附近的热带和亚热带水域、深水和浅水区都有发现。这种生物通常单独或成对出现。布氏鲸是一种杂食性生物，以草、鱼类为食，也吃小型甲壳类生物。在佛罗里达北部海岸还没有发现该物种，但全年都有观察记录。从海岸线到海洋疏浚物处置场，预计布氏鲸出现的概率很少（美国海军，2002b）。

2. 宽吻海豚

宽吻海豚是典型的族群生物，通常每 2 到 15 只为一族群，但也发现过 100 只的大族群。它们的捕食具有随机性，以各种鱼类、头足类和虾为食。宽吻海豚有两种：一种是近岸（海岸）海豚，另一种是近海海豚。只有近海的宽吻海豚会出现在此次评估的范围内。宽吻海豚在此次评估的范围内全年都很常见（美国海军，2002b）。

3. 大西洋斑海豚

大西洋斑海豚的族群规模从几只到几千只不等。它们捕食浮游生物（水面生物）、鱿鱼和甲壳类动物。从海岸线到海洋疏浚物处置场，再到大陆架，大西洋斑海豚在此次评估的范围区域内全年稀少。

4. 短肢领航鲸

短肢领航鲸生活在暖温带和热带水域，主要生活在哈特拉斯角以南的大西洋沿岸。佛罗里达东海岸在秋季、冬季和春季易发生短肢领航鲸搁浅。由于短肢领航鲸主要出现在大陆架以外的佛罗里达近海水域，因此预计它们不会出现在梅波特海军基地近海或海洋疏浚物处置场附近（美国海军，2002b）。

5. 真海豚

真海豚生活在纽芬兰到佛罗里达的温带到凉爽水域，但在哈特拉斯角以南很少见到这种海豚。根据真海豚的这种水温喜好，其只在冬季、春季和秋季才会在海岸和海洋疏浚物处置场之间，以及海洋疏浚物处置场附近出现。虽然一些真海豚曾在夏季发生过搁浅，但最近还没有这一物种搁浅的记录。它们也是近海岸物种，预计夏季不会出现在海洋疏浚物处置场附近或海岸线与海洋疏浚物处置场之间（海军，2002b）。

6. 虎鲸

虎鲸通常成群出现，以硬骨鱼类、鲨鱼、鳐鱼、头足类、海鸟、海龟，以及其他海洋哺乳动物为食。虎鲸曾在佛罗里达州北部海岸附近出现。在北卡罗来纳州附近，大陆架断裂的深海海域也有虎鲸的目击报告。预计全年在梅波特海军基地海岸线和海洋疏浚物处置场之间，以及海洋疏浚物处置场附近，虎鲸的出现概率很低。

7. 其他种类的鲸鱼

虽然在此次评估的范围内很少见到其他一些鲸鱼，但墨西哥湾流突吻鲸、居维叶突吻鲸和小须鲸在此次评估的范围内都曾出现过。

6.7 文 化 资 源

文化资源是指史前和历史遗址、建筑物、地区、结构，以及与历史事件或历史人物有关的可能具有重大意义的物品。文化资源具有显著特征，具有提供关于以往的重要信息的潜在能力。为了便于讨论，这里文化资源分为考古资源（陆地历史遗址、史前遗址和水下遗址)、建筑资源和传统文化资源。从遵守法律的角度来看,海军只需要考虑那些符合"历史遗产"资格或列入国家史迹名录的文化资源。

①考古资源。考古资源通常出现在由人类活动改变地表的位置。通常,考古遗址是为过去活动的物理遗迹。在梅波特海军基地,考古遗址的时间跨度为从大约 9 000 年前到冷战时期,如史前狩猎营地(prehistoric hunting camps),历史悠久的 19 世纪松香营地(turpentine camps)和冷战时期的训练场。

②建筑资源。建筑资源包括建筑物、水坝、运河、桥梁和其他具有历史或美学价值的建筑。梅波特海军基地的建筑资源的时间跨度通常是自 17 世纪中期(佛罗里达州与欧洲开始接触)至 20 世纪 50 年代。

③传统文化资源。传统文化资源是与文化习俗和信仰相关的已知资源。这些资源植根于历史,对于维护社群文化的持续特征非常重要。传统文化资源可能包括已知的考古遗址、历史事件发生地、历史圣地、某些植物、生产工具、神圣物品原材料来源、传统的狩猎或聚集区,以及部落渔场。社群可能会认为这些资源对于其传统文化的延续至关重要。

6.7.1　研究方法论

根据 1966 年修订的《国家历史保护法》(NHPA)第 106 条及其实施条例(《联邦法规汇编》第 36 章第 800 条),只有重要的历史文化资源,即符合或列入国家史迹名录的"历史遗产"需要评估母港改进方案可能对其产生的不利影响。一般历史建筑必须超过 50 年才能获得《国家历史保护法》的保护。但更近代的建筑,如冷战时期的军事建筑,如果"特别重要"也可能需要保护。

还没有用于评估传统文化资源的重要性的法律法规标准。但是,已制定了用来确定和评估传统文化资源资质的准则(国家公园管理局公告(National Park Service Bulletin)38)(Parker and king,1998)。这些标准主要是通过与此次评估相关的群体协商制定。在美国东南部,主要是海军和印第安部落之间需要协商。需要强调的是,群体必须在社群承认拟定的传统文化资源及其历史地位的基础上,证明他们与该文化资源关系密切。因此,受影响群体新发现的考古遗址不能作为一种传统文化资源加以引用,但可以确定为一种文化资源。

为了管理文化资源,相关部门还制定了若干其他联邦法律和条例,包括《考古和历史资源保护法》(1974 年)、《考古资源保护法》(1979 年)和《美洲原住民坟墓保护与赔偿法》(1990 年)。此外,与联邦政府认可的美洲原住民部落的协商必须符合行政命令 13175《与印第安部落政府的协商与协调》(Consultation and Coordination with Indian Tribal Governments)(2000)和《美洲印第安人和阿拉斯加原住民政策》(Annotated American Indian and Alaska Native Policy)(1999 年),这些文件强调了在政府层面上的尊重部落政府并与部落政府协商的重要性。这项政策要求,在各部门做出决定之前,需要对可能对部落资源、部落权利和印第安人土地产生的重大影响国防部行为进行评估。

文化资源的潜在影响区域包括可能受施工影响的区域。这些区域包括梅波特海军基地计划开发区和疏浚区。为了提供区域背景并评估在未调查过的地区是否存在文化资源,以下将简要讨论在一般地区已知的文化资源以及杰克逊维尔和梅波特地区的史前状况和历史。

6.7.2 区域文化资源概况

1. 史前历史

杰克逊维尔和梅波特地区位于佛罗里达州的东部和中部文化资源区域内。一般来说,该地区从卡纳维拉尔角南部向北延伸到圣玛丽河(St. Mary's River)(Brockington & Associates,1998)。考古学家将该地区的史前历史划分为三个不同的时期:古印度时期(公元前12000年—公元前7500年),古生代时期(公元前7500年—公元前1000年)和圣约翰时期(公元前1000年—公元1565年)。

(1)古印度时期

人类很可能在公元前12000年后进入北美洲的东南部,但考古学家认为,最早有记载的杜瓦尔县定居点要追溯到公元前8000年。该地区的早期居民为游牧部落。根据考古记录,这些游牧部落使用由独特的有凹槽和无凹槽的石头投射点,如克洛维斯(Clovis)文化、福尔瑟姆(Folsom)文化和坎伯兰(Cumberland)文化。由于在该地区发现的遗址和文物数量有限,人们认为只是很少量的古印第安人在佛罗里达州最北端短时生活过(Brockington & Associates,1998;Hardy Heck Moore Inc. ,2001)。

(2)古生代时期

古生代时期的环境和气候变化显著影响了土著人口的食物获取方式和定居模式。以独特的抛射物和纤维回火陶瓷的引入作为标志,可将古生代时期划分为三个阶段:①早期古生代;②中期古生代;③晚期古生代(Brockington & Associates,1998)。

①早期古生代。这时期的特点是对后冰川环境的适应及土著居民从游牧、大型狩猎生存和定居模式向在沿海地区定居的生活方式的转变。在这一时期出现的抛射物类型包括柯克(Kirk)、汉密尔顿(Hamilton)、阿伦东多(Arrendondo)、瓦西萨(Wacissa)、佛罗里达斯派克(Florida Spike)和佛罗里达莫罗山(Florida Morrow Mountain)(Brockington & Associates,1998,Hardy Heck Moore Inc. ,2001)。

②中期古生代。这一时期为公元前4000年,此时,佛罗里达州的气候发生了剧烈变化,天气变得炎热潮湿。环境的变化提供了不同的食物来源。考古证据显示,生活在沿海地区的居民以捡拾贝类为食。纽曼(Newman)和希尔斯堡(Hillsborough)类型的射弹物出现在这个时期,这些是沿海生活居民的专用石器

(Brockington & Associates,1998;Hardy Heck Moore Inc. ,2001)。

③晚期古生代时期。这一时期佛罗里达州又经历了一次气候变化,气候模式和资源的可考察性增强。晚期古生代社群永久定居到沿海地区,在那里人们依靠园林植物、贝类和花卉作为其主要食物来源(Brockington & Associates,1998;Hardy Heck Moore Inc. ,2001)。

晚期古生代时期最显著的判断标准是两种纤维回火陶瓷:泰勒山(Mount Taylor)和奥兰治(Orange)。这些陶瓷类型在不同地区的分布可作为考古文化的判断依据。因为大约从公元前500年的圣约翰时期开始,在佛罗里达州,沙子是史前人类制作陶瓷制品的唯一回火剂(Brockington & Associates,1998;Hardy Heck Moore Inc. ,2001)。

由于过去水位较低,古代遗址可能位于此次评估区域附近的水下。

(3)圣约翰时期

考古学家将佛罗里达州东北部的圣约翰时期划分为两个亚时期:林地时期(圣约翰一世)和密西西比时期(圣约翰二世)。

①圣约翰一世期间,当地部族依靠狩猎、捕鱼和从淡水和沿海区域采集野生植物为生。村落分布于圣约翰河沿岸,考古记录中主要是关于其使用的骨头和贝类工具。在这个时期,出现了一种虔诚的祭奠文化,包括坟冢建筑和异国情调的墓葬品。陶瓷证据表明,这一时期圣约翰平原以沙质为主。圣约翰一世时期牡蛎作为一种主要饮食,与美国东半部其他群体有贸易往来(Brockington & Associates,1998;Hardy Heck Moore Inc. ,2001)。

②圣约翰二世时期,其正式名称的确定受到西方人对圣约翰河流域的居住、陶瓷生产、装饰以及社会宗教组织的影响。村庄以集约化玉米农业、沿海的贝类和牡蛎、家养花卉和外来植物为生产生活中心。随着永久定居点的增加,人口和社会宗教活动也随之增加(布罗克顿协会1998,哈迪·赫克·摩尔公司,2001)。

圣约翰二世时期最显著的特点是出现了在普通陶器上镌刻装饰。佛罗里达州东部和中部的土著群体之间的交流接触,以及随之开始的陶瓷技术,社会关系和农业技术之间的交流,是圣约翰河流域和佛罗里达州东北部史前晚期历史文化的主要特征(Brockington & Associates,1998;Hardy Heck Moore Inc. ,2001)。

2. 地区历史

(1)早期梅波特和圣约翰河历史(1565—1900)

16世纪初,蒂姆库安印第安人占领了圣约翰河地区,他们有组织的生活在社群中,耕种土地,以狩猎、捕鱼和农业种植作为食物来源。当欧洲探险者首次到达佛罗里达州时,大约有25 000个土著部落居住在这里。1513年,西班牙探险家胡安·庞塞·德莱昂(Juan Ponce de Leon)在今天的杰克逊维尔附近登陆。这一事件标志着梅波特附近首次出现有记录以来的欧洲人(Brockington & Associates,

1998；Hardy Heck Moore Inc.，2001）。1562 年 5 月，法国胡格诺派船长让·里包尔（Jean Ribault）和雷内·德芬尼尔（Rede de Laudonnier）抵达五月河北岸（Brockington & Associates，1998；Hardy Heck Moore Inc.，2001）。1564 年，德劳东尼尔在圣约翰河沿岸建立了法国殖民地。他与蒂姆库安人结成联盟，如果他们为法国贸易和卡洛琳堡的建设提供帮助，法国人就为蒂姆库安人提供防务。依靠此协议双方维持了 3 年的友好关系（Brockington & Associates，1998；Hardy Heck Moore Inc.，2001；New South Associates，1994）。

1565 年，佩德罗·梅南德兹·德·阿维莱斯（Pedro Menendez de Aviles）率领西班牙军队在卡洛琳堡袭击了法国人，并取得了胜利。西班牙人将殖民地重新命名为圣马特奥堡（Fort San Mateo），并很快在圣约翰河河口又建造了两座小型堡垒，这是梅波特现存众多军事基地中最早建立的一个（Hardy Heck Moore Inc.，2001；New South Associates，1994）。

在 16 和 17 世纪，西班牙人加强了对佛罗里达州居民的控制。蒂姆库安印第安部落渐渐受到西班牙殖民者和天主教会在精神上和身体上的压迫。殖民、战争和疾病等因素几乎使圣约翰河谷的蒂姆库安人惨遭灭顶之灾（Hardy Heck Moore Inc.，2001；Brockington & Associates，1998）。

英属佛罗里达时期，佛罗里达土地向农业种植的方向发展，特别是在圣约翰河沿岸。梅波特地区的种植园生产棉花、糖、橙子和紫穗槐，且大部分都用于出口（Hardy Heck Moore Inc.，2001；Brockington & Associates，1998）。

1783 年，西班牙凭借美国独立战争时期签订的《巴黎条约》（Treaty of Paris）重新控制了佛罗里达州。1793 年，西班牙军方领导人在圣约翰河口建造了一座名为克萨达的堡垒（Quesada Battery），以防止外国船只进入该流域。一些历史学家和考古学家认为，克萨达堡垒的建造位置为后来的梅波特海军基地；然而，人们对于遗迹位置没有达成共识，梅波特海军基地也没有找到任何相关考古证据（Hardy Heck Moore Inc.，2001；Brockington & Associates，1998）。

1814 年，安德鲁·杰克逊（Andrew Jeckson）指挥一支美国民兵组织，占领了西班牙殖民地彭萨科拉（Pensacola）。1817 年，杰克逊再次率领美国军队进入佛罗里达州，追击在亚拉巴马州和密西西比州袭击美国殖民地的塞米诺尔印第安人（Seminole Indians）。杰克逊在佛罗里达州迟迟不撤军引发了西班牙与美国之间的谈判。国会于 1819 年通过《亚当斯－奥尼斯条约》（Adams-Onis Treaty）使佛罗达州正式成为美国领土（Hardy Heck Moore Inc.，2001；Brockington & Associates，1998）。

在佛罗里达州成为美国领土后不久，美国常住人口开始迁入杰克逊维尔和梅波特地区。由于该地区具有农业种植和河道通商的经济开发条件，对常住人口非常有吸引力。然而，船长们发现在河口附近的汹涌水域和浅滩中航行很困难（Hardy Heck Moore Inc.，2001；Brockington & Associates，1998）。

由于公众需求的增加,国会决定拨款建造灯塔以保护在圣约翰河上航行的船只、货物和人员。最初的两座灯塔被恶劣天气摧毁,第三座灯塔即圣约翰灯塔,建于 1858 年。这座灯塔目前仍然保存在梅波特海军基地上,并被记入国家史迹名录(Hardy Heck Moore Inc. ,2001;Brockington & Associates,1998)。

南北战争开始后不久,梅波特村绝大部分遭到毁灭,北方军队在梅波特和圣约翰灯塔附近的海滩上占领了由南方军队占建造的斯蒂尔堡(Fort Steele)并长期驻守(Hardy Heck Moore Inc. ,2001;Brockington & Associates,1998)。南北战争结束后,梅波特作为一个安静的渔村和旅游景点重获往日风采,直到 1867 年,商机重新出现。随着北方投资者在杰克逊维尔各地开设锯木厂和零售店,木材业重振了圣约翰河流域的经济。1880 年,政府对圣约翰酒吧进行了改造,在河的南岸和北岸用大石头、石灰石和牡蛎壳建造了码头:南码头延伸至大西洋 2.5 英里;北码头从圣乔治堡岛向海洋延伸至 3 英里。该码头于 1895 年完工,码头稳固了圣约翰河的河口,并可使大型船只由该河口进入杰克逊维尔(Hardy Heck Moore Inc. ,2001;Brockington & Associates 1998;New South Associates,1994)。

(2)20 世纪初的历史(1900—1939)

在 20 世纪初期,数十年的恶劣天气侵袭,摧毁了村社和避暑别墅之后,米诺坎人(Minorcan)在该地区及附近的沿海地区和现在的梅波特建立了家园。米诺坎村民极度依赖于这个主要的捕鱼区来维持生计,直到今天,他们的后人仍然在梅波特区域从事捕鱼。到 1910 年,梅波特附近成为度假区,夏季别墅、精致的庄园、度假酒店和码头建造在佛罗里达海岸线上。这些区域位于小海湾内,这里可使房屋、产业和企业免受天气相关因素的破坏。

1938 年,国会拨款数百万美元用于国防开支,其中海军舰队扩编 20%,海军空中力量增加 3 000 架飞机,建立新的设施,引入维护和培训人员以充实海军空中力量。1939 年初,杰克逊维尔和梅波特地区成为新海军基地。第一个建造点为福斯特营地(Camp Foster),它位于圣约翰河沿岸,紧靠现在的梅波特海军基地南部;然而,福斯特营地的水深不足以停靠航母。最终,海军购买了梅波特北部大约 900 英亩的土地来建造综合港口和机场设施(Hardy Heck Moore Inc. ,2001;Brockington & Associates 1998;New South Associates,1994)。

(3)第二次世界大战期间(1940—1945)

日本偷袭珍珠港后,梅波特海军基地建设工作发生了巨大变化。在南大西洋建立一个海军科级基地变得迫在眉睫,梅波特为海军科级基地的建设工作出资。1941 年,美国海军没有在梅波特港建造航母,而是疏浚了里包尔湾,并建造了一个小型车站,供巡逻艇、救援船和吉普车使用(Hardy Heck Moore Inc. ,2001;New South Associates,1994)。

1941 年 2 月,负责施工的驻地官员戈登中尉(Lt. Gordon)召集了一批军官和士兵,负责新开工项目的准备工作。所有房屋、企业、道路和建筑物都在初步建设阶段被夷为平地。许多联邦政府的建筑被并入基地建筑。戈登中尉和项目的承包商团队需要疏里包尔湾、清理植被茂密的土地、建造舱壁、营房、食堂、行政部门和培训设施、医疗区、码头和道路。基地标准化的设计使海军能够得以快速建设。为了满足建筑要求,海军又购买了698英亩的周边土地(Hardy Heck Moore Inc.,2001；New South Associates,1994)。

1943年3月20日,海军正式启动了梅波特海军航空站(NAAF),其基本功能是从已有的杰克逊维尔海军航空站(NAS)为飞机补充燃料和武器。1943年12月,基地已经完工并全面投入使用。海军重新指定梅波特海军航空站为海上边境基地,用于潜艇的维护和燃料补给,并作为扫雷组的母港(Hardy Heck Moore Inc.,2001；New South Associates,1994)。

1944年4月1日,海军正式确定梅波特海军航空站为美国海军航空站。梅波特海军航空站为杰克逊维尔海军航空站提供行动支持。梅波特海军航空站的码头和机场仍然由杰克逊维尔海军航空站的管辖；因此,梅波特更像是一个开放区域而不是一个完全可调配的基地。在战争后期,梅波特海军航空站开设了一所防空学校。

(4)冷战时期(1945—1980)

1946年,梅波特海军航空站停用,这对该地区的经济造成了毁灭性的打击。1947年末,由于海岸警卫队削减开支,迫使该部门放弃了前梅波特海军航空站设施,梅波特的就业状况进一步恶化。关闭海岸警卫队基地对梅波特的所有军事行动和就业机会都造成了影响。当地国会议员和众议员的广泛游说使得海岸警卫队和海空救援部队得以重新启用(Hardy Heck Moore Inc.,2001)。

1948年5月,美国海军从海岸警卫队收回了梅波特海军航空站,并宣布计划重新利用该基地。1948年9月,艾森豪威尔总统签署了一项紧急拨款法案,为梅波特海军航空站提供1 700万美元的军事建设资金,用于1950年开始的航母基地建造(Hardy Heck Moore Inc.,2001)。

扩大梅波特海军航空站大大改善了梅波特村的经济状况,吸引了新企业的入驻并增加了就业机会。扩建基础设施包括修建新道路、平整沙丘、填充沼泽,以及将里包尔湾的不规则水体结构改为三面环水。佛罗里达州在基地西侧建造了一条新公路,与大西洋林荫大道直接相连(Hardy Heck Moore Inc.,2001)。

在此期间,美国海军购买了基地周围1 426英亩的土地,用于建造新的建筑和构筑物,制定了造船厂和码头局建造计划,并完成了美国陆军工程兵团的水道调查。到1952年初,里包尔湾成为航母基地后,梅波特港外围的建设开始了。建设包括航母码头、维修码头、舱壁等设施,并将里包尔湾疏浚至40英尺的平均最低水位。现有的跑道和停机坪也得以扩建(Hardy Heck Moore Inc.,2001)。

在1953年至1960年间,梅波特海军基地使梅波特村成为一个新兴城市,其运营规模、土地面积和新建筑数量都在扩张。里包尔湾又疏浚了2英尺,以便航空公司也能利用这一区域。所有类型的海军舰艇终于能够进入圣约翰湾,这使得梅波特港成为美国战略防御战略的永久和不可分割的一部分。梅波特港作为航母基地可停靠9艘航母。1956年10月2日,海军指定梅波特港为美国海军基地,其新任务是为海军作战部队、附属活动和其他指定的司令部提供后勤支援。

在接下来的20年里,梅波特海军基地的舰船参与了几个与美国宇航局相关的项目,还参与了古巴导弹危机(Cuban Missile Crisis)。梅波特海军基地很快就变成了封锁古巴行动的中转站,为临时转移到该基地的中队提供后勤支援。

1977年,在美国陆军工程兵团建筑人员对里包尔湾进行常规疏浚时,发现了一门保存完好的内战时期的大炮,重达32磅。这门大炮是1861年从圣奥古斯丁运往梅波特的四门大炮之一。这些武器在1862年3月之前一直在斯蒂尔堡使用,由于当时弹药被埋在地下,所以攻进的北方军队从未使用。经检查,发现大炮上塞着一个引信和一袋8磅重的火药。后大炮被转移到圣奥古斯丁的圣马可大教堂(Castillo de San Marco)的国家公园管理办公室进行修复和展览(Hardy Heek Moore Inc.,2001)。

6.7.3 梅波特海军基地的考古资源

1989年,美国陆军工程兵团对梅波特海军基地进行了大略调查,以确定该基地是否存在考古资源。调查得出的结论是,该地区的大部分区域要么受到较多的开发,要么是最近才出现陆地,因此不值得进一步进行考古研究(Greenhorne and O'Mara,1991)。但仍有3个地区被认为是存在考古资源:①里包尔湾村地区;②圣约翰灯塔;③绿岛种植园半岛。一些机构进一步调查了这些地区,并在下列考古调查中报告了调查结果:

①1996年,布罗克顿协会(Brockington & Associates)在梅波特海军基地对主要营地沙丘线进行了一期历史资源调查。调查范围在9号楼与住宅区之间的沙丘线沿线,占地133.5英亩;

②2000年,琼斯(Tones)等人对位于里包尔湾复式家庭住房附近的梅波特海军基地周边的32.06英亩的未开发土地进行了调查;

③2000年,戈达尔设计协会(Godard Design Associates)进行了梅波特村的历史资源调查。梅波特村是杜瓦尔县历史最悠久的社群,该调查记录了佛罗里达州梅波特村的建筑物和遗址;

④1991年,佛罗里达考古局(Florida Archaeological Services)对8DU7458号遗址进行了考古。通过考查,确定该遗址符合国家史迹名录条件;

⑤1998年,布罗克顿协会对梅波特海军基地的4个考古资源进行了国家史迹名录评估:8DU7512,8DU7513,8DU8116和8DU8117;

⑥2000年,布罗克顿协会对8DU78的国家史迹名录进行了评估。

除此之外,梅波特海军基地还为梅波特海军综合体编制了综合文化资源管理计划（Hardy Heck Moore Inc., 2001）和历史考古资源保护计划（HARP）（Greenhorne and O'Mara,1991）。这些报告为梅波特海军基地在遵守国家历史保护法案和联邦考古保护立法方面提供了指导,并为后续在梅波特海军基地开展的考古调查提供了参考。

梅波特海军基地已知的考古资源包括8个遗址和1个历史墓地。其中4处遗址和历史墓地可列为国家史迹名录:

①8DU78遗址——绿岛种植园半岛1-8区。这里有大量的贝冢和许多史前和古时期的文物。因为它有可能揭示出有关美国原住民生活方式的重要信息,所以该遗址符合国家史迹名录。

②8DU296遗址——圣约翰灯塔。该遗址位于梅波特海军基地的西北部,包括一座灯塔,可能埋藏着史前考古资源,因此被列入国家史迹名录。

③8DU7458遗址——卡夫劳夫公园（Kavanaugh Park）。这个遗址是史前的贝冢,是可以确定年代的人工建造物。因为它有可能揭示出关于佛罗里达州史前的重要信息,因此被列入国家史迹名录。

④8DU7512-9号遗址。该遗址位于梅波特海军基地的主要营地区域,是一个史前贝冢和相关的人工制品散落地。因为它可以揭示出有关佛罗里达州史前的重要信息,所以被列入国家史迹名录。

⑤8DU7513遗址——宽街/旧梅波特公墓（Broad Street/Old Mayport Cemetery）。这是一个历史悠久的墓地,因埋在几英尺深的地下,其规模未知。因为它与当地历史上某个重要人物有关,因此被列入国家史迹名录。

这些遗址都不在此次评估的范围内,史前或历史资源可能位于评估区内梅波特海军基地深层填充疏浚物下方的可能性很小。我们将在6.7.6节中讨论可能位于疏浚区的史前或历史考古遗址。

6.7.4 梅波特海军基地的建筑资源

①1994年,美国陆军工程兵团完成了梅波特海军基地的历史考古资源保护计划。该文件制定了圣约翰灯塔的保护计划;

②1994年,新南方协会（New South Associates）对梅波特海军基地的历史建筑进行了统计和评估。这项研究的重点是20世纪战争时期的建筑和结构。由于这些建筑和结构缺乏足够的历史价值且建筑保存并不完整,因此没有列入国家史迹名录;

③1997年,罗瑟国际公司（Rosser International Inc.）确定梅波特海军基地的军属住房均无资格列入国家史迹名录（Hardy Heck Moore Inc.,2001）;

④2001年,哈迪·赫克·摩尔公司（Hardy Heck Moork Inc.）完成了梅波特海军基地的综合文化资源调查。该公司对梅波特海军基地1991年以前建造的建筑物进行了广泛的调查,其中包括272座建筑物、结构和物体。除了圣约翰灯塔外,

梅波特海军基地的现存建筑物都未被列入史迹名录。

梅波特海军基地在 1991 年之前建造的所有建筑物、结构和物体都已拆除清点。这里有一处历史遗迹:圣约翰灯塔(8DU296)。灯塔由砖石结构承重、镀锌铸铁框架、支撑灯和屋顶构成。砖墙外墙经过粉刷而焕然一新。二层以上,砖砌柱支撑着石板平台,第三层有钢栏杆。第四层由一个铸铁平台围绕,可通过外部梯子进入。建筑顶部有一个球形通风装置的铜顶。圣约翰灯塔不在此次评估的范围内。梅波特海军基地的其余已清点建筑、结构和物体已确定不属于国家史迹名录。

在疏浚区域(此次评估的区域的一部分)附近记录的唯一一处陆地文化资源是位于圣约翰河码头的 8DU14055 号遗址。这一遗址始建于 1821 年至 1899 年,已被列入国家史迹名录。

6.7.5 传统文化资源

在梅波特海军基地及其附近没有发现任何传统文化资源。海军考虑到项目的可行性,已经联系了以下联邦政府承认的部落,俄克拉荷马州塞米诺尔族,佛罗里达州塞米诺尔族,俄克拉荷马州马斯科吉族(克里克族)和波亚克西印第安人(Poarch Creek Indians)。印第安人事务局(Bureau of Indian Affairs)也收到了关于该项目的通知。迄今为止,还没有部族对该项目做出回应,但协调工作仍在进行中。

6.7.6 水下资源

如前所述,1977 年美国陆军工程兵团在里包尔湾疏浚过程中发现了一门内战时期的大炮。此外,人们在圣约翰河入口附近以及相关的支流和小溪附近还发现了沉船、大炮、美洲土著独木舟等水下资源。1981 年,这艘名为"枫叶号"的内战时期沉船在杰克逊维尔港南部的圣约翰河被发现。文件显示有 45 艘船曾在圣约翰河发生事故(表 6 – 16)。

表 6 – 16　已知的位于佛罗里达州圣约翰河附近的事故船只

船名	船型	日期	地点	原因
"圣安德烈斯"	单甲板小舟	1565 年年底	圣约翰酒吧	翻船
不详	不详	1731 年	圣约翰河口附近	失踪
"海豚"	蒸汽侧轮	1836 年 12 月 19 日	圣约翰酒吧	爆炸
"共同安全"	蒸汽侧轮	1846 年 10 月 11 日	圣约翰酒吧	搁浅
"塞米诺尔"	蒸汽侧轮	1855 年 12 月 20 日	杰克逊维尔	烧毁
"韦拉卡"	蒸汽侧轮	1857 年 12 月 2 日	圣约翰河	搁浅

船名	船型	日期	地点	原因
"圣玛丽"	蒸汽	1864 年 2 月 7 日	麦克格茨溪（McGirts Greek）（杰克逊维尔北部）	沉船
"枫叶"	蒸汽侧轮	1864 年 4 月 1 日	佛罗里达,远离曼达林（Mandarin）	地雷空投
"猎人"	轮船,部队运输	1864 年 4 月 16 日	圣约翰河,靠近曼达林	地雷空投
"海莉·沃德"	蒸汽	1864 年 5 月 10 日	圣约翰河	地雷空投
"爱丽丝"	蒸汽侧轮	1864 年 6 月 19 日	圣约翰河	地雷空投
"乔治·C·柯林斯"	蒸汽螺钉	1865 年 3 月 27 日	圣约翰河	搁浅
"野鸭"	蒸汽螺钉	1867 年 4 月 8 日	杰克逊维尔	烧毁
"米安东尼"（1853 年更名为"泰米尼"）	蒸汽侧轮	186"7 年 6 月 16 日	圣约翰酒吧	搁浅
"仙女"	蒸汽侧轮	1868 年 3 月 31 日	杰克逊维尔	烧毁
"美国将军格兰特"	蒸汽螺钉	1869 年 8 月 2 日	杰克逊维尔	烧毁
"蚝湾（亦称蚝仔）"	蒸汽螺钉	1876 年 5 月 24 日	杰克逊维尔	烧毁
"丽奇贝克"	不详	1880 年 4 月 1 日	圣约翰河口以北航道	失事
"赛斯"	蒸汽螺钉	1881 年 11 月 2 日	杰克逊维尔	烧毁
"卢西亚"	不详	1882 年 12 月 2 日	圣纽南（Newnan St.）	锅炉爆炸
"梅凯尼克"	蒸汽侧轮	1891 年 8 月 15 日	杰克逊维尔	搁浅
"J. E. 史蒂文斯"	不详	1894 年 7 月 26 日	梅波特	烧毁
"雷文斯伍德"	蒸汽侧轮	1895 年 3 月 31 日	杰克逊维尔	遗失
"托马斯科利尔"	不详	1897 年 9 月 11 日	梅波特	烧毁
"布伦瑞克市"	不详	1898 年	圣约翰悬崖	烧毁
"伊森艾伦"	蒸汽侧轮	1901 年 9 月 22 日	远离杰克逊维尔	搁浅
"巴尼队长"	不详	1901 和 1902 年	在圣纽南沉没,被拖到铁路桥上	遗弃
"玛丽吉尔伯特"	气体螺杆	1907 年 4 月 20 日	马森酒吧（梅波特附近）	搁浅
"玛莎海伦"	蒸汽螺丝	1910 年 2 月 6 日	杰克逊维尔	烧毁
"魔幻都市"	蒸汽螺丝	1910 年 2 月 16 日	梅波特	与帕提亚相撞
"肯尼迪"	蒸汽侧轮	1914 年 2 月 24 日	圣约翰河	烧毁
"里士满"	帆船	1920 年 1 月 5 日	杰克逊维尔	搁浅

船名	船型	日期	地点	原因
"楚门"	气体螺杆	1924 年 6 月 18 日	杰克逊维尔	烧毁
"科曼奇"	蒸汽侧轮	1925 年 10 月 17 日	杰克逊维尔	烧毁
"帕拉特卡"	蒸汽侧轮	1926 年 12 月 3 日	曼达林	沉没
"拿索"	油螺杆	1930 年 4 月 27 日	杰克逊维尔	烧毁
"效用"	蒸汽侧轮	1932 年 2 月 21 日	圣约翰河	烧毁
"鲁比李二世"	气体螺杆	1941 年 7 月 4 日	圣约翰河口（杰克逊维尔附近）	搁浅
"转移 8 号"	蒸汽螺钉、铁	1950 年 12 月 15 日	圣约翰河	沉没
"美人鱼"	不详	不详	杰克逊维尔	烧毁
"皇家港口"	不详	不详	杰克逊维尔	修理时烧毁
"红翼"	不详	不详	杰克逊维尔附近	沉没
"湿地"	不详	不详	杰克逊维尔	烧毁
"佐治亚"	不详	不详	圣约翰河	烧毁
"箭"	不详	不详	杰克逊维尔以南	沉没

圣约翰河的河口疏浚和河道治理有着悠久的历史。19 世纪 50 年代,美国陆军工程兵团决定通过疏浚使船只能更方便地进入圣约翰河。美国陆军工程兵团参与了圣约翰河入口的建设。因为通道中充满了沉积物,这些疏浚尝试均以失败告终,直到人们决定建造防洪堤来稳固入口河道。在 19 世纪 80 年代,防波堤建成,并在河岸的一些区域增加了训练墙。这些现在都是杰克逊维尔港项目的历史特征。1910 年经《河流和港口法》授权,美国陆军工程兵团挖掘一条从杰克逊维尔到河口的 30 英尺深的通道,并在梅波特附近挖掘一个回旋水域。1945 年通道的深度增加到 34 英尺,1965 年增加到 38 英尺。现今,梅波特海军基地附近的入港航道的法定深度是 42 英尺,自 1942 年以来梅波特海军基地回旋水域和入港航道的疏浚工作从未停止(Harday Heck Moore Inc. ,2001)。

1997 年,在杰克逊维尔港进行了一项关于航道整治和回旋水域建设的研究和遥感调查(Tubby and Watts,1997)。研究人员利用磁力仪和测描声呐,对杰克逊维尔市中心和近岸航道之间的圣约翰河沿岸的 6 个区域进行了检测。在计划整治的米尔湾(Mill Cove)上游河道地区发现了与资料记载特征相符的磁异常信号。塔比(Tubby)和瓦特(Watts)建议避开这些目标。在米尔湾和梅波特海军基地西区之间的地区没有发现与历史特征相符的磁异常信号。

2007 年 10 月,疏浚区的遥感调查完成(Dolan Research Inc. ,2008)。调查区

域包括大约 500 英尺乘 5 400 英尺的梅波特海军基地入港航道,和一个大约 700 到 3 500 英尺的联邦航道,以及大约 3 800 到 16 000 英尺的从码头(包括联邦航道两侧 1 500 英尺的缓冲区)到基地东部的区域。入港航道到码头的区域,通道(断面)间距为 30 米,联邦航道的航道间距为 50 米。该调查和通道间距依据佛罗里达州历史资源部 – 水下遥感调查性能标准(2001 年)进行。

虽然在梅波特海军基地入港航道或联邦航道内没有发现可能的水下资源,但在航道以外的 2 个 1 500 英尺乘 16 000 英尺的区域内,发现了可能蕴含文化资源的 15 个目标,其中有 2 个位于联邦航道边缘不到 100 英尺的水下文化资源遗址。这些目标中最近的一个位于联邦航道以南约 75 英尺处(Dolan Research Inc.,2008)。

2008 年 10 月,对这两个目标进行了水下强度的考古评估,发现它们均没有达到列入国家史迹名录的标准。其中一个目标埋藏深度超出了此次计划的疏浚区域横向范围。第二个目标确定为 1973 年海图上标识的在 1982 年至 1986 年之间沉没或失踪的浮标残骸。浮标位于当前航道之外,并不属于重要的水下文化资源(Southeastern Archaeological Research,Inc.,2008)。

6.8 交 通

在此次评估的范围内,梅波特海军基地交通方面重点关注基地的运营和行政管理区域,以及与进入基地相关的道路网络,包括位于大西洋林荫大道(车站南侧)和旺德伍德大道交汇处以北的梅波特路(A1A 州际公路),后者位于格文路路口附近(车站西侧)和圣约翰渡轮(圣约翰河以北的 A1A 州际公路外延)的交叉口附近。

2006 年 5 月,梅波特海军基地完成了基地的综合交通研究(交通研究)(梅波特海军基地,2006d)。交通研究的目的是分析现有交通状况,并考虑未来的发展形势来规划土地用途、制定交通发展方案。交通研究报告提出了解决目前问题的短期建议,并提供了长期改造建议进以适应未来发展和交通预测(当时的预测)。值得注意的是,交通研究是在基础人口为 14 200 人的情况下进行的。梅波特海军基地用于母港改建环境影响分析评估的人口基线是 16 010 人(即平均每日净人口约 13 300 人)。对现有交通状况的分析在很大程度上依赖于该交通研究的结果,但需要考虑 1 800 人左右的人口差异。

6.8.1 现有交通条件

交通研究分析了梅波特海军基地的 11 个交叉路口和 6 个路段。内容包括收集交通量数据,对现有道路条件、现有交通控制设备及不足进行了现场分析。使用《公路通行能力手册》(HCM)方法评估交通量和车道配置,以确定每个交叉口及其控制设备的具体服务水平。在《公路通行能力手册》中,服务水平被定义为"基于诸如速度和行驶时间、机动自由、交通中断、舒适性和便利性等服务措施,来描述交通流中的运行条件的定性测量"(交通研究委员会,2000)。

据此,为特定道路段或交叉口的运行质量服务水平提供了一个指标。服务水平的定义范围从 A 到 F,A 代表交通畅通,F 代表严重的拥塞。交叉口特定服务水平基于早上(AM)和下午(PM)高峰时间数据以及每辆车的延迟(以秒为单位)来判断。高峰时段是一天中上下班时间,这段时间对交通影响最大。对于梅波特海军基地,上午的高峰时段一般在早上 6:30 至 7:30 之间,下午的高峰时段一般在下午 3:30 至 4:30 之间(梅波特海军基地,2006d)。对于梅波特海军基地附近的社区交通,上午高峰时段一般在上午 7:30 至上午 8:30 之间,下午高峰时段一般在下午 4:30 至 5:30 之间。

交叉路口控制信号的服务水平是根据等待时长来判断的,这是衡量驾驶员不适、疲劳、油耗和行驶时间损失的指标。具体而言,服务水平标准是根据分析小时内高峰期 15 分钟内每辆车的平均延迟来确定的。

除了停止延迟之外,平均控制延迟还包括初始延迟,队列前移时间和最终加速时间。无信号交叉路口的特定服务水平由计算或测量的控制延迟确定,并针对每个小交通量的定义。在多路信号控制的交叉路口的延迟反映的是交叉路口的平均控制延迟。在单向或双向信号控制的交叉路口,延迟代表了最糟糕的交通,通常出现在小路口左转位置。

在巷道段,服务水平根据道路上的平均每日交通量和容积容量比来确定。平均每日交通流量是指在 24 小时内使用某一路段的平均车辆数量。容积容量比表示实际交通量与道路设计能力的比值,用于评估特定路段的服务水平。

1. 接入点

梅波特海军基地东临大西洋,北临圣约翰河,西临 A1A 州际公路,南临旺德伍德大道。目前在三个位置提供进入基地的通道。

①主门。主门提供从梅波特路和 223 号州际公路到缅因街的通道(大门内)。

②塞米诺尔门。从凯瑟琳·阿比·汉娜公园经塞米诺尔路进入巴尔的摩街(门内)。

③5 号门。5 号门提供从海洋街和 A1A 号州际公路到机场附近基地西南角巡逻路(Patrol Road)(在大门内)的通道。这也是商用车辆的入口。

2. 内部巷道路网

梅波特海军基地现有的道路网络主要分为三类:
①主干道。缅因街(包括有时被称为新缅因街的那条向西延伸的主干道);
②集散道路。梅西大道、莫阿莱大道和巴尔的摩街;

③当地道路。梅波特海军基地的其他交通网络。

交通研究报告了早上(上午)和晚上(下午)高峰期(通勤)和 24 小时交通量。通过路口交叉转弯运动人工计数(TMCs)设备和多个安装在道路上的自动交通记录(ATR)设备来记录高峰时段的交通量。转弯运动计数设备在以下十字路口应用:

①缅因街和梅西大道;

②缅因街和莫阿莱大道;

③梅西大道和博诺姆理查德街;

④梅西大道和巴尔的摩街;

⑤贝利大道(Bailey Avenue)和博诺姆理查德街;

⑥贝利大道和巴尔的摩街;

⑦莫阿莱大道和埃弗格莱兹街(Everglades Street);

⑧莫阿莱大道和英格兰街;

⑨莫阿莱大道和奥里斯卡尼街(Oriskany Street);

⑩莫阿莱大道和巴尔的摩街;

⑪供应大道和梅西大道。

交通控制中心一般通过星期一至星期五上午 6:15 至 7:45,以及下午 15:15 至 16:45 期间的数据来观察高峰时段的交通情况。在工作日,自动交通记录设备设置在以下基础道路上:缅因街、梅西大道、莫阿莱大道、贝利大道、巴尔的摩街和博诺姆理查德街。转弯运动计数设备和自动交通记录设备为现有交通情况提供了快速分析的基础。各监测路段年平均日流量(AADT)记录如下:

①缅因街:北行 9 294 辆,南行 10 282 辆;

②梅西大道:东行 6 910 辆,西行 6 557 辆;

③莫阿莱大道:东行 1 632 辆,西行 1 798 辆;

④贝利大道:东行 1 733 辆,西行 1 650 辆;

⑤巴尔的摩街:北行 2 284 辆,南行 2 877 辆;

⑥博诺姆理查德街:北行 3 123 辆,南行 2 887 辆。

这些数据表明,缅因街每日承担着大部分的南北交通压力,而梅西大道承担大部分的东西交通的压力。最高的年平均日流量是缅因街南行的 10 282 辆,最低的是贝利大道西行的 1 650 辆。

3. 交叉路口情况

现有 11 个交叉路口路段情况简介显示,在一天的任何特定时段(上午或下午高峰时段),以下 4 个路段中,至少有一个(沿任何给定方向上的直行或转弯)接近瘫痪或已经处于瘫痪中(服务水平 E 或 F):

①梅西大道和缅因街；

②贝利大道和博诺姆理查德街；

③莫阿莱大道和巴尔的摩街；

④梅西大道和供应大道。

但即使整个路段瘫痪,也并不意味着整个交叉路口处于瘫痪状态。对所有路段的不同方向和特定服务水平条件取平均值,以提供交叉路口在上午和下午高峰期的总体评级。根据所研究的所有交叉口的平均评级(包括上午和下午的高峰时段)进行结果分析发现,在这两个时间段中,没有完全瘫痪的交叉路口。

4. 路段

通过对 6 个路段进行现状分析发现,虽然所有道路都具有可接受的特定服务水平,但是各种道路走廊内的交叉路口往往处于影响或倾向于影响道路的状况。在道路段或走廊中,梅西大道(在高峰时段有一个可接受的服务水平)在缅因街和供应大道,以及供应大道和博诺姆理查德街之间有庞大的交通流量。交通研究建议对这条走廊进行改善,增加一条沿梅西大道的直通车道。

6.8.2 站外交通

车辆可通过几条东西走向的主干道进入梅波特海军基地:旺德伍德大道、大西洋林荫大道、海滩大道(Beach Boulevard)和特纳巴特勒大道(J. Turner Butler Boulevard),以上道路都横跨大西洋近岸航道。南北交通通常由 A1A 州际公路往返梅波特路到正门,或者再往西北走到 5 号门。

从佛罗里达州交通部(FDOT)获得的影响梅波特海军基地的各种道路的年平均日流量数据显示,旺德伍德大道入口通道(2005 年完成)成功缓解了通往梅波特海军基地的东西道路的交通压力。表 6 - 17 列出了当地主要道路及其 11 年来的日均交通流量。

表6－17　梅波特海军基地附近选定道路日均交通流量(摘要)

巷道	路程	1997 年平均日交通量	1998 年平均日交通量	1999 年平均日交通量	2000 年平均日交通量	2001 年平均日交通量	2002 年平均日交通量	2003 年平均日交通量	2004 年平均日交通量	2005 年平均日交通量	2006 年平均日交通量	2007 年平均日交通量
梅波特路和 A1A 州际公路	11 号大街[1] 以南 (0032 号)	42 000	45 000	42 500	46 500	49 000	48 000	48 500	53 000	44 000	39 000	37 000

续表

巷道	路程	1997年平均日交通量	1998年平均日交通量	1999年平均日交通量	2000年平均日交通量	2001年平均日交通量	2002年平均日交通量	2003年平均日交通量	2004年平均日交通量	2005年平均日交通量	2006年平均日交通量	2007年平均日交通量
梅波特路	A1A州际公路以北0.1英里(0578号)	29 000	29 500	26 000	26 500	26 500	26 500	26 500	31 500	29 500	21 000	17 700
A1A州际公路	梅波特路以北1英里(0827号)	11 800	9 400	10 200	9 900	11 800	13 500	13 700	13 400	12 800	15 600	14 300
A1A州际公路	海湾大道以北²(0828号)	4600	4400	4700	4500	5200	6100	6600	6500	5400	5600	6500
旺德伍德大道入口通道	格文路³以东(3916号)	NA	NA	NA	NA	NA	NA	NA	NA	19 700	21 000	21 500
旺德伍德大道入口通道	雷格斯大道(Regas Drive)⁴以东(1028号)	0	0	0	0	0	0	3 100	3 100	12 100	11 900	13 400

资料来源:第一海岸都市规划处(FCMPO),2007。

注:1. 梅波特路11号大街交叉口位于梅波特路和大西洋林荫大道交叉口以北。

2. 海湾大道位于A1A州际公路和旺德伍德大道交汇处以北。

3. 格文路是沿旺德伍德大道在近岸航道以西的第一个主要十字路口。

4. 旺德伍德大道和雷格斯大道十字路口位于A1A州际公路与旺德伍德大道十字路口以东。

梅波特海军基地附近主干道的年平均日流量的调查数据显示,2006年和2007年大部分路段的交通量都有所下降。旺德伍德大道两部分的车流量有所增加。这些变化是由于建设和使用旺德伍德大道入口通道引起的,该入口通道东跨A1A州际公路上的旺德伍德大道和西侧通往普莱森特山(Mt. Pleasant)和麦考密克公路(McCormick Roads)的近岸航道,为梅波特路和梅波特海军基地提供了东西方向的入口。正是这个原因导致自2003年以来,旺德伍德大道两个部分的年平均日流量的增加。

穿过圣约翰河的客运车辆和渡轮,是当地交通网络的一部分。它连接了 A1A 州际公路州际公路和 105 号州际公路,途经梅波特村和乔治堡岛,全长 0.9 英里。渡轮码头位于 A1A 州际公路(海洋大道)的终点站梅波特村。渡轮最多可载五轴车辆(私人、商业和娱乐)及客运巴士,禁止使用半挂牵拖头及拖架。杰克逊维尔港务局(JAXPORT)于 2007 年 10 月从佛罗里达州交通部接管了渡轮业务。包括节假日在内,渡轮每天按时发船。每周星期一到星期五,第一班早上 6 点从梅波特村出发,最后一班晚上 7:15 从乔治堡岛出发。在星期六和星期天,第一班早上 7:00 从梅波特村出发。最后一班晚上 8:45 从乔治堡出发,每半小时一次,前 3 次从两地出发的位置略有不同。渡轮的使用费从行人和自行车的 1 美元到客运巴士和五轴车辆的 10 美元不等(杰克逊维尔港务局,2007c)。2005 年,客运量为 346 400 人次,低于前一年的 404 516 人次和 2003 年的 450 551 人次。使用率下降的部分原因是旺德伍德大道的开放(《佛罗里达时报联盟》,2006)。

杰克逊维尔交通管理局运行着一班通往梅波特海军基地的城市巴士。这条巴士线路往返于丽景购物中心(Regency Mall)(位于杰克逊维尔市中心以东约 5 英里的大西洋林荫大道,梅波特以西和西南约 15 英里)和梅波特海军基地之间。这条线路每周运行七天(周一至周五,从早上 4:30 至晚上 8:00,每半小时一班,周六和周日从上午 7:00 至晚上 8:00 运行)。在梅波特海军基地,巴士站分布于基地的 8 个关键区域,包括码头 E 和 F 以及圣约翰河管理区和码头 C。这条路线平均每天约有 45 名乘客(高峰时段每趟行程可载 15 至 18 名乘客)。巴士核载 40 名乘客(Haley,2008)。巴士的正常票价是 1 美元。此外,该地区的杰克逊维尔交通管理局巴士路线上沿线有几处免费换乘点(杰克逊维尔交通管理局,2008)。

梅波特海军基地支持联邦交通奖励计划,以缓解交通拥堵。该计划包括军队和公务员上下班的交通费(每月最高 100 美元)。此外,梅波特海军基地也与 VPSI 通勤车 Vanpools 合作,为所有从事安装工作的人员(军人和文职)提供乘坐 Vapools 车的机会,这种情况下,居住在同一区域附近的 7 至 15 名工作人员,可以租一辆面包车往返。梅波特海军基地为 Vanpools 在回旋水域附近指定了专用停车位,作为进一步的优惠政策(梅波特海军基地,2008)。

由梅波特海军基地运营的巡回巴士不断为站内人员提供可供选择的路线(例如,单身公寓到回旋水域),还包括出基地的车站(梅波特海军基地,2008)。这种服务减少了站内的停泊车辆和交通压力,特别是由军事人员出行所导致的车辆增加。

杰克逊维尔市规划和发展署负责交通流量统计服务,每年为管理系统进行下午晚高峰时段交通流量统计,以收集整个杜瓦尔县的道路段容量和服务水平数据,具体涉及梅波特海军基地附近地区,但不包括交叉路口。2006 年没有留存数据。截至 2008 年 7 月 8 日梅波特海军基地附近下午高峰时段路段的流量见

表 6 - 18,该数据代替 2006 年的数据。

表 6 - 18 2008 年靠近梅波特港口的非车站用途路段一览表

路线	出发地	目的地	服务水平
梅波特路	梅波特基地	A1A 州际公路	B
梅波特路	A1A 州际公路	教堂路(Church Road)(大西洋海滩城内)	E
A1A 州际公路	轮渡斜引道	旺德伍德路	C
A1A 州际公路	旺德伍德路	梅波特路	C
旺德伍德桥	普莱森特山公路	A1A 州际公路	A
旺德伍德路	梅波特路	A1A 州际公路	C
普莱森特山公路	麦考密克路	格文路	C
大西洋林荫大道	近岸航道	圣帕布罗路	D
大西洋林荫大道	圣帕布罗路(San Pablo Road)	格文路	C

6.8.3 停车场

梅波特海军基地私家车(POV)停车场位于基地周围,为地上停车场。一般来说,每个单位和活动区都为私家车辆提供一个可供停车的场地。有几个大型地面停车场并没有专门为任何特定单位或活动区指定专门停车场,在许多情况下,提供停车服务不仅是为了工作,也是为了娱乐或商业活动。此外,亦设有大型停车场,供舰船在港口时船上人员停车。当舰船进港时,停车问题主要集中在码头附近和回旋水域附近(美国海军,1997)。

基线计算数据表明基地不缺少停车位,最大的问题是,停车位总量超过了停车需求,但缺乏便利的停车位(梅波特海军基地,2006d)。考虑到从停车位充足的地方到各个工作地点或工人目的地的距离,停车就成为一个棘手的问题。停泊计算中包括一个偏远的或可称为"卫星"的停泊区,在这里需要有班车来接送工人并将他们送到目的地。1 号卫星地段(位于机场地区设施的西北部)大约有 177 个空间。另外 2 个"卫星"停车场,总共约有 697 个空间,可供有班车服务的溢流停车场使用(这些空间不包括在停车计算中)。

在基线条件下,已部署的工作人员私家车的停车位总数为 8 323 个。根据大约 16 010 人的基本人口数量估算,需要约 7 871 个供工人和部署人员使用的停车位。这就留下了 452 个剩余的停车空间。然而,问题的焦点不是可用停车位的总数,而是与个别工作地点和目的地有关的可用停车位。表 6 - 19 显示了已部署的工人和私家车停车场的基线条件的计算要求。

表 6 - 19　基本停车需求统计表

基线条件		
船舶人员 – 部署停车津贴	规划因素	8 269
部署	33.3	2 756
单身人士	37.2	1 025
有停车需求的单身人士	50	513
港内船舶停泊津贴		8 269
在任何给定时间内停泊在港口	66	5 513
有停车需求	50	2 756
其他车站人员		4 706
有停车需求	70	3 294
空军中队		1 531
未在任何给定时间上船		1 091
有停车需求	50	546
船舶维修人员		1 504
轮班工人停车需求	38	345
圣约翰河管理区工作人员停车需求	70	417
基本停车位(工人和已部署人员)		7 871

6.8.4　海洋船舶活动

船舶运输的影响范围包括圣约翰河,梅波特海军基地海峡,和大西洋周边的海洋疏浚物处置场。海上交通包括商业活动,港口设施运营,军舰和休闲游船的往来,下面将进行详细讨论。

1. 商业活动

杰克逊维尔港位于圣约翰河下游两岸,是佛罗里达州东海岸最大和最繁华的深水港之一,由 27 个主要直码头和货运码头组成。杰克逊维尔港务局拥有 6 个直码头和货运码头,其余为私人所有和共营模式。杰克逊维尔的海运码头大多位于距离河口 21 英里的河西侧,就在圣约翰河南拐弯前侧。杰克逊维尔港是一个重要的东南部港口,这里进口和出口各种材料,是一个主要的分销地,也是散装运输处理和铁路运输中转地。

进口的货物主要包括汽车、石油产品、咖啡、钢铁产品、水泥、石灰石、化学品、纸浆木材、木材、酒水饮料和一般货物。出口主要产品包括纸制品、柑橘产品、海军备用品、磷矿石、肥料、饲料、黏土、化学物品、牛油、废金属和普通货物(美国国家海洋和大气管理局,2006)。

表6-20给出了2005年杰克逊维尔港内载运的按吃水深度分列的国内外商船的港内和港外运行情况,这在《美国水上贸易》第一部分(Waterborne Commerce of the United State,Part 1)中有所记录(美国陆军工程兵团,2007)。航行分为从码头A到码头B(例如,从Dames Point海运码头转移到Talleyrand海运码头)。吃水深度定义为水线和船体底部之间的垂直距离。2005年,杰克逊维尔港内船只往来80 961航次,平均每月6 747航次。圣约翰渡轮服务的运营也包括在内,该服务一般由吃水深度小于18英尺的国内船只提供。杰克逊维尔港还有更多外国船只运行。2006年,据佛罗里达州高速公路安全和机动车辆部门报告,有610艘商船和238艘经销船在佛罗里达州杜瓦尔县登记。

表6-20　2005年杰克逊维尔港内的商业船只运行情况　　　　单位:次

吃水深度/英尺	进港航次	出港航次	总航次
国外			
30~40	465	266	731
19~29	926	1 124	2 050
≤18	158	170	328
国内			
30~37	53	101	154
19~29	153	211	364
≤18	38 719	38 615	77 852
总计			80 961

资料来源:美国陆军工程兵团,2007。

2. 港口设施

杰克逊港加深了圣约翰河航道从入口延伸到泰利海运码头(Talleyrand Marine Terminal)水域。为了容纳目前在杰克逊维尔港口停靠的新增船只和满载船只,航运通道的平均最低水位被疏浚至40英尺的深度(杰克逊维尔港务局,2007a)。布朗特岛(Blount Island)、戴姆斯角(Dames Point)和泰利海运码头共有27个直码头和货运码头,其中6个由杰克逊维尔港务局管理。

布朗特岛海运码头距离大西洋约9海里,位于布朗特岛的西半部。布朗特岛码头是杰克逊港最大的集装箱码头,用于集装箱,滚装,散装(包装货物)和普通货物的装运。杰克逊维尔电力局与杰克逊港共同管理布朗特岛南侧的煤炭卸载码头(杰克逊维尔港务局,2007a)。

戴姆斯角海运码头在距离大西洋 10 海里处,用于散货装运。此外,戴姆斯角海运码头还单独运营一艘临时邮轮。目前,戴姆斯角海远码头正在建设中,预计未来可建成一个 131 英亩的集装箱装卸地,其中包括 2 个 1 200 英尺的泊位和 6 个巴拿马型船集装箱起重机(杰克逊维尔港务局,2007a,b)。

泰利海运码头位于距大西洋 18 海里,用于集装箱货物,滚装货物,以及零散货物和普通货物的装运(杰克逊维尔港务局,2007a)。

表 6 - 21 列出了杰克逊维尔港的船舶通话次数,总货物吨位和邮轮旅客数量。2006 年,圣约翰河入口处有 3 754 艘货船和邮轮,平均每月 313 艘。2002 年至 2006 年,杰克逊维尔港的年度货船通信增加了 11.6%。据称,杰克逊维尔港,在 2006 财政年(年末),处理了近 870 万吨货物,比 2002 年增加了 22%,接待了 257 065 名邮轮乘客,比 2004 年增加了 50.4%。一个新的邮轮码头已被提议在戴姆斯角大桥以东建造。

表 6 - 21　杰克逊维尔港口年度货轮和邮轮统计

年份	货船呼叫/次	货物总吨位/百万吨	邮轮呼叫/次	游轮乘客人数/人
2002	1 611	7.11	0	0
2003	1 539	7.30	0	0
2004	1 582	7.68	50	170 927
2005	1 635	8.44	86	275 375
2006	1 799	8.69	78	257 065

3. 军舰活动

梅波特海军基地的海上船只过境是指船只从海上浮标边界(位于海上约 7 英里)到梅波特海军基地码头(即回旋水域)经过。具体指海军基地的船舶,访问美国海军舰艇以及其他船只(包括外国海军,海军特种部队和承包商)的通行。此外,美国海岸警卫队允许梅波特海军基地的海外租户的船只过境。表 6 - 22 列出了 2005 财年至 2007 财年梅波特海军基地船只过境的数据。平均而言,梅波特海军基地每年有大约 600 个由本港船舶形成的过境点,占全年平均过境船只的 47% 和所有海军年平均船只过境的 56%。2006 年的参考数据包括大约 660 次与本港船只(包括"肯尼迪"号航母)相关的过境,以及总共大约 1 000 次非美国海岸警卫队过境,其中包括美国海岸警卫队过境在内的 2006 年过境总数为 1 170 次。与 2006 年梅波特的船只基准相比,2005 财年的过境率降低了 15%,2007 财年的过境率降低了 9%。

表 6 – 22 梅波特海军基地船舶运输培训活动（2005—2007 财年）

运输活动	2005[a]	2005[b]	2006	2007	三年期总计	年平均数
船只在梅波特港返航	421	561	661	599	1 821	607
美国海军船只访问梅波特港口	119	159	83	137	379	126
其他(例如，来访的外国船只、海军特种部队、承包商)	286	381	260	400	1 041	347
非海岸警卫队船只	826	1 101	1 004	1 136	3 241	1 080
海岸警卫队船只	171	228	166	228	622	207
总计	997	1 329	1 170	1 364	3 863	1 288

资料来源,美国舰队司令部,2008b。

注:a.这一列数据涵盖 2004 年 11 月至 2005 年 7 月共 9 个月的数据。

　　b.这一列的数据为第 1 列数据的全年月平均值,即第 1 组数据除以 9,再乘以 12。

　　c.指 3 年的平均数,其中包括第 2 列的数据。

布朗特岛美国海军陆战队支援基地(MCSF – BI)位于布朗特岛的东半部。布朗特岛美国海军陆战队支援基地的滑道用于支援海事前线部队。海军陆战队海事前线部队包括 16 艘民用船只。这些船被编成 3 个中队,每个中队都携带设备和物资,以供大约 15 000 名海军陆战队员维持 30 天的用度。布朗特岛美国海军陆战队支援基地的卸载装运是设备、供应容器、车辆和弹药的结构化和协调化的维护、装载/卸运过程。卸载完成后(大约在抵达布朗特岛美国海军陆战队支援基地后 1 周),船只离开布朗特岛美国海军陆战队支援基地并前往指定的维护干船坞进行航母定期检查、维护和喷漆。完整的拆卸、维护和组装过程大约需要 60 天。然后该船返回布朗特岛美国海军陆战队支援基地以进行装载和预置。航母每 3 年返回布朗特岛美国海军陆战队支援基地进行设备维护和补给。所有类型的车辆以及多达 600 个集装箱都存放在海事前线部队的舰艇上。

4. 休闲游船

如表 6 – 23 所示,据佛罗里达州公路安全和机动车辆部门报告,2006 年有 33 518 艘游船在佛罗里达州杜瓦尔县登记。多年来,登记船舶总数相对稳定。在圣约翰河入口和泰利海运码头,有许多游艇码头和公共船坡道。毗邻梅波特村的海军基地的是梅波特港坡道和梅波特海域。

表 6 - 23　佛罗里达州杜瓦尔县登记的船舶　　　　　单位:艘

年份	商业船只	休闲游船	经销商(dealers)	总计
2000	657	33 637	189	34 483
2001	687	32 807	269	33 763
2002	628	33 113	267	34 008
2003	624	33 268	250	34 142
2004	622	33 072	233	33 927
2005	611	33 223	237	34 071
2006	610	33 518	238	34 366

杰克逊维尔大学于1994年进行的一项调查随机采访了杜瓦尔县51位在船舶坡道工作的船长,以调查每次航船的主要目的和旅行地点。结果显示1 196名游客(61.6%)旅行的主要目的是休闲垂钓,其次是乘船游览(18.5%)。梅波特码头是一个非常受欢迎的垂钓地点,9.3%游客将其作为主要目的地,7.4%的受访者将朱灵顿溪(Julington Greek)作为钓鱼目的地(杰克逊维尔市议会,2006)。

5. 海上锚固

建海上锚固区域建在乔治堡湾入口附近,包括航母和其他深水船只的固定点(4个半径600码的圆形区域),以及同等规模的驱逐舰和其他船只的锚固区(6个半径为300码的圆形区域)。4个锚地中有1处也被指定为爆炸物锚地,供海军在海军基地限制范围之外处理军火。所有指定区域的管理准则都规定,只有在必要的军事需求时,海军舰艇对这些区域的使用才占主导地位;在这种情况下,其他船只应远离这些区域。当处理爆炸物的船只占用爆炸用锚地时,除非执法机构授权,否则其他船只不得进入该区域(国家海洋与大气管理局,2006)。

6.9　社 会 经 济

社会经济的定义是与人类环境,特别是人口和经济活动相关的基本属性和资源。经济活动通常包括就业、个人收入和工业增长。对这些基本社会经济组成的影响也会影响住房和教育等其他问题。

社会经济的影响范围定义为计划实施母港改建方案或改建方案所产生的主要影响的领域。梅波特海军基地与西北部的梅波特村,南部和西南部的杰克逊维尔市,以及东南部的凯瑟琳·阿比·汉娜公园相连。梅波特海军基地北部和南部的开发区域可能会受到海军基地活动的影响。社会经济的影响范围是佛罗里达州的杜瓦尔县,杰克逊维尔市,大西洋海滩城,海王星海滩市和杰克逊维尔海滩

城。杰克逊维尔市政府和杜瓦尔县政府于 1968 年合并。在佛罗里达州的杜瓦尔
县,还有其他 3 个合并区域:大西洋海滩城、海王星海滩市和杰克逊维尔海滩城。

6.9.1 人口统计学

1. 人口和人口增长

2000 年,梅波特海军基地的每日净人口约为 13 300 人。梅波特海军基地军事
人口基线为 89.6% 的士兵(13 300 名)和 10.4% 官员(1 544 人),基准人口包括
1 166 名承包商(梅皮特海军基地,2006d;美国海军,2006a)。估计全体军事和非军
事人员(除海军基地人员外)约为 24 400 人。这是根据海军设施工程司令部规划
标准计算的(海军设施工程司令部,2005),该标准根据军事等级的分布和相关联
计数数据,为估计依赖人口提供标准和指导。据推测,文职人员也是按文职人员
等级呈相关联分配。除了军事和文职人员及其家属外,梅波特海军基地还有大量
的退休人员。

2006 年,使用地理信息系统估算梅波特村的人口约为 265 人。但是,由于梅
波特村未被纳入或认定为人口普查指定地点,因此无法从该地区获得详细的社会
经济数据。2006 年,杜瓦尔县较大面积人口估计为 810 698 人,其中包括杰克逊维
尔市人口 768 537 人,占总人口的 95%(美国人口普查局,2007g)。从 1980 年到
2000 年,杜瓦尔县和杰克逊维尔市的人口增长了 36%。海王星海滩市和杰克逊维
尔海滩城的人口增长分别为 38.5% 和 35.7%,这也印证了杜瓦尔县人口的增长。
相比之下,大西洋海滩城的人口急剧增加,人口增长率为 70.3%。大西洋海滩城
相对较大的增长比例主要归因于在 20 世纪 80 年代其与塞米诺尔海滩地区(一个
人口相对稠密的住宅区)的合并(Doerr,2008)。关于 1980 年,1990 年和 2000 年
的人口趋势,请参阅表 6 - 24。到 2010 年,杜瓦尔县的人口预测为 917 943 人,到
2020 年为 1 037 431 人(JCCI,2006)。如果杜瓦尔县的人口增长符合这些预测,其
人口将在 2000 年到 2020 年间增加 33%。

表 6 - 24 1980 年,1990 年,2000 年梅皮特海军基地人口变化趋势

地域	1980	1990	2000
杜瓦尔县	571 003	672 971	778 879
杰克逊维尔市	540 920	635 230	735 617
大西洋海滩城	7 847	11 636	13 368
海王星海滩市	5 248	6 816	7 270
杰克逊维尔海滩城	15 462	17 839	20 990

2. 退伍军人

一般来说,此次评估范围内的退伍军人的比例比佛罗里达州的比例更高(表6-25)。居住于此次评估范围之内的非军事人员中,海王星海滩城所占比例最高,退伍军人占 19.3%,其次是大西洋海滩城人口(18.3%)。

表 6-25 退伍军人

地域	退伍军人(18 岁及以上)	
	数量/人	比例/%
美国	26 403 703	12.7
佛罗里达州	1 875 597	15.3
杜瓦尔县	99 118	17.7
杰克逊维尔市	93 045	17.7
大西洋海滩城	1 871	18.3
海王星海滩城	1 100	19.3
杰克逊维尔海岸城	2 920	17.1

资料来源:美国人口普查局,2007a。

6.9.2 就业

与佛罗里达州相比,此次评估范围内的就业人口比例较高(表6-26)。其中,杰克逊维尔海滩城和海王星海滩城的就业人口比例最高(分别为 73.4% 和72.2%),而大西洋海滩城的比例最低(65.0%)。从 1970 年到 2004 年,杜瓦尔县创造了335 797个新工作岗位。与佛罗里达州相比,杜瓦尔县的就业增长有所滞后;然而其就业增长率一直大于全国的就业增长率(美国经济分析局(USBEA),2004)。

表 6-26 劳动力和收入

区域	劳动力(16 年岁及以上的人口)		1999 年家庭收入中位数/美元	1999 年人均收入/美元
	数量/人	比例/%		
美国	138 820 935	63.9	41 994	21 587
佛罗里达	7 471 977	58.6	38 819	21 557
杜瓦尔县	401 657	67.4	40 703	20 753
杰克逊维尔市	376 462	67.2	40 316	20 337

续表

区域	劳动力(16年岁及以上的人口)		1999年家庭收入中位数/美元	1999年人均收入/美元
	数量/人	比例/%		
大西洋海滩城	7 055	65.0	48 353	28 618
海王星海滩城	4 384	72.2	53 576	30 525
杰克逊维尔海滩城	13 011	73.4	46 922	27 467

资料来源:美国人口普查局,2007a。

在杜瓦尔县内16岁及以上的人口中,最热门的就业行业是教育、卫生和社会服务,占16%;其次是金融、保险、房地产、租赁,占13%;零售业为12%(表6-27)。杰克逊维尔大都市统计区(贝克县,克莱县,杜瓦尔县,弗拉格勒县,拿骚县,普特南县(Putnam County)和圣约翰县)的最大就业机会由海军提供,包括杰克逊维尔海军,梅波特海军基地和杰克逊维尔的海军燃料仓库以及前往佐治亚州卡姆登县(Camden County)国王湾潜艇基地的通勤人员(Jacksonville Cornerstone Regional Development Partnership,2006)。根据2000年人口普查,杜瓦尔县2.7%的人口在武装部队(美国人口普查局,2007f)。

表6-27 各行业就业情况

行业	就业人口数量/人(16岁及以上)	比例/%
农业、林业、渔猎和采矿业	1 301	0.0
施工	26 110	7.0
制造业	26 450	7.0
批发业	15 181	4.0
零售业	44 599	12.0
运输、仓储和公用设施	28 535	8.0
信息	13 245	4.0
金融、保险、房地产和租赁	48 450	13.0
教员、科学管理、行政和废物管理服务	38 655	11.0
教育、卫生和社会服务	60 299	16.0
艺术、表演、娱乐、住宿和食品服务	28 827	8.0
其他服务(公共管理除外)	17 597	5.0
公共管理	17 816	5.0
总计	367 065	NA

资料来源:美国人口普查局,2007b。

6.9.3 收入

根据2000年人口普查,1999年,评估范围内的中等收入家庭数量大于佛罗里达州(表6-26)。海王星海滩城的中等收入家庭数量最高,为53 576美元,其次是大西洋海滩城,为48 353美元和杰克逊维尔海滩城为46 922美元。海王星海滩城的中等收入家庭比杜瓦尔县高31.6%。除杰克逊维尔市外,1999年,评估范围内的人均收入高于杜瓦尔县。海王星海滩的人均收入最高,为30 525美元,其次是大西洋海滩城为28 618美元和杰克逊维尔海滩为27 467美元。

1999年,杜瓦尔县63%的个人收入低于30 000美元,只有3%的个人收入超过10万美元。多数人的收入为25 000美元至29 000美元,其中16岁及以上有收入的人口占11%(美国人口普查局,2007c)。从1989年到1999年,收入超过10万美元的家庭从3%增加到10%,而收入低于30 000美元的家庭从52%减少到35%。在相比之下,1989年多数家庭的收入低于10 000美元,而1999年多数家庭的支出是60 000美元到74 999美元。通货膨胀率调整后,中等收入家庭在这10年间增长超过6.3%,收入达到40 703美元(美国人口普查局,2007d)。

根据2000年人口普查,杜瓦尔县最大的收入来源是周薪或月薪收入,占78%;其次是退休收入,占5.6%。大部分收入来自工作收入,包括工资和自营收入(82.2%)。相比之下,不到0.1%的收入来自公共援助(美国人口普查局,2007e)。

有关人均收入和工资的最新数据可从美国、州和县级的美国经济分析局获得。如表6-28所示,从2000年到2005年,杜瓦尔县的人均收入增长了16.6%,佛罗里达州的人均收入增长了19.3%。2005年,杜瓦尔县的人均收入为33 723美元,这比美国的人均收入低2.2%,比佛罗里达州的人均收入低0.8%。

表6-28 人均个人收入(2000—2005年)

地区	人均收入/美元					
	2000年	2001年	2002年	2003年	2004年	2005年
美国	29 843	30 562	30 795	31 466	33 090	34 471
佛罗里达州	28 507	29 266	29 702	30 290	32 534	34 001
杜瓦尔县	28 920	28 884	29 515	30 876	32 400	33 723

资料来源:美国经济分析局,2008a。

2000年,海军基地人员的平均年薪约为23 000美元。船上人员的平均年薪约为20 000美元,船舶维修人员的平均年薪约为30 000美元(东南区域维护中心,2001)。相比之下,根据美国经济分析局的数据,杜瓦尔县2000年的平均工资是32 983美元。从2000年到2006年,杜瓦尔县的平均工资增长了30.1%,佛罗里达州增加了26.2%(表6-29)。

表6-29 2000—2006 年各岗位平均工资

地区	各岗位平均工资/美元						
	2000 年	2001 年	2002 年	2003 年	2004 年	2005 年	2006 年
美国	34 718	35 582	36 150	37 169	38 810	40 172	41 991
佛罗里达州	30 296	31 297	32 257	33 360	34 978	36 570	38 226
杜瓦尔县	32 983	34 247	35 662	37 324	38 957	40 611	42 919

资料来源:美国经济分析局,2008b。

6.9.4 住房

根据2000年的人口普查,在此次评估的范围内海王星海滩城的房屋使用率最高,为94.5%,略高于杜瓦尔县(92.1%)。在此次评估的范围内,杰克逊维尔海滩市的业主房屋使用率最低,空置率和租用率最高。有关2000年人口普查住房单位数据,请参阅表6-30。梅波特海军基地目前拥有1 164套家庭住宅,估计使用量为1 092户,约占总房屋数的94%(海军设施工程司令部[CNIC],2006)。现有的单身人士住房可容纳1 140名水手;正在建设的新单身宿舍预计可容纳312人(McVann,2007b;美国海军,2006a)。海军的母港岸上计划要求海军在港口为船上的单身水手提供岸上住房,以代替船上住房。海军作战部长的目标是所有船上的水手(E1到E3级)都被安置在岸上的单身住房中。即使将新建的单身宿舍作为现有资产的一部分计算,06年梅波特("肯尼迪"号航母在役)的单身住房基准赤字仍为522(海军设施工程司令部,2007)。

表6-30 住房情况

地域	业主住房家庭		租住房屋		空置住房		总住房	
	数量/套	比例/%	数量/套	比例/%	数量/套	比例/%	数量/套	比例/%
美国	69 815 753	66.2	35 664 348	33.8	10 424 540	9.0	115 904 641	91.0
佛罗里达州	4 441 799	70.1	1 896 130	29.9	965 018	13.2	7 302 947	86.8
杜瓦尔县	191 734	63.1	112 013	36.9	26 031	7.9	329 778	92.1
杰克逊维尔市	179 729	63.2	104 770	36.8	24 327	7.9	308 826	92.1

续表

地域	业主住房家庭		租住房屋		空置住房		总住房	
	数量/套	比例/%	数量/套	比例/%	数量/套	比例/%	数量/套	比例/%
大西洋海滩城	3 719	66.1	1 904	33.9	380	6.3	6 003	93.7
海王星海滩城	2 069	63.0	1 213	37.0	190	5.5	3 282	94.5
杰克逊维尔海滩城	5 804	59.7	3 911	40.3	1 060	9.8	10 775	90.2

资料来源:美国人口普查局,2007a。

与大多数住房市场一样,此次的评估范围中的住宅开发是周期性的。在过去的20年中,从1980年到1989年,杜瓦尔县建造房屋最多(64 850套)。从1990年到2000年,新房建筑率下降了2.5%(63 198套)(美国人口普查局,2007i)。自2000年以来,最初有5 701套住房发放了3 773份住房许可证,在2005年不断上升,达到顶峰,此时有8 666套住房发放了1 367份住房许可证。2006年,有10 683套住房发放了6 678份住房许可证(美国人口普查局,2007h)。

2006年,杜瓦尔县一套两居室公寓的平均市场租金为779美元。为负担这种水平的租金和水电费,如果不想把超过30%的收入花费在住房上,一个家庭每年必须赚31 160美元。估计杜瓦尔县租房者平均小时工资为13.11美元,相当于每月能支付得起682美元的较低租金。为了以这个工资支付两居室公寓的平均市场租金,租房者必须每周工作46小时,每年工作52周,或者家庭必须有1.1份平均工资与租客周薪相同的全职工作(全国低收入住房联盟,2006)。

2007年6月杰克逊维尔市公寓市场的空置率为10.2%,而2006年6月为5.8%。空置率较高的原因是杰克逊维尔市的公寓开发达到10年来的高峰值,杰克逊维尔市的公寓供应在2007年下半年增加了1 300套。已招租一年以上的公寓租金上涨0.9%。由于空置率较高,预计该市租金增长将保持温和状态(Real Data,2007)。

6.9.5 教育

在此次评估范围内,25岁或以上的高中毕业生或获得学士学位或更高学历的人口中,海王星海滩城的教育水平最高(93.4%的人具有高中学历和40.3%的人具有学士或更高学位),高于佛罗里达州(分别为79.9%和22.3%)。在这一范围中,杜瓦尔县和杰克逊维尔市的高中毕业率最低,且获得学士学位或更高学历的人数最少。然而,与佛罗里达州相比,杜瓦尔县和杰克逊维尔市的高中毕业率都更高。有关 2000 年人口普查的教育水平数据,请参阅表 6 - 31。

表 6 - 31　2000 年人口普查教育水平

城市	高中或以上学历		本科或以上学历		25 岁以上人口数
	数量/人	比例/%	数量/人	比例/%	数量/人
美国	146 496 014	80.4	44 462 605	24.4	182 211 639
佛罗里达州	8 804 697	79.9	2 462 328	22.3	11 024 645
杜瓦尔县	413 266	82.7	109 473	21.9	499 602
杰克逊维尔市	385 300	82.3	98 991	21.1	468 364
大西洋海滩城	8 477	89.3	3 675	38.7	9 495
海王星海滩城	4 944	93.4	2 133	40.3	5 294
杰克逊维尔海滩市	13 875	89.8	4 622	29.9	15 450

资料来源:美国人口普查局,2007a。

6.9.6　梅波特海军基地的经济影响

估计梅波特海军基地对当地经济的影响为每年约 18 亿美元,其中包括在当地社区支付的薪资,商品消费,享受的服务性消费以及向军事退休人员支付的退休金(美国海军,2006a)。

6.10　一般性服务

本节介绍了在梅波特海军基地内以及当地社区内可能受到母港改建方案或备选方案影响的一般性服务,包括消防救援、执法、保健、娱乐、家庭服务、儿童保育和教育。重点人群是政府为海军基地人口提供的服务,其中包括该站的每日净人口约 13 300 人,以及大约 24 400 名军人家属(美国海军,2006a;海军设施工程司令部,2005)。在大多数情况下,这些服务集中在海军基地,但也为站外军事住房区(里包尔湾村和威廉姆.S.约翰逊家庭房)提供服务。里包尔湾村位于梅波特路以西主大门以南约 1.5 英里处。约翰逊家庭房距离海军基地约 10 英里,靠近克雷格市政广场以南的大西洋林荫大道 9A 立交桥处。

6.10.1　消防和救援

杰克逊维尔市消防和救援部门拥有 55 个消防站,雇用了 1 047 名职业消防员,还有 79 名志愿者和紧急医疗技术人员。在 1 047 名部门员工中,71% 在消防监督部门,22% 在紧急医疗服务和救援部门,其余的在消防、行政、培训和应急准备部门。2005 年,杰克逊维尔市消防和救援部门完成了 109 340 次紧急救援。平均响应时间为 5 分 54 秒(Francis,2007)。

梅波特海军基地目前的消防和救援业务范围为建筑火灾,船上火灾,以及飞机消防救援,专业救援和危险材料事故应急救援和消防,还包括主要的医疗救援,水上救援,有害物质泄漏紧急救援,公共消防安全教育、巡查、技术服务,以协助合约建筑公司以及海军机构调查纵火事件及执行相关法规(Dietz,2007)。

梅波特海军基地的消防部门 46 名人员每周 7 天提供 24 小时为梅波特基地内提供消防和救援服务。5 名人员每天 24 小时值守通信中心。该部门共有 5 家消防公司,其中 2 个用于建筑火灾响应,2 个用于机场爆炸响应,以及 1 个医疗救援运输公司(Dietz,2007)。里包尔湾村出现火灾时可紧急拨打 911。杰克逊维尔市消防部门通常是首选救援单位,但梅波特海军基地消防部门也在其救援范围内。杰克逊维尔市通过 911 系统接听海军约翰逊家庭住房区的求助电话。海军与杰克逊维尔市,海王星海滩城,杰克逊维尔海滩城和大西洋海滩城的消防部门签定了互助协议(Dietz,2007)。

梅波特海军基地的基地医疗分支的军事部队的机动部队提供基本的医疗服务。但是,杰克逊维尔市可能需要更高级别的医疗救援。此外,70% 的海军基地消防员都是经过国家认证的紧急医疗技术人员。与消防服务一样,里包尔湾村和约翰逊家庭社区属于 911 系统服务范围(Dietz,2007)。

6. 10. 2　执法

杜瓦尔县和杰克逊维尔市统一归当地治安机构杰克逊维尔警长办公室管理。杰克逊维尔警长办公室有 2 977 名全职雇员,其中包括 1 663 名正式警察,691 名狱警和 623 名文职人员(Smith,2007)。

梅波特海军基地的安保部门有 88 名军人和 70 名文职人员。由港口船舶上的安保人员保障码头安全。里包尔湾村因靠近梅波特,由梅波特警察维持治安。海军的约翰逊家庭住房区为杰克逊维尔警长办公室辖区。海军与杰克逊维尔市,杰克逊维尔海滩城,大西洋海滩城或海王星海滩城等城市没有正式的执法互助协议,但是,执法机构之间具有良好的非正式协作关系(Burden,2007)。

6. 10. 3　医疗服务

杜瓦尔县公共卫生部门为社区提供公共医疗服务。表 6 - 32 给出了杰克逊维尔地区的主要医院。Baptist 海滩医疗中心是离海军基地最近的医院。此外,还有 17 个门诊医疗中心和 2 个退伍军人门诊诊所(杜瓦尔县卫生局,2007)。距离海军基地最近的退伍军人管理局医院位于佛罗里达州盖恩斯维尔(Gainesville)(美国退伍军人事务部,2007)。

表6-32　杰克逊维尔附近的医院

医院	位置	床位数量	类型
Baptist 海滩医疗中心	杰克逊维尔海岸	98	住院医院
Baptist 市中心医疗中心	杰克逊维尔	505	三级医院
杰克逊维尔纪念医院	杰克逊维尔	343	三级医院
圣卢克医院	杰克逊维尔	289	住院医院
圣文森特医院	杰克逊维尔	513	住院医院
杰克逊维尔尚兹	杰克逊维尔	566	医院,学术医疗中心
梅奥诊所	杰克逊维尔	病人住在圣卢克医院	非营利医疗中心
沃福森儿童医院	杰克逊维尔	180	儿童医院

资料来源:美国医院名录,2007。

由医学和外科局(BUMED)管理和资助国防医疗保健计划,该局是其他医疗服务的独立资金来源。梅波特新的海军分支医疗中心于2004年建设完成。医疗中心为军人及其家属提供牙科和基本保健服务,服务范围包括所有牙科、急症护理、妇女健康、免疫接种、轻伤的治疗和大多数常见疾病,如感冒、鼻窦感染、高血压和糖尿病等。这些诊所设有门诊药房和电话咨询药房。需要住院治疗的患者需要前往杰克逊维尔市的海军医院或该地区的民用医院(Bates,2007)。

6.10.4　娱乐

杰克逊维尔附近的休闲和娱乐场所及活动包括体育赛事、博物馆、音乐休闲、戏剧、节日庆典、海滨商店、历史遗迹、海滩和公园(梅波特海军基地,2005)。该地区还有许多体育赛事场地,如足球场、棒球场、垒球场,以及众多网球场、健身房和社区游泳池(McDaniel,2007)。凯瑟琳·阿比·汉娜公园占地450英亩,是梅波特海军基地地区的主要户外娱乐场所之一。

梅波特海军基地还拥有众多休闲和娱乐场所。基地休闲和娱乐(MWR)区域还包括5个公园及其他户外休闲区,如海滩、网球场、4个球场、高尔夫球场、游泳池和跑道。健身房、健身中心和保龄球馆提供了室内休闲娱乐场地。除此之外,一些场所也提供各种青少年活动、儿童发展和家庭服务功能。除信息,票务和旅游,海军交流中心(包括信用合作社、邮局、图书馆、自助洗衣店、理发店和餐饮服务)和海军旅馆外,娱乐场所还租赁娱乐设备,该基地还有汽车配件商店。该基地在旺德伍德湖边设有钓鱼场所、双向飞碟场和射箭场(梅波特海军基地,2005)。

6.10.5　家庭服务

梅波特海军基地有一个家庭服务中心,为军人及其家属提供咨询、教育和中介服务,为舰队做好后勤保障。单身和已婚人士,从 E-1 级到海军上将,都可以在家庭服务中心享受这些服务,具体包括:家庭和婚姻咨询、离婚调解、个人咨询、压力等级管理、就业援助方案、过渡援助方案、人事财政援助方案、搬迁援助方案、新手父母培训、家庭宣传服务和公告。

6.10.6　儿童保育

梅波特海军基地有一个儿童发展中心,提供传统的日托服务及家庭儿童保育计划。儿童发展中心有 66 名服务人员,可为约 325 名儿童提供服务(Schwartz,2007)。对这些服务有新要求时,平均需要等待的时间约为 3 个月(3 岁及以上的儿童)至 9 个月(婴儿和幼儿)。但是,在任何特定时间,家庭儿童保育计划可能会立即启动。家庭儿童保育计划是儿童发展中心服务范围的延伸。目前有 20 所家庭护理中心的服务人员照顾大约 450 名海军或国防部人员的儿童(Schwartz,2007)。平均候补时间各不相同,但与儿童发展中心类似,可能在 6 至 9 个月之间。该计划的运营者最多可以在家中照顾 6 个孩子。儿童保育资源和转介计划是一项区域性服务,将帮助海军和国防部家庭享受当地合同制或有补贴的优质儿童保育计划(Schwartz,2007)。

6.10.7　教育

1. 社区特征

梅波特海军基地的学龄儿童的主要教育机构是杜瓦尔县公立学校系统。目前公立学校系统拥有 96 所小学、28 所中学、19 所高中、4 所非传统学校、4 所特许学校和 3 所特殊学生中心(杜瓦尔县公立学校,2007)。杰克逊维尔附近还有 109 所私立学校和 23 所学院和大学(7 所主要学院和大学)(NCES,2007)。

在 2006—2007 学年,在公立学校注册的学生总数约为 125 820 人。大约有 30 000 名学生就读于私立学校,超过 22 000 名全日制学生就读于该地区的大学和学院(Conner,2007)。平均而言,县公立学校的平均入学率为 94%。教室空位较多的学校主要位于城市地区,而位于郊区的大多数学校都处于或接近饱和状态,不得不占用活动教室(Conner,2007)。

在过去的两年里,杜瓦尔县开设了 1 所新的中学(2004—2005 学年)和 1 所新的小学(2006—2007 学年)。学区计划在 2007—2008 学年开设另一所小学(Conner,2007)。"五年项目"计划需要在北岸(小学和中学)建造 64 间教室,在咖啡路(小学)建造了 42 间教室,在 3A 高中建造 88 间教室(暂定在南侧地区),在第 103 小学和中学设 64 间教室,在南部设 64 间教室(小学和中学),在巴特拉姆斯普林斯(Bartram Springs)小学设 42 个教室,在沃特里夫(Waterleaf)小学设 42 个新教室,并为所有年级设 54 个活动教室(杜瓦尔县学区,2006)。梅波特海军基地附近地区没有新的建校计划；沃特里夫小学将为约翰逊家庭区提供教育资源，活动教室将覆盖整个学区。

2006 学年期间在杜瓦尔县一名儿童的教育总费用约为 6 736 美元。2006 年的学校预算为 1 449 325 333 美元。国家教育拨款总额为 517 197 899 美元（占县学校预算的 36%），其中包括来自州福彩业和教育类基金的 201 323 914 美元；联邦教育拨款总额为 116 901 112 美元（8.1%），财产税和当地收入总额为 441 705 869 美元（30.5%）（Douglas,2007）。

根据《公共法》（Public Law）第 103 - 382 条的规定，杜瓦尔县学区可获得联邦教育影响援助（FEIA）资金。资助的依据是在学区注册的联邦儿童的数量，他们的居住地以及他们在公立学校的日均出勤率。对于 FEIA 资金，学生分为两类：A 类学生靠联邦财政资助，父母中至少有一人是军人，而 B 类学生是指与父母（军队的正式军人或文职人员）一起居住在非军事基地。

FEIA 资金通过联邦儿童的出勤率，补贴学区的部分学费预算。对于 A 类学生，补贴是针对住宅和工作场所的财产税支出。就 B 类学生而言，补贴通常是针对工作场所而非住宅的财产税支出，因为房主通常会上缴房屋财产税。2006 年学年，这一资金对杜瓦尔县公立学校的补贴为 414 023 美元，其中 253 694 美元是 A 类补贴，160 329 美元是 B 类补贴（Conner,2007）。

2. 梅波特海军基地学龄期家属

居住在基地住房和梅波特以南 1.5 英里的里包尔湾村的军人家庭的学龄子女，来自梅波特和海边地区的小学和中学。表 6 - 33 列出了这些学校的入学率和可容纳人数，以及居住在校内和校外的学生人数。梅波特海军基地为 7 所小学，2 所中学和 1 所高中提供服务。由此可推测，由于杰克逊维尔另外两个军事基地的位置较远，在这些学校的 A 类学生是居住在梅波特或梅波特村的军人的家属。总体而言，在这些学校上学的相关联邦家属（A 类和 B 类）的总入学人数为 1 068 人，即占总人数的 12%。联邦相关入学率（A 类和 B 类）从弗莱彻高中（Fletcher High）约 1% 的低比率到梅波特小学 37% 的高比率不等。

表 6 - 34 列出了杰克逊维尔约翰逊家庭住房区周边 9 所学校 2006—2007 年的入学率、学生人数和联邦学生人数。这个住房社区附近有 6 所小学，2 所中学和 1 所高中。这些学校的 A 类联邦学生不是居住在约翰逊家庭住房区的军人家属，而是住在私人出租房屋中。约翰逊家庭住房区的学生将被归类为 B 类学生。联邦学生共计 498 人，占这些学校总入学人数的 4.5%。在各个学校中，联邦政府所资助的学生的入学率从圣德伍德高中（Sandalwood High）的 0.6% 到阿里曼尼小学（Alimacani Elementary）的 9% 不等。与高中生相比，联邦学生中的中小学生比例更大。在梅波特海军基地附近的学校中，有超过 10% 的联邦学生，只有杰克逊维尔海滩小学招生未满。法恩根小学的招生率约为 80%，梅波特海军基地的招生率

为 60% ,梅波特中学的容量为 75% 。尽管弗莱彻高中已人满为患,但其中的联邦学生比例最小。在约翰逊家庭住房区附近招收超过 7% 的联邦学生的学校中,除了爱贝斯公园小学以外(大约 95% 的容量),其他所有学校都已超额招生,从阿里曼尼小学 118% 的入学率到铁路小学的 106% 的入学率不等(表 6 – 33)。

表 6 – 33 2006 年至 2007 年梅波特海军基地附近杜瓦尔县学校报名人数,可接收学生数量

学校	报名人数/人	可接收学生数量/人	容量占比/%	联邦学生/人	A 类学生数量/人	A 类学生入学率/%	B 类学生数量/人	B 类学生入学率/%	A 类学生与 B 类学生合计入学率/%
法恩根小学	526	658	79.94	306	144	27.38	162	30.80	58.17
梅波特小学	570	946	60.25	213	135	23.68	78	13.68	37.37
梅波特中学	752	999	75.28	246	99	13.16	147	19.55	32.71
杰克逊维尔海滩小学	618	546	113.19	70	25	4.05	45	7.28	11.33
海王星海滩小学	988	1 033	95.64	98	45	4.55	53	5.36	9.92
圣帕布罗小学	513	567	90.48	31	14	2.73	17	3.31	6.04
斯必兹小学 (Seabreeze Elementary)	530	588	90.14	22	1	0.19	21	3.96	4.15
大西洋海滩小学	496	645	76.90	22	7	1.41	15	3.02	4.44
弗莱彻初级中学	1 330	1 167	113.97	30	3	0.22	27	2.03	2.26
弗莱彻高级中学	2 617	2 039	128.35	30	16	0.61	14	0.53	1.15
合计	8 940	9 188	97.30	1 068	489	5.47	579	6.48	11.95

资料来源:Conner,2007。

表6-34 2006年至2007年约翰逊家庭住房区域附近杜瓦尔县学校报名人数，
可接收学生数量

学校	报名人数/人	可接收学生数量/人	容量占比/%	联邦学生/人	A类学生数量/人	A类学生入学率/%	B类学生数量/人	B类学生入学率/%	A类学生与B类学生合计入学率/%
阿丽玛卡尼小学	1 111	942	117.94	97	10	0.90	87	7.83	8.73
孤星小学	792	713	111.08	63	2	0.25	61	7.70	7.95
阿布斯公园小学	785	830	94.58	61	3	0.38	58	7.39	7.77
萨巴尔帕姆小学	1 263	1 154	109.45	96	4	0.32	92	7.28	7.60
肯南铁路小学	741	698	106.16	55	2	0.27	53	7.15	7.42
布鲁克威尔小学	780	711	109.70	26	8	1.03	18	2.31	3.33
地标中学	1 367	1 665	82.10	44	3	0.22	41	3.00	3.22
肯南中学	1 220	1 066	114.45	39	6	0.49	33	2.70	3.20
圣德伍德中学	2 980	2 787	106.93	17	2	0.07	15	0.50	0.57
合计	11 039	10 566	104.48	498	40	0.36	458	4.15	4.51

资料来源：Conner，2007。

除了靠近梅波特海军基地家属住房的学校外，杜瓦尔县学校还推测以下已在其他杜瓦尔县学校注册的联邦学生与梅波特基地有关：563名A类和617名B类小学生，109名A类和203名B类中学生，25名A类和41名B类高中生（Conner，2007）。因此，杜瓦尔县学校估计梅波特海军基地的联邦学生总数为2 626名（占杜瓦尔县学校入学率的2.1%）。根据海军设施工程司令部（NAVFAC，2005）和梅波特海军基地基线人口估计，这一比例远低于估计的8 123名联邦学生（占杜瓦尔县学校入学率的6.5%）。有几个造成这种差异的可能原因。第一，并不是所有学龄期的儿童都在杜瓦尔县的公立学校注册，这些学生可能就读于私立学校（大约

24% 的杜瓦尔县学龄儿童）或圣约翰或拿骚县的学校或只接受家庭教育。第二，杜瓦尔县学校中与梅波特海军基地相关联的联邦学生数量除了表 6 - 33 和 6 - 34 中列出的数量之外，在杜瓦尔县学校的估计中可能存在不足。第三，使用海军提供的标准得出的估计值可能会高于学龄儿童的实际人数，因为标准假设所有家庭都有学龄儿童，并且承包商和文职人员家庭中学龄儿童的比例与军人家庭相同。

6.11　公 共 设 施

公共设施的状况涵盖全部设施，包括码头、与区域系统的互联性，以及与所有其他现有和计划项目相结合提供所需公共设施的能力。公用系统能力可以通过现有的基础设施来确定，以便提供当前的公共设施服务，并且可以根据这些公共设施的供应和需求做进一步阐述。现有的停泊在梅波特海军基地的船舶直接连接到码头提供的特定公共设施和装置，最终与常规公共基础设施相连接。

6.11.1　能源

1. 电力

杰克逊维尔电力局为杰克逊维尔供电，除此之外其还为梅波特海军基地和亚特兰大海湾供电。佛罗里达州东北部共有 4 个发电站位于杰克逊维尔市，其中的北部发电站和 J. 肯尼迪发电站为杰克逊维尔市供电，并通过广泛的地下和空中输电线路进行配电。天然气、燃料油、煤和石油焦为发电站提供动力（JEA,2007a）。杰克逊维尔的电力传输系统由输电线路，大型变压器和各种安全监控设备组成。变电站配有变压器、断路器、开关设备、监控设备和安全装置，以接收来自传输系统的高压电力。然后在变电站减小电压，通过较小的变压器、电线、开关、断路器和其他安全设备传输到用户（JEA,2007b）。

梅波特海军基地通过位于梅波特港口公路和林荫大道西北角正门南侧的杰克逊维尔变电站接收电力。梅波特变电站的额定连续功率为 50 兆瓦（MW）（计算方法是将设备的电压额定值（千伏）乘以其电流额定值）。目前在变电站有两台 50 兆瓦变压器。梅波特海军基地变电站的基本需求为 18 至 20 兆瓦时。梅波特变电站为 7 个供电设施的电路供电（Bass,2007;Fowler,2007）。

表 6 - 35 提供了有关梅波特海军基地港口现有电力分配的信息。根据海军设施工程司令部的标准，在 2002 年对码头 C - 2 进行了电气升级，为核动力航母（CVN - 68 和更高级别）提供所需的用电容量（Malsch,2006;Cole,2007）。

表 6 - 35　梅波特码头配电表

码头	电位/伏特	车站数量	车站电流/安培	发送站连接数	连接总数
A - 1	480	1	400	4	4
A - 2	480	2	400	14/10	24
B - 1	480	2	400	13	26
B - 2	480	2	400	13	26
B - 3	480	2	400	13	26
C - 1	480	2	400	12	24
C - 2	480 和 4 160	2/2	400	12/4	24/8
D - 1	480	2	400	12	24
D - 2	480	3	400	8	24
D - 3	480	3	400	8	24
D - 4	480	3	400	8	24
E - 1, E - 2, E - 3	480	3	400	8	24
F - 1	480	2	400	12	24
F - 2	480	2	400	12	24

资料来源：Malsch,2006。

2. 蒸汽

梅波特海军基地的蒸汽由位于码头 C 的 1241 号楼的一个锅炉厂生产。该工厂的生产容量为每小时 100 000 磅,并为 12 号、38 号和 50 号楼供热,并向码头配电系统供蒸汽。目前港口船舶蒸汽的需求量为 13 000 磅/小时(Thurlow,2007)。所有码头的蒸汽需求量为 155 至 175 磅/平方英寸(Malsch,2006)。

3. 压缩空气

工业压缩空气由压缩空气厂(391 号楼)供应。该系统作为低压空气系统(110 至 120/平方英寸)运行,将压缩空气以 110 至 120/平方英寸的压力分配至码头 D 和 E。移动式压缩机根据需要向其他码头供应压缩空气(美国海军,1997)。

4. 燃料供应

杰克逊维尔的海军油库为梅波特海军基地提供燃料。船用柴油(DFM)和喷气石油(JP - 5)由驳船运输到海军基地,储存在储罐中,通过地下燃料管线进行分配。梅波特海军基地内燃料场拥有两个 1 680 000 加仑(40 000 桶)船用柴油储罐和 2 个 630 000 加仑(15 000 桶)喷气石油储罐。燃料分配管线为所有码头提供船用柴油燃料,仅为码头 C 和 B 提供喷气石油(Bragg and Marshall,2007)。

6.11.2　饮用水

梅波特海军基地自动化水厂由杰克逊维尔公共工程中心设施管理和公用设施承包商通过计算机控制系统管理运行,该系统可持续监控系统压力、水库水位、余氯、服务泵排序和井泵排序(美国国家环境保护局,2006b)。该工厂每天处理 1 000 万加仑水。梅波特海军基地每日对饮用水的需求量约为 2.3 万加仑,但每日平均值根据港口船舶的数量和类型而变化。饮用水来自佛罗里达州含水层,位于梅波特的三口直径为 12 英寸,深 1 000 英尺的井中,每日可获得的饮用水大概为 2.1 至 2.9 万加仑。饮用水通过曝气(除去硫化氢)和氯化(用氯对水进行消毒)进行处理。圣约翰河水资源管理部消耗性使用许可证授权取水资格。

6.11.3　污水处理系统

与梅波特水厂一样,生活污水处理厂(DWTP)由杰克逊维尔公共工程中心设施管理和公用设施承包商运营。该生活污水处理厂为家庭和轻工业废水提供二级处理,设计允许容量为 2.0 万加仑,当前每日平均处理量为 0.8 万加仑(Oller, 2006)。该工厂在佛罗里达环境保护部获得由其颁发的国家污染物排放消除系统(NPDES)许可证。污水处理系统包括卫生下水道、控制总管、泵站、收集和储存系统。平均每日废水量随港口船舶数量的不同而变化,但目前处理量约为最大容量的 42%。每日站内废水的平均排放量为 0.90 万加仑,其中约 0.36 万加仑来自停泊的船舶(Thurlow,2007)。

海军法规禁止在港口直接排放污水,因此停泊在梅波特港口的船舶不会排放污水。来自港口船舶的污水和舱底水(船体最底部的水)被泵送到一侧立管进入重力流和强制主收集系统。该城市污水处理厂收集系统由多个提升站组成,这些提升站泵入主泵站,该泵站将污水泵送到污水处理厂的均衡池。舱底水处理在以下进行详述。

6.11.4　污水收集(工业和油性污水)

船舶的含油污水包括压载水、舱底水、各种废油、柴油和 JP5 燃料。梅波特海军基地的所有码头立管均可对含油废物——废油(OWWO)进行处理。管道系统主要通过 2.5 英寸连接装置处理舱底水。必须事先安排含油废物的转移和排放,并按照 SOPA(ADMIN)MYPTINST 5090.2E 进行。梅波特公共工程办公室承包商提前收到废油的成分表,确保工厂能够处理要泵送的废物类型。如果废物是可接受的,油性废物处理厂将启动相应的立管并打开关键阀门。这些工业和油性废物通过软管从船到岸收集到码头侧收集系统,该收集系统由码头立管,横向和重力线组成,这样就可以收集并将废物引导到 4 个提升站中的 1 个。提升站泵送到一个主立管,该主立管的终端位于梅波特海军基地的含油污水处理厂(OWTP)。废油收集和处理设施的设计容量为 0.288 万加仑,处理效率为 0.25 万加仑,净存储容量为 100 万加仑(Arp,2006)。含油废水处理厂目前平均每年可处理 1 300 万加仑,现有的船舶平均每天产生 105 500 加仑(GPD)(Thurlow,2007)。含油污水处理厂的排放装置连接到生活污水处理厂。

6.11.5 排水系统

梅波特海军基地拥有大量功能不一的排水系统,包括相互连接的沟渠和洼地(一片带有雨水径流的浅滩)、渗透区域、雨水入口、管道和其他流通结构、油水分离器和雨水池。梅波特海军基地受 4 种类型的雨水计划管制,以管理各种排放过程,每种排放需要取得一个或多个许可证,具体如下:

①多部门通用许可证(MSGP)。梅波特有佛罗里达州的多部门与工业活动相关的雨水排放通用许可证,有效期至 2011 年,授权在国家污染物控制系统下与地表水一起排放与工业活动相关的雨水(K,P,R,S 和 T 区)。梅波特根据许可证要求制定了雨水污染防治计划(SWPPP)。

②市政独立风暴下水道系统(MS4)许可证。梅波特持有二级市政独立风暴下水道系统排放许可证,自 2013 年 4 月起生效,该许可证授权将城市化地区及建造活动(1~5 英亩)中排放的污水与地表水一起排放。水道系统许可证要求实施最佳管理实践(BMP),开发时间表和可衡量的目标,建立雨水管理计划(SWMP)以及提交年度报告。

③建筑通用许可证(CGP)。梅波特海军基地的建筑施工活动涉及超过一英亩的土地,包括铺设,进口(入口)和排口(出口)区域,需要建筑通用许可证来管理大型和小型建筑活动的污水排放。建筑污水排放许可证与工业污水排放的多部门通用许可证分开发放。要求包括意向通知,终止通知和施工现场雨水污染防治计划。

污水管理系统的环境资源许可证。佛罗里达州环境保护部和圣约翰河水资源管理部要求环境资源许可证用于雨水管理系统的建设,运营,维护,改造,拆除或废弃。此外,有了许可证才能改变污染物负荷或峰值排放或减少滞留储存。适用的雨水管理系统包括:干式滞留系统,保留系统,暗渠系统,地下渗漏系统,湿滞留系统和沼泽系统。梅波特从圣约翰河水管理获得了大约 34 个用于雨水池的个人环境资源许可证。

梅波特的雨水径流有 3 种可能的排水路径:向北到回旋水域和圣约翰河;向南到旺德伍德湖和沼泽地区;向西到奇科比特湾。在这 3 个流向中,梅波特海军基地被划分为 61 个流域。大约 17 个盆地包含 MSGP 规定的工业活动。但是,沿码头的几个盆地偶尔会用于船舶维修(R 区)。通过排水管或集中沟渠有 43 个直接排放口(排污口)。有 19 个排水池,没有明显的排水口,或是流向低点,或是流向站外,没有集中排。大多数排污口(33)设置在回旋水域,4 个设置在入港航道的南部边缘,4 个设置在跑道以北的圣约翰河,1 个设置在跑道和村庄之间的沼泽地区,还有一个设置在梅波特跑道西南端沼泽地附近的一条小溪边(东南区海军设施工程司令部,2006)。

6.11.6 固体弃物处置

从梅波特海军基地的所有地区(包括住宅和工业区)收集的固体废弃物,由杰克逊维尔公共工程中心设施管理和公用设施承包商处理。废弃物被收集并转移到佛罗里达州环境保护部许可的梅波特海军基地内固体废弃物转移站,固体废弃物在基地内的转移站进行分类和重新装载,以便在垃圾填埋场卸载和处置(McVann,2007b;Mitchell,2007)。该垃圾填埋场于 1992 年开放,由位于梅波特以西约 19 英里的铁路桥垃圾填埋公司经营。根据 2006 年空中地形图像,该填埋场的剩余容量约为 10 718 295 立方码,预期使用年限为 14 年(2007 年)。作为第一类填埋场,每天最多可容纳 5 000 吨固体废弃物,平均每天 1 800 吨至 1 900 吨(美国海军,1997)。

停泊船只使用位于选定码头位置的倾卸车进行垃圾处理并收集可回收利用的金属容器。垃圾桶只在平日服务,可回收产品。集装箱是根据需要定时清空的。

6.12 环境保护与安全

潜在污染地点的影响范围包括位于潜在区域附近的已识别地点。关于有害有毒材料和废弃物处理,评估范围是梅波特的水运前沿区域,但是也包括全站范围内管理这些材料和废物的政策。评估范围包括梅波特和圣约翰河的离岸区域,这些区域指第二组和第三组改建方案中进行疏浚的区域。关于环境卫生和儿童保护,评估范围已经扩大到与梅波特接壤以及可能受到梅波特环境卫生和安全活动影响的区域。

6.12.1 建筑场地历史回顾

如前所述,梅波特海军基地自 20 世纪 30 年代开始产生的废弃物通常与船舶、岸上维护和飞行操作活动有关。产生和处理的废弃物包括废油、燃料、润滑油、溶剂、油漆和与之相关的一般垃圾以及与船舶、飞机、车辆及建筑维修活动相关的垃圾。从 1942 年到 1979 年,所有的废弃物都被置于梅波特港纳斯塔的垃圾填埋场。部分垃圾填埋场进行现场焚烧。此外,一些废油被用于梅波特海军基地周围的蚊虫防治。从 1979 年到 1994 年,梅波特所有可燃废弃物都用含碳燃料焚烧。焚烧炉灰、不可燃碎片、建筑碎石和大型废弃料材料被填埋在梅波特港。到 1985 年初,所有现场填埋场均已停业(美国国家环境保护局,1996)。

6.12.2　基地修复计划

美国国防部于 1980 年建立了基地修复计划(IRP),以识别、修复由危险废弃物管理引起的军事基地的环境污染。基地修复计划具有一个流程,用于评估国防部评估的危险废弃物管理和处置场所,以控制可能由国防部业务和活动产生的污染物以及污染物可能对人类健康和环境的危害。梅波特根据海军陆战队基地修复手册管理其基地修复计划,这代表了国防环境恢复计划的要求和政策,为美国海军和美国海军陆战队提供了指导,并为界定和影响基地修复计划的法律法规提供参考。

此外,梅波特根据资源保护和回收法案以及危险废弃物和固体废弃物修正案(RCRA / HSWA)的规定使用危险废物储存设施(编号 72442 - HO - 003),这要求调查梅波特所有可能的土壤和地下水污染源(Mitchell,2007)。可能的来源包括:用于倾倒、储存或含有任何固体或有毒废弃物的场地;可能发生泄漏或有害液体泄漏的场所;以及根据基地修复计划确定的已知或疑似污染区域。这些区域被指定为固体废弃物管理单位(SWMU)或关注区域(AOC)。

美国国家环境保护局 4 区于 1989 年在梅波特进行了资产保护与回收法案设施评估(RFA),它确定了 56 个固体废弃物管理单位和 2 个关注区域。要求其中 15 个固体废弃物管理单位不能采取进一步行动;18 个固体废弃物管理单位需要进行资产保护与回收法案设施调查(RFIs);23 个固体废物管理单位需要采取进一步行动。1992 年,海军启动了第一阶段的资产保护与回收法案设施调查,以确定污染的类型和程度,建立清理标准,并确定补救措施替代品和评估成本。随后进行了初步评估(PA)和现场调查(SI),以选出调查地点并确认哪些地区受到污染(美国海军,1997)。

计划修复点在此次评估的范围内,包括预计的开发区域及附近区域。6 个固体废弃物管理单位位于核动力航母推进装置维护设施潜在开发区域的东侧。此外,4 个固体废弃物管理单位位于相对靠近计划开发区域的地方,这些地方用于与梅西大街扩建相关的运输改造。以下将介绍这些改造过程,迄今采取的行动以及这些站点的当前状态。

6.12.3　有害或有毒物质和废弃物处理

有害物质是指任何可能对人类、动物或环境造成伤害的物品或物质(生物、化学、物理),无论是单独使用还是与其他因素相互作用都被列为有害或有毒物质。本节使用"有害物质""有毒物质"和"危险废弃物"等术语,首先强调它们都是可能对公共健康、福利和环境构成重大威胁的有害物质;其次,在具体的联邦法规下,根据其独特的应用来定义术语。

美国主要根据美国职业安全与健康管理局(OSHA),美国国家环境保护局和美国交通部(DOT)管理的法律和法规来定义和管理有害物质。每个机构都根据专门国会授权使用特定的危险物质术语。因此,美国职业安全与健康管理局法规根据物质对员工和工作场所健康和安全的影响进行分类;美国交通安全局针对物质对运输安全的影响进行了分类;环保局也根据物质对环境保护和公共卫生的影响进行了分类。

在环境影响方面,有害物质、有毒物质和危险废弃物受美国国家环境保护局管理的联邦计划管制,包括《综合环境应急补偿和责任法案》(CERCLA),《紧急计划和社区知情权法案》(EPCRA),《有毒物质控制法案》(TSCA)和《资源保护和回收法案》。国防部必须遵守这些法律和所有其他适用的联邦、州和国防部法规,以及《联邦法规汇编》第 40 条第 112 款规定和行政指令 13423 条(2007 年 1 月 24 日)。

美国职业安全与保健管理总署危害通信法规将危险化学品定义为任何对生理或健康有害的化学品。该定义包括致癌物质(致癌物质或药剂)、毒素、毒物、刺激物、腐蚀剂和敏化剂;危害造血系统的药剂(影响血液的形成);损害肺部皮肤、眼睛或黏膜的药剂;可燃、易爆、易燃、不稳定(反应性)或水反应性的化学品;氧化剂;易燃(能够自燃)物;化学品在正常处理、使用或储存过程中,可能产生或释放任何具有上述特征的粉尘、气体、浓烟、蒸汽、雾气或烟雾。目前,美国职业安全与保健管理总署调查得出,工作场所暴露于约 400 种有害或有毒物质,包括灰尘、混合物和常见材料,如油漆、燃料和溶剂(美国海军,2006c)。

在《环境改善、补贴和责任综合法》中,美国经济分析局通过参考其他环境法规中将物质识别为危险物质(例如,如上所述的美国职业安全与保健管理总署定义)的方法来定义“有害物质”。美国国家环境保护局定义当物质(任何物品或化学品)通过溢出、泄漏、泵送、倾倒、排放、排空、注入、挥发、浸出、倾倒或丢弃等方式进入环境中时,可能对人、植物或动物造成伤害为有害物质。在《联邦法规汇编》第 40 条第 302.4 款中已对某些有害物质进行了界定。

《运输部危险材料法规》(《联邦法规汇编》第 49 章 171 条)将危险物质定义为在商业运输过程中能够对健康、安全和财产构成风险的物质或材料。

运输部定义的“危险物质”包括有害物质、危险废弃物和海洋污染物。《有毒物质控制法案》(TSCA)的颁布代表了联邦政府为解决这些化学物质所做出的努力,并认识到制造、加工、分销、使用、或处置可能对健康或环境造成伤害和风险,并在州际贸易中有效地管理这些物质。美国国家环境保护局根据《有毒物质控制法案》界定的有毒化学物质包括石棉、铅和多氯联苯,以及美国有毒物质控制法化学物质清单中的 62 000 多种化学物质。

根据《资产保护与回收法案》,美国国家环境保护局将危险废弃物定义为固体废弃物,根据《联邦法规第汇编》40 条第 261.4(b)款并未排除固体物质作为危险废弃物的规定,这些废弃物要么具有《联邦法规汇编》第 40 条中描述的任何一种特性(可燃性、腐蚀性、反应性、毒性),要么在《联邦法规汇编》第 40 条第 261 款附加条款中有记录;或者是含有一种或多种已知危险废弃物的混合物。危险废弃物可以是固体、液体、含有气体或半固体废物(例如污泥)的任何组合形式,其对人类健康或环境造成实质性或潜在危害并且已被丢弃或弃置。根据《军事弹药法规》第 40 条第 266.202 款,如回收,被用于其他预定目的、或需要进一步评估用途的军用弹药不应被视为废弃物。

1. 危险品

梅波特海军基地的常规运行需要使用各种危险材料,包括石油、石油和润滑剂(POL)产品、溶剂、清洁剂、油漆、黏合剂;执行船舶、地面车辆和设备维护、军事训练活动、设施维修和维护以及自动疏浚系统所需的其他行政和住房功能。

梅波特基地的地上储罐(AST)和地下储油罐(UST)、泵、管道和油水分离器中有大量的燃料(例如,加热油、JP - 5、汽油、柴油)和其他石油、油剂、润滑剂(产品和废物),这些存储位置和设施是发生微泄漏的潜在来源。应急发电机中通常配备柴油油箱。根据联邦和州法规以及梅波特海军基地 SPCC 计划(梅波特海军基地,2002),管理地上储罐和地下储油罐以及港口应该按照相关系统和操作。

梅波特海军基地的岸上活动按照《危险品回收处理管理程序》4100.2 管理危险品。梅波特海军基地拥有危险品处理中心,该中心是危险品的集中配送基地。需要使用危险品的单位和行动,该中心仅限对方购买其特定授权使用清单上所列的危险品。停泊在港口的船舶按照海军指挥官《危险品使用指南》5100.28 管理危险品。该指南提供了帮助危险品使用人员保护自身和环境的指南。指南中的信息仅为对特定化学品材料安全数据表(MSDS)中所含数据和说明的补充。

2. 有毒物质

常见于海军设施上的有毒物质包括石棉、铅基涂料(LBP)和多氯联苯。

石棉是一组天然矿物的名称,这些矿物被分解成性能优异的细纤维,具有耐热、耐用的特点。石棉已被用于各种形式的绝缘(隔热和隔音)和装饰用途,它通常存在于锅炉、管道、许多其他设备和建筑材料中,例如塑料、密封剂和黏合剂中,用于增加强度,还用在混凝土结构中。

当石棉的微小纤维进入空气中时,就会危害健康。一旦含有石棉的材料受到破坏,排放到大气中,这些纤维就会长时间悬浮在空气中。如果被人类吸入,石棉纤维很容易沉积在身体组织中,特别是肺部。众所周知,吸入石棉纤维会导致石棉肺,这是一种慢性肺部疾病,会使呼吸越来越困难;吸入石棉纤维还会导致间皮瘤,这是一种胸部和腹部膜的癌症。此外,石棉纤维还会引起其他癌症,主要是消化道和肺部的癌症。多年来,许多其他纤维材料(如玻璃纤维、矿物棉)已被用作石棉的替代品,用肉眼无法准确地分辨石棉纤维和非石棉纤维。

海军关于石棉的政策规定,在海岸设施和海军船舶的建造、检修和维修期间只能使用非石棉材料,如果有合适的替代品,海军将选择适合的无石棉替代材料,以替代仍在使用的石棉材料。

梅波特海军基地根据海军装备司令部指令《石棉管理计划》5100.1 管理海岸设施中的石棉和石棉废废物。梅波特海军基地计划进行海岸设施的维护、翻新、改造或拆除时,应根据法律要求或作为预防措施——在石棉材料由持有专业执照的公司依据承包合同处理时,应检查是否存在含石棉材料(ACM)。在少数情况下,将石棉材料从船舶上运走,并由基地港口接收处理。根据适用的联邦、州、地方和国防部法规,由持有相应许可证的运输公司将从船上接收的石棉材料运离现场,并在合适的垃圾填埋场进行处置。

接触含铅颜料会对健康产生不利影响,也会伤害中枢神经系统。过去,含铅的白色颜料被用于制造耐用的油漆产品,红色含铅颜料被用于底漆,以抑制金属表面的腐蚀。铅暴露可能是由掺入油漆碎屑或油漆变质或灰尘造成的。幼儿接触到这种物质时的危害最大。

国防部关于含铅油漆的政策是以保护人类健康和环境的方式管理,并遵守适用的联邦、州和地方有关含铅油漆危害的法律法规。可对涂漆表面进行测试,可以确定是否是含铅油漆。

梅波特根据国防司令部部指令 5100.23F 来管理含铅油漆(美国海军,2002a)。为确保使用含铅油漆进行表面维护和维修的员工的安全,国防部规定并实施了当地标准工作程序,以尽量减少个人接触铅的风险(对员工本人以及设施的其他使用者而言),并将环境污染风险降至最低。鼓励这些人员参与可能接触含铅油漆的维修工和承包商年度培训活动,以加强他们对工程控制的了解,降低工作期间暴露于铅的风险。

多氯联苯是高度稳定的低可燃性有机化合物(不易燃),热容高,导电率低。过去,这种化合物是许多材料的重要原料,尤其是作为隔热材料(例如,车辆、电梯、电梯中的液压流体)和电气变压器、电容器和镇流器中的介质(非导电)流体。多氯联苯对人类和环境的有害影响在过去鲜有记录;但是,现在已知多氯联苯会引起皮肤刺激和癌症,并在环境中长期存在(不容易分解,且往往会积聚在生物体的体内)。在美国有毒物质控制法的授权下,美国国家环境保护局在 1978 年之后禁止了多氯联苯的生产。此外,该机构还对现有的使用电路板的电气设备进行了限制,这些设备仍在使用,或者已停止使用,以便重新使用或处理。在实施梅波特基地修复计划的两个基地的土壤中已发现了多氯联苯,但在 1990 年,综合电气设备取样和清除计划完成之后,梅波特港口没有含有多氯联苯的设备。

3. 危险废弃物

梅波特海军基地被列为大量危险废弃物的产生者(美国国家环境保护局,鉴定号:FL9170024260),因此受资源保护与回收法案的全面监管,包括对危险废物的测试、储存和管理的要求,以及清单的准备和妥善的异地处理等。梅波特海军基地产生的危险废弃物集中在卫星所在地点,这些废物会被运送至危险及固体废弃物储存设施进行处理。危险及固体废弃物储存设施是根据《资源保护与回收法案》和危险及固体废物法许可证(编号72442-HO-003)进行操作的,其存储容量为460个55加仑的危险废废物桶,一般以其容量的35%左右运行(美国海军,1997)。

2004年5月10日,危险废废物按照《危险材料/危险废物处置》(禁止网络盗版法案(超级管理员)MYPTINST5090.1F)进行管理。梅波特海军基地公共工程部、环境部负责实施该指令。按照该指令,各项活动必须按照优先次序执行下列规定,以减少危险废物的产生:

①通过改变工艺、要求或材料,消除和/或减少源头有害物质的使用;

②更换危险性/毒性较低的危险材料;

③通过改变工艺或设备,减少和/或消除危险废弃物;

④尽可能回收/回收和再利用危险材料;

⑤减少/消除过量和过期的危险材料;

⑥改进危险废弃物产生过程中的内务管理。

处置危险废弃物是最后会采取的手段,其长期目标是通过消除危险材料的使用或最佳管理措施和现有的最佳技术的实施,尽可能地消除危险废物。租户可以制定本地危险废物管理程序,例如,圣约翰河管理区已经针对船舶维修承包商在海军舰艇上产生的危险废物,实施了编号为099-59SE的本地标准项目。国防物资再利用和销售服务处对梅波特海军基地产生的危险废物进行异地处置。

根据监管机构的协议制定的海军政策规定,舰艇不是危险废弃物产生者。舰艇会产生、使用危险材料,这种材料在未接收到岸上活动宣布其为废物并制定相关法规前,不被视为危险废弃物。此政策仅适用于海上指令,在舰艇上产生的材料。当危险材料从船上卸载,并且由岸上活动确定不能再进一步使用时,危险材料成为受管制的废弃物,并受所有适用法规的约束。在卸载任何类型的危险材料之前,处理费用由舰艇支付。梅波特海军基地环境部门支持管理使用危险材料的舰队指令,并根据要求提供适当的容器(例如,圆桶)用于使用危险材料的转移和存储。

6.12.4 安全性

安全问题包括当前的港口活动、土地条件、影响或可能影响军事或普通民众的政策和计划。这些问题因地区而异,取决于土地和建筑的以往和目前用途的性质,也受梅波特港口和附近人类活动水平的影响。本节论述了与施工和疏浚有关的公共安全、职业或工作场所安全和航行安全方面,其中包括梅波特海军基地内的岸上活动以及梅波特海军基地回旋水域和入口航道内的水上和水下活动。

为了游客和梅波特海军基地纳夫斯塔工作人员的安全,对公众进入纳夫斯塔梅波特进行了限制,并通过使用围栏、障碍物和警示牌等方式禁止非授权人员进入。梅波特根据海军和国防部的政策和程序保持高度的安全性,这是为了减少已知或预期的恐怖袭击或其他犯罪袭击,并按照风险指数系统提高其安全性。海军和承包商人员进行的施工和疏浚活动分别受海军安全和职业健康计划(NAVOSH)和海军疏浚物规定的管理。港口根据海军司令部指令 5100.8G 实施海军安全和职业健康计划。

关于母港改建中的疏浚活动,应该首先考虑航行安全的问题。梅波特受美国联邦法规颁布的《美国海岸警卫队条例》的约束,特别是受到内陆水域条例的约束。阿米莉亚岛至圣奥古斯丁海图包括一个危险区,位于圣约翰河河口码头东端至离岸约 5 海里(包括杰克逊维尔港 3 号联邦航道 1 区)处。该危险区域对无限制的水面航行开放,但由于海底残余地雷的危险,所船只不得进行抛锚、挖泥、拖网、铺设电缆、海底作业或进行任何其他类似的作业(美国国家海洋与大气管理局,2005)。

梅波特海军基地回旋水域易受风暴潮影响,不能作为飓风避难所,原因是周围地势低无法防风。风暴潮比破坏性的风浪更加频繁,在沿海地区,风暴潮是航运和居民的主要威胁。风暴潮在短距离内变化很大,一般在海滩和入口码头的高度最大,然后在圣约翰河上游迅速下降(美国国家海洋与大气管理局,2006)。

6.12.5　环境正义和儿童保护

1. 环境正义

环境正义是一项监管目标,涉及少数民族和低收入社会经济群体所经历的不利环境影响的比例分配。特别是,当低收入和少数民族群体不会受到不利的环境影响时,环境正义就能够实现。

居住在梅波特海军基地或在此基地附近地带的人群可能会受到环境影响。由于美国人口普查局使用人口普查区作为相对永久性的统计细分,以提供数据,所以环境正义的影响范围规定为主要设备的开发部分以及邻近此部分的人口普查区域。人口普查范围包括以下人口普查区:138、139.01、139.03、139.04 和101.03。2000 年,这 5 个人口普查区影响范围内的总人口数为 28 879,占杜瓦尔县总人口(778 879)的 3.7%。

本节的重点是因进行母港改建而受影响地区的种族分布情况和贫穷状况。

杜瓦尔县存在可能受母港改建影响的社会和环境正义条件的区域。为便于分析，少数民族人口和低收入人口定义如下：

①少数民族是指任何种族的西班牙裔或拉丁裔的人口；非洲裔美国人，美洲印第安人/阿拉斯加原住民；亚洲或太平洋岛屿居民（不重复计算同样包含在种族类别的中西班牙裔/拉丁裔人员）。

②少数民族人口是指评估地区的少数民族人口超过50%，或评估地区的少数民族人口比例明显大于一般人口中的少数民族人口比例或其他适当的地理分析单位（环境质量委员会，1997）。

③低收入人口是指生活在贫困线以下的人口比例高于参考人口比例的地区。美国人口普查局使用48个货币收入阈值来确定贫困线，对于一个四口之家来说，2000年的贫困线是17 463美元（美国人口普查局，2007a）。

少数民族人口。在2000年的人口普查中，此次评估范围内有28 040人上报了种族，另有1 864人上报了原籍裔系，其中7 433人（26.5%）是少数民族。如表6-36所示，黑人或非裔美国人占大多数，占总人口的13.9%。居住在杜瓦尔县的少数民族人口的比例比居住在评估范围地区的要高。那些在杜瓦尔县（对照区）上报种族或原籍裔系的人中，38.2%是少数民族。在种族方面，评估范围内拉美裔或拉丁裔居民的比例（6.4%）高于杜瓦尔县居民的比例（4.0%）。在评估范围内的人口普查区中，在人口普查区号101.03中上报的少数民族人口数最少（6.1%），该区位于梅波特海军基地的正北方。如表6-36所示，两个人口普查区的少数民族人口，梅波特海军基地区域（138）和梅波特海军基地的西南区域（139.01）分别超过杜瓦尔县对照区少数民族人口4个百分点和1.3个百分点。研究区域任何部分的人数都不得超过少数民族人口阈值的50%。

低收入人群。2000年，评估范围内的25 704人上报了收入水平。在这些人中，有1 978人（7.6%）生活在贫困线以下。杜瓦尔县对照区的贫困率为11.9%。如表6-37和表6-38所示，位于梅波特海军基地以南的人口普查区（139.04），在评估范围内具有最高的贫困率，其比率高于对照区。包括梅波特海军基地在内的人口普查区（138）的贫困率为7.4%。

2. 儿童保护

克林顿总统于1997年4月21日签署的《行政法规》13045号文件"儿童环境健康风险和安全风险"中指出：

越来越多的科学知识表明，儿童可能会更多地遭受到不同程度的环境健康风险和安全风险。产生这些风险的原因是：儿童的神经系统、免疫系统、消化系统和其他身体系统仍处于发展阶段；与成人相比，孩子们会摄入更多的食物、水，以及吸入更多与体重成比例的空气；儿童的身材和体重可能会降低对自身标准安全功能的保护；由于儿童自我保护的能力较差,他们的行为方式会使他们更容易发生意外事故。因此,在法律允许的范围内,且符合该机构的宗旨的情况下,每个联邦机构:

①应高度重视可能对儿童造成影响的环境健康风险和安全风险的鉴别和评估;

②确保各联邦机构的政策、方案、活动和标准能够应对因环境健康风险和安全风险而对儿童造成的风险。

根据《行政法规》13045 号中的定义,涵盖的监管行动包括可能具有"重大经济意义"(《行政法规》12866 号)的行动,以及"关注环境健康风险和安全风险,机构有理由相信这些风险可能对儿童产生不同程度的影响。"此外,《行政法规》13045 号将环境健康风险和安全风险定义为"由于孩子可能会接触或摄入的产品或者物质所造成的健康或安全风险(比如我们呼吸的空气、吃的食物、饮用或用于娱乐的水、赖以生存的土壤,以及使用或接触过的产品)。"

梅波特海军基地内有一个儿童发展中心(373 号楼)。该建筑位于莫阿莱大道南部,距离核动力航母核推进装置维护基地的开发区南部约 2 750 英尺,距离莫阿莱大道与缅因街和莫阿莱大道与巴尔的摩街交叉口约 1 500 英尺。

表6-36 种族和民族（2000年）

地理区域	白种人		黑人或非裔美籍		美国印第安人和阿拉斯加土著		亚洲人、夏威夷原住民和其他太平洋岛民		其他种族		西班牙裔或拉丁裔（任何种族）[1,2]	
	人数/人	%	人数/人	%	人数/人	%	人数/人	%	人数/人	%	人数/人	%
美国	211 353 725	75.1	34 361 740	12.2	2 447 989	0.8	10 550 602	3.7	22 707 850	8.0	35 238 841	12.5
杜瓦尔县	512 659	65.8	216 517	27.7	2 995	0.3	21 061	2.7	25 647	3.2	31 809	4.0
此次评估范围内的人口普查区												
101.03	2 940	94.9	58	1.8	0	0.0	35	1.1	65	2.0	52	1.6
138	3 351	61.4	1 302	23.8	56	1.0	185	3.3	561	10.2	644	11.8
139.01	3 391	63.5	1 226	22.9	34	0.6	128	2.3	559	10.4	449	8.4
139.03	8 530	94.6	236	2.6	17	0.1	138	1.5	88	0.9	231	2.5
139.04	4 100	68.5	1 194	19.9	50	0.8	245	4.0	393	6.5	488	8.1
5个普查区总数	22 312	77.2	4 016	13.9	157	0.5	731	2.5	1 666	5.7	1 864	6.4

资料来源：美国人口普查局，2007j。

注：1. 西班牙裔人口不是一个单独的种族类别，而是包含在5个种族类别之中（即西班牙裔人数不能作为种族人数加算入总人口数中，否则将会导致重复计数）。

2. 此表中提供的种族统计数据不会增加到100%，原因是一小部分人上报了2种或更多的种族，西班牙裔或拉丁裔统计数据代表民族（而不是种族），包括所有认为自己是西班牙裔或拉丁裔血统或其后裔的人。

表 6 - 37 基于 2000 年人口普查数据的贫困情况

地理位置	贫困线以下人口/人	贫困人口比例/%
美国	33 899 812	12.3
杜瓦尔县	90 828	11.9
评估范围内按人口普查区域划分		
101.03	239	7.7
138	184	7.4
139.01	294	5.5
139.03	508	5.7
139.04	753	12.6
5 个普查区的总数	1 978	7.6

表 6 - 38 评估范围内的少数民族和低收入人口

人口普查区	占少数的比例/%	少数民族人口 >38.2%	贫困率/% (个人之间)	低收入人口 >11.9%
101.03	6.1	无	7.7	无
138	42.2	有	7.4	无
139.01	39.5	有	5.5	无
139.03	7.6	无	5.7	无
139.04	35.7	无	12.6	有

第7章 核动力航母母港的放射性影响

本章评估了核动力航母靠岸停泊和相关岸基支持设施运输在放射性方面的影响,并提供了与海军核动力推进计划相关的信息。根据联邦法律条款,该计划针对与海军核动力推进计划相关的放射性影响做出了规定。海军核动力推进计划的政策始终适用于核动力舰艇停泊或维护的所有地点。

本章充分参考了关于核动力推进计划的大量非机密信息。这些信息包括过去三十年以来海军发布的详细年度报告、美国国家环境保护局、海军核动力推进计划设施所在州和一些其他国家进行的独立环境调查及美国审计署在1991年进行的彻底独立审查。本章对输入数据及研究方法进行了概述性的分析以及充分讨论。

由于核动力推进技术是美国掌握的最为敏感的军事技术之一,国会根据1954年《原子能法案》(修订版)和其他联邦法规对国外的介入实行严格的限制。

7.1 海军核动力推进项目(NNPP)

7.1.1 项目的历史和使命

1946年,在第二次世界大战结束时,国会通过了《原子能法案》,该法案设立了原子能委员会来接替执行战时的曼哈顿计划(Manhattan Project)。在《原子能法案》中,国会任命原子能委员会作为开发原子能的唯一负责人。当时的海军上尉(后来的海军上将)海曼·G·里科弗被分配到负责海军舰艇设计的海军舰艇局。里科弗认识到将原子能成功用于推进潜艇发展的军事意义,认识到海军有必要与原子能委员会合作制定一个相应的计划。到1949年,里科弗在原子能委员会和海军之间不断协调,促使海军核动力推进计划的形成。

1955年,"鹦鹉螺"号核动力潜艇(USS NAUTILUS)入海,这艘潜艇为后续所有美国核动力潜艇的设计奠定了基础。20世纪70年代,政府重组,海军核动力推进计划从原子能委员会(当时已经解体)撤出,最终该计划隶属于能源部(DOE)。随着海军核动力推进计划的规模逐年扩大,它在能源部和海军中承担着双重责任,但其基本组织、职责和技术规定保持着初始原型。

现在,根据总统第12344号行政命令,海军核动力推进计划将继续执行。海军和能源部作为联合负责部门,处理并负责与海军核动力推进计划有关的所有事务。该命令作为第98-525号公共法永久生效(《联邦法规汇编》第42章第7158

条）。截至 2007 年 7 月,海军核动力推进计划包括下列事项:

①81 艘美国核动力潜艇的核动力装置;

②使用位于南卡罗来纳州查尔斯顿的 2 艘系泊训练船对海军核动力装置操作员培训;

③在 6 个造船厂(4 个公有船厂和 2 个私有船厂)开展与核能相关的工作;

④计划归能源部所有,并由承包商运营的两个实验室负责相关的研究、开发和设计工作;

⑤两个陆基原型海军核反应堆用于研究和开发,并培训海军核动力装置操作员。

海军核动力推进计划的保守设计做法和严格的操作程序已经证明了海军核动力推进装置的安全性。截至 2007 年 7 月,美国海军核反应堆已累计运行 5 900多个反应堆年,其动力支持舰艇航行超过 1.37 亿英里,且从未发生过一起反应堆事故,也没有释放任何对人类健康或环境质量产生不利影响的辐射。以下部分对海军核动力推进计划进行了详细阐述,有关这一方面的更多信息,请参阅能相关文件。

7.1.2　海军舰艇核动力推进装置

为海军核动力舰艇提供动力的能源来自反应堆堆芯内的裂变铀原子。裂变铀原子以循环的方式通过封闭主管道系统的加压水,将热量从反应堆堆芯传递到与反应堆冷却水隔离的次级蒸汽系统,然后将热能转化成机械能以推进舰艇行进,并为舰艇的电力系统提供电力。

核动力推进装置显著提高了航母的军事作战能力。在不依赖油轮及其护航的情况下,核动力推进可以不受任何限制地提供高速续航能力。此外,推进燃料在燃油船中所需的空间可用于放置核动力舰艇的舰艇燃料。由于军事作战能力的提高,原有常规动力航母逐渐被现代核动力航母所取代。

7.1.3　海军核动力推进计划的理念

海军核动力推进装置在战斗中必须具备军事作战能力并具有可靠性,并且要保证对环境、公众,以及操作和维护人员都是安全的。海军核动力推进计划的成功要基于强大的中央技术领导力、全面细致的培训、规范的设计和操作实践等,无论从哪个环节来看,都必须将"卓越"视为标准。此外,人们认识到,想要达到这些标准,每个人都必须对他的行为负责。海军上将里科弗认为:"责任是一个独特的概念,它只能存在于一个人身上。你可以与他人分享,但你的责任份额并不会减少;你可以将它委托给别人,但它仍然压在你的肩头;你可以放弃它,但不能将自己从责任中抽离出来。无论你是否承认它的存在,都无法摆脱它。如果责任是你的,就不要逃避、忽略,或是通过指责来推卸责任。除非你能找到问题出现时的责

271

任人,否则不会有任何人真正地为你负责。"

由于放射性物质是核裂变过程的一种固有副产品,因此对放射性物质的控制从一开始就一直是海军核动力推进计划的核心问题。过去辐射水平和放射性释放一直被控制在远低于国家标准和国际标准允许的范围之内。设计、施工、操作、维护、人员选拔、培训和资格认证的目的都是为了从最大限度上减少对环境的影响,并确保工人、船员和公众的健康和安全。反应堆安全的保守设计从一开始就成为海军核动力推进计划的基础。

7.1.4 海军核动力推进计划的安全记录

海军核动力舰艇及其安全保障设施的安全运行是一项公开的记录。该记录展示了海军核动力推进计划悠久而全面的历史,历史表明该项活动未对环境产生不利影响。每年公布的详细环境监测结果全面描述了所有海军核动力推进计划对环境的影响情况。报告 NT – 07 – 1(NNPP 2007 7A)讨论了所有船舶、基地和造船厂的性能。该记录证实,美国海军核动力舰艇及其安全保障设施辐射的控制程序有效地保护了环境、水手、工人和公众的健康和安全。

海军核动力推进计划的核反应堆设计已经通过了美国核管会(NRC)和反应堆安全保障咨询委员会(ACRS)的独立评估。这些审查作为一种确认和补充手段,可以确保核推进装置的设计、运行和维护不会对公共健康和安全造成危害。

此外,1991 年,美国政府审计署在海军核动力推进计划的许可下对能源部核推进装置进行了为期 14 个月的彻底审查(GAO,1991)。该审查包括对机密文件的全面审核。美国政府审计署调查员还参观了能源部的实验室和海军核动力推进计划的原型站点,使这些站点的运行与海军设施的活动具有相同严格的标准,除此之外考查了核动力舰艇。美国政府审计署的审查重点为环境、健康和安全问题,包括反应堆的安全。在 1991 年 4 月 25 日的国会征询中,美国政府审计署的部分证词是:

过去,我们已经多次在该委员会就能源部的问题提出质疑之前进行了作证。很高兴今天来到美国能源部讨论一个积极的计划。总之,主席先生,我们已经审查了海军反应堆实验室和站点的环境、健康和安全情况,并没有发现重大缺陷。

在过去的几十年里,美国国家环境保护局在美国港口进行了独立的环境监测。这些全面详细的调查结果与海军的调查结果一致。这些调查证实,美国海军核动力舰艇和配套设施对环境没有显著影响(美国国家环境保护局,1998b;1999d;2001a;2001b;2003b;2004;2005a;2005b)。

众所周知,美国海军核动力舰艇上的核动力推进装置存有安全记录。自第一个海军核反应堆开始运行起,50 多年来从未发生过反应堆事故,这些记录记载着

5 900 多个反应堆年的经验。海军核动力推进计划包括目前正在运行的 81 艘核动力舰艇(截至 2007 年 6 月),一艘研究船、两艘系泊训练舰以及两艘陆基原型机,它们均由 102 座核反应堆提供动力。自 1955 年以来,美国海军核动力战舰的航程已经超过 1.37 亿英里。这些舰艇访问过 50 多个国家和地区的 150 多个港口,其间从未发生任何放射性物质泄漏事件,也未对公众或环境产生不利影响。

美国的核动力舰艇及其反应堆的设计符合严谨和严格的标准。它们的设计理念是要使舰艇在战争中受到攻击时得以生存(包括冗余系统和辅助推进装置),并由训练有素的机组人员使用严格的程序进行操作。所有这些特征都提高了反应堆的安全性,有助于提高舰艇在战争期间的生存能力。

在核动力舰艇上操作海军核动力推进装置的军官和水手的安全是至关重要的。自 20 世纪 50 年代以来,已有超过 115 000 名军官和入伍技术人员接受了海军核动力推进计划的培训。军官选拔只针对学院和大学中具有较高知名度的申请者。所有人员都要接受 1~2 年关于操作反应堆理论知识和实践经验的培训,这些反应堆和船上使用的反应堆相似。在完成培训后,受训人员必须在分配至核动力装置观察站之前重新取得上船资格。除了全面的培训和资格认证项目以外,对这些人员还进行了多层次的监督和检查,以确保其处于高度准备状态并符合安全标准。当一艘船的反应堆在海上作业时,既配备了技术人员,也要有值班官员,他们有平均 40 年的海军核推进装置工作经验。

所有美国海军核动力舰艇都使用压水反应堆。放射性裂变产物包含在具有高度完整性燃料元件中,旨在应对超过重力 50 倍的战斗冲击。燃料的用途是防止裂变产物释放到主冷却剂。在全焊接主冷却剂系统使用的纯水中仅发现有限的放射性物质。纯水中放射性物质的主要来源是与反应堆水接触的反应堆设置金属表面的微量腐蚀和磨损产物。反应堆舱室形成一个屏蔽装置,保护工作人员免受辐射。该舱室在放射学角度上具有清洁性,因此在关闭反应堆的几分钟内,工作人员可以在未穿任何防护服的情况下进入舱室。

大量数据证实了美国海军反应堆设计的高度完备性。20 世纪 60 年代,2 艘核动力潜艇"长尾鲛"号(USS THRESHER)和"蝎子"号(USS SCORPION)在海上作业中沉没。2 艘潜艇并不是因反应堆事故而失事,而是由于海水的巨大压力对船体超压导致内部破碎而沉没。在过去的 30 年间,已多次对场地碎片进行了放射性调查,证实了尽管这些船只损毁严重,但没有向环境中释放出可探测的放射性裂变产物。在现场发现的唯一放射性物质是来自主冷却剂系统的腐蚀产物,且放射量低于海底沉积物中天然存在的半底放射量。这些数据都已进行详细报道并向公众公开(KAPL,2000)。

除了上面提到的一些安全因素外,还有其他几个因素可以提高海军核反应堆的安全性。由于海军核反应堆要安装在舰艇上,因此它们比商用核反应堆体积更小,功率更低。此外,由于核反应堆功率与动力要求直接相关,因此当舰艇停泊在港口时,海军反应堆通常以非常低的功率运行或完全关闭。较小的尺寸及在港时较低的运行功率,使其海军核反应堆中可检出的放射性物质仅为商用反应堆的1%以下,这意味着,反应堆出现问题的可能性极低。该装置可以在不损坏反应堆堆芯或释放大量放射性物质的情况下承受各种伤亡事故。海军核反应堆具有可移动性,可以通过无限的海水资源移动,根据需要用于紧急冷却和屏蔽。在发生核反应堆事故时,可以将航母从人口稠密地区装配和拖走。当然,对于固定的陆基反应堆来说,情况并非如此。移动核动力航母有许多方法,包括使用其他反应堆装置、使用拖船或其他拖曳艇。在这种小概率的事件中,拥有足够的时间来安全移动。尽管发生的可能性很小,但已对假定核事故的潜在范围进行了评估。

核动力航母的核动力推进装置设计由美国核管会(当时的原子能委员会许可司司长)和反应堆安全保障咨询委员会(ACRS)独立审查,这一点与过去的做法一致。这些审查得出的最终结论是,核动力航母反应堆可以安全运行。

7.2　海军核动力舰艇

在海军核动力装置中,反应堆堆芯中铀原子的裂变产生热量。由于裂变过程也产生辐射,因此应在反应堆周围设置屏蔽设施保护船员。包括核动力航母在内的美国海军核动力装置有两个基本系统:一回路与二回路。压水反应堆系统分布如图7-1所示。一回路为一个全焊接的闭环系统,用于循环普通的软化水。该系统由反应堆容器、管道、泵和蒸汽发生器组成。

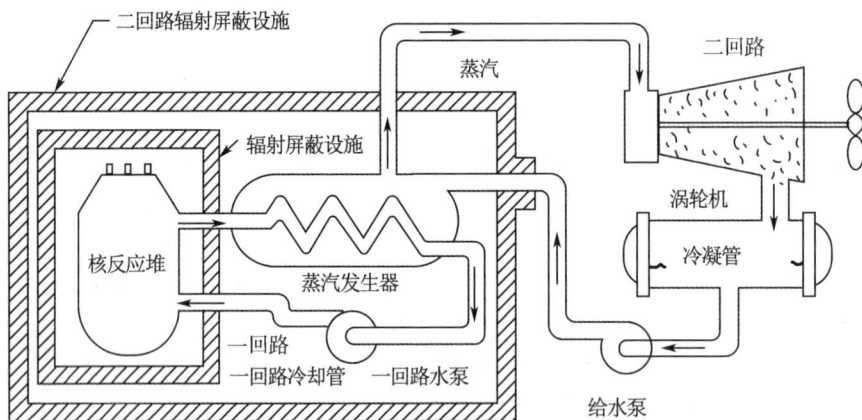

图7-1　压水反应堆系统分布图

反应堆堆芯中产生的热量转移到水中,且在压力的控制下,水保持不沸腾的状态。加热的水通过蒸汽发生器交换能量,然后由一回路水泵送回反应堆再次加热。在蒸汽发生器内部,来自一回路的热量通过水密边界传递到二回路的水中,这也是一个闭环。处于相对低压的二回路水沸腾,并产生蒸汽。二回路与一回路的隔离防止两个系统中的水混合,从而保持放射性处于二回路水之外。

在二回路中,蒸汽发生器产生蒸汽,驱动主推进涡轮机,带动航母的螺旋桨,同时涡轮发电机为船舶提供电力。蒸汽通过涡轮机之后,冷凝回到水中,给水泵将水推回至蒸汽发生器以便再次利用。因此,一回路和二回路是独立的封闭系统,其中不断循环的水将核链式反应中产生的能量转换为可利用的热能和电能。

反应堆堆芯安装在一级屏蔽设施的厚壁压力容器中。该屏蔽设施防止反应堆运行时产生的伽马射线和中子辐射的泄漏。反应堆装置的管道系统主要安装在反应堆舱室内,反应堆舱室外围为二回路屏蔽设施。由于这两个屏蔽设施,在反应堆装置运行期间,推进装置空间外产生的辐射通常不大于环境本底辐射(海军核动力推进计划,2007b)。

7.2.1　反应堆设计和操作

海军核动力舰艇的设计和操作程序将使事故风险最小化,特别是核动力舰艇在港口时,如果出现问题,影响会很小。原因有很多:核动力航母上的核反应堆的额定功率仅为商业核电站的一小份。当核动力航母停泊在港口时,由于不需要为推进装置提供动力,因此反应堆通常会关闭或以非常低的功率运行。由于这些装置的设计能够应对舰艇海上推进的各种突发需求,相比港内作业对装置的要求要低得多。这些装置还必须满足应对的战斗冲击和作战条件要求,并安装在必须满足严格军事要求的坚固船体内。海军核反应堆的操作人员是精心挑选出来的,符合严格的标准,并接受过明确的操作流程培训。最后,在不太可能发生的事故中,船舶的可移动性为问题源的消除提供了保证。

海军核推进反应堆堆芯中的核燃料包壳使用高度耐腐蚀和高度抗辐射的材料。燃料包壳具有很强的耐腐蚀性,腐蚀速率可以忽略不计。在放射性衰变的同时,反应堆可以保持浸没在海水中几个世纪而不向环境中释放裂变产物。总之,燃料结构非常坚固并且具有非常高的完整性。燃料的设计、制造和测试是为了确保其在正常的反应堆操作期间和诸如极端的战斗冲击等更严苛的条件下都正常运行。典型的商业核电站在燃料设计方面与海军核动力装置不同。民用燃料用来满足和平时期沿海地区发电的需要。美国核管会的法规允许裂变产物在正常操作的情况下释放至法规监管范围内。

海军核反应堆可以承受远超过重力 50 倍的作战冲击载荷,这也远远超过商业工厂在严重地震中可能遇到的地震载荷。由于海军舰艇必须能够快速改变速度,因此海军核燃料通常会随着功率的快速变化而进行调整。海军核燃料是由非爆炸性、不易燃和无腐蚀性的固体组分组成。由于燃料设计的高度完整性,燃料内部的裂变产物永远不会释放到一回路冷却剂中。这是与商业核反应堆的显著区别之一,商业核反应堆通常允许少量裂变产物从燃料释放到一级冷却剂中。

1979 年 5 月 24 日,海军核动力总监(当时的海军上将 H. G. 里科弗)在三里岛事故发生后的国会证词中讨论了严格遵守海军核反应堆设计和运行的保守原则(众议院,1979 年)。里科弗强调,确保反应堆安全是所有从事海军核动力推进装置工作的人员应尽的责任,并且每个海军核动力推进计划的人员从培训、设计到施工和运营必须以协调的方式进行来实现安全目标。关于这内容更为全面的讨论可以在美国能源部历史学家弗朗西斯·邓肯撰写的海军核动力推进计划官方历史(《里科弗和核海军:技术学科》,邓肯,1990)中找到。

7.3 海军核动力推进计划的防护措施

海军核动力推进计划已经制定了放射性材料处理或储存设施的标准。这些标准可防止污染物在设施内部或环境中扩散,最大限度地减少与设施内人员的接触,与设施外人员的接触可忽略不计,并尽量减少对设施进行洗消和拆卸的工作。设施建设和未来改造的所有方面都经过了精心设计。

7.3.1 施工前和施工后的辐射调查

为了提供关于具有辐射设施的辐射信息的基线,对建筑工地进行辐射调查,于是对土壤和建筑材料样品进行分析。施工之后,在该设施开始任何放射性工作之前对建筑物进行放射性测量。这些调查确定的基线数据被保留下来,以提供设施拆卸并恢复到放射前工作条件所需的信息。

7.3.2 特殊的设计特点

海军核动力推进计划形成的放射设施的标准化设计特点,最大限度地降低了对环境、公众和工人的潜在风险。这些特点如下:

①放射工作区的不透水地板、墙壁和液体安全壳。地板由厚重的结构混凝土板组成,这种混凝土板的顶部表面不透水,排除了液体通过地板渗透到下层土壤中的可能性。地板内或地板下不允许使用地下管道。凡是处理液体的地方,都要装上安全壳或喷器防止最大的潜在泄漏可能。所有地板、墙壁和天花板都是光滑的,没有裂缝,在必要的时候可以密封去污。墙壁和屋顶结构紧凑密封,以尽量减少气体泄漏。门窗尽可能密封。在可行的情况下,建筑物的所有入口都设有斜坡或进行密封,以防止污染液体带来任何潜在的风险。建筑设计和场地布置规范中也考虑了飓风风暴的影响。

②辐射屏蔽。这些设施将所有外部区域和内部非辐射区域的辐射控制在非常低的水平,不使监测人员暴露于辐射之中。这通过使用辐射屏蔽设施以及根据工作指令使用的便携式屏蔽设施来实现。

③混合废弃物被隔离并存储在专用存储区域中。混合废弃物(放射性污染和

危险的废弃物)被分离装进容纳类似废弃物(化学兼容)的容器。

7.3.3　核设施的退役

由于核设施设计和运行期间辐射的控制,现代海军核动力推进计划的设施可以没有任何残留的退役。在过去 20 年中,3 个参与海军核工作的造船厂已经成功地停放放射性物质并在之后停止使用。此外,1 个海军核原型场地已经退役并返回康涅狄格州,以便不受限制地使用。

1958 年至 1980 年,英格尔斯造船公司在密西西比州的帕斯卡古拉从事海军核动力舰艇的建造和检修工作。1980 年至 1982 年期间,由于清除和处置与海军核动力推进装置有关的所有放射性物质该船厂的相关设施停用。在超过 274 000 平方英尺的建筑物和设施表面进行了全面的放射性调查。这些表面以及包括土壤、地面覆盖物和混凝土在内的 11 000 多个样品都是从以前进行过放射性工作的所有区域采集。此外,密西西比州和美国国家环境保护局都对这些停用的设施进行了独立调查。调查完成后,英格尔斯的设施获得不受限制的使用权。

与英格尔斯一样,在马雷岛和查尔斯顿海军造船厂也进行了全面的放射性调查,以核实放射性物质的清除情况。1993 年的军事基地调整与关闭之后,这些造船厂停用。对超过 50 万平方英尺的造船厂的建筑和设施表面进行直接放射性调查,并利用灵敏的实验室设备分析了超过 40 000 个土壤、地面覆盖物和混凝土样本,在少数局部地区除了痕量浓度外,没有检测到钴 - 60。使用简单并经过验证的清理方法被用来修复这些区域。从每个造船厂环境中清除的海军核动力推进计划放射性总量相当于单个家庭烟雾探测器中的放射性总量。根据州与美国国家环境保护局的协议,到 1996 年 4 月 1 日的运营关闭日期为止,这两个造船厂在海军核动力推进计划的放射性方面可以不受限制地使用。

英格尔、马岛和查尔斯顿造船厂成功清除放射性物质并停止使用表明,海军核动力推进计划自实施以来对放射性物质的严格控制已经成功地防止环境受到重大放射性污染。此后这些设施的操作人员将不会受到高于自然环境水平的可测量的辐射照射,这些自然环境辐射水平存在于海军核动力装置工作影响的地区外(海军核动力推进计划,2007a)。由于同样的标准将适用于在任何地点维修和运输的核动力航母,因此这些活动不会对环境产生重大的影响。最近,在 2006 年 10 月,美国国家核电站成为美国第一座无限制核电站,原因是该核电站没有化学成分和放射性成分。在运营 34 年并培训了 14 000 名水手后,位于康涅狄格州温莎的能源部 S1C 原型反应堆场地恢复到了"绿地"状态。海军核动力推进计划人员和承包商与康涅狄格州环境保护部、美国国家环境保护局、温莎镇和公众合作完成了这个项目。这些机构也对项目进行了独立监督。目前的温莎场地条件使其在以后的利用(从经济发展到娱乐)中都不受限制。

7.4 海军核动力推进计划的放射性影响

以下讨论描述了所有海军核动力推进计划操作的放射性影响,包括由于核动力航母驻泊和相关设施运行的影响。所有来自海军核动力推进计划运行的累积辐射影响非常小,并且消除了与核动力航母驻泊相关的影响。

7.4.1 放射性来源

在核反应堆中,几乎所有(99%)的放射性原子都有两种形式:铀燃料本身或核链式反应产生的裂变产物。如上所述,设计和制造海军推进反应堆堆芯中的燃料元件具有高完整性以保证放射性不外泄。这种燃料高完整性已通过操作经验和利用废核的直接检验得到证实。对于那些必须生活在核动力舰艇封闭环境中的船员来说,这种完整性是必要的。

存在于海军核反应堆中的剩余放射性原子以两种形式存在。剩余的大部分放射性原子(剩余1%中的99.9%)是反应堆工厂管道和部件金属的一部分。这些放射性原子是反应堆装置在运行过程中通过铁和合金元素的中子活化产生的。余量(剩余1%的中0.1%)以放射性腐蚀和磨损产物的形式存在,其源自反应堆冷却剂接触的金属表面。这些腐蚀和磨损产物被中子活化后由反应堆冷却剂从堆芯带走,然后沉积在管道系统的内部表面上。大多数腐蚀产物紧密地黏附在管道系统内部表面上,少量未附着物是海军核反应装置在工作期间的潜在放射性污染源。在系统内部工作时,这种材料的使用受到严格的控制。

海军核反应堆装置的腐蚀和磨损产物中包括以下半衰期约为一天或更长的放射性核元素:钨-187、铬-51、铪-181、铁-59、铁-55、镍-63、铌-95、锆-95、钽-182、锰-54、钴-58和钴-60。主要的放射性核元素是钴-60,其半衰期为5.2年。其发射的伽马辐射是最具穿透性的辐射源之一。钴-60还具有最严格的限制性水浓度限值,如腐蚀放射性核元素设定放射性标准的组织所列出的(《联邦法规汇编》,2007;美国国家辐射防护与测量委员会[NCRPM],1959)。因此,钴-60是海军核动力推进装置的主要放射性核元素。

7.4.2 放射性控制

海军核动力推进计划采用严格的放射性控制措施。这些严格的放射性控制的实际效果已得到证实和并记录(海军核动力推进计划,2007b)。下面的讨论概述了海军核动力推进计划针对放射性控制的一些做法。

1. 表层污染和放射性液体控制

在海军核动力推进计划的放射性控制项目中,一些最具限制性的做法是为控制放射性污染而制定的。对放射性污染的控制非常严格,以至于有时需要采取预防措施防止从自然源到受控放射工作区域的污染。这是因为放射工作区域使用的控制限值远低于一般公共区域以外的控制限值。

海军核动力推进计划的基本方法是通过屏蔽放射性物质来避免工作人员与放射性物质的接触。污染控制的另一个基本要求是监测所有人员离开后可能存在放射性污染的区域,以证实污染尚未扩散。

工作表面的设计成易于清洁的(塑料或无缝金属板容器),有助于快速有效地清理。在工作期间和工作之后对工作表面进行净化可使污染得到有效控制。在工作开展期间进行频繁的污染调查。监督人员针对这些调查的结果进行复查,确保在不存在异常情况下,每天检查仪器能否有效检测放射源,并且至少每六个月校准一次。

从舰艇转移出来的放射性液体放置在收集罐中,在码头处理设施进行处理。为了清除钴 – 60 和其他放射性微粒而对水进行处理后,将处理过的水送回船上使用或进行蒸发处理。在海军核动力推进计划的造船厂、操作基地和其他设施中已证明该方法的有效性。

2. 空气中的放射性控制

如上所述,海军燃料包壳被设计用来保留所有裂变产物,包括放射性气体。微量裂变产物是由燃料包壳中天然存在的微量铀裂变产生。由于这些量非常小,因此不需要特殊设备来移除或控制裂变产物。

但是,需要对放射性腐蚀和磨损产物可能通过空气传播的区域进行特殊控制,以防止其进入环境中。这种放射性在维护期间得到控制,因此污染得以控制,通常维护人员不需要佩戴呼吸设备。为了防止人员暴露于空气中的放射性物质中,并防止放射性物质逸出到大气中,可能导致空气污染的工作会在密封的容器内进行。这些安全层与大气之间只能通过高效空气微粒过滤器通风。在放射性工作区域定期进行空气放射性监测。一旦监测到区域的空气中放射性物质超标,相应工作立即停止,探明放射源。

放射性工作设施具有特殊的设计特点,可最大限度地减少向周围大气释放放射性物质的可能性。这些特点包括墙壁和屋顶的构造和密封,以尽量减少泄漏,并使门和窗尽可能地密封。海军核动力推进计划的设施采用了相同的设计技术,以避免放射性工作对环境造成重大影响。

气容胶采样器(APS)的监测结果表明,从这些设施释放到空气中的放射性物质平均浓度和总放射性浓度始终低于在远离监测设施的环境空气中测量的浓度。换句话说,从设施中排出的过滤空气中的放射性物质比最初进入设施的空气中的放射性物质含量低。这些工作设施释放所导致的微小辐射水平远低于美国国家环境保护局在《联邦法规汇编》中所规定的水平(《联邦法规汇编》,2006)。这些结果清楚地表明,设施中历来使用的设计特征可有效地防止放射性物质在空气中的释放。

除了一种穿透物质外,所有用来储存放射性物质的液体收集罐都是通过机械封闭密封。这种穿透物质可以通过填充或排水或大气变化引起的任何小的压力积聚。穿透的高效气容胶过滤器可以确保空气中的放射性物质保留在储罐中。

7.4.3　放射性控制实践

除了以上列出的污染控制措施外,海军核动力推进计划使用其他关键的放射性物质控制措施来提供附加的保证,即保持对放射性物质的有效控制。海军核动力推进计划在广泛实践中的做法如下:

①建立放射性物质问责制以确保放射性物质未出现丢失或错置。

②所有放射性物质都经过特殊包装、密封并标有黄色和品红色标签,标签上标有辐射符号和测定的活度。黄色包装材料仅限于存放放射性材料。

③由训练有素的放射性控制人员操作放射性设施。此外,放射工作和存储区域的人员在进入设施之前都需要佩戴剂量监测装置。

④只有经过专门培训的人员才能够处理放射性物质。

⑤由具有放射性检查资格的人员在处理放射性材料的设施和舰艇内外进行放射性检查。这项检查用于验证使用控制放射性的方法是否有效。

⑥书面程序用于指导所有放射性工作。这不仅可以确保工作得到精心规划和记录,还允许使用特定情况的放射性控制。海军核动力推进计划严格遵守所有书面程序(即逐字遵守)。如果无法做到这一点,则停止工作,直到批准更改程序为止。

⑦根据运输部的规定,异地运输的放射性物质或放射性废弃物需要包装和运输。由受过专门培训的人员来完成这项工作。

放射性工作期间遇到的技术问题应记录留存,在解决问题之前,不允许开展相关工作。

1. 职业性辐射照射

海军核动力推进计划对职业性辐射实施严格的控制。海军核动力推进计划的要求是与海军核动力推进装置相关的电离辐射人员应工作在合理的核辐射剂量范围内。这些对职业性辐射照射的严格控制已取得成放。

1994 年建立的联邦年度职业性照射限值为 5 雷姆,1967 年,海军核动力推进计划年度照射限值为每年 5 雷姆,该值的使用持续了 27 年。(直到 1994 年,18 岁以上人员的辐射照射的限值为每年 5 雷姆。)从 1968 年到 1994 年,该计划中没有任何公民或军事人员超过其自行实施的更严格的 5 雷姆年度限值,并且没有人超过联邦限值。事实上,在 1980 年至 2006 年期间,没有任何计划人员超过计划年度限额的 40%（即过去 27 年中没有人员超过 2 雷姆）。在 50 多年的运营中，没有任何公民或军事项目人员超过联邦终身限值。

自 1980 年以来，海军核动力推进计划中所有人每年受到的辐射量都不超过 2 雷姆。自 1954 年，以来监测到的与海军核动力推进装置有关辐射的人均职业性接触为每年 0.138 雷姆。为了进行比较，在美国一个典型受辐射的人年自然环境辐射量为 0.3 雷姆。在这 52 年期间，与海军核动力推进装置寿期内的平均辐射照射为每人 1.13 雷姆（海军核动力推进计划，2007 7b）。

在 20 世纪 80 年代末，美国国家辐射防护与测量委员会审查了美国工作人口的职业性辐射（美国国家辐射防护与测量委员会（NCRPM），1989）。其中包括对海军核动力推进计划人员职业性辐射的审查。根据这项审查，美国国家辐射防护与测量委员会得出结论："这些微小的职业性辐射反映了海军已成功将辐射量保持在合理最低水平。"

2. 放射性固体废弃物的处置

与其他废弃物相比，海军舰艇和维护设施运行期间产生的低放射性固体废弃物量很小。这些废弃物包括受放射性污染的碎布、塑料袋、纸张、过滤器、离子交换树脂，以及船上和岸基设施在工作过程中产生的废料。无法加工再利用的液体被固化并妥善处理。这些废弃物装载于运输部批准的容器中，必要时进行屏蔽并将其集中在受控存储区域，最终被送到美国核管会或美国核管许可的地点掩埋。

2005 年，所有海军核动力舰艇及其支援设施产生的固体低放射性废弃物年产量约占美国商业处置场所处置总量的 0.5%（海军核动力推进计划，2007a）。海军在核动力航空母舰港口设施中产生的放射性废物量只占这总数的一小部分。

3. 混合危险废弃物和放射性废弃物

危险废弃物是指不加以妥善管理就会对人类健康或环境构成潜在威胁的废弃物。这些物质可能具有毒性、腐蚀性、可燃性或易发化学反应（注意，这里不包括根据《原子能法》规定的放射性物质）。放射性废弃物是含有《原子能法》规定的放射性核元素的废弃物。海军核动力推进计划产生的混合废弃物是化学危险废弃物和低放射性废弃物的混合物。在海军核动力推进计划的范围内，应防止放射性物质和化学危险物质混合，以尽量减少产生混合废弃物的可能性。具体措施包括避免在处理容器中使用有害溶剂、铅基涂料和铅屏蔽。由于海军核动力推进计划努力避免在放射性工作中使用化学有害物质，海军核动力推进计划的活动通常每年产生少于 20 立方码的混合废弃物，这些废弃物需要在现场处理完成后进行异地处理。梅波特海军基地的海军核动力推进计划在活动中产生的少量混合废弃物将根据联邦和州危险废弃物法规进行储存。对于一些混合废弃物，允许其产生者进行有限制的处理。混合废弃物将存放于现场，等待运输至场外进行处置。由于梅波特海军基地产生的混合废弃物的数量很少,预计这些废物的储存时间将超过90天。为促进有效运作,梅波特海军基地须对现有危险废弃物的储存许可证进行了修改,允许其储存混合废弃物。母港改建不会导致海军核动力推进计划在全球范围内活动所产生的混合废弃物总量增加。此外,海军核动力推进计划中混合废弃物的详细表征已经通过取样和广泛的工艺知识完成,并且废弃物在被运到场外进行处置之前应确认其适合安全储存(海军核动力推进计划,2007a)。

4. 放射性物质运输

只有经过专门培训、具备航运规则的指定人员才能运输放射性材料。特殊运输服务,例如签字安全服务或专门用于运输放射性物质的密封运输车辆,是为了确保从托运人到接收人能够保持点对点控制并保证可追踪性。

海军核动力推进计划中的放射性物质必须根据运输部、能源部和美国核管会的规定进行运输。不管采用何种运输路线,这些规定能够确保放射性物质的运输受到控制,以保护环境和公众的健康和安全。

与海军核推进装置有关的放射性物质的运输没有导致任何可测量的放射性物质释放到环境中。在海军核动力推进计划的放射性废物运输过程中,从未发生任何涉及显著放射性泄漏的事故。特别是,自20世纪50年代以来,海军核动力推进计划在没有放射性物质释放的前提下已经运输了低放射性物质。

负责放射性物质装运的运输人员和一般公众对放射性物质运输的年受度辐射照射量的估算方式与美国核管会使用的方式一致(ANSR,2002)。正如海军核动力推进计划(2007a)中所讨论的那样,海军核动力推进计划的装运并未对公众产生任何重大的影响。公众个体成员的最大受辐射程度远低于自然环境下所受到的放射量。

7.4.4 放射性环境监测计划

为了进一步确保美国海军用于控制放射性的程序能够保护环境,海军在其核动力舰艇经常出入的港口进行了环境监测。在美国海军核动力舰艇建造或检修的港口以及这些舰艇的船籍港或作业基地的港口,定期进行放射性环境监测调查。对应由能源部的实验室每年至少检查一次,以进一步检查环境样品质量。能源部实验室的调查结果与造船厂的结果一致。

1. 海洋监测

海洋监测包括分析与海军核动力推进装置有关的具有放射性物质的港口水样、沉积物和海洋生物。海岸线调查是对这种监测的补充。之所以重视对每个季度的港口水样和沉积物进行取样,是因为这些物质最有可能受到放射性物质的影响。

专门收集和分析沉积物样品是为了探明是否存在钴-60。如前所述,钴-60

是海军核反应堆运行产生的主要放射性核元素。选择的采样点在舰艇驻泊位置周围设置取样点形成图案,并在远离泊位的区域中采样。这些采样点考虑了港口的特征。2006 年钴 – 60 采样调查结果表明,在大多数港口的沉积物中没有检测到钴 – 60。钴 – 60 的可检测水平为每克 0.01 皮库斯。实际值取决于调查样本中天然存在放射性量。在 20 世纪 60 年代早期进行核动力舰艇维护和检修的几个作业基地和造船厂码头周围,检测到低水平的钴 – 60,每克不足百万分之三克。这些低水平的钴 – 60 远低于这些港口中自然环境中的放射性水平。这些低水平钴 – 60 的重要衡量标准是,如果一个人的所有食物都含有百万分之三的微量钴 – 60,那么这个人每年受到自然环境中辐射量将不到 10%。自 1970 年以来,核动力舰艇作业并没有导致环境中的放射性物质出现任何增加的迹象。

每个季度在停泊核动力舰艇的区域及其上下游区域采集水样,所有监测的港口水样中均未检测到钴 – 60。

已从所有监测的港口采集多种海洋生物样本,如软体动物、甲壳类动物和植物。在这些海洋生物样本中未检测到钴 – 60。

利用灵敏的伽马闪烁探测器对在低潮时露出的海岸线区域进行勘测,以确定海底沉积物是否有放射性物质冲上岸。调查的结果与这些地区的自然环境中的辐射水平一致。因此,没有证据表明这些地区受到核动力舰艇作业的影响。

2. 空气监测

海军核反应堆及其配套设施要确保放射性物质的排放远低于美国国家环境保护局的空气排放监管限值(《联邦法规汇编》,2006)。放射性控制措施,例如安全壳使用、特殊通风、在工作过程中经常进行放射性监测,经常清理工作空间是为了保持对放射性污染的有效控制,以及高效空气微粒过滤系统用于防止大量放射性物质进入空气中。任何设施及其所在舰艇的总空气排放量低于美国国家环境保护局适用限值的 1%(《联邦法规汇编》,2006)。事实上,船厂放射性测量结果的比较表明,从海军核动力推进设施排出的空气中所含的放射量远低于设施外部环境空气中的放射量。

3. 边界监测

环境辐射水平使用热释光剂量计进行测量,该剂量计布放在进行放射性工作的区域边界之外。剂量计也布放在远离放射工作区域的位置,以测量自然环境中的放射水平。监测结果表明,海军核动力推进计划的活动对工作场地周边的环境辐射水平没有明显影响。

4. 独立机构监测

能源部实验室每年至少对每个监测港口的环境样品进行一次独立检查,以确保监测程序正确性和标准化。此外,美国国家环境保护局还在美国港口进行了独立调查,包括东海岸和西海岸地区(美国国家环境保护局,1998b;1999d;2001a;2001b;2003b;2004;2005a;2005b)。结果与海军核动力推进计划(2007a)中引用的海军监测结果一致。这些调查证实,海军核动力舰艇及其配套设施对海洋或陆地环境没有产生任何放射性的不利影响。

5. 环境监测结果

海军发布的年度报告描述了海军关于放射性液体处置、放射性物质和固体废弃物运输和处置,以及环境监测等问题的政策和做法,以确定核动力舰艇作业对环境的影响(NNPP,2007a)。该报告提供给国会以及核动力舰艇常经过地区的联邦、州和当地官员。这份报告显示,过去36年,长期存在的伽马放射性物质在海岸12英里范围内释放到港口和海域的总量不到0.002居里。

美国核管会的法规列出了废水中放射性物质排放的水浓度限值。这些限值是基于对公众成员的剂量限制,使其连续摄入每年排放50毫雷姆的活动。海军设施的放射性液体排放控制比美国的核管会的法规限制的设施(如商业核电站)要严格得多。每年在海岸12英里范围内所有海军核动力舰艇排放的总放射性量低于一个典型商业核电站释放的放射性量的1%。要把这一小部分放射性放在正确的角度看,它比单一海军核动力舰艇占据的港口盐水体积中的放射量要小。

作为衡量这一数据重要性的指标,在过去的36年中,如果一个人在任何一个港口能够受到美国核动力舰艇和相关设施排放到任何港口的全部放射性物质的辐射,那么这个人受到的辐射量不会超过美国核管会允许个体每年受到的辐射量。

自1973年以来,由海军核动力舰艇在离海岸12英里以外释放的伽马放射性物质量每年小于或等于0.4居里。这是从一年中不同时间内,100多艘舰艇在远离陆地的公海中,在波浪作用下,在快速扩散条件下,以小增量释放的总量。这0.4居里的放射量小于大约100码的海水中的自然放射量。

该数据可以扩展应用到核动力航母。用于操作和维修核动力航母的程序是基于在过去的任何时候或世界任何地方的任何时间用于开发美国核动力舰艇的相同原则。因此,核动力航母的驻泊不会对环境产生明显的放射性影响,也不会对公众健康和安全产生不利影响。

7.5 应急准备

海军核反应堆设计和操作以保护船员、公众和环境为导向。需要注意的是,船员们的生活区域非常接近核反应堆,并且依赖于核反应堆为空气、水、热反应、推动力提供能量。因此,对于海军和机组人员而言,反应堆的精密设计和安全运行至关重要。确保安全的一个同样重要的部分是开发、训练和评估在小概率发生的事件中应对任何紧急情况的能力。

　　紧急情况的规划是基于全面的海军核动力推进计划的技术分析,以及在应急计划方面具有丰富经验的众多机构提供的建议和指导,包括国土安全部(联邦紧急事务管理局)、海军、能源部、核管理委员会、环境保护局,国家辐射防护和测量委员会以及国际原子能机构。海军核反应堆机构是国家应急计划下的联邦协调机构,用于处理涉及海军核动力推进计划设施的放射性物质紧急情况和涉及海军核动力推进计划运行产生的放射性物质或核材料的运输事故。因此,如果有需要,海军核反应堆机构可以调用联邦应急响应网络的大量资源。针对公众的应急计划是基于上述指导以及当地民政部门的具体规划要求。

　　所有海军核动力计划的活动(包括船上和岸上)都制定了适当的计划,以确定海军核动力计划能够处理各种紧急情况。这些计划会定期进行演练以确保维持熟练程度。这些演练一致表明,海军核动力推进计划的人员已做好应对不同区域紧急情况的充分准备。针对所有海军核动力推进计划活动的应急准备,相关人员会对采取的行动进行持续评估和改进。

　　如果发生放射性物质突发事件,民政当局应立即知晓并充分了解情况。在海军核动力推进计划的支持下,地方当局将确定适当的公共行动(如果有的话),并通过其正常的紧急通信方法传达这些信息。

　　海军核动力计划与民政当局保持密切关系,确保在需要时协调通信和应急响应。所有拥有美国核动力舰艇和设施的国家都进行了成功的演习,展示了海军作为一个团队在应对紧急工作情况的应变能力。

　　美国核动力舰艇独特的设计和作战条件能够保护公众免受工业和自然灾害的影响(例如化学品泄漏或地震),非军事应急计划也足以在核动力舰艇或海军核动力推进计划设施发生紧急事件时保护公众。

7.6　放射影响分析和健康影响概述

　　本节详细讨论了海军核动力推进计划的历史和理念,以此说明不存在任何明显的与核动力航母驻泊相关的辐射影响,讨论以正常操作期间释放的少量放射性物质以及海军燃料设计和设施设计的保守性使得发生事故的可能性极小。尽管如此,梅波特海军基地评估了正常操作的辐射影响以及设施事故对环境和公众的辐射影响。这些评估考虑到当地的气象数据、人口、水文以及其他可能影响事故严重程度的因素,方法是使用计算机编程进行路径分析。本节介绍了核动力航母驻泊相关的正常操作和假定事故场景的环境影响评估、事件概率和风险。

7.6.1 放射性物质释放到环境中的可能性

对支持设施的正常运行和事故进行评估来预测放射性物质释放的可能性。在假设放射性物质释放到环境中的情况下,从对施工人员和公众健康影响的角度给出分析结果。根据假定事故可能影响的土地数量,还提出了对环境因素的影响。根据美国国家环境保护局批准的符合《联邦法规汇编》的程序,保守估算了尼米兹级航母在正常运行情况下的放射性影响。

如果预期事故会对风险性重大影响(定义为事故发生概率和事故后果的乘积),则会将事故纳入详细分析中。以下示例用于说明风险的计算。机动车事故中死亡的风险可以根据个人发生车祸的可能性以及每次事故的后果或死亡人数来计算。2004 年美国发生了 6 181 000 起机动车事故,造成约 42 636 人死亡(美国国家公路交通安全管理局,2006)。因此,在美国,用 6 181 000 起事故与约 300 000 000 的人口相除,得到的结果是一个人发生车祸的可能性,每年 0.02 起。每次事故的死亡人数为 0.007 人(42 636 死亡人数除以 6 181 000 起事故),因为许多事故不会造成死亡,因此死亡人数不到 1 人。将事故发生的概率(每年 0.02 起)乘以事故后果(每次事故 0.007 人死亡)乘以该人承受风险的年数(2003 年的平均寿命被认为是 77.5 岁(Hoyer 等人))等于任何人在车祸中的死亡风险。根据这个计算,人的一生死于机动车事故的总体风险大约为 1/92。

事故可以分为三类:异常事件、设计基础事故或设计基础之外的事故。这些类别是根据发生概率来划分的。建筑和工业事故包括在这三类中。利用区域特异性对两起假设事故进行了分析。第一种情况是放射性设施发生火灾,导致放射性物质释放到空气中。第二种情况是放射性液体从收集设施泄漏到周围水域。

1. 正常运行

本节总结了详细路径分析,基于该环境影响分析评估来确定梅波特海军基地的一个核动力航母的正常运行所具有的放射性影响。

表 7-1 给出了在正常运行过程中释放辐射的情况下,梅波特海军基地的一般人群和个体死于癌症的风险评估。典型人群中癌症的正常发病率已被纳入比较范围。在梅波特海军基地,辐射对公众影响很小,以至于无法与正常操作的环境中的辐射进行区分。结果显示,在梅波特海军基地 50 英里范围内的一般人群中发生潜在的致命癌症(LFC)的额外年度个体风险非常低,低于 1/33 亿。

表 7 - 1　正常运行时放射性对健康的影响

区域	受影响人口的总辐射[1]	全部受影响人群单一潜在致命癌症的年度风险[2]	梅波特海军基地 50 英里范围内的人口评估[3]	潜在的致命癌症对一般人群的平均年度风险[4]	基地外受最大辐射的个体的潜在致命癌症平均年度风险[5]	个人死于所有癌症的年度风险[6]
梅波特海军基地	0.9 (9×10^{-1})	1/2326 (4.3×10^{-4})	1 393 489	1/33 亿 (3.1×10^{-10})	1/290 亿 (3.5×10^{-8})	1/360 (2.8×10^{-3})

注:1. 正常操作的情况下,在基地 50 英里半径内的一般人口的总辐射量。

2. 通过将受影响人群的总辐射照射量(雷姆)乘以评估为 0.000 5 的潜在致命癌症,计算基地 50 英里半径范围内因正常操作引起的辐射的单一潜在致命癌症的年度风险。

3. 根据人口普查数据,估计设施半径 50 英里范围内的人数。

4. 通过正常运行引起的辐射照射,设施半径 50 英里范围内的平均个体的潜在致命癌症的年平均风险是通过将总人口癌症风险除以停靠港 50 英里半径范围内的人数来计算的。括号中注明了患癌症的风险。

5. MOI 是理论上处于在基线接受最大照射的个体,通过将 MOI 总辐射照射(雷姆)乘以由每雷姆引起的潜在致命癌所评估的 0.000 5 得出。

6. 每个人死于各种癌症的年度风险;括号中注明了患癌症的风险。

2. 假设的事故

(1)事故的选择与范围

自然和人为引发的事故都在考虑范围内,但范围仅局限于那些预计会对风险产生重大影响的事故(定义为事故发生概率乘以事故后果的乘积),以供详细分析。此外,在考虑对事故进行详细分析之前,与事故相关的放射性物质必须是分散的,且必须有办法释放和分散这些物质。

事故发生的概率在很大程度上影响了事故是否需要详细分析。发生最小后果的事故比具有严重后果的事故发生更频繁,例如少量释放、程序违规和其他人为错误。发生可能性较低但后果较严重的事故,如恐怖主义、飞机失事和自然灾害(如地震或飓风风暴潮),预计会产生经过详细评估的设施事故结果限制的风险。风险最高的设施事故是放射设施发生火灾以及收集设施中放射性液体(溢出)的泄漏。

虽然发生的概率非常小,但是分析表明核动力航母反应堆可以安全运行,这与美国核管会和反应堆安全保障咨询委员会的独立审查结果一致。

针对设施事故,确定与污染区域大小相关的辐射影响范围。使用平均气象条件计算污染的扩散(注意,95%的最坏气象情况用于计算工人和一般人群的辐射和风险)。在火灾情况下,污染区域仅限于梅波特海军基地的边界。对于泄漏事故,由于进入周围水域后可检测到的放射性物质快速稀释,从而使其放射性水平低于可检测到的水平,因此未计算出泄漏范围。当对该区域进行隔离并完成整治工作时,受污染区域的任何辐射影响都是暂时的。

(2)事故分析综述

①火灾。现存的风险中最大的事故是放射性设施发生火灾,这会导致放射性物质释放在空气中。在该假设的事故情景中释放的放射性物质数量保守地确定为在1居里钴-60和其他预期相应比例的放射性元素。请注意,这一活动量是整个核海军每年在12英里沿海水域内的港口释放量的500多倍。正常操作的情况下,与在基地范围内可能积累的典型量相比,这代表了可能在火灾中释放的放射性物质的保守量。针对分析结果,以下列举了几个保守的假设:

气象条件被认为是95%的最糟糕情况(这种假设没有可信度,这些假设条件发生的可能性仅为1/20)。

假设没有疏散公众或清理污染区域。

这些假设具有保守性,因为放射性物质储存设施是专门为抑制火势蔓延而建造的,并安装了自动喷水灭火系统。此外,紧急应对措施还包括对所有紧急情况做出即时反应,确定事故情况以及与州和地方当局沟通的规定。

表7-2列出了由于核设施发生火灾导致放射性物质释放而使一般人群和个体患癌症的评估风险。本节中提出的风险是由极端保守的假设和分析造成的。火灾是风险最高、最严重的假设性事故,但是与其他风险相比,其风险仍被认为是较低的。由于这种假设产生的放射性火灾,公众一般不会发生潜在的癌症死亡事故。由于火灾发生的概率非常低,生活在梅波特海军基地半径50英里范围内的公众因火灾事故而患有潜在致命癌症的年平均风险非常低,不到1×10^{-8}。

表7-2 放射性核设施火灾结果摘要

区域	假设火灾发生时受影响人群受到的总辐射量[1]	从火灾中,全体受影响人群受到LFC的年度风险(包括火灾发生概率[2])	梅波特海军基地50英里范围内的人口评估[3]	在火灾中一般人群遭遇LFC平均年度风险火灾(包括发生火灾的概率[4])	基地外受到最大辐射量的个体的LFC平均年度风险,包括发生火灾的概率[5]	个人死于所有癌症的年度风险[6]
梅波特海军基地	540(人·雷姆)	1/770(1.3×10-3)	1 393 489	9.6×10^{-10}	9.7×10^{-7}	2.8×10^{-3}

注:1. 在发生火灾的情况下,在设施半径 50 英里内的受影响人口的总辐射量(人·雷姆)。

2. 通过将受影响人群的总辐射照射量(雷姆)乘以评估为 0.000 5 的潜在致癌症,计算出因火灾引起的辐射照射,在设施半径 50 英里范围内的受影响人群中发生单一潜在致命癌症的风险。由每雷姆引起的火灾发生概率为 1/200(0.005)。

3. 根据人口普查数据,估计设施半径 50 英里范围内的人数。

4. 通过将受影响的人群患癌症的风险除以家庭距离港口位置 50 英里范围内的人数,计算港口半径 50 英里范围内因火灾引起的辐射照射的潜在致命癌症的年平均风险。括号中注明了患癌症的风险。

5. MOI 是理论上处于在基线处接受最大照射的个体,通过将 MOI 总辐射照射(雷姆)乘以由每雷姆引起的潜在致命癌症所评估的 0.000 5 得出的泄漏概率为 1/200(0.005)。

6. 每个人死于各种癌症的年度风险,括号中注明了患癌症的风险。

②泄漏。另一个最具风险的事故是收集设施中的放射性液体泄漏到周围水域。通过潮汐作用及鱼类和甲壳类动物的摄入,评估释放的放射性物质从释放位置向公众的转移的影响。假定释放在水域的放射量包含 1 居里的钴 –60 和预期相应比例的其他放射性元素。这些假设是保守的,因为它需要超过 2 600 多万加仑的放射性液体(排出的一回路的冷却剂)通常包含在收集设施中,而在支持设施中储存放射性液体的总容量通常小于 100 000 加仑。

表 7-3 给出了由于从核设施释放放射性液体而导致一般人群和个人患癌症的风险评估。本节中提出的风险源是基于极端保守的假设和分析。泄漏的风险小于火灾,并且与其他风险相比,也被认为是低风险的。预期,公众一般不会出现癌症死亡的可能。生活在梅波特海军基地半径 50 英里范围内的公众患致命癌症的年平均风险非常低,概率低于 1.2×10^{-10}。

表 7-3　放射性核设施中的放射性液体泄漏结果概述

区域	假设发生泄漏事故时受影响人群得到总辐射量[1]	从泄漏事故中,全体受影响人群受到单一 LFC 的年度风险(包括泄漏发生概率[2])	梅波特海军基地 50 英里范围内的人口评估[3]	在泄漏事故中一般人群受到 LFC 的平均年度风险,包括泄漏事故发生的概率[4]	在泄漏事故中,基地外受到最大辐射量的个体的 LFC 平均年度风险(包括发生泄漏事故的概率[5])	个人死于所有癌症的年度风险[6]
梅波特海军基地	240 (人·雷姆)	1/840 00 (1.2×10⁻⁵)	1 393 489	8.6×10^{-12}	1.7×10^{-10}	2.8×10^{-3}

注:1. 在发生泄漏的情况下,在设施半径 50 英里内的受影响人口的总辐射量(人·雷姆)。

2. 通过将受影响人群的总辐射照射量(雷姆)乘以评估为 0.000 5 的潜在致命癌症,计算出因泄漏引起的辐射照射,在设施半径 50 英里范围内的受影响人群中发生单一潜在致命癌症的风险。由每雷姆引起的泄漏事故发生概率为 1/100 00(0.000 1)。

3. 根据人口普查数据,估计设施半径 50 英里范围内的人数。

4. 通过将受影响的人群患癌症的风险除以家庭距离港口位置 50 英里范围内的人数,计算港口半径 50 英里范围内因泄漏引起的辐射照射的潜在致命癌症的年平均风险。括号中注明了患癌症的风险。

5. MOI 是理论上处于在基线接受最大照射的个体,通过将 MOI 总辐射照射(雷姆)乘以由每雷姆引起的潜在致命癌症所评估的 0.000 5 得出的泄漏概率为 1/100 00(0.005)。

6. 每个人死于各种癌症的年度风险,括号中注明了患癌症的风险。

3. 事故响应

虽然放射性事故出现重大后果的风险很小,但所有海军核设施都制定了应急计划,以减轻事故的影响。这些计划包括启用海军核动力推进计划的应急控制组织,以提供现场响应;定期进行实战的培训演习,以确保应急组织保持高度的准备状态,并确保与地方当局和其他联邦和州机构进行有效的协调和沟通。应急响应措施包括即时响应任何海军现场的任何紧急情况,识别事故状况,与提供放射性数据的民政当局进行沟通以及对为任何适当保护行动提供建议。如果发生涉及放射性物质或混合废物的事故,事故现场附近的工人将迅速寻找避难所,以便根据现场情况制定应对火灾和危险材料事故的应急计划,尽量减少暴露并协助应急反应。这通常发生在事故发生的几分钟内,减少了对工人的危害。

虽然海军会根据联邦指南(EPA 400 - R -92 -001)建议采取适当的行动保护公众,但州和地方官员也将在海军基地以外负责和执行保护公众的行动。在极特殊的情况下,某些放射性物质从海军基地逸出,将仅影响靠近特殊的区域,并且对公众的辐射将是局部的,并非很严重。因此,国家和地方官员采取保护行动的必要性极低。然而,在极特殊的情况下,某些行动是必要的,现有的处理工业和自然灾害(例如,化学品泄漏或飓风)的非军事应急响应计划足以保护公众以应对来自海军基地的放射性紧急情况。

7.6.2 对特定人群的影响

1. 对工人的影响

已经评估了由于假定的放射性事故对参与放射性支持设施操作的工人的影响。该评估重点关注火灾事故的放射性后果。显然,可能发生的有限死亡人数可能与次要因素相关的操作有关,即恰好在设施内的工人可能因火灾而死亡。这些次要因素在评估中并未讨论。相反,只考虑到了放射性后果。因为火灾事故产生的放射性后果,不太可能对附近工人的健康造成任何不利影响。在火灾初期,少数工人可能会因吸入空气中的放射性物质而受到一些辐射;然而,相关工人可能会根据紧急程序和培训技能移至逆风位置,戴上呼吸器或从该区域撤离。

对于泄漏事故,水从水箱中排出并迅速进入水路。此外,湿溢会导致非常少量的空气传播活动。但是泄漏事故带来的放射性后果,不太可能对附近工人的健康造成任何不利影响。

2. 少数族群和低收入人群对环境正义的影响

如前面章节所述,与核动力航母配套设施运营相关的正常操作对人类健康或环境的影响很小。例如,这些活动不太可能导致单一的其他致命癌症的发生。由于正常操作或事故状况造成的潜在影响不存在重大风险,并且不会对周围人群构成不利影响,因此预计不会对任何特定人群、少数族群和低收入群体产生不利影响。

关于不会对人类健康或环境造成过高或不利影响的结论不受主要风向与地表和地下水流方向的影响。这对于正常操作来说是正确的,因为常规操作的核辐射影响非常小。对于事故条件也是正确的,因为任何事故的后果都取决于发生时的条件,并且风向不会起到任何强力主导方向的作用。同样,该结论没有受到对相关鱼类和野生动物消费关注的影响,因为这些地点并不属于任何特定群体的主要食物来源区域。

从环境保护方面来看,核动力航母核动力设施对全体人口每年发生额外死亡的风险降低于 1 例。假设所有额外影响仅发生在少数族群和低收入人群中,预计不会因核动力设施导致该群体中发生额外的潜在癌症死亡。因此,癌症风险不会对人类健康或环境造成过高和不利影响。

7.7　总　　结

海军核动力推进计划提供海军核动力装置设计、建造和运行所有方面的综合技术管理,包括认真考虑反应堆安全性、放射性、环境和应急规划问题。海军核动力推进计划在核动力舰艇目前使用的运营基地和造船厂的环境和放射性能的记录证明了这种管理理念的持续有效性。通过整个项目的发展——超过 5 900 个反应堆运行年和超过 1.37 亿英里蒸汽核动力——基于这一事实证明:从来没有发生过反应堆事故,也没有释放过任何对人类健康或环境质量产生不利影响的放射性物质。

第8章 母港改建管理行动和缓解措施总结

本章总结了环境影响分析评估过程中规定的管理行动和缓解措施。缓解和监测措施预计将随着《国家环境政策法》进程的进展而演变和(或)改变,其基础是与联邦和州监管机构(如美国陆军工程兵团、美国国家环境保护局、美国鱼类和野生动植物管理局及美国海洋渔业局等),公众及与联邦政府认可的美洲印第安人部落政府之间磋商。本章的目的是简明扼要地总结并明确之后的管理行动和缓解措施。

在此次的环境影响分析评估过程中,管理行动是指海军将持续采取的措施,这些措施不仅是最佳的管理范例,也是标准的操作程序。由于此类管理行动旨在保护环境,因此,在分析评估中对管理行动有所考虑。缓解措施是指为避免、减小、纠正、减少或消除或补偿替代方案所产生的影响而采取的附加行动。在《联邦法规汇编》第40章第1500条中,环境质量委员会将"缓解"定义为:

①规避。通过改变行动来避免影响。不要采取某些会对环境造成影响的行动。

②最小化。通过改变行动及改变采取行动的强度、时间、规模或持续时间来将影响降低到最小。

③纠正。对实施母港改建可能造成的损害加以修复。

④减少或消除。随着时间的推移减少或消除影响。

⑤替换。通过改善别处的环境或者通过提供其他替代资源来修复对环境的破坏,从而补偿对环境造成的影响。比如,用投入资金的方式来弥补环境影响。

所选改建方案的缓解措施将在决定记录中确定,确定实施的措施将获得资助。为确保成功完成或采取缓解措施所做出的努力称作合规性要求。

8.1 不可避免的不良影响概述

除了方案2、方案3和方案9,以及不进行母港改建的方案外,所有方案下的公共设施建设将对施工位置的土壤造成局部影响、产生噪声及尾气排放。这种影响是短期的,使用标准管理措施可最大限度地减少其潜在影响。对于第2组和第3组方案,疏浚项目和海上处理作业对于局部水质、空气质量、生物资源、噪声和沿海地区资源所产生的影响在所难免。这在下文中会详述。

8.1.1　地球资源

①土地建设期间对土壤的短期局部影响。

②实施第 2 组和第 3 组方案会生成约 520 万立方码的疏浚物。

③第 2 组和第 3 组方案下,疏浚区和疏浚物处置场对基质和底栖生物产生的长期物理影响。

④第 2 组和第 3 组方案下,处理沉积物将对海上处置场地的沉积物和底栖生物产生物理影响。根据美国国家环境保护局和美国陆军工程兵团预测,第 2 组和第 3 组方案中,杰克逊维尔海洋疏浚物处置场处理的约 200 万立方码的疏浚物(项目预计共 520 万立方码)将消耗该处置场约 8 至 10 年的剩余处理能力。

8.1.2　土地和海洋用途

①第 2 组和第 3 组方案下,疏浚作业对商业捕捞和游钓会产生短期的局部影响。

②第 2 组和第 3 组方案下,沿海区域资源也将受到短期影响。

8.1.3　水资源

①在所有涉及建筑的备选方案中(除了方案 2、方案 3 和方案 9,以及不进行母港改建的方案之外的所有方案),在陆地建筑工地上将对不透水表面和雨水径流产生局部影响。

②在第 3 组方案下,建造核动力装置设施期间可能遇到地表含水层。

③在第 3 组方案下,百年洪泛区将进行少量建设工程。

④第 2 组和第 3 组方案下,疏浚过程中悬浮沉积物会对水质产生短期和局部的影响,海洋疏浚物处置场处理作业也会对水质和生物群产生局部影响。在主动疏浚和处置行动期间,沉积物的部分化学含量将释放到水柱中。沉积物取样发现,检测到的大多数金属含量都低于国家Ⅲ类水质标准。虽然发现了砷、汞和铅等元素,但含量相对较低,然而,在《环境影响分析评估》草案的分析报告中发现,收集的淘洗样品却超过Ⅲ类水质标准。在后续更加密集的检测中,相关人员针对具体地点的海洋保护、研究和保护法案进行了评估,并未发现疏浚物料中的金属、多氯联苯、农药或多环芳烃超过Ⅲ类水质标准。

⑤对于圣约翰河和梅波特海军基地入口航道的流体动力学(水流、盐度、沉积等)以及计划的疏浚项目的回旋水域工程而言,其产生的影响较小。

8.1.4　空气质量

①所有包含施工项目的方案(除了方案 2、方案 3 和方案 9,以及不进行母港改建的方案之外的所有方案)都会因施工导致尾气排放量增加。

②第2组和第3组方案(包括建筑疏浚工程)的建筑排放包括:2011年排放的大约199吨氮氧化物和2012年排放的138吨氮氧化物,这些排放主要来自建筑疏浚项目。2011年的排放量约占杜瓦尔县2001年基准排放量的0.26%。

③如果实行第三组改建方案,核动力装置维护设力求使用的锅炉排放量将长期以最低限度增加。如果实施改建方案10和改建方案12,移动污染源造成的污染也会加重,这是由于每日人口净额增多造成的。

8.1.5 噪声

噪声可能由施工活动产生,除了方案2、方案3和方案9,以及不进行母港改建的方案除外,所有方案对噪声敏感受体都会产生影响。

8.1.6 生物资源

①在所有涉及建筑的方案中(除了方案2、方案3和方案9,以及不进行母改建的方案之外的所有方案)建筑活动将对非敏感的陆地种群产生局部影响。

②在第2组和第3组的方案下,疏浚项目将对鱼类的重要栖息地和海洋生物种群(海洋植物和无脊椎动物)产生短期影响。

③在第2组和第3组的方案下,海军已经决定在实施保护措施的情况下,开展疏浚项目。这可能会对北大西洋脊美鲸、座头鲸或佛罗里达海牛造成一些影响,但这些影响并非不利影响,更不会破坏或改变北大西洋露脊鲸或佛罗里达海牛的重要栖息地。海军发现,在实施保护措施的情况下,使用机械和/或刀盘疏浚可能会对受保护的海龟产生影响,但不会给它们带来不利影响,但使用漏斗疏浚机可能对它们产生不利影响;与疏浚相关的海床平整作业可能会对海龟产生影响,但不会给它们带来不利影响。

④第2组和第3组方案中的疏浚项目对海洋哺乳动物的潜在影响与其对特殊地区物种的影响相似。

8.1.7 文化资源

项目区域内的历史遗产不会受到潜在影响。

8.1.8 交通

①在涉及建筑的所有方案(除了方案2、方案3和方案9,以及不进行母港改建的备选方案之外的所有方案)下,建设新公共设施都将对基地内的交通产生局部的、短期的影响。

②在第3组方案下,改善交通条件将对基地内交通状况产生局部的、短期的影响。

③在方案12下,人员增加会对基地外的交通状况产生轻微的影响。

④在第 2 组和第 3 组的方案下,疏浚和疏浚物料处置将使船舶通行率增加。

8.1.9　社会经济

任何方案对社会经济的影响都不会被视为不利影响。经济收益/损失是主观性的,它取决于社会因素。对一些人来说是负面影响(当地海军失业)可能对其他人来说是正面影响(当地其他工作部门的机会)。因此,无须采取任何行动来减轻这些方案的影响。

8.1.10　一般性服务

①杜瓦尔县学区将受到影响。所有方案中,因梅波特海军基地母港改建导致的联邦学生入学水平的变化与学龄儿童人口的变化相一致。除了第 3 组中方案 10 和方案 12 之外的其他所有方案中,家属和学龄儿童的数量下降与梅波特海军基地人员减少相关。杜瓦尔县学区解决了远程设施和分区规划中的人口变化问题。根据方案 12,学龄儿童大约增加 890 人,可能导致学校过度拥挤。

②在方案 10 下,家属人口预计增加约 300 人,而方案 12 的家属人口约为 2 900 人,对消防和应急服务、娱乐设施和场所、家庭服务和儿童保育服务的需求将长期增加。

8.1.11　公共设施

在第 3 组方案下,为了满足维护核动力装置设施的需求,计划开发的区域将需要升级电力、蒸汽、压缩空气、饮用水和雨水设施。

8.1.12　环境健康与安全

除了方案 2、方案 3 和方案 9 以及不进行母港改建的备选方案外,所有方案中的建筑活动都会给环境健康和安全带来潜在的风险。

8.2　缓解措施

8.2.1　地球资源

①在涉及建筑的第 1 组和第 2 组方案(除了方案 2、方案 3 和方案 9 之外的所有其他方案)中,所涉及范围不到 1 英亩的建筑活动缓解措施包括实施最佳管理办法控制土壤侵蚀,以及如有需要时(即不透水表面面积共大于 9 000 平方英尺时),遵守雨水管理系统的环境资源许可,并实施相关的侵蚀和沉积物控制措施。

②根据第 3 组的所有方案,雨水管网系统所需的建筑通用许可证和环境资源许可证中规定,受干扰减少的土地达 30 至 32 英亩。

③在所有第 2 组和第 3 组方案中,可能会通过修改《梅波特海军基地雨水污染防治计划》和《城市独立风暴下水道系统管理计划和目标》来确定其他的缓解措施。

④所有方案均受 2007 年 12 月最大日负荷总量法规的约束,该法规要求评估新的不透水地表排放物,并实施缓解措施,防止多余的元素进入受污染水体。

⑤应美国陆军工程兵团和美国国家环境保护局的要求,海军进行了化学和生物测试,以实施疏浚项目。该项目是海洋保护、研究和保护法案第 103 部分许可程序的第 2 组和第 3 组方案的一部分。这两个部门将在美国国家环境保护局管理的海洋疏浚物处置场验证海洋处置的可行性。

⑥在所有第 2 组和第 3 组方案中,海军(作为杰克逊维尔海洋疏浚物处置场现场管理和监控计划小组的成员)将继续支持美国陆军工程兵团杰克逊维尔区和美国国家环境保护局 4 区,确定杰克逊维尔海洋疏浚物处置场的处理规程和可能的管理方案。此外,如果美国国家环境保护局 4 区认为有必要,那么就可以根据《海洋保护、研究和保护区法》的第 102 条对杰克逊维尔海洋疏浚物处置场加以扩建。

8.2.2 土地与近海使用

实施任何方案都不会对土地和自然资源管理和使用产生重大影响;因此,实施任何方案都不需要采取缓解措施。

8.2.3 水资源

①在所有涉及建筑的方案(除了方案 2、方案 3 和方案 9 以及不进行母港改建的备选方案之外的所有其他方案)下,海军要在施工前获得所需的许可证,例如,佛罗里达州环境保护部的环境资源许可证等,并实施适当的最佳管理办法以保护水资源,避免因不透水表面增多造成的雨水径流增加。

②在所有第 2 组和第 3 组的方案下,海军将在开始疏浚之前从美国陆军工程兵团获得所需许可,包括《清洁水法》第 401 节的国家水质证书和佛罗里达州环境保护部环境资源许可证,《河流和港口法》第 10 节的许可证以及《清洁水法》404 条的许可证。海军将在疏浚作业期间应确保水体符合水质标准。根据《海洋保护、研究和保护区法》第 103 节的要求,海军根据美国陆军工程兵团和美国国家环境保护局的要求,在许可过程中对疏浚物料进行适当的化学测试和生物测试,以验证美国国家环境保护局管理的海洋疏浚物处置场是否适合进行海洋疏浚物处理。

③在所有第 3 组方案中,梅西大道的道路改善工程的设计要避开湿地。如果设计无法避免对这些湿地造成影响,则要根据所有适用的法规减轻其影响。

④在所有第 3 组方案中,要在百年洪泛区上设计和建造核动力推进设施。

8.2.4　空气质量

①在所有第 2 组和第 3 组方案中,在最大可行范围内使用美国国家环境保护局评定的 1 级、2 级或 3 级柴油发动机的现代疏浚设备将有助于最大限度地减少氮氧化物排放。

②第 3 组中的方案 12 中,将考虑采取积极措施来尽量减少新增移动排放源造成的影响。除了鼓励拼车、使用混合动力汽车、为员工提供公共交通,以及其他已有的出行方式(例如,船舶修理承包商使用高尔夫球车,在基地周围更大范围内设置日常交通运输等)外,梅波特海军基地将考虑在 2010 年合同重新竞标期间将现有的通勤车更换为低排放的车辆,并在可行的情况下将梅波特海军基地的车辆替换为排放量明显少于现有车型的新车。

8.2.5　噪声

噪声不会对环境产生重大或不利影响,因此不需要采取缓解措施。

8.2.6　生物资源

对于所有第 2 组和第 3 组的方案,根据《濒危物种法案》第 7 节的规定,海军和美国陆军工程兵团作为联合顾问,与美国鱼类及野生动植物管理局与美国国家海洋渔业署就联邦列出的物种和指定的重要栖息地的潜在影响进行了磋商。为了协助磋商顺利进行,双方已经准备了生物评估来评估第 2 组和第 3 组方案对《濒危物种法案》列出的物种和指定的重要栖息地造成的潜在影响。海军和美国陆军工程兵团期望在美国国家海洋渔业署生物办公室中找到与相关疏浚项目现有相关生物办公室类似的条款和条件。目前,海军和美国陆军工程兵团疏浚活动符合此类条款和条件。在《环境影响分析评估》终案决策记录发布之前,将从美国国家海洋渔业局的美国鱼类和野生动植物管理局与生物办公室获得同意书。决策记录中将规定美国鱼类和野生动植物管理局同意书的条件,以及美国国家海洋渔业局生物办公室的条款和条件。海军将遵守联邦和州的法规和许可要求。

8.2.7　文化资源

在任何方案产生的潜在影响范围内都未发现任何历史遗迹。海军已咨询过佛罗里达州的历史保护官,确认在每个方案下都会采取适当的行动,确保在项目实施的过程中不会对历史遗迹造成不利影响。

在涉及建筑的所有方案中,海军将根据《联邦法规汇编》第 36 章第 800 条第 13 款在建筑合同中附加一项审查后发现条款,确保即发现未知文化资源可能性极低的情况下,也能考虑到它们。此外,根据第 3 组方案,在梅西大道与缅因街交叉口改造工程期间将使用考古监测器,确保避开国家史迹名录中的史前考古遗址

（8DU7458）。

8.2.8 交通

任何方案下,都不需要采取措施来缓解方案对车辆交通或海军船舶通行造成的影响。

8.2.9 社会经济

任何方案下,对社会经济都不需要任何措施来缓解方案对社会经济造成的影响。

8.2.10 一般服务

在方案 12 下,海军将尽可能地援助杜瓦尔县学区,推行联邦教育影响援助计划,减轻对学校造成潜在影响。

8.2.11 公用事业

任何方案下,都不需要采取任何措施来缓解方案对公共设施造成的影响。

8.2.12 环境健康与安全

任何方案下,都不需要采取任何措施来缓解方案对环境安全与安全造成的影响。

第9章 母港改建方案涉及的其他因素

9.1 与其他联邦、州和地方土地使用计划、政策和控制措施的一致性

9.1.1 联邦和州的计划、政策和控制措施

本节总结了适用于母港改建方案的法律、实施条例和行政命令的摘要。表9-1列出了适用的联邦州的环境法。此外,表9-2中提供了实施第2组和第3组方案中所需要的一系列联邦和州许可证,9.4节中也另有说明。并未发现与第1组方案相关的许可证要求。

表9-1 其他适用于联邦项目的主要环境法、法规和行政命令

环境资源	法律、法规和行政命令
地质、地形和土壤	《国家污染物排放控制系统建筑活动一般许可证》(《联邦法规汇编》第40章122-124号)
湿地和洪泛区	1972年《联邦水污染控制法案》(《美国公共法》(后简称《公法》)第92-500号)第401章和第404章 《美国国家环境保护局,水项目分章D》《联邦法规汇编》第40章第100-149号(105参考)《洪泛区管理》—1977年(行政命令,11988) 《湿地保护》—1977年(行政命令,11990) 1986年《紧急湿地资源法案》(《公法》第99-645号) 1989年《北美湿地保护法案》(《公法》第101-233号)
水资源	1972年《联邦水污染控制法案》(《公法》第92-500号)及修正案 1977年《清洁水法》(《公法》第95-217号) 《国家污染物排放控制系统建筑活动一般许可条例》(《联邦法规汇编》第122-124号) 《国家污染物排放控制系统产业许可证及城市独立暴雨下水道系统许可证》 《清洁水法》(《联邦法规汇编》第40章112号 溢出预防控制与对策

环境资源	法律、法规和行政命令
水资源	《美国国家环境保护局,水项目分章 D》(《联邦法规汇编》第 40 章 100 - 145 号) 1987 年《水质量法案》(《公法》第 100 - 4 号) 《美国国家环境保护局,分章废水指南和标准》(《联邦法规汇编》第 40 章第 401 - 471 号) 1899 年《河流与港口法案》第 10 章 《海洋保护、研究和保护区法》第 103 章 1972 年《佛罗里达州水资源法案》(佛罗里达州法令第 373 号) 《佛罗里达州土地和环境资源计划》(佛罗里达行政法规第 18 - 21 号) 《佛罗里达州水体》(佛罗里达行政法规第 62 - 302 号 . 700) 《佛罗里达州通用国家污染物排放控制系统许可证》(《佛罗里达行政法规》第 62 - 621 号) 1999 年《佛罗里达州流域修复法案》(《佛罗里达州法令》第 403 号 . 067) 《佛罗里达地表水质量标准》(《佛罗里达行政法规》第 62 - 302 号和 62 - 302. 530 号) 《佛罗里达州雨水》(《佛罗里达行政法规》第 62 - 25 号) 1984 年《沃伦·S·亨德森湿地保护法案》(《佛罗里达州法令》403. 91 - 403. 929 号)
空气质量	1970 年《清洁空气法》(《公法》95 - 95),1977 年及 1990 年修正案 (《公法》第 91 - 604 号) 《美国国家环境保护局,空气项目分章 C》(《联邦法规汇编》第 40 章第 52 - 99 号) 《联邦法规汇编》第 40 章分 63 节,《有害空气污染物国家排放标准》 《佛罗里达州行政法典》62 - 252、62 - 210 及 62 - 296
噪声	1972 年《噪声控制法案》(《公法》第 92 - 574 号)及 1978 年修正案 (《公法》第 95 - 609 号) 《美国国家环境保护局,消减噪声项目分章 G》(《联邦法规汇编》第 40 章第 201 - 211 号) 《杰克逊维尔市规 4,噪声污染控制》
生物资源	1918 年《候鸟条约法案》 1958 年《鱼类和野生动物协调法案》(《公法》第 85 - 654 号)

环境资源	法律、法规和行政命令
生物资源	1960 年《小溪法案》(《公法》第 86 – 97 号)、1986 年修正案(《公法》第 99 – 561 号)及 1997 年修正案(《公法》第 105 – 85 号第 29 章);1973 年《濒危物种法案》(《公法》第 93 – 205 号)及 1988 年修正案(《公法》第 100 – 478 号) 1980 年《鱼类和野生动物保护法案》(《公法》第 96 – 366 号) 1994 年《海洋哺乳动物保护法和修正案》(《公法》第 103 – 238 号) 1981 年《雷西法案及修正案》(《公法》第 97 – 79 号) 《马格努森—史蒂文斯渔业养护和管理法》,经 1996 年《可持续渔业法》修订(《公法》第 104 – 267 号) 《联邦机构保护候鸟的责任》(行政命令 13186) 1977 年《佛罗里达州濒危物种法案》(《佛罗里达州法令》372.072) 《佛罗里达州野生动物法典》(《佛罗里达行政法规》39) 1972 年《佛罗里达州环境土地和水管理法案》(《佛罗里达州法令》380.12 – 380.10) 1972 年《佛罗里达州土地保护法案》(《佛罗里达法令》259 号)
文化资源	《国家历史保护法案》(《美国法典》第 16 章 470 条)(《公法》第 89 – 865 号)及 1980 年(《公法》第 96 – 515 号)、1992 年修正案(《公法》第 102 – 575 号) 1971 年《保护和增强文化环境》(行政命令 11593) 1966 年《印第安圣地》(行政命令 13007) 1978 年《美国印第安人宗教自由法案》(《公法》第 94 – 341 号) 1906 年《古物法》 1979 年《考古资源保护法》(《公法》第 96 – 95 号) 1990 年《美洲原住民墓地保护和遣返法案》(《公法》第 101 – 601 号) 《历史遗产保护》(《联邦法规汇编》第 36 章 800 条) 《遗弃沉船法案》(《美国法典》第 43 章 2101) 《佛罗里达州古物法》(《佛罗里达州法令》第 267 章及《佛罗里达行政法规》1A – 31 及 1A – 32)
有害和有毒物质和废物	1976 年《资源保护与回收法案》(《公法》第 94 – 5800 号),由《公法》修正 100 – 582; 《美国国家环境保护局,固体废物分节 I》(《联邦法规汇编》第 40 章第 240 – 280 号) 1980 年《环境应对、赔偿和责任综合法》(《美国法典》第 42 章 9601 条)(《公法》第 96 – 510 号)

环境资源	法律、法规和行政命令
有害和有毒物质和废弃物	《美国有毒物质控制法》(TSCA)(《公法》第 94 - 496 号) 《美国国家环境保护局，美国有毒物质控制法分章 R》(《联邦法规汇编》第 40 章第 702 - 799 号) 《联邦杀虫剂、杀真菌剂和杀鼠剂控制法》(《联邦法规汇编》第 40 章第 162 - 180 号) 《紧急计划和社区知情权法案》(《联邦法规汇编》第 40 章第 300 - 399 号) 1978 年《联邦遵守污染控制标准》(行政命令 12088)，《超基金实施》(行政命令 12580) 《加强联邦环境、能源和运输管理》(行政命令 13423) 《佛罗里达州危险废物规则》(《佛罗里达行政法规》第 62 - 730 号) 《佛罗里达废油管理规则》(《佛罗里达行政法规》第 62 - 710 号);《含汞灯和器件管理规则》(《佛罗里达行政法规》第 62 - 737 号)
公共设施	1972 年《安全饮用水法案》(《公法》第 95 - 923 号)及 1986 年修正案(《公法》第 99 - 339 号) 《美国国家环境保护局，国家饮用水法规和地下注入控制计划》(《联邦法规汇编》第 40 章第 141 - 149 号)
环境健康与安全	《职业安全健康管理局规例》(《联邦法规汇编》第 29 章) 《联邦解决少数族裔和低收入人群环境正义问题的行动》(行政命令 12898) 《保护儿童免受环境健康风险和安全风险的影响》(行政命令 13045)

注:此表中所列法律、法规及行政命令的条款仅供参考。

表 9 - 2　第 2 组和第 3 组方案所需许可证

法规要求		审批机构	许可证说明	附加信息
《清洁水法》	404 条	美国陆军工程兵团	管理排入通航水域的疏浚物料或填充物料	疏浚活动许可证通常与《清洁水法》第 401 条和《河流与港口法》第 10 条一起签发
	401 条	佛罗里达州环境保护部(美国国家环境保护局的代理部门)	规范疏浚物料对水质的影响	疏浚活动许可证与《清洁水法》第 401 条和《河流与港口法》第 10 条,以及《沿海地区一致性确定》一起由佛罗里达州环境保护部签发

续表

法规要求		审批机构	许可证说明	附加信息
《清洁水法》	国家污染物排放控制系统项目	佛罗里达州环境保护部(美国国家环境保护局的代理部门)	大型和小型建筑活动的雨水排放施工许可证。要求事项包括意向通知、终止通知和施工现场雨水污染防治计划	地基、入口和出口区域等干扰超过一英亩土壤的项目时需要。第一阶段规定了干扰土地总面积达 5 英亩级以上的建筑活动,第二阶段规定了干扰土地总面积在 1 至 5 英亩的小型建筑活动
《河流和港口法案》	第 10 条	美国陆军工程兵团	规范通航水域的建设和/或疏浚项目	疏浚活动许可证通常与《清洁水法》404 条一起签发
《沿海地区管理法》	联邦一致性条款	佛罗里达州环境保护部(代理联邦《海岸地区管理条例》)	确定联邦行动与《第一海岸都市规划》的一致性	海军准备并向佛罗里达州环境保护部提交一致性确定书,征求同意
《海洋保护、研究和保护区法》	103 节	美国国家环境保护局连同美国陆军工程兵团	规范并管控向海水中倾倒疏浚废料	许可证要求对沉积物进行全套的物理测试、化学测试和生物测试,确定是否适合在指定地点进行海洋处理
《佛罗里达州淹没土地和环境资源计划》		佛罗里达州环境保护部	规范影响淹没土地质量和水资源质量的活动	由州颁发环境资源许可证
《佛罗里达地表水管理系统计划》		圣约翰管理区	规范和管控地表水	由州颁发环境资源许可证

　　此次环境影响分析评估符合《国家环境政策法》及海军实施法律的程序。《国家环境政策法》指出"联邦政府的所有机构都应在最大可能范围内确保在决策过程中在经济和技术方面外,适当考虑目前未量化的环境设施和价值观。"本文件分析了与梅波特海军基地驻泊舰艇的 13 个方案相关的影响。《环境影响分析评估》草案已分发给有关的联邦、州和地方机构、组织和相关人员。这些机构和公众的评论已被纳入《环境影响分析评估》终案。在向美国国家环境保护局提交《环境影响分析评估》终案并且海军已签署决定记录之前,不会采取任何行动。

①《清洁水法》《行政命令》(11990)、湿地保护和《行政命令》(11988)、洪泛区管理。《清洁水法》经修订后就美国水域排放进行了规定。该法案第404条对排放疏浚废料或填埋材料进行了规定。疏浚活动许可证通常与《清洁水法案》第401条和《河流与港口法》第10条一同签发。为遵守《清洁水法案》和第11990号行政命令的规定,已禁止开发湿地区域,实施任何方案都不会对湿地产生影响。11988号行政命令要求联邦机构叫停直接或间接开发洪泛区的活动。根据联邦紧急事务管理局地图,与第3组方案相关的部分潜在建设位于百年洪泛区内,但其相关设施将建在百年洪泛区水平面之上。

②1899年《河流和港口法》。1899年《河流和港口法》第10条规定,除非获得陆军部长批准的许可证,否则,未经授权禁止阻挡或改变美国任何通航水域。根据第2组和第3组的方案,海军将申请此类许可证。

③《清洁空气法案》。修订后的《清洁空气法》旨在保护和改善国家空气资源。《清洁空气法》要求美国国家环境保护局对环境影响分析评估的材料进行审查。该文件已提交给美国国家环境保护局和佛罗里达州环境保护部,以便审核其与《清洁空气法》第309章的一致性。尽管第2组和第3组方案将导致臭氧前体挥发性有机化合物和氮氧化物超过最低限值,但是,这种排放远低于区域排放显著性限值的10%。

④《鱼类和野生动物协调法案》。《鱼类和野生动物协调法案》第10章要求联邦机构先咨询美国鱼类和野生动植物管理局、美国国家海洋渔业局和州内机构,再授权改变水体情况。该法案旨在确保野生动植物保护与水资源计划受到同等的重视和协调。美国海军与美国鱼类和野生动植物管理局、美国国家海洋渔业局、美国国家环境保护局、佛罗里达州环境保护部、美国陆军工程兵团以及其他州和联邦机构一同协作,完成了此次的环境影响分析评估。这些机构受邀就该文件向海军发表评论并提出建议。在准备《环境影响分析评估》终案期间,这些机构的意见得到了充分考虑。

⑤《马格努森－史蒂文斯渔业保护和管理法案》。经1996年《渔业可持续法案》修订的《马格努森－史蒂文斯渔业保护和管理法案》要求,联邦机构就可能对重要鱼类栖息地产生不利影响的活动咨询了美国国家海洋渔业局。重要鱼类栖息地的定义是"产卵、繁殖或成长直至成熟所需的水和基质。"重点关注的栖息地是重要鱼类栖息地的一种;鼓励渔业管理委员会根据《马格努森法案》指定重点关注的栖息地。对重要鱼类栖息地的潜在影响分析后发现,这些方案对上述资源的影响并不显著。

⑥《濒危物种法案》。修订后的1973年《濒危物种法案》要求,联邦机构授权的任何行动都不得危害濒危或受威胁物种的持续生存,破坏此类物种的指定重要栖息地,以及给其带来不利的影响。法案第7章要求,联邦责任机构就其管辖范围内的濒危和受威胁物种问题要咨询美国鱼类和野生动植物管理局和美国国家

海洋渔业局。根据《濒危物种法案》第 7 章的规定,海军正在与美国鱼类和野生动植物管理局和美国国家海洋渔业局进行协商,协商联邦记录的物种及其指定的重要栖息地受到的潜在影响。为了支持《濒危物种法案》的研讨会,海军和美国陆军工程兵团作为共同咨询者,已经制定了《生物评价》来评估第 2 组和第 3 组方案对《濒危物种法案》列出的物种及其指定重要栖息地产生的潜在影响。海军和美国陆军工程兵团预计,类似的条款和条件将在现有和相关的生物办公室中确定类似的疏浚项目,以便在美国国家海洋渔业局生物办公室确定拟议的行动。海军和美国陆军工程兵团的疏浚项目目前符合此类条款和条件。应先在美国鱼类和野生动植物管理局和美国国家海洋渔业局生物办公室获得同意书,再发布《环境分析评估》终案决定记录。美国鱼类和野生动植物管理局的同意书以及美国国家海洋渔业局生物办公室的条款和条件将在决定记录中确定。

⑦《海洋哺乳动物保护法案》。《海洋哺乳动物保护法案》制定了一项国家政策,旨在保护海洋哺乳动物及其栖息地。制定这项政策的目的是维持这些物种或种群数量,保护它们在生态系统中的重要功能,控制其数量超过最佳可持续种群数量。疏浚项目对海洋哺乳动物的潜在影响(例如沿海宽吻海豚等),与对《濒危物种法案》所保护的物种的潜在影响十分相似。任何海洋哺乳动物物种的受伤或死亡都无法精准预见。而且,所评估的任何物种和种群的年补充率或年存活率都是无法预测的。美国鱼类和野生动植物管理局和美国国家海洋渔业局审查了《环境影响分析评估》草案并就保护海洋哺乳动物问题提出了意见。

⑧《国家历史保护法案》。海军已经确定,项目区域内没有发现存在潜在影响的历史遗迹。所有计划实施的陆地开发项目都将在以前受过干扰的土地上进行。在计划的疏浚区域内对水下资源进行遥感调查,没有发现可能含有文化资源的调查目标。在现有联邦航道 100 英尺范围内进行水下调查,确定了两个可能含有文化资源的目标。在计划疏浚区域之外,海军与州历史保护官进行了磋商,并对这些目标进行了水下强度水平调查,评估它们是否能够纳入国家史迹名录。海军根据《国家历史保护法》第 106 条与佛罗里达州的州历史保护官进行了磋商,在确保每个方案下项目开展过程中都采取适当行动,并不会对历史遗迹造成不利影响。

⑨《海洋保护、研究和保护区法》。《海洋保护、研究和保护区法》建立了一个控制领海和海上弃置物质的框架,其中包括允许弃置的具体标准和条件。该法案第 102 条授权美国国家环境保护局颁布评估所有许可的弃置行为的环境标准,保留对美国陆军工程兵团第 103 条许可的审查权限,并指定了用于处理疏浚废料的海洋处置场所。该法案第 103 条规定,必须对所有涉及运输疏浚的废料以及将其弃置入海水的所有作业进行评估,从而确定此类作业可能造成的环境影响。美国陆军工程兵团在美国国家环境保护局同意其决定的情况下,可根据第 103 条的规定,为疏浚物料签发海洋倾倒许可证。如果美国国家环境保护局不同意美国陆军工程兵团的决定,则需根据第 103 条规定进行豁免程序,并进一步采取行动。美

国国家环境保护局和美国陆军工程兵团也可能因海洋疏浚物处置场管理限制或用途的选择而确定不适当海洋处置。根据第 2 组和第 3 组方案,海军和美国陆军工程兵团进行了适当的化学测试和生物测试,这也是评估中的一部分。附加的沉积物测试是在美国陆军工程兵团在发布《环境影响分析评估》草案后完成的,该草案的结论是,超过 480 多万立方码的疏浚材料符合美国国家环境保护局第 103 节海洋处理的适用性标准。大约有 31.5 万立方码的沉积物没有通过生物部分的测试,正在接受二次测试。如果二次测试仍不通过,那么这批疏浚物料将被放置在梅波特海军基地附近现有的获准高地处置场地。第 103 节评估将最终确定为项目许可流程的一部分。在 520 万立方码材料中剩余的部分适合海洋处理。海军要先获得第 103 节许可证,再开始对疏浚废料进行海洋处理。

⑩《海岸地区管理条例》。经修订的《海岸地区管理条例》有助于有效地管理、利用、保护和开发美国沿海地区的资源。《第一海岸都市规划》确定沿海地区边界、关键国家关切区域、预防和控制要求、疏浚和填充法规以及各种其他法规。海军要确保实施直接影响沿海地区或该地区内资源的活动将在最大可行范围内符合《第一海岸都市规划》的规定。佛罗里达州环境保护部审查了《环境影响分析评估》草案后,确定该草案符合《第一海岸城市规划》。该部门指出,如果能够充分解决在随后的监管审查期间所发现的问题,那么《环境影响分析评估》草案就将进一步获得批准,并将最终在环境许可阶段完全得到批准。

9.1.2　当地计划、政策和管控措施

如前所述,《环境影响分析评估》中考虑的方案将符合当地土地使用计划、政策和管控的目标。所有方案都符合《杰克逊维尔市 2010 年计划 15 个要素》的目标,历史保护、住房、交通、娱乐和开放空间、保护/沿海管理、资本改进、未来土地利用、基础设施和政府间协调等都包含在内(杰克逊维尔市,2004/2005),特别是在方案 10 和方案 12 中产生的诱导性增长的累积影响可能会加剧住房要素中的经济适用房问题。

住房要素中包含一系列政策。这些政策旨在发展"一个稳定而确定的社区""社区内有所有现在和未来的居民都能负担得起的安全、舒适、卫生的住房。"房屋计划的目的是量化住房需求,制定政策,确保杰克逊维尔市当地有各种的住房类型,满足居民的需求,从而维持多种人口的数量,维持社区的良好发展。随着住房成本的上涨(即使最近住房市场出现下滑),单身公寓越来越不适宜更大比例的人口所居住。人员和家属涌入梅波特海军基地地区所带来的累积效应,以及该地区住房的减少可能会影响该城市实现这些经济适用住房目标和能力。

此外,根据方案 10 和 12,政府间协调要素中与杜瓦尔县学校选址相关的政策将为梅波特海军基地区域学校过度拥挤问题提供解决方法。这些政策包括,该城市与杜瓦尔县公立学校委员会合作,确保人口预测和计划的教育设施场地规划以

及基地外的影响符合 2010 年"综合规划和土地开发条例",并定期对现有的针对大西洋海滩、海王星海滩和杰克逊维尔海滩的县服务协议进行审议。如果这些规定比当地的规定更有效、更经济,那么就在双方都同意的情况下对当地的协议进行修改。

海军和杰克逊维尔市有着悠久的合作历史。最近双方在 2007 年 3 月颁布的 2006 - 1176 号条例中通过提出新目标,制定新政策来保护位于杰克逊维尔的军用机场和梅波特海军基地的安全,确保机场能高效使用其应有功能。文本修正案意味着,杰克逊维尔市保证其军事设施的长期可行性。修正案概述了其土地开发安全在土地利用、土地密度、高度限制、照明、公开和噪声衰减等与装置有关方面的特征。修正案划定了军事影响区的范围,并明确规定了限制不相配用途的缓和策略。军方指派一名代表担任地方规划局/规划委员会中的成员,就军事影响区内的土地提出使用意见或建议。军方指定的人员负责审查计划开发项目所有涉及的方面与军事任务的兼容性。所有计划的综合计划修正案、计划单位发展和区域重新划分计划如果获得批准,将影响军事影响区内的土地密度、强度或用途。在城市采取最终计划之前,这些文件将提交予海军审查。

方案对 2015 年《大西洋海滩城市计划的目标》的实施影响较小。该计划同样涉及土地使用、交通、基础设施、环境保护和沿海管理、娱乐和开放空间、住房、政府间协调工作和资本改善等要素。方案将与该计划相一致。除其他政策外,该计划的经济适用房政策是指支持杰克逊维尔市住房委员会的工作,并与杰克逊维尔市达成地方间协议。

最后,方案将符合《佛罗里达州东北部战略区域政策计划》的规定。虽然在方案 10 和 12 的累积效应和经济适用住房方面会产生相似的影响,但所有方案都符合经济发展、应急准备工作、具有区域意义的自然资源、以及该计划的区域运输要素的要求(佛罗里达州东北地区计划委员会,1997 年)。

9.2　对不可再生和不可恢复资源的利用和损耗

《国家环境政策法》第 101 节中明确要求,如果实施拟议行动,若其中包含不可再生和不可恢复的资源,需对其进行详细说明。不可再生和不可恢复的资源的承诺涉及不可再生资源的利用及这些资源的利用对后代产生的影响。不可再生资源的利用是针对那些只有经过极长时间才能再生的资源。这些不可再生的影响主要是由于在合理的时间范围内无法替换的特定资源(例如能源和矿物)受到破坏。不可恢复资源的损耗涉及受影响资源因实施改建行动而无法恢复从而产生的价值损失(例如,受威胁物种或濒危物种的灭绝,或文化遗址的破坏)。

在除了方案 2、方案 3 和方案 9 以及不采取行动的改建方案之外的所有方案中,建筑项目设施活动消耗建筑材料、设施运转以及持续保养现有设施使用化石燃料等活动将导致资源不可再生,不可恢复。这些活动有:建造驱逐舰中队总部大楼(方案1、6、7、11、8和10);建造两栖中队总部大楼(方案5);以及第3组方案(方案4、8、10和12)建造核动力装置维护设施、运输改进工程和修建停车楼。这些建造工程将产生的特定的不可再生和(或)不可恢复影响如下:

①建筑和操作活动将消耗化石燃料和能源。化石燃料(汽油和柴油)将为建筑设备和车辆提供主要动力。所耗电力将用于照明和设备操作。项目建设和运营会永久消耗掉不可再生能源。

②建造新设施用的建筑材料(特别是混凝土和钢材)是永久性的材料。由于这些材料在项目的整个生命周期中是无法恢复的,因此使用这些材料意味着自然资源进一步枯竭。人们认为,建筑和维护活动使用的这些资源是长期不可再生的。

③在可预见的将来,施工改造的土地要保证用于新用途,并且要永久保证土地要用于开发用途,并减少移作他用的土地数量。

④建设所需的资本和劳动力也是不可再生和不可恢复的资源。

⑤与梅波特海军基地运作有关并长期存在的现有公共服务和公用设施需要是这些资源的长期保证。大多数方案会减少人员负荷,从而减少对公共服务和公用事业设施的需求,但在方案10和方案12中,人员负荷将增加。

除了在第2组和第3组方案中建设和运营支持设施(如上所述)期间所消耗的资源外,使用疏浚辅助系统、驳船、拖船、卡车、泵和设备也需要消耗某些不可再生资源,同时还需要耗费时间和金钱来完成疏浚废料的处理。在疏浚处理的规划、测试、审批和实施过程中也将花费时间和金钱。对于海上处置的疏浚废料也将是不可再生且不可恢复的。不适合海洋处置的沉积物堆放在高地上,在未来将重复用于各种目的,因此不一定非要用不可再生地且不可恢复的方式来处理它们。

9.3 短期使用环境与长期生产力之间的关系

《国家环境政策法》第101条要求详细说明当地短期使用人类环境与维持和提高长期生产力之间的关系。与方案相关的环境的短期使用包括在建造与所有方案相关的设施期间改变物理环境、能源和公共事业用途,但第2组、第3组中的方案2、3和9以及不采取行动的方案和疏浚项目除外。建设工程将涉及短期增加的逸散性排放和建筑产生的噪声,并且在动力设备上使用的化石燃料也将增加。此外,还需要使用公共资金,动用劳动力。长期变化包括新设施寿命期间土地使用的变化,以及梅波特海军基地回旋水域、进港航道以及联邦航道的疏浚深度的改变,这些变化仍将是随后的淤积和维护疏浚作业的主要内容。在美国国家环境保护局批准的第2组和第3组方案下,海洋疏浚物处置场在海上处理疏浚废料的行为将影响该区域的底栖环境。对疏浚废料处理地点内部和外部的底栖群落的研究表明,底栖环境的组成与疏浚工程对当地造成的地表基质的变化略有不同。与硬底或人工礁海底相比,先前使用的杰克逊维尔和费尔南迪纳海洋疏浚物处置场沙底的生产率较低。

　　舰艇在梅波特海军基地进行停泊将有助于有效利用梅波特海军基地的现有资产,提高长期生产力,支持海军任务的执行。如前所述,母港改建的目的是通过有效利用梅波特海军基地的滨水和岸边设施,确保有效支持舰队的作战需求。使用梅波特海军基地将有助于保护港口地点和港口的安全分布,降低自然灾害、人为灾难以及别国或恐怖分子袭击时舰队资源受到的风险。充分利用梅波特海军基地可以保留杰克逊维尔舰队集结区的作战力,并提高美国本土海军的缓冲能力。最后,有助于保留梅波特海军基地使舰艇在当地作战区域执行任务时可于六小时以内返回驻泊港停泊,更有助于协助舰队进入海军训练场和作战区域。